대한민국은 왜
불법탄핵
을 저질렀나?

엮은이 **대한민국 헌법수호단**

대한민국 헌법수호단(총단장 박상구)은 국가가 저지른 불법탄핵에
침묵할 수 없어, 자발적으로 결성된 국민저항 시민단체이다.

주 집필인 **박상구**

공군 군사법경찰관(헌병부사관)
고려대 법학과 졸업
법률신문, 대법원 등 법조출입기자
교통사고해석연구원 선임연구원
법무법인 등 법률상담실장 역임
현, 대한민국 헌법수호단 총단장
책1.《교통사고 원인분석과 해결의 법률지식》
책2.《대한민국은 왜 불법탄핵을 저질렀나?》

대한민국은 왜
불법탄핵
을 저질렀나?

1판 1쇄 인쇄 2022년 11월 02일
1판 1쇄 발행 2022년 11월 05일

엮은이 대한민국 헌법수호단
영문역 산드라 양

발행인 김기호
펴낸곳 한가람서원
등록 제2-1863호
주소 서울특별시 중구 마른내로 72, 504호
전화 02-336-5695 팩스 | 02-336-5629
전자우편 bookmake@naver.com

값은 뒤표지에 있습니다.
ISBN 978-89-90356-50-5 (03360)

다음카페 top.cafe.daum.net/대한민국 헌법수호단

대한민국은 왜 불법탄핵 을 저질렀나?

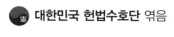

대한민국 헌법수호단 엮음

한가람서원

이 한 권의 불법탄핵 보고서로써
탄핵무효 헌법수호의 투쟁현장에서
운명을 달리하신 님들의 구국 투혼을 역사에 새기며,
구국의 현장에서 투옥과 벌금으로 핍박받은
국민저항 애국충정을 위로합니다.

———◇———

이 책은 대한민국 박근혜 대통령(제18대)이
탄핵의 대상이 되기에 이른,
사안의 진부(陳腐)한 것들에 관한 왈가왈부를 논하고자 함이 아닌,
헌법기관으로서 마땅히 했어야 했던
여러 부적법한 처분 행위와 집행 절차가
지극히 잘못된, 타당하지 못했음을 국민에게 고함으로써
'파면무효' 그 진실과 정의를 널리 알려
대한민국의 헌정질서를 수호하고자 함입니다.

대한민국
대통령
박근혜

아직도 대한민국 대통령은 박근혜,

탄핵·파면·궐위되지 못한 대통령의 임기를 빼앗은

헌법과 헌정질서에 법치 정의는 없는 것이다.

국민교육헌장

우리는 민족중흥의 역사적 사명을 띠고 이 땅에 태어났다. 조상의 빛난 얼을 오늘에 되살려, 안으로 자주독립의 자세를 확립하고, 밖으로 인류 공영에 이바지할 때다. 이에, 우리의 나아갈 바를 밝혀 교육의 지표로 삼는다.

성실한 마음과 튼튼한 몸으로, 학문과 기술을 배우고 익히며, 타고난 저마다의 소질을 계발하고, 우리의 처지를 약진의 발판으로 삼아, 창조의 힘과 개척의 정신을 기른다. 공익과 질서를 앞세우며 능률과 실질을 숭상하고, 경애와 신의에 뿌리박은 상부상조의 전통을 이어받아, 명랑하고 따뜻한 협동 정신을 북돋운다. 우리의 창의와 협력을 바탕으로 나라가 발전하며, 나라의 융성이 나의 발전의 근본임을 깨달아, 자유와 권리에 따르는 책임과 의무를 다하며, 스스로 국가 건설에 참여하고 봉사하는 국민정신을 드높인다.

반공 민주 정신에 투철한 애국 애족이 우리의 삶의 길이며, 자유세계의 이상을 실현하는 기반이다. 길이 후손에 물려줄 영광된 통일 조국의 앞날을 내다보며, 신념과 긍지를 지닌 근면한 국민으로서, 민족의 슬기를 모아 줄기찬 노력으로, 새 역사를 창조하자.

1968년 12월 5일

대통령 박 정 희

CONTENTS

프롤로그 2017 정유법난(丁酉法難) 6년의 국민저항권   12
발 간 사 불법탄핵, 그 무효'를 보고 드립니다   18
격 려 사 불법탄핵에 대한 진실에 정의의 목소리를   22
추 천 사 살신보국(殺身保國)해야 할 '헌법수호'   26
         정의와 진실이 있는 자유 민주 대한민국으로   29
         법률가는 법률로써 정법한 대한민국을 수호하라   31
애국심터 조국, 대한민국을 위한 기도   34

1 불법탄핵, 음모의 검은 그림자

1. 적화 망국을 위한 '미운살'   39
2. 개성공단 폐쇄   47
   - 남북교류협력사업 '개성공단'   47
   - 국가안보대책 '개성공단 폐쇄' 선언   50
   - 헌법재판소, '개성공단 폐쇄 합헌' 결정   55
3. 한미동맹과 한일군사협정   58
   - 경북 성주 사드배치   58
   - 한일 군사정보보호협정(GSOMIA)   63
   - 탄핵정국과 박 대통령의 국가안보관   69
4. 세월호 전복 사고   72
   - 탄핵소추안에 오른 세월호 침몰   72
   - 헌법재판소의 세월호 사고 판단   74
5. 부산 해운대 'LCT게이트'   83
   - 해운대 LCT사업   83
   - 의혹과 수사 미진   85
   - 대통령의 철저한 수사 지시와 촛불에 타 죽을 정객들   87
6. '박근혜–최서원 게이트'   91
   - 불법탄핵에 이바지한 '태블릿PC'   91
   - 태블릿PC가 최서원의 것으로 확정된 바 없다?   99
   - 최서원의 방송사 · 검찰 · 법원에 역공세   101
7. 북한의 탄핵 지령   105
   - 前 북한군 정찰총국 대좌 증언   105
   - "합참 기밀 등 매주 북으로 건당 1만 5천달러" 증언도   108
   - 대통령 탄핵은 체제전복을 위한 대한민국 탄핵   120
8. 청렴한 대통령 박근혜의 불의에 대한 '불통'   125
   - 세계적 위인 박정희의 딸 박근혜   125
   - 청탁에 박절한 박 대통령 정부의 불의불통(不義不通)   126
   - 박 대통령에 붙인 '뇌물수수의 경제공동체' 관계   129

2 너들이 헌정파괴 불법탄핵 주범이다

1. 국민주권에 의한 입헌 139
- 실질적 국민주권 139
- 망국적 불법행위의 지속 144
- 당연한 주권행사로서의 정당행위 149

2. 검찰·특검의 불법 횡포 활약상 153
- 검찰·특검의 전성시대 153
- '촛불혁명의 검찰'로 변한 특검과 특별수사본부 156

3. 국회의 탄핵소추 의결부터 잘못됐다 162
- 국회의 탄핵소추권 행사 162
- 탄핵소추 국회 본회의 167

4. 헌법재판소, 이게 헌법재판인가? 169
- 탄핵 소추할 증거가 아무 것도 없었다. 169
- 헌법재판다운 면모(面貌)도 없었다. 171

5. 선거할 이유 없는 대통령선거 175
- 대통령 궐위 안 된 원인무효의 대통령선거 175
- 원인무효 선거에서 당선증 교부 역시 무효 177

6. 가짜 대통령의 불법통치와 국민저항권 179

7. 대통령에 가혹한 형사재판의 헛발길질 182

3 국민저항권으로서의 준법투쟁, 그 법리

1. 국민주권의 경비병 '헌법수호단' 191
- '국정농단'이라 속여도 정의의 눈빛은 살아 있다 191
- 불법 가짜 공화국은 법률지식인들이 만들었다 192
- 대통령 박근혜는 탄핵·파면·궐위된 바 없다 196

2. 소송당사자 198
- 원고들 198
- 국회 199
- 헌법재판소 203
- 중앙선거관리위원회 204
- 권한 없는 사실상의 대통령 문재인 206
- 적법한 대통령 박근혜(제18대) 207

3. 소송상의 주요 청구취지들   210
4. 청구원인 된 위법사실   213
- 위법의 뚜껑을 열다.   213
- 탄핵할 증거가 아무 것도 없는 '탄핵소추장'   217
- 탄핵소추의결서 수정제출은 국회법 제95조 위반   222
- 헌법재판 법정(法庭)에서 보정될 수 없는 소추장   228
- 헌법재판소법 제6조의 재판관 임명할 작위의무 위반   233
- 모든 국민은… 재판을 받을 권리를 가진다   236
- 헌법재판관 8명으로는 '심리'만 가능했다   243
- 헌법재판소법 제32조를 위반한 증거로 탄핵심판 결정   248
- 소추장 변경한 허위공문서 작성 및 교사   258
- 법률 소급적용으로까지 죄를 엮은 불법탄핵   265
- 법의 일반원칙에 반하는 탄핵심판   271

5. 공법상의 선행처분과 무효의 비구속성   287
- 당연무효의 비구속성   287
- 재량권을 벗어난 강행규정 위반부터 인식해야   292
- 허용될 수 없는 위법한 행정행위는 당연무효   294
- '무효확인'은 상대방과 제3자에게도 법률관계 대상   297
- 선행처분과 후행처분의 상관관계   299
- 무효한 행정처분과 민사소송과의 관계   304
- 지방법원에 탄핵무효소송이 이르게 된 원인과 법리   306

6. 법원의 보정명령에 답하다   307
- 국회, 헌재, 선관위, 대통령은 행정청이 아니지 않는가?   308
- 피고들의 행위가 항고소송의 대상인 처분인가?   309
- 탄핵된 당사자가 아닌데, 소의 원고가 적절한가?   314
- 대통령 박근혜가 행정소송의 적정한 피고인가?   319
- 소송적격에 관하여   327
- 항고소송은 '확인'에 소의 이익을 지니고 있다   343

7. '부작위위법 확인' 청구소송의 적법성   349
- 행정소송의 대상과 항고소송의 대상인 행정처분의 의미   350
- 부작위위법확인의 소 취지와 적법요건   355
- 소의 이익과 원고의 '법률상 이익'   358
- 원고가 행정처분을 신청한 사실이 있는지   361
- 부작위위법확인의 소의 제소기간 등 비제약성   367
- 국민이 행정청의 부작위위법 확인을 구할 원고적격   368
- 행정청이 원고의 소송에 응답할 의무가 있는지   368
- '피고 대통령'의 부작위가 왜 위법한지   371
- 피고 대통령 박근혜가 소송의 적법한 피고에 해당하는지   373

4 불법탄핵의 파장

1. 법률상 이유 없는 대통령선거 실시   383
 - 대통령 궐위 안 된 원인무효의 대통령선거   383
 - 원인무효 선거에서의 당선증 교부의 무효   388

2. 가짜 대통령에 의한 불법 무단통치   391
 - 위계에 의한 공무집행방해   391
 - 권한 없는 자의 망국적 헛발질   393
 - 조작, 기만, 분열일 수밖에 없었던 잡입 괴뢰정권   398
 - 공산사회 진입을 위한 악법, 주민자치기본법 제정   404
 - 주사파, '삼성죽이기'에 올인(All-In)하다   416

5 가야만 하는 길, '대한민국 헌법수호'

1. 파괴된 헌법, 그 회복의 길   427
 - 헌법수호는 국민 된 모두의 권리이자 의무   427
 - 불법 가짜 대통령 만들기와 미친 예우   430
 - 위법한 대선도 투표하면 세탁이 되나?   436
 - 특검 수사팀장 윤석열과 정권 교대자 윤석열   440
 - 대한민국, 그 정의로운 법치사회 구현을 위하여   444

2. 국헌문란 형사책임   448
 - 위계에 의한 공무집행 방해   448
 - 국가반역(국헌문란, 내란, 외환)   454
 - 불법 체포 · 감금   459
 - 동맹국에 항적하는 여적죄 구성   460
 - 권리행사방해 · 직권남용   461
 - 국가보안법 위반   464
 - 반국가 단체의 수괴에 대한 동조 기여자 처우   476
 - 횡령죄   479
 - 배임죄   482

3. 민사 책임   484
 - 부당이득 반환청구   484
 - 무효 확인과 직권 취소   492
 - 불법통치 손해배상   494

부 록   소송목록 외   505
에필로그   책 출간에 부친 말, 말, 말들   560
    편집을 마치고서   568
Illegal Impeachment   575

2017 정유법난(丁酉法難) 6년의 국민저항권

태극기, 우리는 울기도 많이 울었다. 화가 머리끝까지 치민 날도, 짜증이 몰려온 날도 부지기수였다. 답답한 가슴은 그대로 두면 마치 풍선처럼 터지거나 아니면 큰 병이 될 것만 같았다. 밤잠을 너무 설친 나머지 불면증과 싸워야 했고, 입맛조차 잃어 한 끼로 하루를 보낸 날도 많았다. 앞이 보이지 않았고, 그냥 싸우지 않으면 안 될 것 같은 불안감까지 엄습해 왔다.

불안감은 조바심으로, 그리고 다시 압박감으로 가슴과 머리를 조여 왔다. 마치 무엇에 홀린 듯 발걸음은 광장 아스팔트로 향하곤 했다. 얼마나 답답했기에 아스팔트 위에만 서면 목이 터질 듯 "탄핵 무효"를 외쳤다. 누가 시켜서도 아니다. 우리가 할 수 있는 것이라곤 이것밖에는 아무 것도 없었다.

노란 개나리와 빨간 장미가 철없이 담장을 넘던 날도, 앞을 가늠할 수 없을 정도로 장대비가 쏟아지던 날도 우리는 항상 그 자리에 서 있었다. 손바닥보다 더 큰 플라타너스 잎사귀가 차바퀴에 갈려 바람에 쓸려 갈 때도, 칼바람이 불고 하얀 눈이 펑펑 쏟아지던 날도 우리는 광장에서 뜨거운 눈물의 애국가를 불렀다. 아니, 눈물이 흐르고 목이 메여서 애국가를 부를 수가 없었다.

3천, 5천, 2만, 5만, 10만, 20만, 50만, 100만, 300만, 일일이 헤아리기조차 힘든 수많은 국민들이 구름 떼처럼 몰려들었다. 인산인해를 넘어 광화문 광장은 그야말로 길거리로 쏟아져 나온 애국 국민들로 도배를 했다고 해도 과언이 아닐 정도였다.

심장은 누구보다 뜨거웠고, 거짓과 불법에 대한 국민저항은 누구도 말릴 수 없었다. 수백만 명의 함성소리는 천지를 진동케 했고, 목이 터져라 외치는 우리들 "탄핵무효"의 외침은 하늘까지 감동케 했으리라.

그러나 세상은 애석하게도 우리 편이 아니었다. 진실의 편도 아니었고, 정의의 편도 아니었다. 그렇게 2016년의 대한민국은 불의의 늪으로, 부정의 수렁으로, 불법의 구렁텅이로, 조작의 지옥으로, 빠르게 빠져들어 갔다.

세상은 온통 암흑으로 변해 갔다. 언론이 눈을 감다 못해 촛불에 몸을 실었다. 나라의 마지막 보루라는 법까지 처참하게 찢어졌다. 군과 경찰이 입을 닫았고, 학생들은 눈과 귀를 닫았다.

사회 지식인층은 지레 겁을 먹고 이불을 뒤집어썼고, 이를 막아야 할 정치인들은 앞장서 입법부를 파괴하고, 오로지 박근혜 대통령 끌어 내리기에 찰떡궁합이 된 망국공동체였다. 거꾸로 가는 세상임을 인식하고서도, 있는 자, 가진 자, 배운 자들의 대다수는 나 몰라라 했고, 심지어 박근혜 정권에서 호의호식했던 위정자들까지도 얼굴에 철판을 깔고 어디론가 다 숨어 버렸다.

2016년의 겨울은 유난히 추웠다. 박근혜 대통령조차도 견딜 수 없는 조작된 여론과 영양실조에 걸린 언론은 매섭게 박근혜를 몰아 세웠다. 급기야 새누리당 62적은 자신을 모시던 주군의 등에 칼을 꽂았다. 배신의 칼이 아니라 역모의 칼이었다. 살아 있는 권력의 대통령 박근혜도 견딜 수가 없었다.

수백만의 태극기 든 국민들이 촛불 폭도들의 불법 탄핵에 물러서면 안 된다며 끝까지 버티라고 했지만, 대통령 박근혜의 버티기도 한계가 오고 있었다. 세상은 마치 약속이나 한 듯 2016년은 역사 속으로 들어갔고, 2017년의 새해가 밝았지만 촛불세력들의 거짓과 엉터리 여론몰이는 계속됐다.

2017년 새해들어 언론은 더 미쳐갔다. 그럴 때마다 여론조사가 맞장구를 치고, 촛불들은 광란의 굿판을 벌였다. 결국 진실을 모르는 선량한 국민들은 이성을 잃은 거짓 쓰레기 언론들에 선동 당하고 광장의 촛불에 세뇌 당한 나머지, 박근혜의 나라는 그들에게서 사라지고 있었다.

그리고 2017년 3월 10일. 드디어 대한민국 헌법은 죽었다. 다름 아닌 누구보다 앞장서 법을 지켜야 할 국회와 헌법재판소, 그리고 검찰과 특검이 앞장서 헌법을 파괴했다. 다시 생각조차도 싫은, 헌법재판소 소장대행 이정미는 그해 3월 10일 5천만 국민들이 지켜보는 가운데 "대통령 박근혜를 파면한다"고 선고했다. 선고를 듣는 즉시로 감히 결원재판부에서 '저건 아니지 않는가?'(본서 171~173쪽 참조)를 우리는 직감했다. 헌법재판다운 면모(面貌)가 없었다.

안국역 사거리에 몰려든 수십만 명의 애국 국민들은 아연실색, 그 자리에 풀썩 주저앉고 말았다. 울음은 통곡 소리가 되어 하늘을 뒤흔들었고, 광분한 국민들은 태극기 하나 들고서 헌법재판소로 향했다. 겹겹이 세워 진 경찰의 벽을 뚫기에는 역부족이었다. 결국 경찰의 과잉진압으로 애국 동지 5명이 목숨을 잃었고, 수많은 동지들이 부상을 당했다.

하지만 짜고 친 놀음판처럼 기획된 불법 탄핵의 과속질주를 막아서야 할 새누리당은 두 손을 들고 적군에 합세했고, 박근혜를 호위해야 할 권력자들까지도 백기 투항을 해버렸다. 정신없이 광장에 몰아치던 광풍은 그렇게 한풀 꺾여가고 있었다.

그러나 꺾일 줄만 알았던 태극기 항쟁은 꺼지지 않았다. 정신을 가다듬고 더 큰 목소리로 '불법탄핵'에 항거했다. 애국 동지들의 뜨거운 애국심에 그냥 주저앉을 수만은 없었다.

21세기 광명천지에 펼쳐진 불법의 탄핵극을 보고 그냥 돌아선다는 것은 죽기보다 더 싫은 비굴함까지 들었다. 사람들을 모았다. 단순히 태극기만 들고 싸우는 것도 중요하지만, 촛불세력들의 불법을 낱낱이 분석해 소송하고 고발하는 준법투쟁도 놓을 수 없는, 그런 공적 기록은 고스란히 역사에 저장되고 있다.

수십 명의 동지들이 뜻을 같이해 머리를 맞댔다. 법조인 한 명 없는 법적 투쟁이지만, 누군가는 해야 했기에 우리 모두는 진짜 발 벗고 나섰다. 그리고 5년, 우리는 무려 42차례에 걸친 소송을 통해 박근혜 대통령에 대한 탄핵의 법리적 해석으로 불법탄핵의 증거들을 모두 밝혀냈다.

뿐만이 아니다. 문재인 정권 적폐청산의 서슬 퍼런 칼날 앞에서도 문재인을 대통령으로 인정할 수 없다는 소송을 통해 박근혜 대통령의 복귀를 주장한다. 이제 우리들의 국민저항 준법투쟁의 여정을 책으로 재정립함으로써 5천만 국민들과 함께 박근혜 대통령 불법 탄핵의 진실된 역사 속으로 들어가 보고자 한다.

"법은 도덕의 최소한이다", "정부의 쇠락은 거의 대부분 스스로의 원칙을 훼손하는 데에서 시작한다"고 세계적인 유명 법학자들이 지적했다. 나라가 자살하는 대한민국. 국혼(國魂) 없는 친북(親北) 친중(親中) 종북(從北) 좌파들은 이제 그만, 제발, 법치 훼손과 헌법 파괴를 멈추고, 최소한의 도덕적 양심을 회복하는 대열에서 더 이상의 국가적 원칙을 훼손하는 역사의 대역죄인이 되지 않기를 바란다.

대한민국의 헌법적 자살은 대한민국의 역사적 정통성, 국민적 정당성, 한반도에서의 국제법적 유일 합법성을 부정하고, 그것들을 조선노동당 내란집단에 국가연합 또는 연방제 형식으로 팔아먹을 때 완성되는 그것이 곧 적화(赤化)통일이다.

국가는 영속(永續)하는 것이며, 망할 수는 있어도 헌법적으로 스스로 자살할 수는 없다. 주권자인 국민의 일반 의사, 즉 헌법제정권력조차도 국가를 헌법적으로 자살시킬 수 없다는 점에서 불법 가짜대통령 문재인의 이러한 불법통치의 자행은 조선로동당에 대한민국을 팔아먹는 망국의 반역행위였던 것이다.

다음 장부터 펼치질 기록들은 박근혜 대통령의 불법 탄핵에 대한 아픔보다는 대한민국 헌법이 좌파 망국의 기획 세력들에 의해 어떻게 파괴되었는지 그 아픔의 역사를 분명하고 생생하게 낱낱이 보여줄 것이다.

'불법탄핵, 그 무효'를 보고 드립니다

 헌법재판소가 2017년 3월 10일, 박근혜 대통령을 파면한다는 불법 파면결정을 내렸습니다. 대한민국 헌정사상 처음 있는 일입니다.

이 책으로 대한민국 헌법수호단은 박 대통령에 대한 탄핵심판에서 "대통령 박근혜를 파면한다"는 그 선고는 불법탄핵으로서 아무런 의미 없는 저절로 절대무효였음을 전하고자 합니다.

불법탄핵, 그 말이 안 되는 선고를 일반인도 아닌 대한민국의 헌법재판소 재판관들이 해냈습니다. 참으로 통탄할 일이 아닐 수 없습니다.

이렇게 감히 헌법재판소에서 8인의 헌법재판관들과 탄핵소추인인 국회와 그 대리인 변호사 16명, 이를 방어하는 박 대통령과 그 대리인 20명 변호사 앞에, 더 나아가 그때의 파면선고가 적법한 것으로 믿고 있는 대한민국의 국민 모두와 자유·민주를 받드는 인류 모두에게 "대한민국 헌법재판소의 대통령 박근혜에 대한 파면선고는 명백한 불법탄핵이었다"고 이 책을 통하여 국민 여러분께 분명하게 알려 드리고자 합니다.

이 책에 담은 소송상의 법리는 몇 비법조인의 각고의 노력으로서 탄핵소추안과 탄핵결정문, 판례와 법률서적, SNS상의 자료로써 준비되어 지금까지의 쟁송을 이어 왔습니다.

당연무효, 절대무효의 법리에 따라 제소기한의 제한 없는 '탄핵무효 확인소송'은 '헌법재판소 결정도 때로는 사법구제 대상'이 되는 행정소송법(§3의4)에 따라 법원의 판결로써 승소할 때까지 헌법수호단의 준법투쟁은 계속되어야 할, 대한민국 국민으로서의 존재가치며 사명입니다.

국민의 대통령을 불법 불의의 세력에 빼앗긴 국민으로서 국민주권에 입각한 탄핵무효의 항고소송은 위법한 행정처분을 행사한 헌법기관들에 대하여 유무효 및 존부(存否)를 법원으로부터 확인받고자 하는 그 자체에 소의 이익이 존재하며, 준법투쟁을 해야만 하는 법의 가치이기 때문입니다.

헌법수호단 원고들이 법적 투쟁을 아니 할 수 없는 이유는 국민으로서 나라가 위태롭기 때문에 법률의 잣대로서 그 적법 타당성 여부를 가려 불법 불의의 세력을 누르고서 나라가 안정되기를 바라는 구국일념이었을 뿐입니다.

국민의 공복(公僕)이라는 헌법기관과 공공기관의 이 나라 공권력은 위법·불법으로서 대한민국의 망국을 도모하고, 이를 알아차린 국민은 주머니를 털어 모아 헌법기관과 공공기관에 맞서 싸워야 하는 국민으로서 그들의 정체를 의심·확인하지 않을 수 없는 일입니다.

그 어떤 법조인 명사라도 나서서 박 대통령에 대한 탄핵은 전혀 위법하지 않았다고 반박해 주는 기회를 차라리 기다리고픈, 수십건 탄핵무효 소송에서 연속 '각하'의 판결을 받을 수밖에 없었던 헌법기관들에 대한 원망은 거둘 수 있을, 몰랐던 우리들의 참 무지를 깨워 준다면 또한 감사할, 그 무엇에도 양보할 수 없는 '대한민국 헌법수호'에 법조출신 전문가들의 지원·동참을 기다립니다.

이 책은 대통령이 탄핵의 대상이 되기에 이른 원인으로 보이는 세월호, 국정농단, 태블릿PC 등이 결코 간과할 수 없는 것이긴 하지만, 그런 사안에 얽힌 진부(陳腐)한 것들에 끝없을 왈가왈부를 논하고자 함이 아닙니다.

헌법기관으로서 마땅히 했어야 했던 그 부적법한 처분행위와 그 절차가 지극히 적절·타당하지 못했음을 고하여, '파면무효' 그 절대적 무효의 진실과 정의를 밝혀, 파괴된 대한민국의 헌정질서를 수호하고자 함입니다.

아무리 극악무도한 범죄를 저지른 자일지라도, 죄형법정주의에 의거한 적법절차가 지켜진 처벌이어야 하는 것이지, 그렇지 못한 처벌에 이른 경우는 위법으로서 무효일 수밖에 없는 자유민주국가의 법체계이면서 당연한 법 감정입니다.

또한 이 책에 담긴, 좌·우 양단의 어떤 정치인들에 대한 호·불호의 맹목적 추종에서 나온 편파적으로 두둔하거나 억지로 미워하고자 함이 아님을 밝히며, 관련자들의 위법성에서 자연스럽고도 당연히 그렇게 비춰지는 것일 뿐, '헌법수호단'의 이름으로 어느 정당이나 정치인에 대한 지지를 표방하지 않는 설립·운영 취지임을 이해해 주시기 바랍니다.

대통령에 대한 불법탄핵을 밝히고자 하는 첫 제소에서부터 탈고의 이 시점에 이르기까지 수많은 소송과 고발을 계속해 오면서, 행정소송에서 승소하더라도 소송원고로서 얻을 경제적 이익이 없는 일에 개인의 경제생활도 엄청난 기회비용으로 투입될 수밖에 없었습니다.

나라가 극심한 비정규전을 치르고 있는, 국정(國政) 운영이 잘못되었음에 관한 그 '확인' 하나만을 사법부로부터 받아 내고자 하는 헌법수호단의 구국을 위한 준법투쟁에 함께해 주신 전국의 소송참여 원고와 일면식 없이, 전화번호도 모르는, 그 존함까지도 숨기며 소송비 후원을 아끼지 않으신 애국 동지님들과의 두터운 인연에 깊은 감사와 축원·축복을 올립니다.

지금도 계속 중인 헌법수호단의 준법투쟁 탄핵무효 소송을 진행하면서 부족한 법률지식에 도움 되어 주신 여러 인용 문헌상의 교수님들께 감사드립니다. 특히 고려대학교 하명호 교수님의 '행정소송법 (박영사 간)'에 기댈 수 있었음을 큰 다행으로 감사하며, 퇴색되지 않은 자유·정의·진리의 양심을 지녀 불의·불법에 계속 저항할 수 있는 가르침을 주신 여러 은사님들께 깊은 감사의 마음을 올립니다.

장기간의 투쟁으로 인하여 여러 가지로 개인적 사정이 지극히 어려움에도 불구하고, 헌신적인 구국열정으로 동지애(同志愛)를 쏟아 주신 손상대님, 이예경님, 이종만님, 영어번역으로 도움주신 산드라양께도 지면에 감사의 표시를 남기지 않을 수 없습니다.

그리고, 이 책이 세상에 나와 헌정질서를 바로 잡는 구국의 횃불이 되도록 빠른 출판을 도와주신 한가람커뮤니케이션즈 김기호 대표님과 여러 직원 분들께도 깊은 감사드립니다.

박 상 구(대한민국 헌법수호단 총단장)

불법탄핵에 대한 진실에
정의의 목소리를

 저는 2016년 첫 '대통령 탄핵기각을 위한 국민총궐기운동본부'(약칭: 탄기국)집회가 열리던 1회 집회부터 오늘 이 시간까지 아스팔트 위에 서 있는 사람입니다.

아마 아스팔트에 한 번이라도 나와 태극기를 흔들며 "탄~핵~무~효~!"를 외쳐 본 사람이라면 누구보다 죽기살기로 "탄~핵~무~효~!"를 외치던 이 사람을 기억하실 겁니다.

때문에, 오늘도 박근혜 대통령 불법탄핵에 대한 진실규명의 투쟁을 멈추지 못하고 있습니다. 너무도 긴 시간에 지칠 대로 지친 사람들은 저에게 이제 박근혜 대통령을 잊으라고 합니다. 하지만 다른 사람은 몰라도 저는 여기서 멈출 수가 없습니다.

여전히 진실규명이 되지 않았고, 여러 사람들의 노력으로 조작과 불법이 드러난 사실조차도 정부가 인정하지 않고 있기 때문입니다.

제가 초기 태극기를 들고 아스팔트로 나선 것은 단 하나 뿐입니다. 박근혜 대통령에 대한 탄핵은 내 목에 칼이 들어와도 불법탄핵이었기에 그렇습니다.

저는 박근혜 대통령이 맹목적으로 좋아서도, 박근혜 정부의 몰락이 아쉬워서도 아니었습니다. 불법과 조작이 현직 대통령을 탄핵시킬 수 있는 그런 세상은 막아야 한다고 생각했기 때문입니다.

그래서 투쟁해 왔고 지금도 싸우고 있습니다. 때문에, 문재인 정권으로부터 숱한 고통도 당했습니다. 생각지도 않았던 감옥도 갔다 와야 했고, 지금도 온갖 소송과 수사기관의 조사는 물론 탄압과 벌금에 시달리고 있습니다.

그래도 저는 멈출 수가 없습니다. 누군가는 싸워야 하겠기에 지금도 이 투쟁에 많은 시간을 투자하고 있습니다. 감옥 생활 1년 7일을 빼고는 꼬박 6년을 불법 탄핵과 싸우고 있습니다. 일주일의 3~4일은 아스팔트 위에서, 유튜브 방송에서. 언론을 통해 진실을 부르짖고 있습니다.

이런 노력들이 어우러져 이미 박근혜 대통령에 대한 탄핵은 불법 탄핵이라는 증거들이 차고 넘칠 정도로 나왔습니다. 법 전문가들을 통해 불법 탄핵의 법적 근거도 찾았고, 학문적으로도 그 근거를 이미 마련했습니다.

특히 국회의 탄핵소추 의결의 부당성. 헌법재판소 결정의 부적격성. 특검과 검찰의 잘못된 판단, 법원 판결의 흠결까지 다 찾아냈습니다. 다른 한편에서는 탄핵의 도화선이 됐던 태블릿PC의 허구와. 박 대통령에 뒤집어씌웠던 언론들의 가짜 뉴스도 그 진실이 대부분 드러났습니다.

정부나 사법부, 그리고 정치권이 자신들의 잘못을 인정하기 싫어,

덮고 있을 뿐입니다. 이런 가운데 아스팔트 투쟁과 함께 법적 투쟁을 하는 헌법수호단을 알게 되었습니다.

헌법수호단, 이들의 목표는 분명 남달랐습니다. 한 건의 '각하'판결을 받으면 두 건을 제소하며 소송 개시 이래 소송진행의 공백이 없는 끊임없는 투쟁을 해오고 있었습니다.

그들은 법률전문가 집단도 아니었지만, 변호사보다도, 법학자보다도 그들의 불법탄핵에 관한 분석은 과히 최고 수준이었습니다. 그들의 지칠 줄 모르는 준법투쟁의 기록은 고스란히 역사에 저장되고 있었습니다.

저는 헌법수호단 동지들의 결연한 의지에 감동을 받아 단원으로 가입해 같이 활동한지 4년에 이르고 있습니다. 소송장에 깨알처럼 박혀 있는 명쾌한 법리적 증거들은 문재인 정권의 재판부도 어쩔 수 없이 각하나 기각을 시켰겠지만 간담은 서늘했을 겁니다. 아니, 아직도 끝나지 않은 투쟁의 연속에 주사파 악의 무리들은 마음을 놓지 못하고 있을 것입니다.

저는 감히 장담합니다. 박 대통령 탄핵에 검찰의 주역을 담당했던 윤석열 대통령과 한동훈 법무부 장관이 이 진실을 모른 척 한다 해도 언젠가 대한민국 역사는 반드시 인정하게 될 것입니다. 바로 헌법수호단의 소송투쟁 기록은 진실과 증거에 기반한 것이자, 법이 정하고 있는 기준을 철저히 준수했기 때문입니다.

따라서 저는 박근혜 대통령과 윤석열 대통령께 진실의 편에 서 주실 것을 이 책을 통해 호소 드리고자 합니다.

먼저 박근혜 대통령께서는 알고 계실지 모르겠지만, 지난 7년간

비가 오나, 눈이 오나, 한결같이 탄핵 무효를 외친 국민이 2천만 명에 이른다는 사실입니다. 이 투쟁 과정에서 5명의 애국 국민이 목숨을 잃었고, 수많은 사람들이 부상을 입었습니다.

또 수십 명의 동지들이 감옥살이를 했고. 수백 명의 국민들이 고소 고발을 당하는 등 큰 고통을 당했습니다. 아직도 그 고통은 소멸되지 못한 상태로 여전히 우리를 괴롭히고 있습니다.

그런데 박근혜 대통령께서는 이런 국민들을 외면하듯, 출소한지 6개월이 된 지금까지도 아무런 말씀 한 마디 없으십니다. 지방선거를 앞두고, 유영하 변호사의 공로만을 말하는 것을 보고, 당신을 위해 7년간 아스팔트에서 싸워 온 국민들은 큰 실망을 했습니다.

고마움의 인사를 받고자 하는 것이 아닙니다. 당신에 관한 불법탄핵에 대해 우리들이 찾아낸 진실에 정의의 목소리를 내 달라는 것입니다. 이 요구가 과하다고 생각하시면 계속 외면·침묵하셔도 됩니다.

우리는 박근혜 대통령의 의중과 상관없이 끝까지 싸울 겁니다.

또 윤석열 대통령께서도 불법탄핵에 항거하고 있는 국민들까지 당선을 위해 지지해준 것을 아신다면 결단해 주시기 바랍니다. 박근혜 대통령의 명예회복은 물론, 문 정권이 망가뜨린 대한민국의 헌법수호를 위해서도 불법탄핵의 진실에 손을 들어 주십시오.

끝으로 준엄한 기록으로 싸우고, 그 기록을 모아 책으로 만들어 낸 헌법수호단 박상구 총단장을 비롯한 함께 하는 모든 동지 단원 분들께 하나님의 영광이 함께하길 기도드립니다.

손 상 대(손상대TV 대표. 태극기집회 대표 사회자)

살신보국(殺身保國)해야 할 '헌법수호'

국가를 지탱하는 것 중에, 헌법과 안보는 수레의 양쪽 바퀴 같은 것입니다. 헌법이 무너져도 안 되고, 안보가 무너져도 안 되는 것입니다. 저는 육군참모총장을 끝으로 예편 후, 장관과 국회의원을 지내면서 오늘 이 시간까지 자유민주주의의 헌법을 수호하기 위해 노력을 했다고 자부합니다.

그러나 이런 노력은 몇 사람의 땀과 눈물로만 되는 것이 아닙니다. 모든 국민이 하나 같이 투철한 안보관을 가져야 하고, 먼저 앞장서 헌법을 수호할 때 가능할 것입니다.

세월을 거슬러 근대 역사만 보더라도 아픈 역사, 치욕의 역사는 대부분 안보관이 무너지고, 헌법수호 의지가 허물어질 때 발생했습니다. 이 때문에 우리 민족은 숱한 외침을 받았고, 적국에 의한 전쟁의 아픔까지 겪어야 했습니다.

이런 아픔은 한 번으로도 족할 텐데, 지금도 그 여진은 계속되고 있습니다. 그 중심에, 바로 좌파세력들의 박근혜 대통령에 불법탄핵이 자행됐던 것입니다. 이건 여야를 떠나 정상적인 사고를 가진 국민이라면 당연히 막아야 했습니다. 하지만 좌경화된 언론의 마녀사냥식 여론몰이와 우파 정당 정치인들의 배신으로, 결국 죄 없는 박 대통령은 권좌에서 내려왔고 끝내 영어의 몸이 될 수밖에 없었습니다.

이런 와중에 제 눈에 들어 온 시민단체가 있었으니, 바로 '헌법수호단'이었습니다.

이들은 목적이 분명했습니다. 첫째는 박근혜 대통령의 탄핵은 불법이라는 것, 둘째는 불법탄핵을 통해 문재인이 대통령이 된 것이기 때문에 이를 인정할 수 없다는 것, 셋째는 19대 총선을 실행해서는 안 되고, 반드시 박근혜 대통령이 자신의 자리로 돌아와야 한다는 것이었습니다.

헌법수호단 단원들은 단순히 아스팔트에서 목소리만 지르는 것이 아니었습니다. 이들은 거리 투쟁과 소송투쟁을 병행하고 있었습니다. 일반인들이 보기에는 무모한 소송투쟁을 벌인다고 생각했을지 모릅니다.

이들은 대한민국의 법치를 세우기 위해, 또한 "언젠가는 대한민국 역사가 진실의 결과물을 인정할 그 근거를 남기기 위해 소송투쟁을 벌이고 있다"는 확고부동한 투쟁 목표가 있었습니다.

여기에 또, 지난 5년간의 투쟁 역사를 책으로 발간한다니 참으로 반갑고 고마울 따름입니다. 무엇보다 이 책은 대한민국에서 일반 국민들이 헌법을 수호하기가 얼마나 힘든 것인지, 또 좌파들이 자유대한민국을 어떻게 파괴하려 했는지 그 역사적 증거물이 될 것으로 생각합니다.

저도 2016년 80 노병으로서 '내 짧은 일생 영원한 조국을 위하여'라는 자서전 같은 책을 냈습니다. 책으로써 후배들에게 투철한 군인정신과 안보관, 그리고 애국심을 고취시키기 위해 평생 군에서 경험했던 모든 것을 털어 놓았습니다.

결론은 한 가지였습니다. '명예는 상관에게, 공은 부하에게, 책임은 나에게'였습니다. 저에겐 아직도 군인의 기백이 남아 있습니다. 누구보다 철저한 안보관을 가지고 있습니다. 여전히 뜨거운 애국심이 가슴 속에서 끓고 있습니다. 남은 삶도 젊은 친구들의 투쟁과 함께 하겠습니다. 가장 취약한 안보환경의 대한민국은 이제 너나 할 것 없이, 목숨 걸고 지켜야 합니다. "평화를 원하거든 전쟁을 준비하라" 했습니다. "강력한 응징만이 도발을 방지 합니다."

우리 모두 공산주의로부터 나라를 지키기 위한 삶의 연속입니다. 정의롭게 살고자 노력했던 군 생활, 변화무쌍(變化無雙) 속에서 꺾이지 않는 만고불변의 애국심, 이 모든 것은 자유대한민국을 지키고자 하는 것이기에 '헌법수호', 저 또한 이 목숨 다하는 날까지 지켜야 합니다.

마지막으로 그 어려운 역경 속에서도 불굴의 투지로 투쟁을 지속해 온 헌법수호단 단원들께 격려와 치하를 보내면서, 계속적으로 헌법수호에 매진해 주실 것을 당부드립니다.

이 진 삼 (前 육군참모총장, 체육청소년부장관, 국회의원 역임)

정의와 진실이 있는
자유 민주 대한민국으로

박근혜 대통령에 대한 탄핵은 체제 전복을 위한 '대한민국 탄핵'이었습니다. 탄핵을 '촛불혁명'으로 미화한 극좌파 반국가 세력의 공작에 기회주의 보수 세력이 동조한 내란이었습니다.

대통령이 탄핵되는 엄중한 시기에 여성대통령을 모독하는 나신(裸身)의 그림을 예술을 빙자해 조작품을 만든 더불어민주당의 한 국회의원이 그림 전시회에 내걸었습니다.

탄핵의 광풍이 몰아치던 와중에, 민의의 전당이라고 하는 국회의원회관 로비에 박근혜 대통령을 인격 살인한 '더러운 잠'이라는 누드화가 5일간이나 내걸려 있었습니다.

박 대통령의 잘잘못을 떠나, 많은 이가 모욕감을 느끼고 분노했는데도, 여러 날 벌거벗겨진 대통령 그림은 의원회관 로비에 건재했습니다.

이를 본 한 사람의 국회의원도 항의하지 않았기에, 마침 2017년 1월 24일 국회에 용무가 있어 들렀다가 그 모습을 보고는 참다못한 내가 그림을 망설임 없이 끌어내려 팽개쳐 버렸습니다.

그 그림을 전시한 것은 표현의 자유를 빙자하여 국가원수이자 국군통수권자인 대통령의 명예를 실추시켰고, 인격과 권위를 심각히 훼손한 부당한 일이며, 이에 대해 행동으로 경고한 것은 국민의 도리이자 예비역 군인의 의무라는 생각이었습니다.

　정의가 대한민국에서 죽어가고 있었던 것입니다. 불의에 항거할 용기가 없었고, 국가를 위해 희생할 줄 몰랐기 때문입니다.

　1980년 12월 2일, 칠흑 같은 한 겨울의 밤바다를 뚫고 침투했다가 공비 6명을 싣고 도주하던 북한 무장간첩선을 내가 함포사격 첫발에 격침시켰습니다. 전공만 탐했던 비겁한 지휘관들과 같은 자들이 죄 없는 대통령을 탄핵시키고 국가 권력을 참탈(僭奪)하여 나라를 벼랑 끝으로 내몰아 왔습니다.

　정의와 진실이 실종되면, 더 이상 자유민주공화국이 아닙니다.

　박 대통령에 대한 탄핵무효 소송을 진행하는 한편으로, 문재인과 헌법재판관 8인을 형사 고발하는 등 합법적 투쟁을 전개하여 온 헌법수호단의 용기와 헌신에 경의를 보내면서 그간의 투쟁 기록과 주장을 망라한 불법탄핵 보고서《대한민국은 왜 불법탄핵을 저질렀나》의 출간을 진심으로 축하합니다.

　헌법수호단의 건승과 박근혜 대통령의 명예회복, 그리고 자유 민주 대한민국의 정체성 회복과 재건을 기원합니다.

　　　　　　　　　심 동 보(한국군사문제연구원 비상임이사, 前 해군제독)

법률가는 법률로써
정법한 대한민국을 수호하라

먼저 사랑하고 존경해 마지않는 헌법수호단 박상
구 총단장과, 이종만 사무총장을 비롯한 모든 단원
들께 박수를 보냅니다. 지난 5년간의 쉼 없는 준법
투쟁의 생생한 역사적 기록들이 한 권의 책으로 나
온다니 함께 저 또한 기쁩니다.

헌법수호단의 투쟁기록은 단순한 기록이 아닙니다. 지난 2017년
대한민국을 송두리째 뒤엎은 좌파들의 헌법파괴에 대해 법적 투쟁
을 벌여 온 역사적 기록물이라 감히 평가합니다.

대한민국에는 수많은 법조인들이 있습니다. 하지만 헌법이 파괴당
하고 법치가 무력화 당할 때, 정작 이들 비법조인들이 헌법 투쟁에
나섰던 것입니다. 이들은 많은 멸시와 조롱과 비난을 받았습니다.
어찌 보면 무모한 도전을 한 겁니다.

그러나 그들의 가슴 속엔 누구보다 헌법수호를 하고자 하는 정신
이 강했습니다. 이들은 행정법원, 고등법원, 대법원을 수십 차례 거
치며, 지방행정법원 여러 곳에도 소를 제기해 지금까지 47차례의 법

정 투쟁을 이어가고 있습니다.

문재인 정권에서는 결코 승리할 수 없는 싸움이었지만, 누군가는 진실의 역사적 기록을 남겨야 한다는 사명감으로 싸워왔다고 하니, 애국의 눈물은 누구나 같은 온도인가 봅니다.

저 역시 70년대 카라스키야에게 4번이나 다운되고도 다시 일어나 KO시켰을 때 애국심에 북받친 눈물을 흘렸고. 2017년 탄핵 정국에서 광장을 뒤덮은 태극기 물결 속에서 또 한 번 더 애국 국민들과 뜨거운 눈물을 흘렸습니다.

공산주의자들은 '함께, 더불어 산다'고 선동하면서도, 정작 사람과 개·돼지로 축약한 '인민'을 저들 공산당원들이 공짜로 사는 방법의 체제유지 도구로만 쓰고 있습니다.

한반도에서 공산주의자들이 항복하기 전에는 대한민국은 체제경쟁이라는 게임에서 이긴 게 아닙니다. 그런 공산주의자 북한에게도 얼마든지 역전의 기회가 있을 수 있습니다.

네 번이나 쓰러졌던 저 홍수환이 라이트 훅, 레프트 훅으로 캬랴스키야를 쓰러뜨릴 때처럼 북한에도 비장의 한 방이 있을 수 있다는 현실입니다. 오늘 대한민국 대부분의 국민들은 감나무 밑에 드러누워 입을 크게 벌리고서 감이 떨어지기를 기다리고 있습니다. 따뜻하게 물이 데워지는 솥 안에 든 개구리처럼 국가안보에 관한 개념조차도 완전히 망각하고 있는 듯합니다.

북한은 절대 우리가 바라는 대로 곱게 평화통일로써 망하지 않습니다. 아주 싱겁게 망하거나, 그렇지 않으면 아주 지저분하고 더럽게 망하거나, 둘 중의 하나일 것입니다. 문제는 누가 승자일지 알 수가 없는, 최후의 승자가 승자일 뿐입니다.

저에겐 지금도 그날의 신화 때문에 '4전 5기의 영웅'이라는 애칭이 붙어 있습니다. 제가 날린 주먹 한 방 한방에 열광하던 국민들의 함성소리는 지금도 제 귓전에 울리고 있듯이. 헌법수호단의 투쟁기록은 이 책을 통해 나라 사랑하는 우리 국민들의 가슴 속에 영원히 남을 것입니다.

법률종사자들과 법학도들은 헌법수호단, 이들을 돌아봐 줘야 할 것입니다. 왜 긴 세월을 내내 "탄핵무효 박대통령 복귀"라고 하는지, 이들 법률 비전문가들이 소송에서 뭘 얻고자 하며, 뭐가 틀려 연속 '각하'판결만 받는 헛발길인지, 지금 대한민국 법률가들에 의한 법률로써 정법하게 대한민국을 수호하고자 하는 직업근성이 절실히 요구된다 싶습니다. 또한 이 책은 내용도 중요하지만, 무엇보다 소장의 가치를 더 중시해야 할 것 같습니다. 그 이유는 비법조인인 순수 애국국민들이 자비로써 투쟁해 온 진실의 증거물이기 때문입니다.

아직도 박근혜 대통령에 대한 불법탄핵의 진실을 모르는 국민들이 많을 것입니다. 따라서 이 책 속에 수록돼 있는 진실이 국민 속으로 투영돼, 다시 활화산처럼 터져 나와 저의 4전5기보다 더 값진 지금까지의 탄핵무효 소송이 43전 44기의 기록으로 멈춰 우리의 헌법이 반듯하게 세워지기를 우리 모두 응원 합시다.

다시 한번, 헌법수호단이 국민들에게 내놓는 귀중한 역사의 증거물인《대한민국은 왜? 불법탄핵을 저질렀나》의 출판을 축하드립니다.

홍 수 환(前 WBA세계 복싱챔피언)

조국, 대한민국을 위한 기도

詩人 양광모

나를 사랑하는 국민보다
나라를 사랑하는 국민이 더 많게 하소서.

나를 위해 흘리는 눈물보다
나라를 위해 흘리는 눈물이 더 많게 하시고,
나를 찾기 위해 애쓰는 시간보다
나라를 잃지 않기 위해 애쓰는 시간이 더 길게 하소서.

국민은 새와 같고
국가는 나무와 같습니다.

가지에 깃들어 사는 새처럼
나무의 소중함을 잊지 말게 하시고
아침이면 잠시 떠나더라도
저녁이면 돌아와 나무와 함께 밤을 이겨내게 하소서.

눈보라 폭풍우가 몰아치는 날에도
이곳이 우리와 우리의 어린 새들이 살아갈
영원한 민족의 둥지임을 잊지 말게 하소서.

오랜 옛날 용맹하고 아름다운 한 새가 말하였으니
아직 기게 열두 척의 배가 남아 있습니다.

이제 이 나무에 깃들인 모든 새들이
일제히 하늘로 날아올라 한 목소리로 외치나니
아직 우리에게 애국의 마음이 뜨겁게 남아 있습니다.

할아버지의 조국
어머니의 모국
우리들의 사랑하는 나라
대한민국을 위해 기도합니다.

우리의 힘찬 날갯짓과 뜨거운 노랫소리로
이 나무의 뿌리를 더욱 깊게 하시고
이 나무의 잎을 더욱 무성하게 하시고
이 나무의 꽃과 열매를
더욱 풍요롭게 만들어 주소서.

그리하여 이 세상 가장 높이
우뚝 솟은 한 그루 큰 나무가 되어
동해의 물과 백두의 산이 마르고 닳도록
영원히, 영원히 푸르게 하소서.

1

불법탄핵,
음모의 검은 그림자

1. 적화 망국을 위한 '미운살'
2. 개성공단 폐쇄
3. 한미동맹과 한일군사협정
4. 세월호 전복 사고
5. 부산 해운대 'LCT게이트'
6. 박근혜-최서원 게이트'
7. 북한의 탄핵 지령
8. 청렴한 대통령 박근혜의 불의에 대한 '불통'

대한민국의 헌법적 자살은
대한민국의 역사적 정통성, 국민적 정당성,
한반도에서의 국제법적 유일 합법성을 부정하고
그것들을 조선노동당 내란집단에 국가연합
또는 연방제 형식으로 팔아먹을 때 완성되는 것이다.

그것은 곧 적화(赤化)통일이다.
국가는 영속(永續)하는 것이며
망할 수는 있어도 헌법적으로 스스로 자살할 수는 없다.

주권자인 국민의 일반 의사,
즉 헌법제정권력 조차도
국가를 헌법적으로 자살시킬 수 없다는 점에서
불법 가짜대통령 문재인의 이러한 불법통치의 자행은
조선로동당에 대한민국을 팔아먹는 망국의 반역행위인 것이다.

1

적화 망국을 위한 '미운살'

박근혜는 1974년 8월 광복절 기념식장에서 어머니를, 그 후 5년 되는 10·26 때는 아버지를 잃고서, 1998년 정계에 입문할 때까지 세인들의 기억에서 지워지다시피 조용했고, 10·26 이후 18년간의 긴 은둔의 시간을 벗고 일어난 후, 국회 5선 의원을 하는 동안에도 그녀는 별로 언론의 주목을 받지 못했다.

그런 박근혜는 지금까지도 미혼으로서, 2012년 12월 19일 대한민국의 제18대 대통령선거에 의하여 다수 득표로 선출된 대한민국의 제18대 대통령으로서, 2013년 2월 25일 대통령으로 취임한 이래로 불의와는 불통하며, 아버지 박정희 대통령의 대를 이어 국가발전에 이바지하고자 했던, 그래서 불법탄핵으로 청와대에서 내몰려 지기까지 하는 대통령으로서 수행한 4년의 그 업적이 말한다.

대부분의 사람들은 대통령 박근혜에 대한 탄핵에 관련하여 대한민국에서 2016년 후반기에서 이듬해 전반기까지 정확히 무슨 일이 일어났는지, 2017년 3월 10일 오전, 대한민국 헌법을 수호한다는 헌법재판소에서 "대통령 박근혜를 파면하다"는 불법탄핵의 파면선고가 이 땅의 법치에 어떤 의미로서, 얼마나 막대한 악영향을 미쳤는지, 이 엄청난 일이 불법탄핵이었다는 사실을 아직도 제대로 알지 못하고 있는 것 같다.

대한민국에 탄핵 세력이 커지면서, 2016년 11월부터 2017년 3월에 이르기까지 서울 곳곳에 대통령 박근혜를 미국·친일·반북의 꼭두각시로 묘사한 전단지가 거리에 흩뿌려졌다.

'국정농단'이라는 용어는 2016년 말에 처음 등장했던 것으로, 그 속에는 갖은 거짓 조작언론이 담은 비상식, 비도덕, 반법률적인 결정체의 '문제아 대통령'으로 치부하고, 그를 어서 빨리 끌어내자고 선동하는 '사회주의가 답이다'라며 탄핵정국의 상징어가 되었던 것이다.

언론은 '국정농단'이라는 용어를 박 대통령을 이용한 최순실(최서원)이 국정에 개입해 나라를 섭정(攝政)으로 운영했다는 혐의를 의미하는 것으로서, 이후 '국정농단'은 박근혜 정부의 대명사격으로 광범위하게 사용하면서 호도(糊塗)해 나갔다

J방송사는 2016년 10월 하순, 뉴스보도 화면에 파일이 있는 태블릿PC를 보여주며, 최씨가 박 대통령의 연설을 편집하고, 정부 문서를 검토했다고 전했다. 다른 언론들도 이를 받아 보도하면서 최서원의 태블릿PC 이야기는 거센 폭풍을 만난 산불처럼 번져 갔다. J방송사의 '태블릿PC'에 대한 정확한 근거 없는 주장임에도 국민을 당황스럽고도 분노에 빠지게 했고, 때를 맞춰 반정부 시위대(탄핵찬성파 국회의원, 노조, 좌경화 시민단체 등)는 촛불시위를 일으켰다. 당시, 이 나라 대

부분의 말과 글은 태블릿PC 관련 뉴스를 '국정농단'의 '증거'라고 언급하는 일상어가 되었다.

이때까지의 지난 광우병 집회, 제주 해군기지 반대, 밀양 송전탑 반대에 이어 세월호 보상집회, 사드 반대집회에 대한 허위·과장 보도와 이에 따른 시위도 연일 이어지며, '태블릿PC' 보도에 힘입은 여러 가지 불만정책에 대한 반박 세력들과 친북 세력들이 매우 잘 조직된 촛불 시위에 빠르게 합류했고, 폭력적인 횃불시위로써 그 위험성을 드러내며 박 대통령 정부를 위협하기에 이르렀다.

이렇게 당시 국내 언론들은 박근혜 정부 출범 이후 비정상(Abnormal)이 정상(Normal)을 지배하는 전도된 상황이었고, 그 보도는 사실과 거짓과의 관계는 '진실이 거짓이요, 거짓이 진실인 세상(A world where truth is lies, lies are truth)'이 되어 거짓 언론이 나라 전체를 온통 뒤덮고 있었으니, 진실과 사실이 설 자리가 없었던 자리에 YouTube를 이용한 개인방송이 진실을 전하는 매체로서 동분서주했지만, 기득권을 쥔 거대 기업언론의 거짓을 걸어 내기에는 중과부적(衆寡不敵)이었다.

이런 대통령 탄핵을 위한 헌법재판소의 탄핵심판제도는 형사소송법을 준용함에 따라서, 다양한 혐의에 대해 대통령으로서 도저히 용납되지 못할 법률위반 행위의 증거가 분명해야 할 것이나, '유죄가 입증될 때까지 무죄추정'이라는 개념은 교과서에나 존재하는 개념일 뿐 국회의원과 검찰, 특별검사, 헌법재판관들의 머릿속에는 전혀 존재하지 않았다. 무려는 향후에 발효될 법률에 관하여 소급적용까지 하였으니, 무죄추정의 원칙 따위는 환상에 불과한 사치일 뿐이었다.

장차로 볼 대한민국 헌법수호단의 소송상의 주장 법리에서 대통령 탄핵과 관련한 헌법기관들의 잘못된 위법한 법적용만으로도 이미 불법탄핵이었음의 증거가 명백하고도 뚜렷하게 중대한 결함으로 드러남을 보게 될 것이다.

그런 우리 국민의 헌법이, 우리 각자의 헌법이, 우리의 대표인 대통령이 불의 불법의 세력들로부터 무자비한 탄압을 받고 있음에도 대다수의 국민들은 불법탄핵의 '파면'선고에 환호했고, 지금도 "불법탄핵이라는 정치이야기는 하지 말라"한다.

그런 무관심과 거부로, 그저 자신만의, 가족만의 등 따뜻하고 배부른 안락함에 안주(安住)하고 자유민주주의와 공산사회주의의 극심한 대립 양상인 이 나라의 사회혼란은 이미 국난임에도 국난으로 인식하지 못하고 있는 듯한, 국민 대부분은 철저하게도 관심 갖기를 배제하고 있는, 참으로 이해 못할 우리 사회현상이다.

단적인 하나의 예를 들자면, 어떤 영화는 무조건 핵발전소는 우리 가까이에서 물리쳐야 한다는 소재로써, 또 어떤 영화는 범죄에 대한 남북한의 수사공조 대응으로써 북한 주인공의 무한한 기량을 과시 표현하고서 이들 남북 수사관들에 대한 남한 당국자 없는 북한 당국자만이 북한 수사관을 치하하는 차별화로써 북한당국을 반듯하게 미화하는 문화 속임수의 정책에서 좌익정권의 햇볕정책이라는 미명 아래 우리가 알게 모르게 부지불식간 이런 문화침투에 빠져 북한의 숨겨진 날카로운 발톱을 모르고서 부드럽게 다가가 쓰다듬는 위험에 빠져 든 사회현상일 것이다.

'자유민주주의'가 무너질 때까지 인민 → 민중 → 진보적 단계로

"민주주의를 외쳐라"라는 사회주의 혁명론은 우리 사회를 매우 혼란스럽게 하고 있음이 사실이고, 이제 이 나라는 이를 현실로 맞고서 사회 각 분야가 온통 홍역을 치르고 있다.

우리는 북한이 핵 개발을 완전 포기하던지, 아니면 우리도 그에 대등하거나 우월하게 무장 갖춘 이후에야 평화체제가 유지되고 또한 그러한 상호간 협정이 타당할 것이다.

탄핵정국으로 대통령이 권좌에서 나오고, 불법 공화국 가짜 대통령의 정권하에서는 군사보안이 흐트러지고, 온갖 수 많은 악법을 제조하고, 갖은 부류의 집단으로 이해관계를 들추어 대립하게 하는 국론분열 양상이다.

적성국 중공인민들이 대거 들어와서는 가짜 공화국 정부로부터 국민과 달리 차별적 금융혜택까지 받으면서 국내 부동산을 쉽게 취득케 하는 등으로 불법 가짜 대통령 문재인의 5년은 이 나라 망국에 도움 될 정책이라면 무엇이던 가리지 않고 머리를 짜내어 행사했다.

이것은 포성만 없을 뿐인 비정규전으로서, 나라가 이미 침투한 간첩세력들과 치열한 전쟁을 수행하고 있음에도, 대부분의 국민들은 이를 알아차리지 못하고 무관심과 배격으로 처리하는 '국민주권자'라고 외치던 그들의 자리는 전쟁에 진 망국의 운명 앞에서도 마냥 각자는 등 따뜻하고 배부를 수 있을까?

탄핵정국에서 탄핵 찬성 또는 촛불 시위가 서울 한 복판에서 정기적으로 열렸고, 편향된 언론에 의한 광범위하게 입방아와 글방아로 한껏 부풀려진 거짓과 과장의 그릇된 정보로써 대중에게 전달되어

졌다.

'태극기 집회'라고 불리는 탄핵반대 집회에서 태극기와 국가안보의 생명줄인 한미동맹을 강조하는 성조기가 주말마다 서울의 중심대로를 가득 메우는 집회가 계속 이어지고 있었지만, 이 나라의 언론은 철저하리만치 그런 대부분을 무시하거나 애써 축소했던 편파적 보도 역시도 사실이다.

2016년 12월 31일, 광화문 광장에서 탄핵 반대 촛불시위가, 시청 근처에서 탄핵 반대 태극기집회가 있었던 어떤 보도는 "촛불집회 72만 명, 성조기(태극기 집회에 대한 폄하 표시) 집회 1만 2,000명"이라고 보도했지만, 촛불집회 규모보다 태극기 집회의 규모가 더 큰 것으로 나타났다. 그런 편향된 보도는 결국 한국인 대다수가 탄핵을 지지한다는 그릇된 인상을 전해 주었다.

그렇게 태극기집회에 대한 언론 보도에서는 그 보도가 축소되어 작았지만, 박 대통령에 대한 탄핵을 지지하는 촛불 시위는 광범위하게 구석구석을 찾아 탄핵의 필연성으로 다루며, 그 규모를 과대평가 보도했던 것 또한 사실이다.

박 대통령에 대한 탄핵소추안의 표결에 임하는 대부분의 국회의원들은 탄핵안을 한 번도 읽어 보지 않았을, 그렇게 날치기 표결 투표를 하였던 것으로, 탄핵소추안으로서의 내용에 관하여 언론보도에만 기댄 거짓 과장된 오보(誤報)를 통해 접한 정보로서 대체 습득했던 것으로 보여 진다. 아니, 국회 234인의 국정개판주의자들은 '묻지마 탄핵찬성'이었다.

국회로서도 대통령 탄핵의 증거로 제시된 수 많은 언론의 기사 뭉치에 대해서는 국회법 등에 따른 증거조사가 전혀 이루어지지 않은 채, 발의자의 발의 원안 그대로 증거력 없는 목록상의 증거물로서 국회 본회에서 탄핵소추 가결에 필요한 정족수만 채웠던 것이다.

이렇게, 마치 사회주의 인민대중의 마당놀이 마냥 대통령 탄핵소추라는 중대한 국정을 헌법기관이라고 하는 국회의원으로서의 권좌를 이용한 권리행사방해 · 직권남용으로써 국헌문란의 내란을 범한 것이다.

형법 제91조는 국헌문란(國憲紊亂)에 관하여 정의하기를, '국헌을 문란할 목적'이라 함은 ①헌법 또는 법률에 정한 절차에 의하지 아니하고 헌법 또는 법률의 기능을 소멸시키는 것과 ②헌법에 의하여 설치된 국가기관을 강압에 의하여 전복 또는 그 권능행사를 불가능하게 하는 것으로 정의했다.

국헌문란으로서의 내란(內亂, rebellion)은 나라 안에서 정치적 목적으로 벌이는 난으로서, 국가 대권과 헌법의 통치력을 저해하거나 파괴하려는 행위, 또는 국가로서의 영토주권을 분쇄시키려는 일체의 유무력 행사를 말한다.

이런 국헌문란 행위로서의 불법탄핵은 '법률에 의한 적절한 증거' 없는 탄핵은 사건의 사실관계를 규명하기 이전에 이미 공법상의 강행규정 위반으로서 위헌이었고, 처분의 법률효과가 전혀 발생하지 않는 절대적 당연무효일 수 밖에 없다.

이런 불법탄핵의 파면선고에 이르기까지 박 대통령에게는 나라를 똑바로 지키려는 사드배치, GSOMIA협정, 개성공단 폐쇄, 통합진보당 해산, 국사교과서 개정 시도, 전교조의 법외노조 지정, 민주노총의 탈퇴자유화, 해운대 LCT 수사지시 등으로 박 대통령에게는 북한 괴뢰정권과 친종북 주사파들에게 있어서 하는 그 모든 것이 미운 털 뿐이었던 결과가 탄핵의 수순을 밟게 되고 투옥에 까지 이르게 된 것이다.

그래서 이 책은, 대통령 박근혜가 2017년 3월 10일 헌법재판소에서 파면 선고를 받았지만, 헌법기관들의 여러 가지 위법행위로써 이뤄진 불법 탄핵에 의한 당연무효인 파면으로서, 그 파면의 법률효과가 전혀 발생하지 못하여 "대통령 박근혜는 파면된 바가 없다"는 것이다.

따라서 헌법 제68조상의, 대통령으로서 궐위 되지 못한 대통령 박근혜는 2017년 3월 10일 이래로 법정 5년 임기의 남은 임기를 누릴 대통령으로서의 권리가 있고, 또한 국가와 국민에 대하여 그 임기를 완수해줘야 할 채무자로서의 성질을 지니고 있는 것이다.

국가와 국민은 대통령 박근혜에게 남은 임기를 보장해 줘야 함이 적법하고도 지극히 당연한 도리이다.

2

개성공단 폐쇄

남북교류 협력사업 '개성공단'

김대중 대통령 시절인 2000년 6·15공동선언 이후, 남북교류협력의 하나로 2000년 8월 9일 남한의 현대아산과 북한의 아시아태평양평화위원회 간의 총3.3㎢에 개발한 '개성공업지구건설운영에 관한 합의서'를 체결함으로써 개성공단 조성이 시작되었다.

개성공단조성은 남한의 자본과 기술, 북한의 토지와 인력이 결합하여 평화통일을 지향하는 차원에서 남북교류 협력의 새로운 장을 마련한 역사적인 사업으로서 남북화해 교류협력 특히 남북경제협력에 중요한 역할을 하는 것으로 그 가치가 평가되었다.

6·15공동선언으로 남북은 '개성공업지구건설운영에 관한 합의서'를 체결하고서, 북한은 2002년 11월 27일 개성공업지구법을 공포하여 이를 구체화시켰다.

개성공단은 북한이 토지를 남측에 임대하는 방식으로, 임대기간은 토지이용증을 발급한 날로부터 50년이다. 공단토지 임대차계약은 남측의 개발업자와 북측의 중앙공업지구지도기관과 체결했다.

공단조성은 남한의 한국토지공사와 현대아산이 맡는 즉, 사업계획 수립, 인허가, 대북업무협의 등은 공동으로 하면서, 한국토지공사는 자금조달·설계·감리·분양 등을 맡고, 현대아산은 시공을 맡았다.

개성공업지구법에 의한 개성공업지구는 국제적인 공업, 무역, 상업, 금융, 관광지역으로 이루어져 있다. 공업지구에 투자할 수 있는 자는 남한과 해외동포, 다른 나라의 법인, 개인, 경제조직으로서, 북한의 기관이나 기업소, 단체는 원칙적으로 공업지구의 사업에 관여할 수 없었다.

개성공업지구 입주기업 현황을 보면 2012년 3월 당시 섬유(72), 화학(9), 기계금속(23), 전기전자(13), 식품(2), 종이목재(3), 비금속 광물(1) 등 모두 123개 업체가 가동 중이었던 것으로 집계되어 있다.

하지만, 개성공단 사업이 시작된 이래로 현대아산 근로자 억류사건, 천안함 침몰사고, 연평도 포격사건 등으로 남북 갈등이 이어져 왔다.

이런 개성공업지구의 남북경제협력은 2010년 3월 26일 밤에 발생한 천안함 침몰 사건과 관련하여 정부가 2010년 5월 24일 대북 조치를 발표하면서 개성공단에 대한 신규투자를 금지하고, 공단 체류 인원을 평소의 50~60% 수준으로 축소하게 되었다.

한편으로, 북한이 국제법을 위반하고 핵개발을 함으로써 유엔 안전보장이사회는 북한의 수출과 수입을 금지하는 경제봉쇄조치를 결의한 것이다. 유엔이 국제법을 위반하는 국가에 대해 군사적 공격을 하는 방법 이외의 유일한 처벌방법으로써 회원국은 이를 모두 준수해야 하므로, 한국도 당연히 그러한 경제봉쇄명령을 따라야만 하는 것이다.

김대중 정부는 북한의 핵개발에 대해, 개성공단을 폐쇄하거나 남북교류를 축소하기 보다는, 러시아 기술을 도입해 한국도 핵무장을 단행하는 정책을 취하는, 1998년과 1999년에 러시아 ICBM 여러 발을 고철로 밀수입해 조립했으며, 2000년 러시아 기술로 무기급 우라늄 농축에도 성공했다 한다.

이명박 정부는 금강산관광만 폐쇄하고, 개성공단은 유지하는 것으로, 남북교류확대와 북핵처벌이라는 모순된 정책에서의 균형점을 모색하기도 했다. 하지만, 2008년 3월 27일, 북한은 개성공업지구 내에 있는 대한민국 정부 공무원 11명의 철수를 요구했고, 이에 대응한 정부는 일부 공기업 직원들을 제외한 공무원 전원을 3월 27일 개성공업지구로부터 철수시켰다.

2009년 5월 15일, 북한의 중앙특구개발지도총국은 "6.15 공동선언을 부정하는 자들에게 6.15의 혜택을 줄 수 없다"며 개성공업지구 내에 있는 대한민국 기업들에게 주어지던 모든 특혜에 대하여 무효화를 선언했다.

박근혜 대통령 정부 시절인 2013년 4월 9일, 북한의 핵실험 강행으로 핵의 위협이 심화된 대한민국 정부는 이에 강경한 입장을 내놓자 북한도 이에 대해 최종적으로 개성공단을 폐쇄하면서 일방적으로 근로자들의 출입을 제한시켰다. 그 후 160여일이 지난 2013년 9월 16일 개성공단이 다시 가동되어 왔다.

국가 안보대책 '개성공단 폐쇄' 선언

2016년 2월 10일, 대한민국은 북측의 제4차 핵실험과 미사일 도발 (광명성 4호 발사)에 대한 보복으로, 정부는 핵무기와 미사일을 동원한 무력도발이 심화되면서 더 이상 좌시하지 않겠다는 내용과 함께, 개성공단에 대한 잠정 중단을 결정하고서, 개성공단에 공급되는 가스·전력 공급을 중단했다.

개성공단의 근로자 임금이 북한의 무기개발 자금으로 쓰인다는 사실이 짐작되는, 개성공단에서의 근로수익이 사실상 개인에게 가는 것이 아니라, 노동당으로 들어가 핵무기개발에 쓰여 짐을 부정할 자는 아마도 없을 것이다.

개성공단 운영으로 북한 근로자의 근로수익금 6천억 원이 유입되어, 이것이 북한의 핵개발 자금으로 사용되어 진다는 것으로, 이를 차단해야 한다는 유엔의 안전보장이사회 결의의 문제로 부각, 결정된 것이다.

이에 대해, 북한도 2월 11일 정부의 개성공단 가동 전면 중단에 따른 보복조치로서 성명을 통해 "개성공업지구에 들어와 있는 모든 남측 인원을 2월 11일 17시까지 전원 추방한다"고 선언했다.

성명은 "개성공단에 있는 남측 기업과 관계기관의 설비, 물자, 제품을 비롯한 모든 자산을 전면 동결한다"며 "추방되는 인원은 사품 (개인용품) 외에 다른 물건을 일체 가지고 나갈 수 없으며 동결된 물자는 개성시 인민위원회가 관리하게 될 것"이라고 밝혔다.

또한, "남측 인원 추방과 동시에 북남 사이의 군 통신과 판문점 연락통로 폐쇄"와 "개성공단과 인접한 군사분계선을 전면 봉쇄하고,

북남관리구역 서해선 육로를 차단, 개성공단을 폐쇄하고 군사통제구역으로 선포한다"고 밝혔다.

이어진 2월 16일, 박 대통령은 개성공단 중단 이후 첫 공개 메시지로 국회 연설에서 "안보불감증과 국제사회에만 대북 제재를 의존하는 무력감을 버리고, 국제사회의 강력한 공조를 이끌고 우리 스스로 이 문제를 풀어내기 위해 가능한 모든 방법을 동원하겠다"며 '안보위기' 상황임을 강조했다.

개성공단이나, 대북 지원금이 미사일과 핵 개발에 투자되었다는 확실한 증거는 없어 절대 확정 지을 수 없으나, 정부는 자국민 보호를 우선으로 판단하는 불가피한 조치로 가동을 중단한다는 입장이었다.

10여 년간 우여곡절로 이어 온 개성공단이 남북화해의 상징적 의미를 지녔지만, 우리 정부와 국제사회의 거듭된 경고에도 불구하고 북한이 4차 핵실험에 이어 미사일 발사 실험까지 감행하면서 안전보장이사회 결의의 북한에 대한 경제제재 차원에서 개성공단 운영이 중단된 것이다.

이런 개성공단 폐쇄 결정에도 최서원이 박 대통령 정부의 정치에 개입했다는 의혹으로, 방송은 연일 종일 내내 뉴스와 대담으로 도배하며 박 대통령 정부를 비아냥거리며 공격했다.

'개성공단기업협회'는 2016년 12월 15일 개성공단 가동중단 결정의 배후에 박근혜 대통령의 비선실세인 최서원씨가 개입했다는 의혹을 갖고서 '박영수 특검'에 정부가 개성공단 전면 가동중단 결정을 내린 데 대해, 최서원에 관한 수사를 의뢰하기도 했다.

이와 관련해 통일부 대변인은 브리핑에서 "금년 2016년 1월 6일에 북한이 제4차 핵실험을 하고, 2월 7일에 다시 장거리 미사일을 발사했다. 국제사회가 이 문제를 어떻게 해결할 것이냐, 이 엄중한 현실을 어떻게 타개할 것이냐에 여러 지혜를 모으는 과정에서 개성공단을 전면중단함으로써 북쪽에 대한 압박, 그리고 핵 비핵화 쪽으로 유도하려는 그런 고육지책에서 나온 정치적 결단"이라고 설명했다.

또한 "개인의 어떤 한 사람의 생각으로 모든 것들이 좌지우지됐다라고 보는 것은 억측이고 그것에 대한 근거도 없다. 한 사람의 말이 있을 뿐이지, 우리 언론은 사실 근거를 가지고 이야기해야 되는데, 추측을 소개하는 건 아니지 않느냐"며 최씨의 개입 의혹을 일축했다. 그런 의혹이 사실이라면, 일개 개인이 국가안위에 관한 중대 사항을 은밀하게 결정한 것이겠다만, 이를 찾고자 혈안이었던 문재인의 불법정권이 끝나기까지도 이에 대해 밝혀진 게 없지 않는가?

이후 개성공단 폐쇄는 북한과 문재인 정부 측에서 개성공단 재가동을 미국에 정치적으로 요구하는 사안으로 삼았지만, 보수 진영과 미국에서는 북핵 포기의 의미 있는 현실적 성과가 나오기까지 개성공단 재개는 불가했던 사안이다.

웃기는 게, 북한이 개성공단 가동을 중단한다고 협박하면 북한에 비난하거나 애원하는 것이 아니라, 어찌 된 것인지 자유민주 대한민국에서는 정부를 비난하며 왕왕 압박하기에 나선다. 폐쇄 당시에도 개성공단 관련자들과 언론들은 북측에 '핵 개발하지 말라'며 불만과 비난을 내놓기보다는 오히려 '개성공단 전면 중단 조치를 철회하라'며 대한민국 정부를 강도 높게 비판했다. 이런 현상을 본 당시 영국가디언지에서는 개성공단 폐쇄가 우리나라의 상당히 큰 패착이라고 크게 비판한 바도 있다.

당시, 영국을 포함하여 미국 등 서방국가들은 대부분 박 대통령 정부의 북측에 대한 초강경 제재를 환영했던 것으로, 사실상 박 대통령 정부로서는 차기 선거에서 지지표를 잃는 것까지 감수하며 강공책으로 임했었다.

박근혜 대통령의 공식발표를 보면 "북한의 극한 정세 변환에도 불구하고 우리 정부는 개성공단 유지를 위해 노력해 왔지만, 결국 그 노력이 핵개발과 탄도 미사일 실험에 쓰였다"는 대목이다.

이는 더 이상 헛된 화해무드 따위에 속지 않겠다는 강한 의사표명으로, 앞으로는 이런 신뢰할 수 없는 북한과 경제적으로 엮이지 않을 것이며, 개성공단에서 북한이 벌어들이는 수입은 고스란히 핵개발과 탄도미사일 실험에 쓰이는 것으로 추정되는 이상, "더 이상 국가안보와 국민의 생명을 담보로 북한의 돈벌이에 이용당하지 않겠다"고 박 대통령은 선언을 했던 것이다.

국제법적인 관점에서 북한은 "대한민국이 2013 개성공단 정상화 합의문을 위반했다"라고 주장할 수도 있다. 그러나, 북한의 행위는 유엔 안전보장이사회의 결의를 네 차례나 위반한 것이라고 지명되었다.

유엔 헌장 제103조 1항은 '국제연합회원국의 헌장상의 의무와 다른 국제협정상의 의무가 상충되는 경우에는 이 헌장상의 의무가 우선한다'고 규정함으로써, 북한과 대한민국간의 개성공단 정상화를 위한 상호합의에 따른 의무보다 유엔헌장상의 의무가 더 우선한다.

유엔헌장 제1조2호는 '사람들의 평등권 및 자결의 원칙의 존중에 기초하여 국가 간의 우호관계를 발전시키며, 세계평화를 강화하기 위한 기타 적절한 조치를 취한다'라고 선언하고 있는 것으로, 개성공단 가동중단 조치는 유엔헌장상의 "세계평화를 강화하기 위한 조치"의 일부로서 시행된 것이다.

유엔회원국은 유엔헌장에 따라, 유엔안보리의 결의에 따라야 할 의무를 지는 것으로, 북한과의 합의는 유엔안보리의 결의보다 그 효력이 후순위에 있다.

이렇게 1998년 11월 시작된 금강산관광은 1999년 6월 19일 관광객 민영미씨(탄핵무효 소송대표, 현 헌법수호단 부총단장)에 대한 7일간 북한의 강제억류사건, 2008년 7월 11일 관광객 고 박왕자씨가 해안가 철책을 산책하던 중 관광 통제 울타리를 넘었다는 이유로 피살되는 사건으로 금강산 관광은 전격 중단되고, 이로써 개성공단 가동 중단에 까지 이르면서 북한에 대한 햇볕정책은 완전히 종료된 것이다.

10년이 넘는 개성공단 유지기간 동안 금강산 박왕자씨 피살 사건, 천안함 피격사건, 연평도 포격 사건 등 국지적 도발은 물론, 미사일 발사와 핵실험도 계속했기에 개성공단이 북한을 햇볕정책으로서 견제하고 압박할 수 있다는 일견의 주장은 틀린 것으로 판명되었다.

박 대통령 정부는 북한의 4차 핵실험 및 장거리 미사일 발사 도발에 대한 대응 차원으로 개성공단 가동을 전면 중단을 선언하면서, "북한이 대량살상무기 개발에 대한 국제사회의 우려를 해소하고 정상적인 기업 활동 여건을 마련해야만 개성공단을 재가동할 수 있다"고 밝혔다.

당시 국제사회에서는 박 대통령 정부의 개성공단 폐쇄 조치를 적극 지지하는 상황이었던 것으로, 이에 반하는 실제로 문재인 정부가 개성공단 폐쇄 결정에 문제 제기를 하자, 곧 바로 미국 정부가 박 대통령 정부 당시의 폐쇄 결정을 전적으로 지지한다고 문재인 정부의 문제 제기에 반대하는 듯한 입장을 공식적으로 밝힐 정도로 국제 사회는 개성공단 폐쇄에 대해서 아주 긍정적으로 평가하고 있는 엄연한 사실이다.

이후, 2020년 6월16일 오후 2시 50분쯤 북측이 남북공동연락사무소를 폭파하는 사건과 함께 남북관계는 계속 파국으로 치닫고 있다.

헌법재판소, '개성공단 폐쇄 합헌' 결정

불법 가짜 대통령 문재인 정권이 임명한 헌법재판관들로 구성된 2022년 1월 27일, 헌법재판소에서 개성공단에 기업을 운영해왔던 업주들이 제기한 '개성공단 전면중단 조치 위헌 확인' 헌법소원에서 재판관 전원일치의 의견으로 '각하' 결정하고, 2016년 박 대통령이 개성공단 폐쇄 조치를 결정한 것은 '합헌'이라고 판단했다.

2016년 1월, 북한이 4차 핵실험을 단행하고, 같은 해 2월 장거리 미사일을 발사하자, 당시 박 대통령은 2016년 2월 10일 통일부 장관에게 개성공단 철수 대책 마련을 지시한데 이어, 국가안전보장회의 상임위원회 회의를 거쳐 개성공단운영 전면중단을 결정했다.

이런 박 대통령의 결정을 받아치는 북한의 보복조치로, 2016년 2월 11일부터 개성공단 내 공장 가동, 영업소 운영 전면중단 조치가 취해졌으며, 당일 17시까지 남한 인원의 전원에 대한 추방령 선언과

공단 내 자산 전면동결조치를 발표하고, 이후 개성공단에서의 공장 가동 등 협력 사업은 모두 중단됐다.

이런 결정과 조치에, 개성공단에서 기업을 운영해왔던 기업인들은 정부가 사전예고나 이해관계자 의견수렴 없이 개성공단 전면중단을 결정하면서 개성공단 내 토지, 건물, 생산설비 등 유무형의 고정·유동 자산 일체에 대한 사용권 등이 전면 차단됐고, 영업활동이 중단돼 재산상 손해를 입었다면서 2016년 5월 헌법재판소에 위헌심판 신청을 냈다.

이에 대해 헌법재판소는 "북한의 핵실험 이후 국제사회는 핵무기 개발 저지를 위해 다양한 조치를 취해 왔는데, 이는 모두 북한을 경제적으로 고립시켜 핵무기 등 대량살상무기 개발을 포기하게 만드려는 목적"이라며 "이 중단 조치는 그러한 국제평화 및 안전유지를 위한 국제적 합의에 이바지하기 위한 조치"라고 지적했다.

헌법재판소는 "대통령은 국가의 원수이자 행정부 수반으로 모든 행정에 대한 지휘, 감독권을 가지고 국가안보, 조국의 평화적 통일 등과 관련되는 대북제재 조치로서 개성공단 운영 중단이라는 정책을 결정할 수 있다"며 "이 사건 중단조치는 헌법과 법률에 근거한 조치로 보아야 한다"고 판단한 것이다.

국무회의가 아닌 국가안전보장회의 상임위원회의 협의로 결정된 것에 대해서도 "개성공단 체류 국민들의 안전을 위해 최대한 기밀로 신속하게 처리할 필요가 있었다"며 "대통령의 절차 판단이 명백히 비합리적이거나 자의적인 것이라고 보기 어렵다"고 일축했다.

헌법재판소는 "개성공단 협력사업과 투자자산 보호는 지역적 특수성과 여건에 따른 한계가 있을 수 밖에 없다. 중단 조치로 투자기업인 청구인들이 입은 피해가 적지 않지만, 개성공단의 운영 중단이라는 경제적 제재 조치를 통해 대한민국의 존립과 안전 및 계속성을 보장할 필요가 있다는 대통령 판단이 명백히 잘못된 것이라 보기도 어렵다"며 청구인들의 재산권 침해 주장을 받아들이지 않았다.

3

한미동맹과 한일군사협정

경북 성주 사드배치

대한민국, 우리의 현실은 끊임없이 북한이 핵과 미사일을 개발해 남한을 무력으로 전복시킬 계획을 포기하지 않고 있는 상황에서, 국회의원들이 국가안보에는 여야가 따로 없다는 따위의 한 목소리를 내는 척 하지만, 실제로는 당리당략에 빠져 가장 앞서 국론을 분열시켜 온 주범들로서 그들의 소심한 이기적인 정치생명을 유지하기 위해 안보를 이용하고 있었으니 참으로 안타까운 현실이 아닐 수 없다.

오늘도 변함없이 사드(THAAD, 고고도미사일방어체계) 유지에 필요한 물자의 반입에 국가공권력이 도전받고, 국론이 분열되는 악순환은 계속되고 있음이다. 사드배치를 내 사는 동네에는 절대 안 된다는 반발이 국민주권의 일환일까? 아니면 북한 공작에 의한 공산사회주의 적화현상일까?

2017년 4월, 국내에 들어 온 미군 사드 포대는 5년 이상 야전에 임시 배치된 상태다. 정식으로 배치하려면 환경영향평가를 해야 하지만 문재인 정부는 일부 시민단체와 지역 주민의 반대를 핑계로 차일피일 미뤘다. 이 때문에 한미 양국 장병 400여 명은 제대로 된 숙소도 없이 컨테이너 등에서 생활하고 있다. 시설 개선을 위한 공사 자재 및 장비 반입도 사드 반대 단체 등의 시위로 막혔다. 오죽하면 지난해 3월 한국을 방문한 제임스 오스틴 미 국방장관이 서욱 당시 국방장관에게 "사드 기지를 지금 같은 상태로 계속 둘 것이냐"며 "동맹으로서 용납할 수 없다"고 강한 불만을 표시했겠는가.

— 〈서울경제〉 2022. 5. 20. 사설 '5년 방치한 사드 기지 조속히 정상화해야'

한미간의 안보동맹에 의한 군사강국으로부터 북한의 미사일과 핵의 공격을 방지·방어하기 위해서는 사드유지에 필요한 물자가 안정적으로 반입되어야 함은 지극히 당연할 것이다.

2017년 4월 경북 성주에 배치된 사드는 임시 배치된 상태로, 2017년 10월 31일, 문재인의 가짜공화국 강경화 당시 외교장관은 협의나 조약도 아닌 중국과 한중외교장관회의를 갖고서 사드에 대해 '3불'에 관해 합의한 바 있다.

사드 3불(不)은 한국에 사드를 추가 배치하지 않고, 한국이 미국의 미사일방어(MD) 체계에 참여하지 않으며, 한·미·일 군사동맹을 맺지 않는다는 의미다. 1한(限)은 주한미군의 성주에 배치된 사드 운용을 제한한다는 뜻이다.

지난 5년간 문재인 정권은 사드배치에 필연적으로 해야 할 환경영향평가를 의도적으로 지연시켰고, 그 결과 우리나라에 들어온 사드는 아직도 임시배치 상태로써 중국의 1한 요구를 충실히 수행한, 문재인 정권 말대로 한국이 중국과 합의해서가 아니라, 우리 스스로 알아서 기었던 모습이다.

사드 정식 배치는 △컨테이너 등 임시 시설에서 생활하는 한국과 미국 장병들의 근무 여건 개선 △각종 물품과 자재의 기지 육로 반입 보장 △사드 기지 내 일부 미군 시설 용지 공여 절차 완료 등을 말한다.

이를 하려면 사드 기지 근처 주민 등이 참여한 환경영향평가협의회를 꾸려 환경영향평가법에 따라 일반환경영향평가를 거쳐야 한다. 주민들의 반대로 첫 단추격인 협의회를 못 꾸려 일반환경영향평가를 진행 못해 지금까지 임시 배치 상태에 머물고 있었다.

2017년 2월 무렵, 당시 중국 매체들은 롯데의 성주 사드부지 제공 결정과 관련해 한국 정부와 롯데를 일제히 비판하며 불매운동을 부추김으로써 상당한 피해를 입은 바 있다.

이런 반면, 자유민주체제의 군사강국 미국은 대한민국에 일본으로부터의 독립을 안겨 줬고, 5.25동란에는 함락되어 부산의 바닷가에서 죽음으로 사라질 운명 앞에서 반격을 일으켜, 장진호 등 고난의 전투에서 수 많은 사상자를 내면서도 대한민국에는 자유·민주를 누리게 해줬다.

그러면서도 중국처럼 조공을 요구하지도 않았고, 일본처럼 강제 수탈해 가지도 않았으며, 일제의 산업시설을 고스란히 빼앗아 우리에게 넘겨줬다. 하지만 우리 사회는 위험에서 건져 주고 나니까, 갖고 있지도 않았던 내 보따리 내놓으라는 격의 비양심적인 반미구호를 보면서 그들과 국민의 공동체를 이루고 있다는 것이 솔직히 부끄럽다.

도덕적인 가치를 판단하여 옳고 그름, 선과 악을 깨달아 바르게 행하려는 양심은 각 개인에게만 있는 것이 아니라, 단체나 국가로서도 그 공동체의 양심이 있어야 하는 존중받을 가치공동체로서의 당연한 기본 도리는 지녀야 함은 지극히 타당하고 정상적인 것일 게다.

국가안보가 지역주민들의 반대와 일부 세력들의 자체적 판단모순 때문에 국가안위가 스스로 무너진다면 대한민국의 미래는 절망의 암흑일 것이다. 우리 사회의 이런 모습은 '나라가 자살'하는 바로 그 자체의 현상이다.

불법탄핵에 편승하여 정권을 쥔 문재인 정부는 "끝나지 않은 전쟁"의 휴전상태를 정전협정으로 바꾸자며, 꾸준히 정전협정과 전시작전권 회수 주장으로 북에 앞장서 노심초사 일구월심(日久月深) 오직 북한을 위하는 정책으로만 일관했었다.

문재인을 공산주의자라고 함에는 각 양의 국론분열 책동, 공산주의자들에 대한 절대적 옹호론과 정책, 간첩신고 홍보삭제, 북한과 중국에 대한 굴욕적 외교정책, 국가보안법 폐지 주장, 전시작전통제권 환수 주장, 한미연합사 해체 주장, 연방제 통일주장, 국정원 해체주장, 북한에 대한 주적 표기 반대, 주한미군 철수 유도 활동 등의 사례를 가진 '문재인은 공산주의자'라는 근거가 이미 법정에서 사법의 판단을 받은 바 있다.

우리는 그동안 국방을 사실상 미국에 맡기고 우리끼리 싸우는데 더 열중해 왔다 할 수 있다. 심지어 일부 국민들 사이에서는 '나라 지키는 일'은 남의 일처럼 여기는 풍조까지 만연해 있는 실정이었다. 제 집값, 땅값 떨어진다고 북한의 핵과 미사일을 막는 최소한의 방어 장비인 사드 배치까지 반대해 온 지경 아니었는가! 어느 날 혈맹(血盟)이라고 믿고 의지해 왔던 미국이 갑자기 '다른 미국'으로 변할 때, 우리는 우리 스스로를 지킬 수 있는가에 대해 모든 국민이 심각하게 생각해 봐야 할 때인 것이다.

＿〈여수신문〉 2016. 11. 24. '미국이 우리를 지켜주지 않는 상황이 대비되어 있는가' 신장호 칼럼

대한민국의 존속과 번영을 누리며 사는 5천만 국민의 평안을 위해 존중되어야 할 안보동맹이 무시됨에는 대한민국 공동체로서의 정상적인 국민의식이 아니라, 이미 간첩으로서 남파되었거나 그들의 적화공작에 부지불식간 적화 좌경화된 반국가적 양심의 소유자임이 분명하다 아니할 수 없을 것이다.

전문 의학적인 근거 없이 요란하기만 했던 반미활동으로서 미국산 소고기 수입을 반대하는 광우병 우려의 사회혼란과 소요 등 갖은 여러 가지 사회적인 문제로 들추어서 혼란을 일으키게 하는 그 주체와 의도·목적을 국민으로서는 지혜롭게 간파하고서 무심히 방치·방관해서는 안 될 일이다.

그에 맞서는 반공·자유·민주에 투철한 애국 애족의 정신이 절실히 요구되는 사회혼란의 상황에서 나라를 굳건히 지켜야 함을 인식하고, 반역 망국을 획책하는 자들이 국론분열을 부추기는 대로 따라

서 무심히 우왕좌왕 다투며 헐뜯고 분열될 것이 아니라, '뭉쳐야 산다'는 의식과 행동이 절실한 때이다.

북한의 제7차 핵실험 임박 징후가 속속 포착되면서 한반도를 둘러싼 긴장감이 고조되는 가운데 한국인 5명 중 4명 이상이 한·미·일 안보협력을 지지한다는 조사 결과가 나왔다. 2022년 5월 31일 아산정책연구원의 제임스 김 선임연구위원과 강충구 책임연구원, 함건희 선임연구원이 발표한 '한국인의 한·미관계 인식' 보고서에 따르면 한·미·일 협력이 필요하다고 답한 비율은 83%였다. 60세 이상(90.7%), 20대(88.4%) 순으로 높은 지지를 보였다. 보고서는 안보에서 보수 성향을 띤 이들이 미국 주도의 안보 협력에 광범위한 지지를 보냈기 때문이라고 진단했다. 이념성향별로도 보수는 90.2%가 한·미·일 협력을 지지한 반면, 진보는 72.9%만 지지했다. 이념성향에 따라 한·미·일 협력을 보는 시각이 크게 엇갈렸다.

    _ 〈세계일보〉 2022. 5. 31. '한국인 5명 중 4명, 한·미·일 안보협력지지…'

이런 북한은 2022년 6월 5일, 동해상으로 단거리 탄도미사일(SRBM) 8발을 발사해, 남한 영역내의 다수 목표물을 동시에 타격할 수 있는 능력을 과시하면서 한반도의 긴장을 계속 고조시키고 있다.

한일 군사정보보호협정(GSOMIA)

한국과 일본간의 군사정보보호협정(軍事情報保護協定 GSOMIA : General Security of Military Information Agreement 지소미아)은 2016년 11월 23일, 박근혜 대통령 정부에서 체결된 2급 이하 군사기밀을 공유하는 한·일 양국 간 최초의 군사협정이다.

한일 GSOMIA는 당시 한민구 국방부장관과 나가미네 야스마사(長嶺安政) 주한 일본 대사는 이날 서울 국방부 청사에서 양국을 대표해 군사정보보호협정에 서명했다.

한·일 양국 간 이 협정이 체결되었다고 해도 서로의 군사정보들이 상대방에 무제한 제공되지는 않는, 철저한 상호주의 원칙에 입각해 사안별로 엄밀한 검토를 거쳐, 같은 수준의 비밀정보를 주고받게 된다.

대한민국의 '군사 Ⅱ급 비밀'은 일본국의 '극비·특정비밀'에, 대한민국의 '군사 Ⅲ급 비밀'은 일본국의 '비(秘)'에 상응하는 것으로, '군사 Ⅰ급 비밀'은 협정에 포함되지 않는 것으로, 협정에 따른 교환 대상이 아니기 때문이다.

한·일 군사정보보호협정의 유효기간은 1년으로, 기한 만료 90일 전 협정 종료 의사를 서면 통보하지 않는 한 자동으로 1년 연장이 된다. 양국은 협정 체결 후 그 유효기간을 1년씩 연장했으나 불법 가짜 대통령 문재인 정부에서 '협정종료 서면통고 90일'을 앞 둔 2019년 8월 22일에 '더 이상 연장 않겠다'는 우리 정부의 결정 통보에 따라 종료·폐기되었다.

이러한 한일 갈등은 2019년 7월 1일 일본 정부가 한국의 반도체 생산업체들에게 수출해온 플루오린 폴리이미드, 에칭가스(고순도 불화수소), 리지스트 등 3개 품목에 대해 7월 4일부터 일본이 대한(對韓) 수출을 규제하겠다고 발표하면서 가시화되었다.

일본 정부가 2019년 8월 2일 명확한 근거를 제시하지 않고, 한·일간 신뢰훼손으로 안보상의 문제가 발생하였다는 이유를 들어 '수출무역관리령의 제3의 국가군, 일명 백색국가 리스트에서 우리나라를 제외했다. 이런 상황에서 "정부는 안보상 민감한 군사정보 교류를 목적으로 체결한 협정을 지속시키는 것이 우리의 국익에 부합하지 않는다"고 판단했던 것이다.

한일 GSOMIA는 1945년 광복 이후 한국과 일본이 체결한 첫 군사협정이다. 그만큼 상징적 의미가 크게 평가되었다. 그러나 한일 GSOMIA의 의미는 상징적 차원에 머무르지 않고, 양국의 지정학적 조건상 GSOMIA는 외교·안보 면에서 특별한 의미가 있다고 전문가들은 평가했다.

대한민국과 일본의 군사 정보교류의 물꼬를 튼 GSOMIA는 한일 군 당국 간에 필요한 비밀정보를 교환하는 데 있어 이를 어떻게 보호하는가에 대한 기술적인 협정으로서 그 목표는 북한의 핵·미사일 위협과 도발을 억제하기 위함에 있었다.

__ 〈국방일보〉 2019. 08. 22.

정보는 상대측에 무제한으로 제공되지 않고, 철저한 상호주의 원칙에 따라 사안별로 엄밀한 검토를 거쳐 같은 수준의 비밀정보를 주고받게 되고, 사전 서면 승인 없이 제3국의 어떤 정부, 사람, 회사, 기관, 조직 또는 그 밖의 실체에게 공개하지 아니하고, 제공된 목적 외의 다른 목적으로 사용하지 아니한다. 두 나라가 공유한 정보는 미국과도 공유할 수 없도록 했다.

GSOMIA는 국회의 동의를 필요로 하는 조약과는 격이 다른 것으로, 협정으로 무조건 정보를 교환해야 하거나 교환될 정보들을 미리 특정한 것이 아니라, 상호 간 필요한 정보에 관한 교환을 위한 토대를 마련한 것이다.

2016년 11월 1일 일본 도쿄에서 한일 GSOMIA 체결을 위한 첫 실무협의를 개최하여, 11월 9일 서울에서 한일 GSOMIA 체결을 위한 2차 실무협의를 거쳐, 11월 14일 한일 양국은 협정 안에 가서명하였다.

11월 22일 협정안에 대한 국무회의 의결 및 박 대통령의 재가를 거쳐, 11월 23일 서울에서 GSOMIA가 체결되었으나, 2019년 8월 22일 NSC(국가안보장회의)에서 한일 GSOMIA 연장 않기로 결정하였고, 문재인이 사실상의 대통령행세자로서 협정의 연장 거부를 결정함으로써 폐기되었다.

한국은 미국을 위시한 32개국과 정부 간 또는 국방부 간 GSOMIA를 맺고 있으며, 대상국에는 러시아, 루마니아, 폴란드, 불가리아, 우즈베키스탄 등 과거 사회주의 블럭에 속했던 나라들도 포함되어 있다.

정치권이 발원시킨 '반일 캠페인'의 수난사가 담긴 한일 GSOMIA는 강한 친북성향의 더불어민주당에서 '국민의 반일감정을 무시한 밀실 추진'이라는 이유로 박 대통령 정부를 질타했지만, 이런 성격의 GSOMIA를 두고 '제2의 을사늑약'이니 '일본의 한반도 군사개입 명분'이니 하는 것은 당치도 않다.

이렇듯 우여곡절 끝에 '쌍무적 협정'으로 성사된 한일 GSOMIA이지만, 한국의 안보를 위해서는 매우 소중한 것이라고 설파하는 김태우 박사(前 통일연구원 원장, 前 국방선진화추진위원)의 GSOMIA 필요성에 관한 다음의 글을 옮겼다.

〈한국에게 더 필요한 한일 GSOMIA〉

첫째, 북한으로부터의 안보위협에 대처함에 있어 일본의 우월한 기술정
보와 한국이 유리점을 가진 지리정보 및 인간정보(humint)를 공유하거나
중복 정보를 통해 정보의 신뢰성을 상호 보완하는 것은 양국 모두의 안
보이익에 부합한다.

예를 들어, 7월 23일 한국의 조기경보레이더는 북한이 발사한 '북한판
이스칸데르 미사일'의 430km 비행 이후의 궤적을 추적하는데 실패했지
만, 일본이 제공한 정보를 토대로 두 미사일의 비행거리가 600km인 것
으로 최종 확인했다. GSOMIA가 작동하고 있었기에 가능했던 일이다.

이스칸데르 미사일은 러시아가 유럽에 구축된 미국의 미사일방어(MD)
체계를 돌파하기 위해 만든 특수한 탄도미사일로서 정상적인 포물선 궤
도가 아닌 '풀업(pull-up)' 기동을 통해 방어체계들을 교란·돌파하도록 제
작되었다.

때문에 전문가들은 북한이 실제로 이스칸데르 미사일을 실전 배치한 상
태라면 한국군의 종말단계 저고도 방어체계(PAC)는 물론 미군이 운용하는
종말단계 고고도 방어체계(THAAD)도 무용지물이 될 수 있음을 우려한다.

둘째, 일본은 특히 기술정보력에서 월등한 능력을 보유하고 있어 한국
의 취약점을 보완할 수 있다. 일본이 우수한 기술력을 바탕으로 5기의
정찰위성, 1,000km 이상의 탐지거리를 가진 4식의 지상감시레이더, 20
여 대의 조기경보기, 80여 대의 해상초계기, 6척의 이지스함 등을 운용
하고 있다.

여기에 비해 한국은 정찰위성을 보유하고 있지 않고 조기경보기와 해상초계기의 숫자도 크게 못 미친다. 지구가 곡면으로 이루어져 있기 때문에 북한이 미사일을 발사할 때 한국의 그린파인 레이더나 이지스함에 탑재된 레이더는 1분 정도가 지난 후부터 탐지할 수 있지만, 우주에 배치된 일본의 정찰위성들은 미사일이 구름층을 통과하는 순간 곧바로 탐지할 수 있다.

일본은 잠수함 정보와 감청능력(SIGINT)에 있어서도 최강의 능력을 가지고 있다. 은닉성과 침투성이 뛰어난 잠수함에 탑재되어 운용되는 탄도미사일(SLBM)은 비행거리와 방향을 예측하기 어려워 지상에 설치된 방어체계로는 요격이 거의 불가능한데, 북한이 SLBM을 본격적으로 실전배치한다면 일본의 대잠수함 정보는 한국안보에 매우 소중한 자산이 될 수 있다.

셋째, 북한 미사일의 사실상 타깃은 한국이다. 일본의 경우 북한이 일본을 사정거리 내에 두는 미사일들을 다량 보유하고 있다는 이유로 북한의 핵·미사일 위협에 대비하고 있지만, 북한이 실제로 일본을 향해 핵을 사용하거나 미사일을 날릴 가능성은 매우 희박하다고 봐야 할 것이다. 북한에게 있어 일본은 적화통일 대상지역이 아니며, 북한이 세계 제3위의 경제강국이자 최고 수준의 기술 강국인 일본을 공격하는 경우 이후 일본이 취할 대응들은 북한이 감당하기 힘든 것들이 될 것이다.

다시 말해, 북한 위협으로부터 가장 다급하게 스스로를 보호해야 하는 국가는 한국이며, GSOMIA를 통해 양국이 교환하는 군사정보의 최대 수혜국도 한국이다.

이런 상황에서 한국 정부의 고위 당국자들이 'GSOMIA 폐기'를 대일(對日)

협박카드인양 거론하는 것은 무책임한 일이다.

_ (사)국가미래연구원, itsPOST 2019. 07 .29. '한일 군사정보보호협정(GSOMIA) 파기는 검토대상 아니다'

북한이 대륙간탄도미사일(ICBM) 등 탄도미사일 3발을 발사한 가운데, 문재인 정부에서 유명무실해진 한·미·일의 원만한 공조를 위해 한일 군사정보보호협정(GSOMIA·지소미아) 복원 필요성이 다시 제기되고 있다.

탄핵정국과 박 대통령의 국가안보관

박근혜 대통령은 2013년 3월 26일 오전, 국립대전현충원에서 천안함 사건 3주기 추모식'에 참석하여, "북한에 변화와 함께 희생을 초래하는 무력 도발을 즉각 중지하라"고 경고했다. 다음은 이날의 추도사로서 대통령의 국가안보관을 엿본다.

존경하는 국민 여러분, 천안함 용사 유가족과 승조원 여러분!

우리는 오늘 조국을 지키다 숨진 46명의 용사들과 故 한주호 준위님의 희생을 기리기 위해 추도식에 함께 했습니다. 조국을 위해 산화하신 용사들에게 진심으로 애도를 표하고, 사랑하는 아들과 배우자, 아버지를 잃은 유가족 여러분께도 깊은 위로의 말씀을 드립니다.

시간이 지나도 우리가 절대 잊지 말아야 하는 것은 조국을 위해 헌신하고 희생한 분들입니다. 그분들의 애국심과 충정어린 마음이 대한민국의 안보와 국민의 안위를 지켜낸 것입니다.

저는 대한민국의 대통령으로서 나라를 위해 희생하고 순직한 용사들의 뜻이 절대 헛되지 않도록 할 것입니다. 아들의 얼굴을 씻기듯 매일같이 묘비를 닦고 계셨던 어머니의 눈물과 아들이 남겨놓은 방을 아직도 정리하지 못하고 계신 아버님의 마음과 천안함 용사들의 유가족 여러분의 아픔을 결코 잊지 않을 것입니다.

국민 여러분, 천안함 폭침은 우리에게 많은 상처를 남겨 주었습니다. 평화로운 국민들에게 불안과 위협을 주었고, 갑작스런 폭침으로 죽어간 용사들의 유가족에겐 평생 마음의 상처를 남겼습니다.

지금도 북한은 핵실험과 미사일 발사에 이어 정전협정 백지화까지 주장하면서 우리 안보와 평화를 위협하고 있습니다.

저는 천안함 3주기를 맞아, 북한의 변화를 강력하게 촉구합니다. 북한은 핵무기가 체제를 지켜줄 수 있다는 생각에서 하루 빨리 벗어나야 합니다.

주민들은 굶주림에서 어려움을 겪고 있는데 체제유지를 위해 핵무기 개발에 국력을 집중하는 것은 국제적인 고립을 자초할 뿐입니다.

핵무기와 미사일, 도발과 위협을 스스로 내려놓고 국제사회의 책임 있는 일원으로 변하는 것만이 북한이 생존할 수 있는 유일한 길입니다. 북한은 더이상 우리 젊은이들의 희생과 대결의 악순환을 가져오는 도발을 즉각 중지하고, 한반도 평화와 번영의 선순환의 길을 선택해야만 할 것입니다.

국민 여러분, 유가족 여러분, 오늘의 대한민국은 천안함 용사를 비롯한 수많은 호국영령들의 희생 위에 지켜온 소중한 나라입니다. 선열들의 숭고한 뜻을 되새기고, 후손에게 안전하고 평화로운 조국을 물려주는 것은 우리의 책무이자 정부가 해야 할 가장 중요한 의무입니다. 저는 국가를 위해 희생하고 헌신하신 분들이 예우와 존경을 받는 나라를 반드시 만들 것입니다.

존경하는 국민 여러분, 나라를 지키는 가장 큰 힘은 국민여러분의 투철한 안보의식과 단결입니다. 안보 앞에는 너와 내가 다를 수 없고, 여야가 나뉠 수 없다고 생각합니다. 오늘 천안함 용사 3주기 추모식이 용사들의 남기신 고귀한 뜻을 받들어서, 대한민국을 수호하고 화합과 희망의 미래로 나아가는 새로운 출발점이 되기를 진심으로 바랍니다. 천안함 3주기에, 희생된 46용사와 故 한주호 준위를 추모하며, 그 희생이 조국의 앞날을 지키는 초석이 되길 기원합니다.

존경하는 국민 여러분, 나라를 지키는 가장 큰 힘은 국민 여러분의 투철한 안보의식과 단결입니다. 안보 앞에는 너와 내가 다를 수 없고, 여야가 나뉠 수 없다고 생각합니다. 오늘 천안함 용사 3주기 추모식이 용사들의 남기신 고귀한 뜻을 받들어서, 대한민국을 수호하고 화합과 희망의 미래로 나아가는 새로운 출발점이 되기를 진심으로 바랍니다. 천안함 3주기에, 희생된 46용사와 故 한주호 준위를 추모하며, 그 희생이 조국의 앞날을 지키는 초석이 되길 기원합니다.

___ 2013년 3월 26일, 국립대전현충원에서 천안함 사건 3주기 박근혜 대통령 추도사 전문

4

세월호 전복 사고

탄핵소추안에 오른 세월호 침몰

2014년 4월 15일 인천 연안여객터미널을 출발, 제주로 향하던 여객선 세월호(청해진해운 소속)가 4월 16일 전남 진도군 병풍도 앞 인근 해상에서 침몰해 304명의 사망·실종자가 발생한 대형 참사다.

이 사고로 탑승객 476명 가운데 172명만이 생존했고, 304명의 사망·실종자가 발생했다. 특히 세월호에는 제주도로 수학여행을 떠난 안산 단원고 2학년 학생 325명이 탑승해, 어린 학생들의 피해가 컸다. 세월호는 4월 16일 오전 8시 49분경 급격한 변침(變針, 선박 진행 방향을 변경)으로 추정되는 원인으로 인해 좌현부터 침몰이 시작됐다고 전해졌다.

그러나 침몰 중에도 선내에서는 '가만히 있어라'는 방송만이 반복됐고, 구조작업은 이뤄지지 않았다. 이처럼 세월호 참사는 엉뚱한 교신으로 인한 초기 대응시간 지연, 선장과 선원들의 무책임, 해경의 소극적 구조와 정부의 뒷북 대처 등 총체적 부실로 최악의 인재 (人災)로 이어졌다.

중대한 사고인 만큼 그 아픔을 이루다 말로 표현할 수 없는 분들도 많고, 또한 구조활동 등에 있어서 논란이 많은 사고로서 박근혜 대통령에 대한 탄핵심판대에 까지 탄핵사유로 올랐었다.

문재인 정부는 세월호 진상규명이 이뤄지도록 끝까지 챙기겠다고 했지만, 가짜 대통령의 임기 5년을 무위로 끝난 데는, 사고발생의 진실을 규명해 낼 수 없는 수 많은 학생들의 죽음에 '미안하다 고맙다'고 방명록을 남긴 불법 가짜 수괴의 정권이기 때문이었을 것이다.

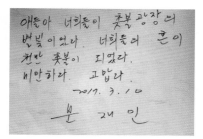

▲ 죽은 어린 영혼들에게 '고맙다'고?

세월호 참사 피해자들과 유가족들은 5년 내내 "문재인 정부에서 진상 규명 문제를 해결해 달라"라고 요구했지만, 청와대로부터 수사결과를 기다려보라는 말만 듣다가, 검찰의 세월호 참사 특별수사단은 2021년에 최종 수사결과는 청와대의 참사 인지 및 전파 시각 조작이며, 세월호 유가족 사찰 의혹 등 13건을 모두 무혐의로 결정을 내리고 무실적으로 활동을 종료했다.

이미 여러 가지 위법행위가 겹겹인 헌법재판소의 불법탄핵 심판으로 나온 산물의 결정문이지만, 세월호 침몰사고에 관하여는 '이 사건에서 피청구인은 국가공무원법 상의 성실의무를 위반하였으나 당해 상황에 적용되는 행위의무를 규정한 구체적 법률을 위반하였음을 인정할 자료가 없고, 위에서 살핀 것처럼 성실의무를 현저하게 위반하였지만 직무를 의식적으로 방임하거나 포기한 경우에 해당한다고 보기는 어렵다'고 밝혔다.

박근혜 대통령에 대해서는 세월호 침몰사고 직후 대통령으로서 7시간 동안 뭘 했느냐며 거짓언론으로 할퀴고 물어뜯던 세력들이 가짜 공화국 5년 동안에 아무 것도 밝혀 드러내지 못했다. 아니, 그 진실을 밝혀 낼 수가 없었을 것이다.

밝혀진 세월호 참사의 진실 앞에서, 문재인을 비롯한 가짜공화국 일당들에게는 감당할 수 없는 상황에 대한 두려움이 있었을 것이다. 세월호 사고와 관련해 투입한 공적비용은 엄청나건만, 문재인 정부 5년 동안에 그 진상규명하기를 못한 것인지, 안한 것인지, 감춘 것인지, 독자 분들의 양심으로 판단해 보기 바란다.

세월호 침몰 원인부터 해경의 구조 실패와 그 실패의 은폐 과정까지 수사와 재판을 통해서는 풀리지 않은 의문과 의혹이 참으로 많은 사고다. 이에 관하여, 헌법수호단에서도 의혹이 있는 지적으로서 세월호 참사 특별수사단에 '진정서'를 제출했지만, 예상했던 대로 '혐의 없음'이라는 통지만 받을 수 밖에 없었다.

헌법재판소의 세월호 사고 판단

'참사의 가장 큰 책임자로 지목된 박 대통령'으로서 많은 피해와 그 가족의 아픔이 얽힌 입장, 시각, 이념, 이해 등에 따라 참으로 다각적 논란이 많은 사고였음에, 수사기관인 검찰의 특별수사단 역시도 이에 대한 아무 것도 밝혀 내놓지 못한 의혹만으로, 이 책에서 진실과 정의를 단정하여 논하기는 어렵다.

이 책에서는 국회의 본회의의결서상의 회의록에 담긴 김관영 국회의원의 탄핵소추 제안 설명문과 국회의 탄핵소추의결서, 헌법재판소의 파면 결정에 이르기까지 박 대통령과 세월호의 관계성은 어떻게 취급·판단 받았는지를 관련된 발췌문을 살펴보는 것에 머무르고자 한다.

국회는 탄핵소추안으로 박 대통령과 세월호 침몰사고를 묶어 관련시킴으로써 탄핵세력들이 대통령을 내치는 탄핵에 얼마나 혈안이 되어 있었던가를 느껴 보는 것으로, 소추이유 문언을 보자.

대통령은 국가적 재난과 위기상황에서 국민이 생명과 안전을 지켜야 할 의무가 있다.

그러나 이른바 세월호 참사가 발생한 당일 오전 8시 52분 소방본부에 최초 사고접수가 된 시점부터 당일 오전 10시 31분 세월호가 침몰하기까지 약 1시간 반 동안 국가적 재난과 위기상황을 수습해야 할 박근혜 대통령은 어디에도 보이지 않았다.

침몰 이후 한참이 지난 오후 5시 15분경에야 대통령은 재난안전대책본부에 나타나 "구명조끼를 학생들은 입었다고 하는데 그렇게 발견하기가 힘듭니까?"라고 말하여 전혀 상황파악을 하지 못하였음을 스스로 보여 주었다.

대통령은 온 국민이 가슴 아파하고 눈물 흘리는 그 순간 국민의 생명과 안전을 책임지는 최고결정권자로서 세월호 참사의 경위나 피해상황, 피해규모, 구조진행상황을 전혀 인지하지 못하고 있었던 것이다.

그 후 박근혜 대통령은 국민들과 언론이 수차 이른바 '세월호 7시간' 동안의 행적에 대한 진실 규명을 요구하였지만 비협조와 은폐로 일관하며 헌법상 기본권인 국민의 알권리를 침해해 왔다.

최근 청와대는 박 대통령이 당일 오전 9시 53분경에 청와대 외교안보수석실로부터, 10시경에 국가안보실로부터 각 서면보고를 받았고, 오전 10시 15분과 10시 22분 두 차례에 걸쳐 국가안보실장에게 전화로 지시하였으며, 오전 10시 30분에는 해양경찰청장에게 전화로 지시하였다고 일방적으로 발표하였다.

그러나 이를 확인할 수 있는 근거자료는 전혀 제시하지 않았다.

만일 청와대의 주장이 사실이라 하더라도 대통령은 처음 보고를 받은 당일 오전 9시 53분 즉시 사태를 정확히 파악하고 동원 가능한 모든 수단과 방법을 사용하여 인명구조에 최선을 다했어야 한다.

또한 청와대 참모회의를 소집하고, 관계 장관 및 기관을 독려했어야 한다.

그러나 박근혜 대통령은 편면적인 서면보고만 받았을 뿐이지 대면보고조차 받지 않았고 현장 상황이 실시간 보도 되고 있었음에도 방송 내용조차 인지하지 못했다.

결국 국가적 재난을 맞아 즉각적으로 국가의 총체적 역량을 집중 투입해야 할 위급한 상황에서 행정부 수반으로서 최고결정권자이자 책임자인 대통령이 아무런 역할을 수행하지 않은 것이다.

세월호 참사와 같은 국가재난상황에서 박 대통령이 위와 같이 대응한 것은 사실상 국민의 생명과 안전을 보호하기 위한 적극적 조치를 취하지 않는 직무유기에 가깝다 할 것이고 이는 헌법 제10조에 의해서 보장되는 생명권 보호 의무를 위배한 것이다.

소추이유서를 보면, 어떻게 이런 급박한 사정에서 멀리 있는 여성 대통령만 찾고 싶을까? 국민의 뜻을 대신하는 국회의원이며, 가깝고 사고 지역에 밝은 지방자치단체장이라도 적극 구조작업에 뛰어 들었어야 옳지 않았을까 싶다.

이런 내용으로 국회가 탄핵을 소추하고 가결한 대통령 탄핵소추장(=소추의결서)은 국회(청구인)는 대통령 박근혜(피청구인)가 직무집행에 있어서 헌법과 법률을 광범위하고 중대하게 위배하였다고 주장하면서, 소추의결서에 '피청구인은 세월호 참사가 발생하였을 때 국민의 생명과 안전을 보호하기 위한 적극적 조치를 취하지 아니하여 생명권 보호의무를 위반하였다'고 적시하여 헌법재판소에 탄핵심판을 청구하였다.

그런데, 국회의 탄핵소추안에서 '피청구인은 세월호 참사가 발생하였을 때 국민의 생명과 안전을 보호하기 위한 적극적조치를 취하지 아니하여 생명권 보호의무를 위반하였다'고 하는 내용의 글만 있을 뿐이지, 소추할 증거 목록에서 조차도 박 대통령에 책임을 물을 증거가 없다.

더구나 국회의 탄핵소추권으로 가결하여 이런 허접한 탄핵소추를 의결한 '탄핵심판소추장'은 형사소송법을 준용하는 헌법재판소의 탄핵심판에 있어서 주장만일 뿐, 증거목록에서 조차 세월호 침몰사고와 관련된 기사 목록조차도 없다.

뿐만 아니라, '탄핵소추장'은 수사기관에 내는 고발장도 아니며, 헌법재판소가 의혹만 있고 증거가 부족한 부분을 수사로서 부족한 내용은 소추장을 채워 완성하는 수사기관도 아닌 헌법'재판' 기관이 아닌가?

이렇게 박 대통령에 대한 탄핵은 정치적 탄핵으로서, 대한민국이라는 국가의 체제탄핵으로서 국가반역이었다. 분명, 탄핵은 명백하게 드러난 잘못을 징계하는 절차이지 형사벌을 주거나 의혹을 파헤치는 수사 과정이 아니다.

재판은 재판이고, 수사는 수사인 것이며, 심리는 심리이고, 결정은 결정으로서 구분 지을 줄 아는 헌법재판이어야 했고, 그런 헌법재판관들이어야 했다.

2017년 3월 10일 오전 11시, 대한민국의 헌법재판소 대심판정의 무거운 침묵은, 동시에 나라 전체를 침묵으로 누르고 있었다.

헌법재판소는 국회로부터 탄핵소추장이 접수된 2016년 12월 9일 이후, 휴일을 제외한 매일 평의를 진행했고, 대통령 박근혜에 대한 탄핵심판, 그 92일 동안에 증거자료 4만 8,096쪽과 속기록 3,048쪽 등 총 6만 5,000여 쪽의 사건 기록을 검토하고, 당사자 이외의 탄원서 자료도 40박스 분량에 대한 3차례의 준비기일과 17차례의 변론기일로써 서둘러 8인의 헌법재판관으로 구성된 결원재판부에서 불법탄핵의 저절로 무효인 '파면'선고를 했다.

헌법재판소는 국회가 제출한 13가지 탄핵안을 4가지로 압축해 판단했다.

△공무원 임면권 남용 등 대통령 권한

△세월호 사건에 관한 생명권보호의무와 직책성실성의무 위반

△언론의 자유 침해

△최서원(최순실)에 대한 국정개입 허용과 권한 남용 등이다.

이들 중에서 가장 관심을 모았던 세월호 사고에 관한 판단에서 "정치적 무능력이나 정책 결정상의 잘못 등 직책 수행의 성실성 여부는 소추 사유가 될 수 없다"고 말하며, 헌법재판소의 판단 범위를 넘어섰다는 것이다.

이런 등등의 박 대통령의 태도로 미뤄보아 헌법 수호 의지가 없다는 점을 지적한, "대통령의 이러한 헌법과 법률 위배 행위는 재임 기간 전반에 걸쳐 지속적으로 이루어졌고, 국회와 언론의 지적에도 불구하고 오히려 사실을 은폐했다"는 것이다.

여하튼 이 단락에서는 세월호 참사와 관련한 곳으로, 세월호 사고에 관해서는 진보적 성향으로 분류되는 김이수, 이진성 헌법재판관 2명의 '보충의견'이 있었다. 재판관이다. 이들은 "사고의 심각성을 인식한 시점부터 7시간이 지날 때까지 관저에 있으면서 전화로 원론적 지시만 했다"고 기록했다.

그러나, 세월호 7시간 동안 박 대통령의 행적에 대하여 헌법재판소에 제출한 '재판부 석명 사항에 대한 답변'으로서의 아래 그 문건 내용의 일부이다.

◎ 일반적 설명

- 2014. 4. 16.은 대통령(이하, 피청구인이라 한다.)은 공식 일정이 없는 날이었고, 그날따라 피청구인의 신체 컨디션도 좋지 않았기에 관저 집무실에서 근무하기로 결정했다. 관저 집무실은 피청구인이 업무를 보는 공식적인 집무실이다.
- 피청구인은 평소처럼 기상하여 아침 식사를 한 후 관저 집무실에 들어갔다. 이 집무실은 역대 대통령이 공식적으로 빈번하게 이용해 온 사무공간으로 책상과 컴퓨터, 서류철로 가득하며, 대통령이 그곳에서 전자결재를 하거나 주로 보고서를 읽고 행정부처, 비서실 등과 전화를 하며 각종 보고를 받고 업무 지시를 하는 곳이다.

- 피청구인은 그날 역시 공식 일정이 없을 때의 평소와 다름없이 집무실에서 그간 밀렸던 각종 보고서를 검토했고 이메일, 팩스, 인편으로 전달된 보고를 받거나 전화로 지시를 하는 방식으로 업무를 처리하였다.
  ※ 피청구인을 측근에서 보좌하는 안봉근, 정호성 등 비서진은 별도의 사무공간이 있고 그곳에 텔레비전이 있기 때문에 중요한 내용이 보도되면 직접 혹은 전화나 쪽지 메모로 피청구인에게 보고하는 경우가 있음.
  사고 당일 오전 안봉근 제2부속비서관이 직접 관저 집무실로 피청구인을 찾아와 세월호 상황을 대면보고 하였고, 점심식사 후 즈음에도 정호성 제1부속비서관으로부터 세월호 관련상황을 대면보고 받은 사실이 있다.
- 피청구인은 10:00경 국가안보실로부터 08:58 세월호 침수 사고에 대해 처음 서면보고를 받았고, 서면보고 내용은 사고 원인, 피해 상황 및 구조 상황이었다.
  구조상황은 56명이 구조되었고 09:00 해군함 5척, 해경함 4척, 항공기 5대가 현장에 이동했으며, 09:35 상선 3척, 해경함 1척, 항공기 2대가 추가로 현장 도착해서 구조 중이라는 내용이었다.
- 그 후 인명 구조를 위해 수시로 보고받고 지시를 하는 과정에서 관계기관의 잘못된 보고와 언론의 오보가 겹쳐 나라 전체가 혼란스러운 상황이었다.
  피청구인이 계속 상황을 확인하는 과정에서 국가안보실장이 오후 2시 50분경 승객 대부분이 구조되었다는 보고가 잘못되었고 인명 피해가 심각할 수 있다는 사실을 보고하였다.
  피청구인은 동 보고를 받고서 바로 정부 대책을 총괄, 집행하는 중앙재난안전대책본부(이하 '중대본'이라 합니다) 방문을 지시하였고, 경호실의 외부 경호 준비, 중대본의 보고 준비 및 중대본 주변의 돌발 상황 때문에 17:15경 중대본에 도착하게 된 것이다.
  대통령이 아무 조치를 취하지 않아 직무유기에 가깝고 헌법 제10조에 의해 보장되는 생명권 보호 의무를 위배했다는 주장에 대하여
- 위 사고당일 구체적 행적에서 보는 바와 같이 피청구인은 청와대 내 집무실에서 근무하던 중 10시경 세월호 사고 발생 보고를 처음으로 받았고, 직후부터 구조 상황을 보고받고 보고된 상황에 따른 지시를 하는 등의 대처를 하다가 15:00경 피해 상황이 심각하다는 것을 인식한 즉시 중대본 방문을 결심하고 준비가 완료된 시점에 중대본을 방문하여 동원 가능한 모든 역량을 동원해서 구조에 최선을 다하도록 지시하는 등 대통령으로서 최선을 다해 할 수 있는 조치를 취하였다.
- 그날은 엄청난 참사 와중에 구조 상황에 대한 관계기관의 잘못된 보고와 언론의 오보가 겹쳐 나라 전체가 혼란스러운 상황이었다.
- 이 같은 혼란은 오후까지 이어져 정부에서도 오후 1시 7분과 13분 피청구인에게 '370명

이 구조되었다'는 잘못된 보고를 하였다.

피청구인은 계속 상황을 확인하였고, 안보실장이 오후 2시 50분 '190명 추가 구조가 잘못된 보고'라고 최종 확인하자 피청구인은 오후 3시 중대본 방문을 바로 지시하였다.

• 그간 수차에 걸쳐 이런 경과를 공개적으로 밝혔음에도 아랑곳하지 않고 세월호 사고 원인이 대통령의 7시간인 것처럼 몰아가는 악의적인 괴담과 언론 오보로 국민들의 혼란이 가중되고 있다.

－ 처음에는 '정OO를 만났다' 하더니 다음은 '굿판을 벌였다'고 하고, 그 다음은 '프로포폴 맞으며 잠에 취했다' 하였고, 그 다음은 '성형시술을 받았다'는 식으로 의혹은 계속 바뀌어 가며 괴담으로 떠돌고 있다.

박 대통령의 답변이 이러했음에도 아주 편파적인 시각으로만 보는 헌법재판관들, "이 지시에는 현장에 구체적으로 어떤 문제가 있는지에 관한 인식이 없고 어떤 해법을 강구할지에 관하여 어떠한 고민도 담겨 있지 않다"며 박 대통령의 대응이 '지나치게 불성실'했음을 지적했다. 이러는 헌법재판관들이 대통령이었으면 아마도 직접 물에 뛰어 드는 헌신적인 모습을 보았을지도 모르겠다.

헌법재판관들의 이러한 문언은 박 대통령이 중앙재난안전대책본부장으로서 현장의 일선 지휘관 역할을 요구하고 있는, 무리한 억측의 발상이 아닐 수 없는 점으로 지적된다.

세월호 침몰사고(2014년 4월 16일)는 불행한 일이나, 그것은 국내 해상교통사고이지 대통령의 잘못으로 일어난 일이 아니다. 해당사고의 전문가가 아닌 대통령이 사고현장에 즉시 나타나 구조를 지휘한다면 그 또한 구조작업에 혼란만 가중시킬 것으로, 국가 리더쉽이 위험에 노출될 수 있다.

사고가 난 지 수년이 지나고, 사망자에 대한 보상까지 이루어진 시점에서, 박 대통령과 관련한 잘못이 없는데도, 법적 이유 없는 분노와 의구심만으로 대통령을 탄핵하여야 한다는 국회의 소추론은 법치국가에는 받아들여질 수 없는 것으로서 망국의 억지탄핵을 도모한 국격이 민망스럽기까지 하다.

이런 편파적인 법률상의 양심과 가능한 모든 위법한 행위를 총 동원하여 박 대통령에게 불법탄핵으로 절대적 무효일 수 밖에 없는 '파면'을 선고함으로써 국민을 헌법재판소의 탄핵심판이라고 하는 법적절차 속에 교묘하게 숨겨, 박 대통령에 대한 탄핵이 아주 정당하고적법한 듯이 포장하여 국가반란으로서의 망국적인 탄핵심판은 대통령에 대한 권력의 참탈(僭奪: 참혹하게 빼앗음)이었다.

헌법재판이 아니라, 헌법개판을 친 이래로 나라는 지금까지 탄핵·파면·궐위되지 못한 박 대통령을 내쳐 놓고서, 적법성 없는 불법 가짜 대통령(수괴)으로 나라를 운영하고 있는 참담하고도 한심한 실상이 아닐 수 없다.

진짜, 헌법 수호 의지가 없었던, 헌법을 파괴한 자들은 누구였을까?

5

부산 해운대 'LCT게이트'

해운대 LCT사업

박근혜 대통령 탄핵에 관해 살피면서, 우리 헌법수호단은 보았다. 세월호 사고, 최서원(최순실)의 태블릿PC, 기업으로부터의 공적자금 모금행위로서 대통령이 탄핵된 것이 아니다. 정치인들의 정치생명을 잇는 것이 그들 직업상의 사심의 목표인 것으로, 늘 검은 거래가 많이 오간다.

그런 또 하나의 것이 부산 해운대 백사장에 접해 붙은 LCT가 이미 세간에 많은 놀라운 의혹을 갖고서 연루자들의 이름까지 거명되고 회자되었지만, 이에 대한 수사가 미진한 터에 박 대통령의 이에 대한 철저한 수사 지시는 검은 거래를 즐기는 정치꾼들에게는 청천벽력이 아닐 수가 없었던 것이다.

박 대통령의 철저한 수사지시에 여야 구분할 것 없이 발등에 불이 떨어진 자들이 스스로 관련자라고 밝히는 꼴이 된, 이와 연관 있는 자들은 난관을 벗어나려는 불순한 '청탁'과 박 대통령의 불의에 대한 '불통'의 대립이 된다.

이런 부분을 모르거나 빼두고서는 박 대통령에 대한 탄핵을 결코 이해할 수 없는 것이다. 세월호 사고, 최서원의 태블릿PC, 국정농단 따위의 말장난으로서는 탄핵에 왜 이토록 말이 안 되는 위법행위와, 많은 기관들과 국회의원, 헌법재판소, 중앙선거관리위원회, 그리고 계속되는 부정선거의 재현을 이해할 수가 없는, 거대한 망국세력의 대한민국 적화현상임을 국민 모두가 알아 차려야 함에도 가짜 대통령이나 받들며, 나라 걱정하는 정치이야기는 하지도 말란다.

부산 해운대 초고층 주거복합단지 엘시티 사업은 부산광역시가 국내외 관광객 유치를 위해 해운대해수욕장 동쪽 백사장에 인접한 6만 5,934㎡에 '해운대관광리조트'라는 이름의 초고층(101층) 마천루 사계절 휴양시설로서, 부산과 해운대 지역에서는 이에 대한 특혜 의혹 소문이 돌았는데, 그것이 사실로 확인된 더샵의 분양가는 부산에서는 볼 수 없었던 엄청난 고분양가에 논란도 많았다.

엘시티 분양의 민간개발업자는 조 단위의 엄청난 수익을 남긴 것으로 추정되는 사업으로서, 엘시티 실소유주이자 '로비 황제'로 불리던 이ㅇㅂㅊㅇ건설 회장은 이에 응모해 사업권을 획득했다. 사업을 맡은 민간 컨소시엄이 수익성을 높이기 위해 용도변경 등을 요구했고, 부산시가 이를 수용하자 정·관계 로비 의혹이 끊이지 않았던 엘시티는 분양 과정에서부터 온갖 특혜가 주어지는 등, 비리로 얼룩진 대표적 건물로서 인식되어져 있다.

△관광시설부지를 주거시설 부지로 용도변경, △60m 고도제한

해제, 400m 이상 초고층 건물 건축 가능, △환경영향평가, 교통영향 평가 면제, △부산시 예산 1천억 이상 들여 엘시티 주변 도로 확장 및 공원 등 기반조성, △'투자 이민제' 대상으로 민간 건물로선 최초 선정 등 각종 특혜가 정부와 부산시로부터 혜택이 줄줄이 주어졌던 것이다.

의혹과 수사 미진

부산 지역 정치권과 건설·부동산 업계에선 엘시티 사업과 관련해 광범위한 접대·로비와 함께 아파트 분양 과정에서도 몇몇 고위층 인사에게 특혜가 주어졌다는 의혹이 제기되어 왔다. 실제 당시, 부산 지역의 국회의원이나 구청장 등의 대부분이 현 국민의힘(당시 새누리당) 소속이었고, 지금까지 처벌받은 이는 얼마 되지 않았다.

해당 시기는 이명박 대통령에 이은 박근혜 대통령 정권이었고, 당시 부산시장(허ㄴㅅ-서ㅂㅅ)과 지역 국회의원, 구청장, 시의원 등은 대부분 국민의힘(당시 한나라당-새누리당) 소속이었던 것이다. 이ㅇㅂ 회장이 엘시티 인허가를 받기 위해 어느 쪽에 막대한 로비를 했을지는 쉽게 짐작할 수 있는 부분이다.

부산지검 동부지청은 이렇게 조성된 비자금이 정·관계와 인허가 과정에 로비자금으로 사용된 것으로 보고, 2016년 1월 엘시티에 대한 수사에 착수하고서 수상한 자금의 단서를 잡은 검찰은 4월부터 전면적인 계좌 추적에 들어갔다.

우선 16개 금융권으로 구성된 대주단이 2015년 9월에 1조7800억원의 프로젝트 파이낸싱(PF) 대출약정을 체결하고, 시공사인 포스코건설과 협의를 거쳐 엘시티에 지원한 자금 규모를 집중 조사했다.

석 달 동안 계좌 추적이 이어지자, 한 검찰 관계자는 "정관계 인사는 물론 부산 지역 언론사 고위 인사들을 비롯하여 여러 곳에서 수사 중단 청탁이 들어 왔다"는 것이다.

검찰은 엘시티 자금담당 임원 박모(구속)씨로부터 허위 용역계약과 근무조작 등으로 520억원을 빼돌린 사실과 설계회사 대표 손모(구속)씨로부터 설계비를 부풀리는 수법으로 125억원을 횡령한 사실을 각각 밝혀낸 것이다.

건설 중인 고층복합시설 LCT 시공업체의 대표 이ㅇㅂ을 용의자로 지목하고, 회사 공금을 횡령한 혐의로 구속했던 것으로, 이씨는 회삿돈 705억원을 빼돌려 유력 정치인들에게 개발 인허가를 받기 위해 로비 명목으로 5억원 가량을 건넨 혐의로 지난 2018년 징역 6년이 확정됐다.

법규상 있을 수 없는 엄청난 특혜가 연이어 주어진 만큼, 이씨의 로비 규모가 얼마나 될지, 이를 받은 사람은 얼마나 될지, 그 규모는 짐작하기 어려운 당시 '판도라의 상자'였던 것이다.

그러나 해당 건으로 처벌받은 인사는 국민의힘 소속 정치인이었던 현ㄱㅎ 전 청와대 정무수석과 배ㄷㄱ 전 의원(전 해운대구청장) 등 일부에 그치며, 검찰 수사는 '꼬리 자르기'만 했다는 비판을 받았다.

검찰은 시민단체로부터 43명의 고발을 접수받았으나, 이 중 고작 2명만을 기소하면서 엘시티 게이트를 최대한 무마시키려 했다는 의혹을 남겼다.

이후, 2021년 3월 9일 실소유주 이ㅇㅂ 측이 작성한 것으로 알려진 엘시티 특혜분양 리스트를 연합뉴스TV가 입수한 단독보도는 구체적 인적사항을 공개하지 않았지만, 리스트엔 현직 국회의원과 전직 장관, 유명 기업인 등 130여명이 넘는 인사들의 이름이 들어 있다고 전했다.

대통령의 철저한 수사 지시와 촛불에 타 죽을 정객들

이런 LCT사업에 대하여 2016년 11월 16일 박 대통령은 부산을 무대로 대형 뇌물수수사건과 관련이 있을 가능성에 대한 소문이 파다하게 퍼져 있는 횡령 사건에 대해 법무부장관에게 부산 해운대 LCT 시행사 실소유주인 이ㅇㅂ 회장의 비리의혹 사건에 대해 철저한 수사를 지시했다.

이날 청와대 대변인 정ㅇㄱ은 브리핑에서 "박 대통령은 현재 경찰에서 수사 중인 이ㅇㅂ 회장의 부산LCT 비리 사건과 관련해 천문학적인 액수의 비자금이 조성돼, 여야 정치인과 공직자들에게 뇌물로 제공했다는 의혹이 제기됐다며, 오늘 법무부 장관에게 부산 LCT비리 사건에 대해 '가능한 수사 역량을 총동원해 신속 철저하게 수사하고, 진상을 명명백백하게 규명해 연루자는 지위고하를 막론하고 엄단할 것'을 지시했다"고 밝혔다.

이것은 박 대통령의 절친 최서원의 국정농단 의혹으로 국정이 마비된 가운데 대통령의 'LCT비리 엄격 수사 지시'가 정계에 새로운 파란을 몰고 올 요인이 되어 있었다.

대국민 담화를 통해 자신의 의혹에 대한 특검까지 수용하겠다던 입장에서 박 대통령은 부산 LCT사건에서는 "수사 역량을 총동원해 연루자는 엄단하라"고 법무부 장관에게 지시하자, "누구를 엄단하라고 말할 자격이 있느냐"며 비난을 쏟아 내는 야당 의원들뿐만 아니라, 여당 의원들까지도 앞장 서 발끈하는, 여의도 정가(政街)는 마치 소금 맞은 미꾸라지 꼴이 났다.

정치권에선 박 대통령의 이번 지시가 가져올 파장에 관심이 집중되고 있었고, 일부에서는 대통령의 이러한 LCT 관련 총력수사 지시는 제1야당 더불어민주당의 문재인 대선 주자를 겨냥한 것이 아니냐는 의혹과 새누리당의 부산출신 김ㅁㅅ 의원 등을 포함한 비박계 의원들을 강력 견제하려는 의도가 숨어 있을 것이라는 의혹 등이 난무했다.

박 대통령의 승부수로 인식될 만큼, LCT에 얽힌 그들 여야의 여의도 정객들에게는 큰 충격이었을 것이다. 이렇게 야당의 문재인 전 대표측과 더불어민주당 역시 박 대통령의 지시에 격앙된 분위기 역시 마찬가지였다.

문재인 전 더불어민주당 대표의 대변인 격인 김ㄱㅅ 의원은 2016년 11월 16일 부산 해운대 엘시티(LCT) 비리 의혹과 문 전 대표의 연루설과 관련, "지금은 저열한 음모와 협잡으로 거대한 민심의 파도를 피할 수 있는 그런 국면이 아니다"라고 부인하면서, 박 대통령이 "이제 기댈 데가 이런 것 밖에 없는 모양"이라고 힐난했다.

더불어민주당은 11월 17일 기ㄷㅁ 민주당 원내대변인을 통한 브리핑에서 "청와대가 직접 엘시티 사건에 대한 수사 보고를 받고, 이 사건을 이용해 국면을 전환하려 한다는 의혹이 시중에 파다하게 퍼져 있다"며 "국정농단의 몸통 박근혜 대통령이 엘시티 사건의 철저한 수사를 지시한 것은 어불성설이다. 대통령은 검찰을 지휘할 권한도 도덕성도 상실했다"하면서, 박 대통령을 향해 "대통령과 친박들에게 경고한다. 엘시티 사건으로 자신들의 죄를 감추고 정국을 혼돈으로 몰아가겠다는 꼼수에 불과하다. 꿈도 꾸지 마시라. 국민이 용납하지 않는다"고 비난했다.

한편, 이러한 제1 야당의 반발보다 더한 부산 영도가 지역구이면서, 엘시티 비리 연루설이 인터넷을 중심으로 퍼지기도 했던 김ㅁㅅ 전 새누리당 대표도 같은 날 17일, 박 대통령이 부산 해운대의 초고층 주거복합단지 엘시티(LCT) 비리 사건에 대한 철저한 검찰 수사를 지시하며 '국정 복귀'를 시도한 데 대해 "이 시점에서 공개적으로 그러한 지시를 내리는 것은 옳지 못하다고 생각한다"고 여당에서도 대통령의 철저한 수사 지시에 반발했다.

김 대표는 엘시티 부정 의혹 수사 지시와 관련하여 박 대통령을 비판하면서, 현재 할 수 있는 것은 탄핵절차 뿐이라는 입장으로 여당에서 먼저 박 대통령을 향한 탄핵의 카드를 들고서 비판의 목소리를 높였다.

"야당이 장외투쟁을 한다는데 그건 법이 아니며, 박 대통령은 하야하지 않을 것이 확실시되는데 무슨 방법이 있겠느냐"며, "현재 이 사안을 놓고 할 수 있는 것은 탄핵 절차 밖에 없다"고 먼저 실질적인 탄핵소추 작업에 시동을 걸었던 것은 박 대통령 소속의 여당이었다.

새누리당 비박계의 경우, 김ㅁㅅ을 중심으로 탄핵을 준비하면서, 김ㅁㅅ은 대선 불출마 선언을 하면서 "당내에서 탄핵 추진에 앞장서겠다"고 밝혔고, 하ㅌㄱ은 여당 내에서 40~50명은 찬성표를 던질 것이라며, "촛불에 타 죽고 싶습니까?"라며 대통령에 대한 탄핵 촉구로 여당이 야당을 선동했다.

자신들의 불의를 탄핵의 거짓으로 덮으려 한, 여야의 정치인을 주축으로 탄핵의 바람이 불면서, 결국은 나라를 운영하는 헌법기관들까지 망국의 헌법파괴 작업에 가담하는 계기가 된 것이다.

6

'박근혜-최서원 게이트'

불법탄핵에 이바지한 '태블릿PC'

2016년 10월 24일, J방송사는 뉴스룸에서 최서원(최순실)의 것으로 추정되는 태블릿PC라며, 이를 입수하여 조사한 결과, 그 속에 박 대통령의 연설문을 포함한 각종 국가기밀이 들어있다는 J방송사의 "최순실의 태블릿PC 보도'로 그 파급력이 대단했다.

이날 J방송사가 보도한 "최서원이 태블릿PC를 통해 박근혜 대통령으로부터 청와대 기밀문서를 넘겨받아 국정을 농단하였다"는 단독보도를 시작으로, 대통령 박근혜는 불법탄핵으로 파면선고 받고서 대통령으로서 4년 9개월을 구치소에 갇혀 있는 불법이 헌법기관들의 이름으로 자행되어 졌다.

부산 해운대 엘시티 의혹에 대한 박 대통령의 철저한 수사 지시가 나온 지 1주일도 지나지 않은 때에 박 대통령 탄핵의 시발점의 핵이 되는 일명 '최순실의 태블릿PC' 보도가 출현함으로써 엘시티 수사는 거센 언론의 폭풍 앞에서 저절로 묻히어져 버렸다.

2016년 하반기에 언론보도를 연일 도배하며 출현한 대통령 박근혜의 주변에서 발생한 '국정농단'으로 불리는 이른바, '박근혜-최순실(최서원) 게이트'라고 칭하며 대한민국 역사상 최대 규모의 정치 스캔들로 부각된 '최순실의 태블릿PC'는 그 당시에는 흔들림 없는 사실처럼 세인들의 인식으로 뇌리에 무섭게 박혀져 들어갔고, 국회에서는 특검법과 국정조사에서 이 사건을 '박 대통령 정부의 최서원 등 민간인에 의한 국정농단 의혹 사건'으로 명명했다.

결국은 부산 해운대 엘시티 의혹에 따른 박 대통령의 철저한 지시가 오히려 '최순실의 태블릿PC' 보도로 박 대통령에 대한 탄핵절차의 수순에 들게 되는 대한민국 역사상 최초로 현직 대통령 파면선고라는 결과를 부른 사건이 되고 말았다.

박 대통령이 탄핵으로 투옥된 핵심 사유는 비선실세 최씨와 공모하여 삼성, SK 등으로부터 K스포츠재단, 미르재단의 출자를 강요하고 승마 경기용 말 세 마리를 지원받았다는 것 등으로, 이러한 증거가 담겨 있는 것이 이른 바 최씨의 태블릿PC라는 것이다.

국민들은 언론의 보도에 따라서 '최씨가 태블릿을 통해서 국가 기밀을 박 대통령으로부터 전해 받은 것'으로 인식할 뿐이었고, 검찰과 법원은 이런 일반적인 국민 인식을 이용·편승해서 박 대통령에게 중형까지 확정했다.

최서원이 어떠한 적법한 절차도 거치지 않은 민간인으로서, 박 대통령 아래에서 이른바 '비선 실세'가 되어 대통령의 의사결정과 국정, 인사 문제 등에 광범위하게 개입하면서 사익을 취하고 국정농단을 벌였다는 것이다.

이들은 이른 바 '문고리 3인방'이라 칭하며, 김ㄱㅊ, 우ㅂㅇ, 안ㅈ ㅂ, 김ㅈ, 문ㅎㅍ 등 대통령 최측근들과 청와대, 행정부 실무진들이 자의건, 타의건 묵인, 방조, 심지어 협력하면서 공직자의 권한을 부당하게 남용하여 뇌물을 받은 것이 밝혀진 사건이라고 본 것으로 대다수의 언론들은 적었다.

이렇게 일련의 사태들은 2016년 7월 말 TV조선에서 미르와 K스포츠재단이 박근혜 대통령 퇴임 이후를 위한 비자금 조성을 목적으로 만들어진 것이 아니냐는 의혹을 제기하며 출발했다.

그런 이후, 최서원이 그저 재단 설립에 관여한 정도가 아니라, 대규모 국정농단을 벌인 것이 아니냐는 의혹이 제기되었고, 이런 와중에 최서원의 딸 정ㅇㄹ가 E여대에 부정한 방법으로 입학한 사건이 알려지면서 대중의 공분을 사고 있을 때였다.

2016년 10월 24일 저녁 8시 J방송사 뉴스룸에서 박 대통령 정부의 국정농단 관련, 최서원의 태블릿PC에 대해 첫 단독보도가 나온 날이다. J방송사가 최서원이 쓰던 태블릿PC를 입수했다는 단독보도를 내보낸 것이다.

보도에 따르면 최서원의 것인 태블릿PC 안에는 대통령 연설문 44개에 각종 기밀문서 200여개가 들어 있었다고 보도했고, 최서원은 대통령 연설문을 사전에 받아보고 뜯어 고치는 등 국정에 개입한 국정농단 사건이라고 대대적으로 보도했다.

그 보도로써 최서원의 태블릿PC는 나라를 발칵 뒤집기에 충분했지만, J방송사 보도에 대한 의혹도 시간이 갈수록 눈덩이처럼 커져

세상의 이목이 집중되어 연일 화제꺼리가 되었다.

그러나 이상하다. 최서원 PC는 데스크톱 PC가 아니라 태블릿PC로 밝혀졌고, 태블릿PC에 있는 문서도 수상한 것이, 2013년 6월에 수정된 청와대 홈페이지 기획안 문서의 최초 작성일이 노무현 정권 시절인 2004년으로 표시되어 있기도 하는 등과 문제의 최서원의 태블릿PC 입수 확보경위도 설왕설래 횡설수설이다.

청문회에 나온 고ㅇㅌ는 어떤 기자에게도 태블릿PC를 전달한 적도 없고, 최씨가 PC를 사용하는 것을 본 적이 없다는 아주 충격적인 발언을 했으며, 심지어 최씨는 태블릿PC 사용법조차도 모른다고 증언한 것이다.

그렇다면 지금까지 대한민국은 한 언론사의 대국민 사기극에 넘어가 대통령을 탄핵해야 한다고 난리를 피운 꼴이 아닌가? J방송사가 특종을 터뜨린 검찰에 제출한 최서원의 태블릿PC는 어디에서 온 것이며, 그 태블릿PC에 가득 찼다는 기밀문서들은 어디에서 온 것일까.

분명, 이 태블릿PC의 제보자는 최서원 일파와 대통령을 궁지에 몰려는 의도를 가진 자일 것이며, 더 나아가 대한민국을 혼란에 빠트리고 보수우파로부터 정권을 탈취하려는 의도를 가진 자가 있었음이다.

미디어워치 대표 변희재의 저서 '태블릿 사용설명서'는 검찰의 태블릿 조작 전모에 관한 진실 추적기록서로서, 박 대통령 탄핵의 도화선이 된 최서원의 것으로 매김 간주되었던 태블릿PC는 '비선실세' 최씨의 것이 아니고, 처음부터 청와대 행정관 K씨의 것이었다는 게 그의 주장이다.

저자는 "4년 전 탄핵무효를 외쳤던 증거와 근거 중 오류가 드러난 사례는 하나도 없다. 오히려 재판이 진행되면 진행될수록 더더욱 박 대통령의 무죄와 탄핵무효의 증거가 다 드러났다. 태블릿은 최서원의 것이 아닌 증거가 이미 드러났다"고 밝혀 놓았다.

"태블릿이 최서원의 것이 아니라 K씨의 것이라면, 최서원이 현직 대통령을 꼭두각시처럼 부리며 국정을 좌지우지했다는 '국정농단'은 성립하지 않는다"는 것이 핵심 내용이다.

2016년 10월, 김수남 검찰총장 지시로 꾸려진 '국정농단특별수사본부'가 "K씨는 태블릿을 개통만 했을 뿐, 요금 납부는 주식회사 '마레이컴퍼니'라는 회사에서 냈다"는 것이 태블릿PC 조작의 시작이었다는 것으로 그 전모를 밝히고 있다.

2016년, 문제의 태블릿PC를 검찰에 넘겼던 이는 J방송사의 조ㅌ ㅅ 기자로 알려져 있고, 기자 조씨는 이 사건 목적물의 소유자가 누구인지 명확히 특정하지 못하고 있으나, '자신이 환부 받고 싶지 않다'는 의사를 서울중앙지검에 밝힌 바 있다고도 전해져 있다.

J방송사의 '태블릿PC 보도' 이후 검찰 및 '박근혜 국정농단' 사건 특별검사의 수사, 국정조사 결과 등에 의해 문제의 태블릿PC의 소유자이자 실사용자가 최씨임이 확인됐다고 검찰은 주장해 왔다.

최씨는 자신에 대한 재판이 종료되고, 검찰이 최씨의 공판이 끝나 확정되었는데도 최씨의 것으로 압수되고 증거로 사용된 태블릿PC를 최씨에게 돌려주지 않고 있음으로서, 최씨는 자신의 것으로 추정되는 태블릿PC를 돌려받겠다면서 당분간 타인이 가져가거나 건드리지 못하게 막아 달라는 취지의 가처분 신청을 제기하기도 했다.

검찰이 이 가처분신청에 반대하고, 5년 만에 입장을 뒤집어 최씨의 태블릿 소유·사용을 부정하면서 정모 부장검사가 검찰의 기존 입장을 번복하는 듯한 '환부 불가'의 결정, 도대체 이건 뭔가? 말이 안되는 처사다.

촛불시위와 박근혜 대통령 탄핵의 도화선이 됐다는 평가를 받을 만큼 그 영향력은 대단했고, 결국 그것이 최씨의 것이 아니기 때문에 못준다면 탄핵의 도화선이 되었던 것부터 중대하고도 명백하게 잘못되었다는 반증이다.

최씨는 옥중 회고록 '나는 누구인가'에서, "J방송사가 보도한 태블릿PC, 나는 사용할 줄도 모르고 내 것도 아니다. 누군가에 의해 만들어진 파일을 마치 진실인 양 끌고 갔다"고 적고 있다. 변희재도 태블릿pc의 정확한 진실이 밝혀질 때까지 탄핵을 보류하고, 손석희와 검찰을 대상으로 특검을 따로 구성 수사해야 할 사안이라고 주장했다.

'최서원의 태블릿PC 사태'의 보도는 그 이후 지금까지 이 사건 관련해 드러난 사실들로 보아 J방송사의 단순 오보가 아니라 치밀하게 사전 기획된 것으로 볼 여지가 다분·농후하다.

'최서원의 태블릿PC' 보도를 기점으로 국민들의 박 대통령에 대한 반감은 격앙되었고, 2016년 10월 25일 박 대통령은 대국민 담화를 발표하게 된다.

담화 연설에서 "최서원씨는 어려움을 겪을 때 도와 준 인연으로 일부 연설문이나 홍보물의 표현 등에 대해 의견을 들은 적이 있으나, 청와대의 보좌 체계가 완비된 이후에는 그만 두었다. 순수한 마음으로 한 일인데 국민 여러분께 심려를 끼친 점에 대해 깊이 사과드린다"는 취지였다.

담화는 최씨의 도움 사실에 대한 시인이었으나, 오히려 언론은 대통령이 국민을 기만하는 담화로 폄하한 언론보도는 2014년의 정ㅇㅎ 비선실세 논란과도 맞물리면서 결국 민심은 의도된 기획자들에 의해 '촛불집회'로 표현되면서 박 대통령의 하야, 퇴진, 탄핵, 관계자 처벌 등을 외치기 시작했다.

황당하게만 들리는, 헌정사 전대미문의 국정농단 사태인 '박근혜·최서원 게이트' 사건으로 매김 하면서 '최순실'이라는 이름이 언론에 본격적으로 오르게 되었고, 이른바 국정농단 사태는 2016년 10월 중순 '최서원의 태블릿PC' 보도와 박 대통령의 사과 담화로 오히려 비난성은 사실상 기정사실화 되어 버린 것이다.

특히 2016년 10월 25일에 있었던 박 대통령의 '1차 대국민 담화'는 최서원이 국정농단의 핵심 인물이라는 것을 스스로 밝힌 꼴이 된 '정치적 자살'과 다름없는 행위가 되었고, 이후 박 대통령의 지지율이 폭락으로 이어져, 결국은 탄핵의 블랙홀에 빨려들게 된다.

언론은, 최ㅌㅁ 일가는 1970년대부터 박근혜와 인연을 맺어 그 때부터 박근혜와 절친하게 지내며 각종 전횡을 일삼았고, 이런 최서원은 자기 심복이랍시고 차ㅇㅌ이나 고ㅇㅌ를 비롯한 다른 일반인까지 멋대로 끌어 들여 국정을 농단했다는 거짓·편파 일색의 보도였던 것이다.

최씨의 소행은 군(軍)을 비롯한 정부 인사문제나 이권개입 의혹, 편법과 인맥을 이용한 평창군 지역 대규모 부동산 매입, 부정한 수단을 통한 공사 수주, 페이퍼 컴퍼니를 통한 자금세탁 의혹, 은행의 인맥을 이용한 외화 무단 반출, 행정부(특히 문화체육관광부) 산하 기관들을 이용한 인사 청탁이나 예산 남용, 미얀마 ODA 사업 알선수재 혐의 사건들까지 전횡의 규모가 가히 상상을 초월하는 모양세로 모든 언론에 대대적으로 보도되었다.

이런 J방송사의 최서원의 태블릿PC 보도 이후, '하야'와 '탄핵'의 키워드가 실시간 검색어 최상위 순위에 오르며, 국민적 관심이 고조되면서, 야권에서는 대통령이 스스로 내려오는 하야 위주로 언급했고, 당시까지 박근혜 대통령을 향한 시위의 대부분은 '사실관계 진상규명 및 대통령으로서 책임을 지고 하야하라'는 것은 노무현 대통령 탄핵심판을 염두한 후폭풍의 조심성에서 비롯된 우려가 없지 않았을 것으로 보인다.

2018년 2월 13일, 최씨에 대한 1심 판결은 최씨의 혐의 대부분을 유죄로 인정하고 징역 20년에 벌금 180억원, 72억원 추징을 선고했고, 2심 판결은 같은 해 8월에 징역 20년에 벌금 200억원, 70억원 추징이었다.

이 사건은 최씨와 특검 모두 상고해 대법원 전원합의체에서 최씨에게 자금 요구를 받은 대기업 측에서 요구를 거부할 경우 기업활동에 불이익이 있을 수 있다는 위험을 구체적으로 인식했어야 강요죄가 성립할 수 있다며, 원심에서는 최씨가 자금을 대라고 요구한 것만으로 강요죄를 유죄로 인정한 잘못이 있고, 이 부분은 무죄로 볼 여지가 있으므로 다시 심리하라고 사건을 파기 환송했다.

고등법원의 파기 환송심은 이 판단에 따라 관련 혐의에 대한 무죄 판단과 함께 징역 18년에 벌금 200억원, 63억원 추징을 선고했고, 최씨는 이에 불복해 재상고했지만 대법원은 그대로 원심판결을 확정 지었다.

최씨에 대한 형사공판은 3년 8개월 동안 5번의 판결로써 종료되었고, 최씨는 그 동안 구치소에서의 수기를 엮어 '나는 누구인가'라는 책을 발간했다.

저자는 이 책에서 "사람들은 나를 '최순실'이라 부른다. 분명 나의 이름은 최서원이지만 사람들은 최순실이라는 이름 앞에 국정농단의 주범, 역사의 죄인, 심지어 무식한 강남아줌마 등의 수식어를 붙여가며 나를 평가한다. 하지만 그들은 잘못 알고 있는 것들이 많다"고 집필배경을 밝혔다.

태블릿PC가 최서원의 것으로 확정된 바 없다?

세월이 흐르면서 진실은 정의롭게 밝혀지는 법. 최씨는 자신에 대한 공판이 끝나고, "검찰과 법원이 태블릿PC를 내 것이라 결정했으니, 반환을 청구하자, "최서원의 것으로 확정된 바 없다"며 반환하기를 거부했다.

이들 검찰보다 더 황당한 행태를 보이고 있는 곳은 J방송사로서, 태블릿PC를 검찰에 넘겼던 조ㅌㅅ 기자는 이 사건 관련 "태블릿의 소유자가 누구인지 특정 못하겠다"는 입장을 검찰에 전한 것이다.

2016년 10월 24일, J방송사의 최서원 태블릿PC 첫 보도를 본 국민들은 똑똑히 기억할 것이다. 그 이후의 수십, 수백여 건의 관련 보도에서 J방송사는 모두 '최서원의 태블릿PC'로 보도했다.

그런데 이제 와서 최씨가 태블릿PC를 사용한 것은 맞지만 그 소유자는 아니라며 달아나는 검찰이었으나, 이와 달리 J방송사는 최서원의 소유라는 단정적 보도를 여러 차례 내놓았었다.

태블릿PC가 최씨의 것이 아니라면, 최씨의 것이라 수도 없이 보도한 J방송사 측이 거짓보도를 했다는 것이 된다.

특히 J방송사는 태블릿PC가 최씨의 것이라는 전제로 하여 변희재를 고소해 검찰과 법원은 변씨를 1년간 투옥시킨 바 있다. J방송사 고소장, 구속영장, 공소장 모두에 "태블릿은 최서원의 것"이라 기록되어 있고, 재판의 증인들도 모두 태블릿PC는 최씨의 것으로 증언했지 않았는가?

J방송사는 자신들의 보도를 근거로 하여 검찰측에 태블릿PC는 최씨의 것이니 돌려주라는 입장을 표하거나, 그것이 아니면 언론의 수많은 보도가 태블릿PC는 최씨의 것으로 거짓조작 보도된 것이라고 실토해야 할 일이다.

박 대통령에 대한 탄핵의 '국정농단' 증거물이 된 '최서원의 태블릿PC'는 최씨에 대한 공판이 끝나고서 검찰로부터 돌려달라는 가처분신청이 제기 되면서 주요 언론들이 주목했다.

이에 대해, 지금까지 30여개 매체들이 소식을 전하며, 2021년 12월 22일 서울중앙지방법원 제51민사부의 심리로 최씨의 점유이전금지 가처분신청 심문기일이 열리며(서울중앙지방법원 2021카합21914) 여러 언론이 많은 관심을 갖게 되었다.

하지만 정작 '최서원의 태블릿PC'의 존재를 알리며, 한국 언론사상 중 대 특종을 터뜨린 J방송사와 J일보에서는 관련 기사가 전혀 나오지 않은 것은 J방송사가 각종의 오보(誤報)에 의한 시비로 법적 분쟁에 휘말릴 것을 우려한 것으로 밖에 볼 수 없는 것이다. 언론의 사회적 역할은 진실을 세상에 알리는 것이다.

J방송사가 '최서원의 태블릿PC'로 초특종을 터뜨리며, 검찰에 임의 제출한 태블릿PC는 국정농단 사건에서 증거로 사용됐고, 그런 피고인 최씨는 징역 18년의 형이 선고되어 현재도 교도소에서 복역 중이다.

최서원의 방송사·검찰·법원에 역공세

2022년 01월 18일 최씨는 이동환 변호사를 소송대리인으로 하여 박근혜 대통령과 자신의 재판에서 검찰과 법원이 태블릿PC를 최씨의 것으로 단정함에 기초하여 증거로 사용된 태블릿PC의 반환을 구하는 소송을 제기했다.

더 나아가 최씨는 2022년 5월 27일, 지난 2016년 J방송사의 '태블릿PC' 보도로써 손해를 입었다며 J방송사와 이를 보도한 소속 기자에 대해 2억원의 손해배상을 청구하는 내용의 소송을 서울중앙지방법원에 냈다.

'J방송사는 일명 '최순실 국정농단 사건'을 주도적으로 보도한 언론사로서, J방송사의 '태블릿PC' 보도는 최씨가 박 대통령을 배후에서 조종해 각종 비리를 저지른 인물로서 거짓으로 꾸며 보도했다'는 청구이유이다.

"박 대통령 정부의 각종 공문서가 들어있는 '최순실 태블릿PC'를 고ㅇㅌ의 사무실에서 취득했고, 최씨가 박 대통령의 연설문을 해당 태블릿PC로 수정했다"는 완전 허위보도가 아니었는가?

최씨가 태블릿pc를 들고 다니며 딸 정ㅇㄹ가 승마장에서 사진을 찍고 다녔다는 J방송사의 보도에 대해서는, 국립과학수사연구소의 포렌식 보고서 분석 결과, 정씨나 승마장의 사진은 단 한 장도 존재하지 않았다는 분석결과에 반하는 최씨에 대한 수많은 허위보도를 내보냈다는 것이다.

최씨는 "J방송사와 소속 기자의 허위보도로 인해, 최씨는 박 대통령을 꼭두각시처럼 부리며, 비선실세로 국정을 농단한 헌정 사상 최악의 범죄자로 낙인찍혔다"면서 "이들의 불법적 명예훼손 행위로 최씨는 극심한 정신적 육체적 고통을 받았다"고 주장했다.

문제의 태블릿PC가 최씨의 것이 맞고, 그것을 통해서 최씨가 국정에 관여해 왔다고 주장해 온 이들이, 이제는 박 대통령에 대한 불법탄핵과 대통령에 대한 형사소추·불법감금의 중차대한 음모와 실행의 책임을 져야 할 때가 왔다.

박 대통령에 대한 탄핵에 결정적으로 불을 붙인 것은 '최서원의 태블릿PC'였던 것이고, 박 대통령과 최씨를 잇는 중요한 연결고리이자 형사공판에서 유죄의 증거물로, 이것이 없었더라면, '국정농단'이라 불리며 탄핵에 이르기는 지극히 어려웠을 것이다.

이런 최씨의 태블릿PC에 관하여, 9월 27일, 서울중앙지법 민사23단독 조해근 부장판사는 최씨가 김ㅎㅅ 전 청와대 행정관과 서울중앙지검을 상대로 제기한 유체동산인도 청구 소송에서 원고 승소 판결을 냈다.

최씨는 2016년 말 JTBC가 최씨의 사무실에서 입수해 서울중앙지검에 임의제출한 태블릿PC의 소유권을 주장하며 소송을 제기했는데, 지난 2월 최씨측의 가처분 신청을 받아들인 데 이어 이날 1심에서 최씨의 손을 들어준 것이다.

1심 재판결과가 나오자 이변호사는 "형사소송법상 유죄 판결을 받을 경우 해당 증거물에 몰수형을 선고하지 않으면 피고인에게 반환하게 돼 있지만

□ 육영수여사 제38주기 추도식 인사말1
□ 육영수여사 제38주기 추도식 인사말2
□ 육영수여사 제38주기 추도식 인사말3
□ 전국 축산인 한마음 전진대회 축사1
□ 전국 축산인 한마음 진진대회 축사2

검찰에서 임의로 반환하지 않았던 것으로, 국정농단 사건과 관련해 핵심 증거였던 J방송사 태블릿을 검증하게 됐다"는 차원에 의의를 두고서 5년여에 걸친 진실을 찾기 위한 소송에서 의미 있는 일단의 큰 쾌거를 거둔 셈이다.

이날 승소의 판결로써 최씨측은 검찰로부터 태블릿PC를 확보하는 즉시 전문 감정을 의뢰하겠다는 계획을 밝혔다. 이 변호사는 "태블릿PC를 확보하게 될 경우 국내외를 망라한 공인된 전문기관에 전문 감정을 의뢰할 것"이라며 "과연 이것이 최씨가 실제로 사용한 것이 맞는지 확인할 예정이고, 유의미한 결과가 도출된다면 보도자료를 배포할 예정"이라며 태블릿PC 감정 결과에 따라 국정농단 사건에 대한 재심 청구까지도 검토하겠다는 입장이다.

이 태블릿PC에 어떤 다른 개입이나, 디지털포렌식 검증 결과상 조작 또는 외부인이 건드린 흔적이 나올 경우 핵심 증거가 오염됐다는 것이 확인될 수 있는 감정을 통해 해당 태블릿PC에 외부에서 개입된 흔적이 발견될 경우, 국정농단 판결에 대한 재심 청구도 고려해 볼, 박 대통령에 대한 유죄 판결에도 파장을 일으킬 것으로 전망된다.

이렇게 1심이 최씨의 주장을 받아들였지만, 피고 측이 1심 판결에 불복해 항소할 가능성이 있어, 실제 태블릿PC를 돌려받기까지는 다소 시간이 걸릴 수 있다. 여하튼 임자 없이 최씨에게 죄를 뒤집어씌운 태블릿PC의 진실이 밝혀져 정의와 진실의 승리가 있기를 바란다.

7

북한의 탄핵 지령

前 북한군 정찰총국 대좌 증언

"북한은 역대적으로 남한의 대선에 개입해 왔지만 '탄핵'이라는 사건은 (적화공작에) 너무 좋았다"며 "그러니까 그건 눈 감고 개입하는 거다. 눈 감고 '총동원 앞으로!' 하는 거"라고 했다.

북한군 정찰총국 대좌(대령) 출신인 김국성씨(가명. 62)는 펜앤드마이크와의 단독 인터뷰에서, 지난 박근혜 대통령 탄핵에 북한이 개입했다고 폭로했다. 그는 "북한은 한국의 대선에 개입해왔다"며, 특히 "박 대통령 '탄핵' 사태는 북한에 너무 좋은 기회였다"고 밝혔다.

김씨는 김정은 집권 후 장성택이 처형되자, 신변의 위협을 느껴 2014년 한국으로 망명했다. 지난 10월 영국 BBC와 인터뷰에서 "1990년대 초 북한 간첩이 청와대에 근무했다"고 폭로했다.

이후 국가정보원이 나서 "사실과 다르다"고 반박하자, 시사저널과의 인터뷰에서 1990년대 초 북한 간첩이 유사시 '독가스 살포 임무'

를 부여받고 청와대 냉난방 기술자로 근무하다 평양으로 복귀했다고 밝혔다.

BBC와의 인터뷰에서 선글라스를 쓴 모습으로 등장했던 김씨는 이날 국내언론에 처음으로 얼굴을 드러냈다. 그는 약 2시간 동안 펜앤드마이크 천영식 대표이사, 김용삼 대기자와 인터뷰를 했으며, 전 과정은 유튜브 방송을 통해 생중계됐다.

김씨는 이날 방송에서 "북한은 어느 때도 한국의 대선에 개입한다"고 강조했다. 그는 지난 2012년 대선을 앞두고 자신이 직접, 문재인, 안철수, 박근혜 후보의 당선 가능성에 대해 분석한 뒤, 박 후보가 당선될 것이라고 김정은에게 보고했다고 밝혔다.

당시 박 후보의 당선을 전망했던 이유에 대해서는 "대한민국은 정통적으로 보수정권"이라며, "이승만, 박정희로 이어지는 '박근혜'라는 사람이 갖는 보수의 정통성에 기초하면 대한민국 국민들의 지지를 가져올 수 있다. 핵심은 (대한민국이) 보수의 나라라는 것"이라고 했다.

그는 "박근혜가 당선되면 남북관계의 틀을 만들어 남북관계의 온전성을 가져야 한다"는 내용을 김정은에게 보고하자 "너 제일이다"라는 '아주 좋은' 평가를 받았다고 덧붙였다.

김씨는 "(박근혜 대통령 당선 이후) 아마 잘 됐으면 (남북)정상회담까지 갈 뻔했다"며 "그런데 유감스럽게도 박근혜 대통령이 취임연설로부터 날이 가면서 강경 대북정책을 막 쏟아내니까 김정은이가 좀 그랬다 (싫어했다)"고 했다.

김씨는 "북한은 역대적으로 남한의 대선에 개입해왔지만, '탄핵'이

우리는 박근혜를 탄핵한다

민주통일련합 창당추진위원회가 선언

▲ 북한의 로동신문

라는 사건은 너무 좋았다"며 "그러니까 그건 눈 감고 개입하는 거다. 눈 감고 '총동원 앞으로!' 하는 거"라고 했다. 그는 박 대통령 탄핵에 북한이 개입했다는 사실은 "부인할 수 없는 거"라며 거듭 강조했다.

박 대통령 탄핵에 북한의 구체적인 개입방식을 묻는 질문에, 그는 "자주시보를 보면 (남한에) '김정은 연구위원회'가 존재하는데, 이런 거는 존재할 수 없다"고 답변했다. '김정은 연구위원회'는 주사파 NL 운동권인 한총련 계열의 한국대학생진보연합(대진연)이 개최한 모임이다.

지난 2019년 서울 광화문광장 세종대왕상을 점거한 후 반미를 외치고, 그해 10월 18일 서울의 미국 대사관저 담장을 기습적으로 넘어 무단 침입해 해리 해리스 당시 주한미국대사 가족이 생활하는 관저 현관 앞을 점거했다.

김씨의 답변은 남한에 존재하는 NL 주사파 단체들의 뿌리는 북한이며, 북한은 이들 단체를 통해 박근혜 대통령 탄핵에 개입했다는 뜻으로 해석된다.

__ 〈펜앤드마이크〉 양연희 기자 yeonhee@pennmike.com

"합참 기밀 등 매주 북으로 건당 1만 5천달러" 증언도

김씨는 또한, 지난 2022년 6월 13일 주간조선(2022년 6월 2713호)과 인터뷰를 한 일문일답에서도 우리 대한민국 국민들이 꼭 알아야 할 내용으로서 가감 없이 소개한다.

"2012년 北공작원 대거 남한행…
합참·미군 기밀 건당 1만5000불에 넘어가"

지난해 10월 영국 BBC방송과 인터뷰에서 "1990년대 청와대 내 북한 간첩이 암약했다"는 주장을 내놔 파장을 일으킨 전 북한 정찰총국 대좌 김국성(가명)씨가 지난 6월 13일 주간조선과 만나 "구(舊)소련이 해체될 무렵 조선노동당 대외연락부가 사할린에 소련과 합작법인을 세웠고 이를 공작거점으로 사할린에 거주하고 있는 남한 동포들의 고국방문을 이용해 남한 적화를 위한 공작을 진행했다"고 밝혔다.

북한이 일본의 조총련계 재일 동포들과 중국의 조선족 동포들을 남한에 간첩으로 침투시킨 사례는 많다. 하지만 '사할린 한인'들까지 남한 적화에 이용했다는 증언이 북한 정보계통에서 30년 가까이 종사했던 고위인사의 입에서 나와 파장이 예상된다. 김씨가 속했던 정찰총국은 형식상 조선인민군 총참모부 소속이지만, 김정은 조선노동당 총비서 겸 국무위원장의 직접 지휘를 받는 독립부서다.

사할린 한인들은 일제강점기 때 경상도, 전라도 등 한반도 남부에서 당시 일본령 사할린섬으로 징용됐던 사람과 그 후손들로, 일제 패망 후 사할린섬 전체가 소련에 귀속되면서 신분이 모호해졌다.

연해주에서 중앙아시아 일대로 강제이주된 '고려인'들과도 별개 집단으로 취급된다. 이에 한·소 수교 등 북방외교를 추진했던 노태우 정부 때인 1989년부터 사할린 동포 영주귀국 사업을 진행해 경기도 안산과 파주, 김포 등지에 대규모 정착촌을 형성하고 있다. 대한적십자사에 따르면, 지금까지 국내로 영주 귀국한 사할린 동포만 4,400여 명에 달한다.

아울러 김씨는 "전두환 정부 때인 1984년 김일성이 남한에 수해지원을 보냈을 때 이를 가지고 남한에 내려온 인원들의 60% 이상이 노동당 대외연락부 및 작전부 산하 대남요원들이었다"는 사실도 공개했다.

또한 그는 "북한 직파간첩 또는 간접적 방식에 의한 공작으로 한 주일에 한 번씩 이메일을 통해 한국의 기밀정보가 넘어왔다"며 "비무장지대(DMZ) 열영상 카메라 관련 기술자료 일체는 물론 합참(합동참모본부) 핵심 군사자료, 경기도 평택 미군기지 자료를 공작해 북에서 '영웅칭호'까지 받은 사람이 있다"고도 밝혔다.

그는 아울러 "김정은이 사용하는 군사용 쌍안경도 미국산 브랜드로, 내가 남한으로부터 중국을 경유해 북한에 들여보낸 것"이라고 주장했다.

또한 김씨는 "김정은은 2003년부터 지도자 수업을 거쳤고 2005년부터는 당 내부행사를 비롯한 김정일 주재 연회 참가를 비롯해 보이지 않는 실질적 지도자였다"며 "2008년 김정일이 뇌졸중으로 뻗은 후부터는 사실상 최고지도자로서 김정은에게 핵심 부문의 결재보고서가 집중됐다"고도 했다.

그는 "당 중앙위 정보기관에서 직접 보좌했던 핵심 일꾼들은 모두 다 아는 사실"이라며 "2009년 정찰총국이 조직되고 김정은의 특별 지시에 따라 '남조선 정치예속화 전략'이란 제의서를 직접 기안해 김정은에게 올렸고, 수표(사인)를 받았다"고 말했다.

이 같은 언급은 김정은 위원장이 후계자로 낙점된 시기가 2003년으로 까지 거슬러 올라간다는 의미여서 관심이 모아진다. 1984년생으로 알려진 김정은이 19살 때로, 당시만 해도 국내 언론은 2017년 말레이시아 쿠알라룸푸르공항에서 독살된 김정일의 장남이자 김정은의 이복형인 김정남을 여전히 유력한 후계자로 꼽아왔다. 김정일의 후계지위가 공식 확정돼 대외에 공표된 것은 2010년, 김정은이 노동당 중앙군사위 부위원장에 선출되면서다.

1959년 평양 모란봉구역 개선동에서 태어난 김씨는, 북한 정보기관에서 근무했던 사람으로서는 귀순 인사 중 최고위급이다. 김씨는 평양금성중학교를 졸업하고 김책공업종합대학 전자공학부와 인민경제대학, 이른바 '정보일꾼(간첩)' 양성소인 '김정일 정치군사대학'을 졸업한 엘리트다.

2014년 남한으로 탈출하기 전까지 노동당 대외연락부 6년, 당 6부(작전부) 10년, 당 35호실(대외정보조사부) 5년, 정찰총국 5년 등 30년 가까이 북한 정보수장들의 비서관 위치에 있었다. 귀순 전까지는 2010년 '천안함 폭침'을 지휘했던 김영철 초대 정찰총국장의 전략비서관으로 일했다.

하지만 그는 2013년 12월 김정은 위원장의 고모부이자 '친중파'의 대표격인 장성택 전 노동당 행정부장이 전격 체포돼 처형된 이듬해인 2014년 중국 근무 중 탈북했다. 그는 "장성택과는 1984년부터 근 30년간 특별관계의 인연"이라며 "장성택 처형 후 나를 잡으려고 체포조를 파견했다는 정보를 접하고 제3국을 통해 인천공항으로 입국했다"고 했다.

그는 "주중 북한대사관에서는 비공식 인물로 공사의 직분을 가졌고 대사관 당비서, 대사도 나를 보면 인사했다"며 "만약 김영철이 나를 비호하려 했다면 자신의 목이 달아났을 것"이라고 했다.

박근혜 정부 때인 2014년 한국에 정착한 김씨는 정체를 숨긴 채 국정원 산하 국가안보전략연구원에서 책임연구위원으로 5년간 근무했다. 2021년 10월 BBC와 인터뷰를 시작으로 국내 언론과 간헐적으로 만나온 그는 정권교체 후 주간조선과 처음으로 인터뷰를 가졌다.

그 역시 "윤석열 대통령이 당선되고 한국에서 보수정권이 들어선 이후 가진 인터뷰로는 처음"이라고 강조했다. 서울 시내 모처에서 2시간가량 진행된 인터뷰에는 경찰청 공안문제연구소와 경찰대 치안정책연구소 연구관 출신으로 대공전문가인 유동열 자유민주연구원장이 배석했다.

지난해 10월 BBC 로라 비커 전 서울특파원과 인터뷰 때 검은 선글라스로 자신의 눈을 가렸던 그는 이번에는 약간 색이 들어간 시력보호용 안경만 낀 채 기자와 마주 앉았다. 그는 "정찰총국 19과(테러전담)에서 나를 겨냥한 테러공작이 진행 중이라는 정보를 접했다"며 "왜 남한에 살면서까지 북한의 위협을 받아야 하는지"라며 쓴웃음을 지었다.

인터뷰에 배석한 유동열 원장은 "정찰총국 대좌라고 하면 한국군 대령을 떠올리지만, 북한이라는 특유의 체제에서 김 선생이 수행한 직분은 당 중앙위 부부장급이라고 보면 맞을 것"이라며 인터뷰 내내 깍듯이 '선생님'이라고 불렀다.

김씨는 "나는 대한민국에 지은 죄가 많은 사람"이라며 "테러가 뒤따라올 것을 뻔히 알면서도 목숨 내놓고 투쟁하는 것은 대한민국의 종국적 승리와 자유통일을 위해서"라고도 밝혔다. 다음은 그와의 일문일답.

문재인 정부 당시 국정원이 과거 청와대 내 간첩 '박명수'의 존재에 대해 공식 부인했다.

"응당히 그럴 수밖에 없었겠지."(웃음)

청와대에 침투한 '박명수'는 왜 움직이지 않았나.

"국내외적 환경이 그런 참화를 빚어낼 시기가 아니었다. 북에서 '남조선 해방의 길에 나선다. 작전개시'라고 했을 때 쏘는 것이다. 간첩 하면 다들 넥타이 멘 사람을 떠올리는데 그게 아니다. 내가 냉난방 공조기술자라고 하니까 다들 입을 봉하지 않았나."

모 언론과 인터뷰에서 '김남희'라는 여간첩에 대해서도 언급했다.

"김남희는 노동당 35호실(대외정보조사부)에서 직파한 공작원이다. 35호실은 칼(KAL, 대한항공)기 폭파사건을 비롯해 버마 랑군(현 미얀마 양곤) 폭발사건(아웅산 테러) 주관부서다.

김남희는 이제 나이가 60세쯤 됐을 것이다. 북에는 남편과 자식들이 있다. 아들은 김일성종합대학 정치경제학부 학생이었는데, 노동당 입당을 위해 과외 시간에 평양시 중요 건설에 자발적으로 참가하곤 했다."

'김남희'를 직접 관리한 사람이 있나.

"김남희의 담당관은 정찰총국 5국 3과 부과장을 맡고 있는 주철문이다. 주철문은 김남희가 2013년 9월에 북한에 복귀했을 때 김일성종합대학 당 비서를 만나 김남희 아들의 입당까지 받아냈다.

북한에서는 '육체적 생명은 버려도 정치적 생명은 영원하다'고 사상교육을 하는데 정보기관 사람들에게 차려지는 '배려'는 최고다.

김남희는 그때 20일가량 북한에 체류하면서 사상교육과 정보실무교육, 평양 동북리 초대소에서 사격훈련 등 정치사상적 재무장을 하고 그해

9월 말 다시 한국으로 재입국했다."

'김남희'가 아직도 남한에서 활동 중인가.

"김남희가 남한에 침투해 공작활동을 한 기간을 현재로 계산해 보면 20년이 넘는다. 이전에 침투했던 여간첩 이선실을 보지 않았나. 최근에 북한 공작원들에게 있어서 남한 사회는 꽃 비단길과 같다."

북에 있을 때 직접 기안한 대남전략이 있나.

"2009년도 '남조선 정치예속화 전략'이 내가 직접 기안한 것이다. 70년 역사 속에서 우리가 진행했던 지하공작 토대와 핵무력에 기초해 남조선의 정치예속화를 실행해야 한다는 내용이다.

내가 이 전략을 기안해 김정은에게 올렸고 김정은이 직접 수표(사인)했다. 대단히 만족스럽다는 평가를 받았다. 지금 그 전략 그대로 가고 있다."

'남조선 정치예속화'의 세부 방안은 무엇인가.

"문재인 정부 때 봤듯이 좌파단체가 자유·민주·인권 등을 가지고 투쟁하는 것을 밥 먹듯 하지 않나. 물밑에는 대남기관이 알게 모르게 작동한다. 이것이 바로 정치예속화의 주춧돌이다.

지하공작과 공식적인 통일전선사업의 병행은 정치예속화를 위한 대남전략의 기본이다. 남한 사회의 좌우로 갈라진 이념갈등, 사회갈등, 빈부격차 등은 대남공작의 마르지 않는 샘물의 원천과 같다."

남한 시민단체 상당수가 북에 장악됐다는 말을 BBC에서 했다.

같은 맥락인가. "민주조선, 자주시보, 김정은 연구위원회, 주체사상연구위원회 등 우리 동포돕기 운동 및 우리 민족끼리 구호를 내는 수많은 단체들은 북한이 추구하는 대남전략에 부합하는 활동을 하고 있다.

남한은 집회·시위·결사·표현의 자유를 가진 사회다. 북한 정보기관에는 남조선 법률연구소가 있다. 남한에서 가장 합법적인 대남공작 투쟁 방법을 찾고 연구하는 비밀기관이다. 남한 헌법에 딱 맞는 방법을 찾아 공작하고 투쟁하니 남한 정부도 어찌할 수 없다. 자주시보가 싣는 내용을 보면 어떤 면에서는 노동신문을 훨씬 능가한다."

요즘도 여전히 공작원을 남한에 침투시키나.

"북한은 남한 사회를 주도할 수 있는 사회적 뼈골간을 이미 만들어 놨다. 하부 조직은 물론 국회를 비롯해 정치권, 청와대, 국방부 등 주요 요충기관에 직파간첩, 포섭된 남한 국민들이 들어가 있다.

북한은 이미 2006년 남파 공작원 파견을 일단 중지했다. 더 파견할 가치가 없어서다.

그러다 김정은이 2009년 정찰총국을 조직한 후, 2012년부터 새롭게 대남 공작원 파견을 지시했다. 그해 많은 공작원이 남한에 침투했고, 유엔(UN) 기구에서 활동하던 공작원도 그 당시 남한으로 침투했다."

남에서 올라오는 정보를 언제 어떻게 전달받나.

"한 주일에 한 건씩 한국에서 기밀정보가 이메일로 북한에 넘어온다. 이메일로 전송되는 내용은 절대로 해독 못 한다. 남북한 간에 인터넷이 안 되지만, 중국 통신은 북한 국경지역에서 잘 작동된다.

그 외에 일주일에 한 번씩 남한에서 발행되는 조중동(조선, 중앙, 동아) 신문을 비롯해 한겨레, 주간조선, 월간조선 등 필요한 모든 출판물들을 무더기로 싹 들여온다. 우리 같은 사람은 보기 싫어서 안 볼 정도다."

주로 무슨 정보를 빼가나.

"지난번 특전사 현역 대위가 북한에 기밀정보를 빼주는 것을 보지 않았
나. 합참의 핵심 군사자료, 평택 미군기지 관련 자료도 간접적 방법으
로 건당 1만 2,000~1만 5,000달러로 공작해 북한으로 가져왔다. 그 임
무를 수행한 사람이 오극렬(전 국방위 부위원장)의 차남 오세현이다.

오세현은 그 공로로 '영웅칭호'를 받았다. 오세현은 내가 당 작전부에 최초
공작기구를 조직하고 공작원으로 추천해 받아들인 공작원이다. 그 외에
도 DMZ(비무장지대)에 설치한 남한군의 열영상카메라 장비의 기술자료와
장비도 들여왔다. 해상침투를 위한 해안감시 장비에도 큰 신경을 쓴다."

사람이 직접 인편으로 전달하기도 하나.

"1992년 한·중 수교와 함께 북한에서 잃은 것도 있지만, 대남공작 측면
에서는 유리한 환경과 조건이 만들어졌다. 중국을 경유해 북한에 들어
갈 때는 비공개 입출국증을 여권과 같이 줘서 입출국 도장이 여권에 찍
히지 않는다.

그보다 더 비밀스러운 대상은 당 작전부 전투원들의 호위 밑에 입출국
을 진행한다. 필요에 따라 북한 체류일정은 20일에서 30일, 특별한 경
우는 6개월 이상도 한다."

포섭 대상은 어떻게 정하나.

"공작에 앞서 사람들을 분류한다. 돈 먹이면 될 놈(사람), 처지를 놓고
말로써 될 놈, 흠을 잡아서 멱을 꿰야 될 놈으로 분류하는 것이다.

북한에 서너 번 드나든 사람은 여성 공작에 넘어간 사람들이다. 특히 위험한 것은 목사, 정치인들이다. 해당 처방이 내려와서 벙어리로서 알 게 모르게 충성하는 사람들이 있다."

간첩교육은 어떻게 시키나.

"남한 사람들을 데리고 가 교양(교육)을 하면 어떤 면에서 북한 사람들보다 더 새빨간 사람이 된다. 일생을 자유세상에서 살다 보니 집단주의에 목마른 것 같다. 대부분은 집단주의의 첫 모습을 경험하면서 당의 힘, 국가의 힘, 순결성 등에 휙 하고 가더라.

충성맹세를 하고 그 위치에 따라 김정일, 김정은에게 충성의 편지도 쓰게 한다. 편지 내용은 장군님의 뜻을 받들어 남한의 혁명 전위투사로 조국통일의 그날까지 목숨 바쳐 싸우겠다는 것이다."

포섭된 사람 중에 정치권 인사도 있나.

"부들부들 떠는 사람이 많을 것이다. BBC에 나간 뒤 민주당의 한 의원이 모 방송에 나와 나보고 '정신 나간 사람'이라고 폄하하면서 인간 모욕을 하더라. 그때 '국회의원이란 사람이 저렇게 몰상식하고 무분별한가'란 생각이 들었다. 그날 밤 우리 가족 모두 잠을 들 수 없었다.

나는 국정원으로부터 '최고의 정보자산을 가져왔다'고 평가받은 사람이다. 실례로 정치권의 정보요원을 심는다면 우선 국회의원 보좌관부터 흡수하면 된다. 그때부터 국회의원은 알게 모르게 적의 지시를 받아야 한다."

북한의 7차 핵실험이 임박했다는데.

"김일성이 제시한 국방에서의 자위노선이 바로 첨단화된 핵 억제력을 가지는 것이다. 북한은 그 목표의 최종단계에 있다. 북한의 핵 억제력은 본질에서 김정은 세습체제의 장래를 담보하기 위한 데 있다.

김정은은 절대로 핵을 포기하지 않는다. 북한의 핵무력은 남한의 정치예속화를 무력으로 담보하고, 종국적으로는 적화통일을 위한 최종 병기로 사용할 것이다."

북이 실제로 핵을 사용하겠나.

"대한민국은 잘 먹고, 잘 입고, 잘 쓰는 세계에서 몇 안 되는 자유로운 국가다. 잘 먹고 잘살면 생(生)에 대한 애착이 강해진다. 핵무력 토대 위에서 남한을 때리려고 하면, (남한이) 멍멍 짖다가 살기 위해 결국 머리를 숙이는 것이 정치예속화의 핵심이다.

평화정책은 결국 구걸정책이다. 비핵화 실현을 위해 어떻게 하겠다는 것은 대국민 사기극이자, 정치인들의 기만술이다. 미국도 못 시키는 비핵화를 어떻게 이룩하나."

가장 상대하기 껄끄러웠던 남한 정권은.

"내가 활동하기 전이지만 전두환 때였던 것 같다. 버마 랑군(현 미얀마 양곤) 폭발(아웅산테러)로 시작해, 북으로부터 수해물자도 지원받고, 이산가족 상봉, 칼(KAL, 대한항공)기 폭파사건 등 남북관계 종합세트였다. 당시 북의 수해지원 물자를 가져온 60%가 대남기관 요원들이었다.

기본 수행성원 말고, 보좌성원들은 기자들까지 기관요원들이었다. 기자들은 '314연락소' 사람들이 위장해서 들어갔다. 내가 보기에 전두환 정부는 냉·온탕을 오가면서도 남북 관계를 유순하게 가져갔던 것 같다. 노태우 때는 북방외교 때문에 상당히 고통스러웠던 것 같다. 북으로서는 가장 치명타였다."

노태우 북방외교 때 기억나는 일화는.
"동구권이 망했을 때 사할린에 남한 동포들이 많았다. 당시 한 4만명 정도 됐던 것 같다. 북한이 얼마나 집요하냐면, 소련이 넘어졌을 때 우리는 좋은 기회로 여겼다.
그때 내가 제일 먼저 사할린에 들어가서 합작회사를 만들었다. 그때부터 사할린 사람들이 남한에 친척 방문한다고 봄에 둑 무너지듯 들어갔다. 그때 성과를 많이 얻었다. 정보가 삼태기째 들어왔다."

윤석열 정부는 북의 대남전략에 어떻게 대처해야 하나.
"철저히 무시하는 전략으로 나가야 한다. 대신 한·미 동맹의 강화, 한·중 관계의 발전으로 맞서야 한다. 노동당 전원회의 한다고 김정은 얼굴을 크게 비춰 주면 안 된다. 북한에서도 한때 남한 정치인들의 비리 같은 것들을 노동신문에 냈다가 수년 전부터 싹 없애 버렸다. 남한 자체를 인민들 머릿속에 두지 말라는 얘기다."

최근 리선권이 노동당 통일전선부장, 최선희가 외무상에 기용됐다.
변화가 있을까. "리선권, 최선희 이름이 나오니까 '대화를 위한 협상용 아니냐'는 군불을 때던데 그게 아니다.
북한은 자본주의 체제처럼 어떤 개인이 장관이 됐다고 시책이 바뀌는 집단이 아니다. 북한에는 당에서 놓아준 길이 있다. 누가 되든 그 길에서 0.01mm라도 차이가 나면 곧장 목을 잘라 버린다."

장성택 전 노동당 행정부장과는 어떤 사이였나.

"장성택하고는 1984년부터 알고 지낸 사이다. 한 30년간 특수관계에 있었다. 장성택 숙청 당시 나는 중국에 나와 있었다.

숙청 후 북한에서 나를 잡으러 체포조가 온다는 소식을 들었다. 나 정도 되면 정보라인이 있다. 다음날 아침 당장 비행기를 타고 제3국을 거쳐 인천으로 들어왔다."

김영철 전 정찰총국장이 당신을 구명해줄 수 없었나.

"장성택 숙청은 김정은의 '특명 지령'이다. 김영철은커녕 김영철의 할아버지가 와도 안 됐을 것이다. 만약 김영철이 나를 비호하려 했다면 자신의 목이 달아났을 것이다."

김정은은 왜 장성택을 숙청했나.

"김정은은 백두혈통이 못 된다. 고용희의 아들이다. 고용희는 '귀국자'로, 막말로 일본종(種)이다. 게다가 무용수다. 그래서 자기 어머니 공개를 못 한다. 고용희의 묘가 평양 대성산(혁명열사릉)에 있는데 몇몇 사람들만 군불을 때는 데 그친다. 간부들은 대개 나처럼 생각한다. 그래서 김정은은 간부들에 대한 믿음을 못 갖는다."

북한에 남은 가족은 없나.

"평양에 아들이 남아 있다. 딸과 아내만 데리고 나왔다. 아들은 내가 탈북한 후 정치범수용소에 잡혀갔다고 들었다."

아들이 북에 남았는데 두려움이 없나.

"우리는 결심하면 목숨을 내놓고 한다. 나를 죽이기 위해 정찰총국 19과(테러전담)에서 이미 동작하고 있고, 좌파단체들과 직파간첩들도 나를 죽이기 위해 줄서서 동작하고 있다. 헛말이 아니다.

내가 구비만 되면 김정은의 실상에 대해 알리고 싶다. 다른 사람과 달리 나는 국제무대에서 북한이 저지른 테러, 마약, 위조지폐, 인권유린 등의 실상을 그대로 설명해 북한을 외톨이로 만들 수 있다."

— 〈주간조선〉 2022. 06. 19. 이동훈 기자

__ 출처 : 주간조선 2022년 6월 2713호, 북한 정찰총국 前 대좌 증언, "2012년 北공작원 대거 남한행… 합참·미군 기밀 건당 1만5000불에 넘어가"

대통령 탄핵은 체제전복을 위한 대한민국 탄핵

2017년 헌법재판소 결원재판부 8인 헌법재판관 전원은 박근혜 대통령에 대한 탄핵심판에서 "박 대통령의 위헌·위법 행위는 대의민주제 원리와 법치주의 정신을 훼손한 것"이라며 "국민의 신임을 배반한 것으로 헌법 수호의 관점에서 용납될 수 없는 중대한 법 위배 행위"라고 밝혔다.

그런 박 대통령을 대통령직에서 물러나게 함으로써 얻을 수 있는 이익이 대통령직을 계속 수행할 경우에 비해 '압도적'으로 크다고 판단함으로써 박 대통령의 '직무수행 계속 허용 불가'를 확인했다.

탄핵심판 결원재판부 구성원 중 보수성향의 한 헌법재판관은 장문의 '보충의견'을 통해 이번 심판이 보수와 진보라는 이념의 문제가 아니라 헌법질서를 수호하는 문제로, 정치적 폐습을 청산하기 위한 결정이라고 표현하는 등, 얼핏 보면 대한민국 헌법재판소의 그럴

싸한 명판결 같은 여기에, 대한민국 국민 모두가 완벽하게 속았고, 우리는 불법 가짜 대통령(수괴首魁; 형법 및 국가보안법상의 법률용어)의 통치 속에 살면서도 불법정권인 줄을 모른다.

박근혜 대통령에 대한 탄핵은 북한 김정은 세습 독재 전체주의 공산 정권의 지령에 따른 좌파의 국가반란으로서, 탄핵을 '촛불혁명'으로 미화한 대한민국 자유민주 체제에 대한 '대통령 탄핵'으로 포장된 그 내재적 속뜻은 '대한민국 탄핵'이다.

박 대통령 정부에 들어 국정교과서 문제며, 통진당 해산, 노조정책 등등의 이미 우리 사회는 좌경화가 깊어져 있는 때에, 이러한 정책으로 좌파들의 불만이 고조되어 있었다.

여기에 부정 비리의 의혹이 있는 여당 당원들까지 자신들의 정치생명을 유지하기 위하여 "촛불에 타 죽을 것이냐?"며 촛불집회를 정당화하면서 여당 의원들이 야당 의원들보다 더 앞장서서 탄핵운동으로 참여를 촉구했다.

여야의 공수(攻守)가 뒤바뀐 여당의 모양세가 오히려 야당을 당혹·의아스럽게까지 한 것 같다.

국민의 상당한 지지를 받고 있는 안ㅊㅅ의원 역시도 그의 짧은 혜안에서는 "탄핵안 가결은 정의요, 부결은 수치다"라며 박 대통령에 대한 탄핵촉구 시위와 서명운동을 벌였다.

이런 정치·사회적 분위기에 편승한 언론들 역시도, 이제는 '최서원의 태블릿PC'의 소유주가 최씨가 아니라는 것이 밝혀지는 등 언론이 거짓 선전 선동용으로 조작한 가짜 기사에 편승한 국회는 2016년 12월 9일, 탄핵소추 발의에 필요한 증거에 관한 조사·심의하는 절차도 전혀 없이 6일 만에 급히 234명의 찬성으로 의결한 국회가 저지른 정치적 테러로서 국가반란이다.

언론보도로 나온 거짓 보도된 입방아 글방아의 짓거리만 있을 뿐, 탄핵소추안과 탄핵소추장에는 대통령을 탄핵할 증거는 아무 것도 없었다.

2016년 11월 17일 발족한 관련 국정조사위원회와 11월 30일 출범한 특검 조사의 결과도 나오지 않은 상태에서 국회가 작정하고 거짓 과장된 쓰레기 언론보도 기사만으로 불법을 저지른 것이다.

헌법재판소의 탄핵심판도 철저히 적법성을 무시하였다. 헌법재판소 소장을 궐석으로 한 채, 8인의 재판관이 이정미를 소장 직무대행으로 하여 탄핵심판을 강행함으로써 "9인이 아닌 재판부는 심리만 할 수 있고, 심판 결정은 할 수 없다"는 엄연한 법규와 모순되는 불법을 저질렀다.

헌법재판소법 제6조는 '재판관의 임기가 만료되거나 정년이 도래하는 경우에는 임기만료일 또는 정년 도래일까지 후임자를 임명하여야 한다'는 작위의무가 규정되어 있다.

"헌법재판소의 헌법수호 기능이 중단되지 않도록 7명 이상의 재판관이 출석하면 사건을 심리하고 결정할 수 있음을 분명히 하고 있다. 그렇다면 헌법재판관 1인이 결원이 되어 8인의 재판관으로 재판부가 구성되더라도 탄핵심판을 심리하고 결정하는 데 헌법과 법률상 아무런 문제가 없다"는 것이다.

증거 없는 탄핵소추, 그런 소추장의 무단변경, 고의적 결원재판부 유지에, 사후 시행될 법의 소급 적용, 위법하게 수집한 증거 사용, 국민의 재판받을 권리 박탈 등의 갖가지 위법행위로서 대통령에 대한 파면을 선고했다.

이런 헌법재판관들의 법률적 지식과 그 양심은 전혀 헌법재판관으로서의 격에 맞지가 않은 처사의 탄핵심판이었다. 이미 박 대통령에 대한 탄핵심판의 결정은 내려놓고서 갖은 위법까지 동원하여 애써 억지 구실을 엮었다.

이런 행위들에는 그들의 숨은 의도가 담겨져 있었다할 것으로, 이런 한편의 북한은 2016년 2월 11일 박 대통령에 의한 개성공단 폐쇄 결정 후 거센 비난을 계속하면서 6월 24일부터 난수방송을 재개하였고, 2017년 신년사에서 김정은은 "지난 해 남조선에서는 대중적인 반정부 투쟁이 세차게 일어나 반동 통치기반을 밑뿌리 채 흔들어 놓았다"고 선전했다.

그러면서 "박근혜와 같은 반통일 사대 매국 세력의 준동을 분쇄하기 위한 전민족적 투쟁을 힘 있게 벌여야 한다"고 남한 내에 숨어 든 간첩들과 종북주의자들을 선동질했다.

촛불집회 현장에 "사회주의가 답이다", "북한이 우리의 미래이며 희망이며 삶이다", ○○공산당 창당을 위한 당원모집까지 서울 한복판 거리에서 버젓이 행해지는 광경은 바로 북한 정권의 지령과 내란에 의한 박근혜 대통령 탄핵의 성격을 상징하고 있었다.

대한민국의 주적을 말하지 못한 문재인의 종북 정권 창출을 위해 노동운동, 역사교육, 참교육 등의 형태로 김일성 주체사상을 심어 넣으며, 사회 저변에 지지기반 세력을 확장해 온 촛불집회는 일사불란한 정권찬탈 작업이었다.

거짓언론으로 선동하고, 정치꾼들이 아닌 듯 선동하고, 망국적인 반국가 노조와 시민단체는 도를 넘은 비인륜적 집회와 공권력에 대한 무자비한 폭력과 파괴행위가 이를 입증하고도 남음이 있다.

이렇게 북한 정권이 배후에서 지령 지원하고, 종북 세력들이 만든 '국정 농단'의 굴레를 박 대통령에게 씌우는 인민재판식 죄를 엮은 불법 탄핵의 진상은 나라의 꼴이 암울 한심하기가 참으로 통탄할 일이다.

그런데도 이런 내막을 거의 대부분의 국민들은 인식조차도 못하고서, 나라 걱정의 말과 글들은 일부 노인네들의 꽉 막힌 쓸데없는 '정치이야기'로 치부·거부하는, 국민의 발등에 불이 떨어졌지만 아직도 뜨거운 줄을 모르고 있다.

지난 문재인의 불법정권 하에서 얼마나 많은 악법이 제조되었는지, 그 정도가 어느 정도인지 조차도 관심도, 알려고도 하지 않는, 그저 솥 안에 빠져 따뜻하게 데워지는 온도를 즐기는 개구리처럼 이 시절이 무사태평 좋기만 할 것이다.

이런 진상의 형국이 지금 대한민국 국가 존립의 정체성마저 위협 받고 있는 중대한 위기의 실상임을 어이 모를까?

8

청렴한 대통령 박근혜의
불의에 대한 '불통'

세계적 위인 박정희의 딸 박근혜

이 땅에 가난으로부터, 국가안보의 위약으로부터 오직 구국 일념이었던 '가장 진보적 정치사상가이자 혁명가인 대통령 박정희'의 그 딸 '대통령 박근혜'는 "견뎌내기 힘들고 정치적인 손실을 보더라도 그런 식으로는 이 나라의 잘못된 관행과 비리, 그리고 곳곳에 쌓여있는 적폐(積弊)를 뿌리 뽑을 수 없다"는 신념을 갖고 있는 분으로 믿고 있다.

박 대통령은 그런 잘못된 관행과 비리와 사회 곳곳에 쌓여있는 적폐를 몰아내는 것은 국가발전과 미래를 위해 반드시 필요하고도 중요한 과제이기는 하지만 쉽지 않은 일로서, 그런 정책은 비난받기 십상이고, 이렇다 할 성과가 나는 일도 아니기 때문에 아무나 하려 들지도 않는다는 것을 잘 알고 있었으리라.

대통령 자신도 야당에서 사사건건 물고 늘어지는 이슈와 그 뒤에 붙어 있는 부당한 요구를 적당히 눈감아 주는, 정치적으로 타협하는 모양새를 갖추면 '불통'이라는 비난도 듣지 않고, 국정을 원만히 해결하는 것처럼 보일 수 있다는 사실을 모를 리 없었을 것이다.

그러나 정치권, 언론, 노조, 운동권 등을 적당히 무마하면서 좋은 게 좋다는 식으로 해서는 지금까지 쌓여 온 폐단들을 없애기 어렵고, 시간이 갈수록 그런 분위기가 확산되고, 깊이 뿌리를 박게 됨에, 국가사회와 국민의식이 오히려 더 퇴보할 것을 우려하고 있지 않았을까 싶다.

박 대통령은 '결코 해서는 안 되는, 반드시 고쳐나가야 할 관행'에 대하여 정치권이나 언론, 노조 등 이익 집단이 강경하게 요구하면 과거의 정부나 정치처럼 적당히 들어주고 타협하는 것이 아니었기에 동생들도 일체 청와대 접근을 막았다.

'안 되는 것은 안 되고, 고쳐야할 것은 고치겠다'는 흔들리지 않는 신념과 뚝심 때문에 세상은 박 대통령에게 정치와 언론에서 '고집불통'의 딱지까지 붙여준 것으로 본다.

청탁에 박절한 박 대통령 정부의 불의불통(不義不通)

박 대통령 정부의 최서원 등 민간인에 의한 국정농단 의혹 사건 당시 여권 소식통에 따르면, ㅈ일보 고위 관계자 A씨는 2015년 우ㅂㅇ 민정수석에게 유ㅇㄱ 명지학원 전 이사장의 특별사면과 장ㅅㅈ ㄷㄱ제강 회장에 대한 구명 로비를 펼쳤지만 청탁을 받은 우ㅂㅇ 수석은 이를 거절했던 것으로 알려졌다.

이 같은 청탁이 각각 다른 시기에 우수석에게 전달됐으며, 내용을 건넨 당사자는 이후 논란이 된 ㅈ일보 송ㅎㅇ 전 주필은 아닌 것으로 전해졌다.

그 당시 유ㅇㄱ는 ㅁㅈ학원 교비 727억원을 빼돌리고 재단에 1,735억원의 손해를 입힌 혐의가 입증돼 2012년 대법원에서 징역 7년을 확정 받아 복역 중이었고, 장ㅅㅈ는 회삿돈 수백억 원을 횡령해 원정 도박에 사용한 혐의로 이후 장 회장은 구속기소 돼 항소심에서 징역 3년 6개월과 추징금 14억 1,894만원을 받고 현재 수감 중이었고, 이런 구명로비의 청탁이 과거 정부와는 달리 한마디로 거절되었다는 것 자체가 박 대통령 정부의 불통으로 우ㅂㅇ 민정수석비서관에 의하여 드러난 것이다.

ㅈ일보 고위 관계자 A씨의 청탁이 거절되면서 ㅈ일보는 우ㅂㅇ 청와대 민정수석비서관에 대한 의혹을 제기하며, 2016년 7월 18일부터 시작된 ㅈ일보의 우ㅂㅇ에 대한 무차별 공격의 결말은 ㅈ일보 주필 송ㅎㅇ의 부패행각이 드러나고 회사 측이 그의 사표를 수리하고, 검찰의 출국정지 조치로 본격적인 수사에 이른 것이다.

ㅈ일보 독자의 입장에서 볼 때, 우ㅂㅇ 민정수석비서관에 대한 기사는 의혹은 있지만, 의혹이 사실로 입증된 것보다는 의혹이 추측과 또 다른 의혹을 낳고 그것조차 명확한 범법이나 범죄 사실로 입증된 것이 없는데도 불구하고, 한 달 이상 지속적으로 기사를 쓰는 까닭을 이해하기 어려웠을 정도다.

우ㅂㅇ 본인뿐만 아니라, 처가의 부동산 매매문제, 의경으로 있는 아들의 운전병 보직 문제, 부인회사의 차량 임대와 휴대폰 비용을 비리라고 까발리는 등 우씨와는 직접 관련도 없고, 특별한 문제꺼리도 안 되는 것들까지 ㅈ일보가 다 들춰내 남발하는 양상이었다.

이러한 편향적인 보도에, 친박계 김진태 새누리당 의원은 2016년

8월 29일 기자회견에서, 2011년 호화 전세기로 유럽을 여행한 유력 언론인이 송ㅎㅇ 주필이라며 실명을 공개했다.

송 주필이 DJ해양으로부터 유럽 왕복 1등석 항공권과 그리스와 이탈리아, 영국 등지의 초호화 요트 · 골프 관광 등 2억원 상당의 접대를 받았다는 의혹을 제기하자, DJ해양으로부터 비용과 편의를 제공받아 초호화 유럽 여행을 다녀온 의혹을 받고 있는 송주필이 8월 29일, 회사에 사의를 표명했다.

ㅈ일보 송주필의 DJ해양 로비 문제와 관련해 추가 의혹도 제기되었던 것으로, 남ㅅㅌ DJ해양 사장에 이어 고ㅈㅎ 사장에 대해서도 청와대에 연임 로비를 했다는 의혹으로, 송주필은 고사장의 연임을 고려해 달라는 청탁을 청와대 고위 관계자에게 전달한 것으로 언론에 알려졌다.

이렇게 김의원이 ㅈ일보 송주필 요트접대 의혹을 물고 늘어지며, ㅈ일보를 부패 기득권 세력으로 몰아붙이자 후속 보도를 내지 않고, 이대로 사건이 묻히는 듯 했다.

이로부터 한 달여 뒤인 2016년 9월 한겨레에서 단독으로 취재한 결과 미르재단과 K스포츠재단에서 벌어진 비리의 연결고리이자 핵심 인물로 최순실(최서원)이라는 인물이 드러났다며, 최서원이 박근혜의 대리인으로서 박 대통령의 비자금을 조성하려 했던 것이 아니냐는 의혹에 다시 불을 붙여 이른 바 '경제공동체'로 묶어서는 일명 '박근혜-최서원 게이트'의 서막을 알린 것이다.

우ㅂㅇ 비리도 그렇지만, 케이(K)스포츠 · 미르재단 의혹도 먼저 터뜨린 것은 ㅈ일보 계열사들이었다. 그런데 친박 김진태의원에 의해 언론사 주필의 비리가 폭로되고, 또 다른 '고위관계자'의 동국제강 전

회장 등 구명 로비 의혹까지 터져 나오면서 미르 후속 보도는 끊겼다. 당시 ㅈ일보는 지면을 통째로 할애해, 구속에 목매는 검찰 비판기사로 검찰의 '구속 만능주의'로 비판했다.

더욱이, 박 대통령의 국정 운영을 좌지우지했다는 언론보도에 '비선실세' 최서원 게이트로 부각되어 청와대와 박 대통령 정부의 국정은 마비위기에 몰려, 헌법 위에 세운 자유민주국가 대한민국 행정을 수렴청정(垂簾聽政, 대리정치)한 듯한 최서원 사태에 국민은 망연자실하고 분노하는 모습이 되었다.

이렇게 세상의 입들은 말하기를 이런 언론들의 공격에 별수 없이 '궁하면 통할 것'이라는 박 대통령 정부로 이해하였을 것이다. 하지만 국민들이 널리 알고 있듯이 친인척과 상당한 거리를 두고서 정치를 했었던 박정희 대통령의 딸로서 청렴결백을 어렸을 적부터 눈으로 보고 체험하며 정치수업을 익혀 왔다.

이런 박 대통령의 청렴성은 대통령으로서 불법 구금되어 구치소에 머무르는 동안에도 지정한 변호사 외에는 일체의 면회하기를 거부하고, 많은 국민들이 넣을 수 있는 영치금 접수의 일체를 거부·차단하기까지 했다.

박 대통령에 붙인 '뇌물수수의 경제공동체' 관계

2017년 1월 16일 오후, 헌법재판소 대심판정에서 열린 대통령 탄핵심판 5차 변론에서 최서원은 "최씨와 박 대통령이 경제공동체라고 하는데, 경제적 이해관계를 같이한 적이 있느냐"는 대통령 대리인단의 질문에 "전혀 없다"고 답했다.

최씨는 또 "대통령의 개인적인 채무를 대신 갚아주거나 대통령과 같이 사업한 적이 있느냐"는 질문에도 "그런 적이 없다"고 주장했다.

여하튼 소추인단(국회)과 헌법재판소가 박 대통령을 '제3자 뇌물죄'가 아닌 '뇌물죄'로 엮으려는 의도로 보여 지는 대목으로, 삼성 등 기업들의 최씨에 대한 특혜가 박 대통령의 뇌물죄로 엮여지기 위해서는 최씨와 박 대통령의 관계가 경제적 이해관계를 함께했다는 '뇌물에 있어서 경제공동체 관계'가 증명되어야 했기 때문이다.

> 대법원 판례는 '공무원 아닌 사람이 금품을 받았더라도 사회 통념상 그것을 공무원이 직접 받은 것과 같이 평가할 수 있는 관계인 경우와 뇌물을 받은 사람과 공무원이 경제적·실질적 이해관계를 같이하는 것으로 평가되는 경우 뇌물죄가 성립한다'고 본다.
>
> 이에 대해 최씨의 특검수사·형사재판 변호인인 이모 변호사는 "경제공동체 이론에 따라 뇌물죄를 운운한다면 이는 지금까지의 형법 이론을 뛰어넘는 것"으로서 "경제공동체라는 게 어떤 의미인지 알 수가 없다"며 "만약 수사에 그 이론을 논거로 삼는다면 이는 형법 이론과 자본주의 자유시장경제 체제를 무너뜨리는 일"이라고 지적한 바 있다.
>
> __ MBN 뉴스센터, 2017. 1. 16.

박 대통령에 대한 탄핵소추 사유가 된 2016년 7월 미르재단이 대기업으로부터 486억원을 끌어 모아 설립되었고, 안ㅈㅂ 전 청와대 정책조정수석이 개입됐다는 언론보도가 나오면서 '국정농단'이라 부르는 사건의 부각을 시작으로 미르재단과 K스포츠재단에 대한 언론 활동이 집중되었다.

최서원은 9월에 독일로 떠나 도피생활을 하다가, 2016년 10월24일 J방송사의 태블릿PC 보도가 나오고, 박 대통령은 대국민담화를 통해 "과거 어려울 때 도와 준 인연"이라며 최씨의 존재를 밝히면서 이해보다는 오히려 국정농단의 사실인정으로 매김 되었다.

이렇게 박 대통령이 최씨의 존재를 인정하자, 시민단체들은 검찰에 수사를 요구하는 고발장을 제출하고, 검찰은 특별수사본부를 설치하여 수사를 개시했다.

최씨는 독일에서 취재진을 만나 박 대통령의 연설문을 고친 점은 시인하면서도 "국가기밀인 줄 몰랐다"고 말했고, 미르재단과 K스포츠재단에 대한 운영 관여나 국정개입 의혹에 대해서는 모두 부인했다.

여기서 우리가 이해하고 갈, '국가기밀'은 '그 기밀이 정치, 경제, 사회, 문화 등 각 방면에서 반국가단체에 대하여 비밀로 하거나 확인되지 아니함이 대한민국의 이익이 되는 모든 사실, 물건 또는 지식으로서, 그것들이 국내에서 적법한 절차 등을 거쳐 이미 일반인에게 널리 알려진 공지의 사실, 물건 또는 지식에 속하지 아니한 것이어야 하고, 또 그 내용이 누설되는 경우 국가의 안전에 위험을 초래할 우려가 있어 기밀로 보호할 실질가치를 갖춘 것'일 경우에 한정된다고 보는 것이 대법원 1997. 9. 16. 선고 97도985 전원합의체 판결 이래 대법원의 확립된 견해이다.(대법원 2013.07.26. 선고 2013도2511 판결)

또한 국가보안법 제3조 제1호에서 말하는 국가기밀과 국가안보법 제2조 및 형법 제98조 제1항이 뜻하는 국가기밀과는 그 기밀의 중요성과 가치의 정도에 차이가 있는 것으로 보아 전자에 있어서의 국가기밀은 후자에 있어서의 국가기밀보다 고도의 국가기밀을 뜻하는 것으로 해석함이 타당하다 할 것이다.(대법원 1974.07.26. 선고 74도1477 전원합의체 판결)고 판시한 바 있다.

그렇다면, 우리는 사법(司法)의 판단에서 요구하는 '국가기밀'의 정도에 있어서 과연 대통령의 경축사 연설문 정도가 그 내용이 누설되는 경우 국가의 안전에 위험을 초래할 우려가 있어 기밀로 보호할 실질 가치를 갖춘 것이라고 볼 정도의 것인지도 생각해 봐야 할 일이다.

이런 정도에 비추어, 지금 이 나라는 아직 판면·탄핵·궐위 당하지 못한 제18대 박근혜 대통령의 임기가 끝나지 않은 상태에서 제19대와 제20대로 지칭되는 불법 가짜 정권이 이 나라를 불법통치하고 있음은 무엇으로 어떻게 국민에게 설명하며 이해시킬 수 있을 것인가?

최씨는 10월 30일, 비밀리에 귀국하고서 검찰에 소환되어 긴급체포 되어서는 3일 뒤 구속되었고, 이어 안 전 수석과 정ㅎㅅ 전 청와대 부속비서관까지 구속되면서 이들의 사기업 이권에 개입한 혐의, 청와대 문건 유출 혐의 등을 쫓는 검찰 수사는 급물살을 탔다.

국회는 특별검사 수사를 위한 법안을 통과시켰고, 대검 중앙수사부장의 경력이 있는 고검장 출신의 박영수변호사가 특별검사에 임명됐었고, 박 대통령에 대한 탄핵소추안을 발의하고 최종 가결되면서 특검팀의 수사와 탄핵정국이 동시에 진행되었다.

최씨는 2017년 1월 25일 특검에 강제 출석된 자리에서 "민주주의 특검이 아니다. 자백을 강요하고 있다. 너무 억울하다"고 발언했다. 특검은 삼성그룹 경영권 승계를 돕는 대가로 400억원대 뇌물을 받았다며 최씨와 이재용 부회장을 뇌물죄로 기소했다.

그렇게 2017년 3월 10일, 헌법재판소는 박 대통령을 파면한다는 불법 파면결정을 내린 박 대통령에 대한 불법탄핵의 파면선고는 대한민국 헌정사상 최초의 비통하고도 비극적인 일이었다.

이런 헌정사의 비극을 만들어 가는 박 대통령에 대한 불법탄핵을 위한 특검은 2017년 2월 28일을 끝으로 수사를 마쳤고, 사건은 다시 검찰 특별수사본부로 넘겨져 옴에, 검찰은 롯데그룹, SK그룹 뇌물 사건 뇌물 액수를 592억원으로 특정하고 박 대통령과 최씨를 기소했다.

한 시민단체 '대한민국 헌법수호단'이 탄핵무효 소송상의 청구원인이 된 법리로써 밝히는 불법탄핵으로서 무효인 파면선고의 법리에 따라서, 대통령 박근혜는 헌법 제68조상의 궐위되지 못한 대통령으로서 구속 수감되어, 미결수의 죄수복을 입고서 검찰과 법원을 오가며 가혹한 수사와 재판을 받았던 것이다.

이런 박 대통령은 2017년 10월 16일 법정에 출두하여, '재판거부 선언'을 하고서 더 이상의 헌법과, 인권, 인간적인 최소한의 신뢰마저도 없는 사법부로 부터의 재판받기를 거부했다.

길지 않은 재판거부의 선언으로, 그간 청와대를 나와 형사법정의 피고인이 된 적법한 대통령 박근혜의 지난 6개월 보름간의 인내와 고뇌를 한껏 담은 대한민국의 헌정과 사법질서에 대한 강타였다.

아래, 불법 탄핵의 수의를 입고서 형사법정에 선 대통령 박근혜의 재판거부 선언문이다.

"한 사람에 대한 믿음이 상상조차 하지 못한 배신으로 되돌아 왔고, 저는 모든 명예와 삶을 잃었다. 무엇보다 저를 믿고 국가를 위해 헌신하던 공직자들과 국가경제를 위해 노력하시던 기업인들이 피고인으로 전락한 채 재판받는 모습을 지켜보는 것은 참기 힘든 고통이었다.

저는 롯데와 SK를 비롯하여 재임기간에 그 누구로부터 부정한 청탁을 받거나 들어준 사실이 없다. 재판 과정에서도 해당 의혹은 사실이 아님이 충분히 밝혀졌다고 생각한다. 오늘은 저에 대한 구속 기간이 끝나는 날이었으나 재판부는 검찰의 요청을 받아들여 지난 13일 추가 구속영장을 발부했다.

하지만 검찰이 6개월 동안 수사하고 법원은 다시 6개월 동안 재판했는데 다시 구속수사가 필요하다는 결정을 저로서는 받아들이기 어려웠다. 오늘 (저의) 변호인단은 사임의 의사를 전해왔다. 변호인들은 물론 저 역시 무력감을 느끼지 않을 수 없었다.

이제 정치적 외풍과 여론의 압력에도 오직 헌법과 양심에 따른 재판을 할 것이라는 재판부에 대한 믿음이 더는 의미가 없다는 결론에 이르렀다. 향후 재판은 재판부의 뜻에 맡기겠다. (앞으로) 더 어렵고 힘든 과정을 겪어야 할지도 모르겠다. 하지만 포기하지 않겠다.

저를 믿고 지지해주시는 분들이 있고 언젠가는 반드시 진실이 밝혀질 것이라 믿기 때문이다. 이 사건의 역사적 멍에 제가 지고 가겠다. 모든 책임은 저에게 묻고 저로 인해 법정에 선 공직자들과 기업인들에게는 관용이 있기를 바란다."

이렇게, 국회의 탄핵소추안에서나 헌법재판소의 탄핵심판에서도 없던, 검찰이 엮은 '박근혜·최순실의 경제공동체 관계'를 법원의 형사공판 과정에서도 박 대통령과 최씨가 공모했다는 분명한 증거도 없이 '경제공동체"로 묶어 양형에 반영했다.

세계적인 전염병 확산을 빌미로 문재인 가짜공화국의 지나친 집회금지는 국민의 자유를 과도하게 침해하였음이니, 헌법수호단은 집회 아닌 '국민교육현장'을 열고서, 헌법수호의 결의·결기를 다져왔다. 불의·불법에 정법으로 맞선, 앞으로도 또한 정의로써 정면 승부할 것이다.

2

너들이 헌정파괴
불법탄핵 주범이다

1. 국민주권에 의한 입헌
2. 검찰·특검의 불법 횡포 활약상
3. 국회의 탄핵소추 의결부터 잘못됐다.
4. 헌법재판소, 이게 헌법재판인가?
5. 선거할 이유 없는 대통령선거
6. 가짜 대통령의 불법통치와 국민저항권
7. 대통령에 가혹한 형사재판의 헛발길질

촛불 광란은 끝이 없었다.
마치 대한민국이 미친 듯
광화문 광장에 모여든 좌파들의 발작형태는 상상을 초월했다.
언론은 망국적 각설이 타령에 취하고,
멀쩡한 국민들도 마치 마약을 맞은 듯 붉은 눈동자를 부릅뜬 채
촛불 수렁의 천 길 낭떠러지로 발길을 향해 가고 있었다.

대한민국이 망해가는 소리가 곳곳에서 삐걱거리기 시작했다.
법도 필요 없고, 원칙도, 예의도 다 필요 없는 무법천지가 되어 가고 있었다.
그럴수록 더 목이 터져라 "탄핵 무효'를 외쳤다.

거대한 쓰나미처럼 터져 나왔던 태극기 애국 국민들의 목소리는
방송사 카메라의 렌즈 앞에서는 가을 낙엽처럼 거친 아스팔트 위를 뒹굴 뿐이었다.
광장에 울려 퍼지는 찢어질듯 한 좌파들의 확성기 소리는
금방이라도 박근혜 정권을 집어삼킬 듯 광풍으로 변해 가고 있었다.
순식간에 광장의 기운은 기울어졌다.

그 순간, 언론은 일제히 쓰레기가 됐고,
여론몰이의 마녀가 된 쓰레기기자들은 물 만난 고기처럼
가짜뉴스와 조작뉴스를 토해냈다.
아무도 제동을 걸 수 없는, 공권력조차도 마취총을 맞은 양
쓰레기기자들의 여론몰이채찍에 잘 길들여져 갔다.

광란의 촛불에 타 죽기 않기 위해서
검찰도, 특검도, 국회도, 헌법재판소도
모조리 탄핵정국의 블랙홀로 빠르게 빨려들어 갔다.

마치 사전에 약속이라도 한 듯, 촛불에 타 죽지 않으려고
이들 모두는 태극기 국민들의 외침에는 눈과 귀를 닫았다.
촛불 심지에서 타오른 기획 탄핵은 조작 불법탄핵으로, 다시 체제탄핵으로,
그리고 급기야는 대한민국 탄핵으로
촛불에서 횃불로 전이 되고 있었다.

1

국민주권에 의한 입헌

실질적 국민주권

국민주권이란 국가의 최고의사를 결정할 수 있는 원동력인 주권을 국민이 가진다는 것과, 모든 국가권력의 정당성의 근거가 국민에게 있다는 원리다. '국민주권론'은 현대의 국가 운영에 있어서 가장 근본으로, 실질적인 국민주권을 확립하고 이를 사회운영의 기본원리로 삼아야 하는 것이다.

'실질적 국민주권'은 국민이 주권자인 국민이 실제로는 아무런 의사도 없고, 의사를 결정할 수 없을 뿐만 아니라, 의사를 집행할 수도 없는 명목뿐인 허수아비 무능력자로 취급하는 '형식적 국민주권'에 대응하는 개념이다.

형식적 국민주권을 실질화하여 국민이 실제로 주권행사에 참여하는 국회의 자율권과 실질적 국민주권, 실질적 민주주의를 달성하기 위하여서는 현대적 대표제의 개념과 본질을 우리는 충분히 인식할 필요가 있을 것이다.

그런 우리 사회는 과연 '실질적 국민주권' 국가인가?

헌법은 국가권력을 규정하는 최고 규범으로서 명실공히 인정하는 최고 법이다. 대부분 사람이 주지하듯, 헌법은 '국민주권의 원리'를 명시하고 있다고들 한다. 헌법 전문에는 헌법의 제정 주체가 '국민'임을 밝히고 있고, 헌법 제1조도 상기 원리를 명시하는 역할을 한다.

'대한민국은 민주공화국이다. 대한민국의 주권은 국민에게 있고 모든 권력은 국민으로부터 나온다.' 대중적으로 잘 알려져 있는 이 구문에 근거해 우리 개개인은 모두 국가의 주인이라는 믿음을 가지고 산다. 이런 믿음에 이의를 제기하고, 헌법에 내재된 픽션(fiction)성, 허구성을 경고했다.

__ 「픽션(fiction)」으로서 국민주권 – 헌법상의 「국민주권」원리에 대한 단상」, 경희대학교 법학전문대학원 강희원 교수, 법철학연구 제23권 제1호, 한국법철학회 편, 세창출판사 –

강희원 교수는 '국민주권론은 애초에 실정법상 존재하지 않는 주권 행사의 가능성을 존재하는 것 인양 포장하고, 국민을 주권자로 위장하며, 실정헌법에 명시돼 있지만, 실상은 우리 생각과는 전혀 다른 원리로 미혹한다'는 것이다.

"미혹은 '국민'이라는 개념의 추상성과 허구성에 그 토대를 두고 있다. 국민주권론에 따르면, 주권은 국민이 위임한 국민대표에 의해 행사되고, 국민대표는 '국민의 의사'에 부합하게끔 그 주권을 행사한다."

"국민에는 법인격이 부여되지 않으므로, 헌법을 제정하거나 주권을 행사하는 등의 행위를 할 능력이 없다", "국민에 의해 위임된다는 국민대표는 실상 헌법에 의해 그 조건과 형태가 결정된다"는 것이다.

"국민주권론에 따르면 국민대표는 국민에 의해 위임돼야 하는데, 실상은 헌법이 국민대표를 정하는 것이고, 정작 국민은 헌법을 만들 능력이 없으니 현 체제는 가히 모순돼 있다. 이런 모순된 형태를 통해 국민주권론은 지금껏 생존해 왔다"는 것이다.

국민주권론에 근거한 입헌주의의 원리는 국민의 기본권과 국가 권력의 행사에 관한 내용을 헌법에 규정하고, 이에 따라 통치해야 한다는 것으로, 이는 특정한 개인이나 집단이 정치권력을 함부로 행사하지 못하도록 하여 국민의 권리와 자유를 제도적으로 보장하는 데 그 목적이 있다.

입헌주의는 국민의 합의로 제정된 헌법에 따라 정치가 이루어져야 한다는 것으로, 민주적 절차에 따라 제정한 헌법에 기초하여 하위 법률을 두고서 국가를 운영하며, 국민의 자유와 권리를 명문화하고 있다.

헌법은 국가의 최고 법으로 국가 운영의 기본 원리와 국민의 기본권 보장을 그 내용으로 하는 헌법에 따라 국가 기관을 구성하고 권력을 행사하는 입헌주의의 원리를 통해 국가 권력의 남용을 막을 수 있고, 인간의 존엄성, 자유와 평등의 민주주의 이념을 실현할 수가 있다.

우리 헌법 제1조 제2항에 "대한민국의 주권은 국민에게 있고, 모든 권력은 국민으로부터 나온다"고 규정하고, 제72조와 제130조 제2항에서 국민투표를 규정하고 있다. 이 규정들은 우리나라의 주권자인 '국민', '전체국민'을 추상적, 명목적, 무능력한 국민으로 보지 아니하는 실질적 국민주권론의 입장에 서 있다는 것의 확실한 근거로서 명백하다 하겠다.

그러나, 위에 설시한 바와 같이 국가의 대표적인 헌법기관들의 일련된 불법행위로서 그들이 법을 위반하기에 앞장서서 '법인격 없는 국민'을 기만한 불법탄핵 이래로 불법 가짜 대통령 문재인의 가짜공화국 시대에서부터 윤석열로 계속 이어지고 있는 '대한민국에 헌법이 있고, 그 헌법에 따라 국가를 통치하는 입헌주의를 실현하고 있다고 할 수 없는 상황'이 지금 대한민국이다.

이런 상황인 대한민국에서, '형식적 국민주권'과 '실질적 국민주권' 간의 괴리를 좁혀 가는 것이 바로 우리가 사는 자유 민주 체제의 헌법을 수호하는 길일 것이다.

법인격 없는 국민, 하지만 주권자인 각 개개인으로서의 '국민'이 실제로 주권을 행사하고 국가 의사결정에 적극적인 의사를 갖고서 감시하고, 참여하는, 현대적 국민대표제를 채택하고 있는 이 현대적 대표제는 실질적 국민주권의 표현이며 그 핵심적 내용이라 하겠다.

입헌적 법치주의국가의 기본원칙은 어떠한 국가행위나 국가작용도 헌법과 법률에 근거하여 그 테두리 안에서 합헌적·합법적으로 행하여질 것을 요구하며, 이러한 합헌성과 합법성의 판단은 본질적으로 사법의 권능에 속한다.

다만, 국가행위 중에는 고도의 정치성을 띤 것이 있고, 그러한 고도의 정치행위에 대하여 정치적 책임을 지지 않는 법원이 정치의 합목적성이나 정당성을 도외시한 채 합법성의 심사를 감행함으로써 정책결정이 좌우되는 일은 결코 바람직한 일이 아니며, 법원이 정치문제에 개입되어 그 중립성과 독립성을 침해당할 위험성도 부인할 수 없으므로, 고도의 정치성을 띤 국가행위에 대하여는 이른바 통치행위라 하여 법원 스스로 사법심사권의 행사를 억제하여 그 심사대상에서 제외하는 영역이 있다.

그러나 이와 같이 통치행위의 개념을 인정한다고 하더라도 과도한 사법심사의 자제가 기본권을 보장하고 법치주의 이념을 구현하여야 할 법원의 책무를 태만히 하거나 포기하는 것이 되지 않도록 그 인정을 지극히 신중하게 하여야 하며, 그 판단은 오로지 사법부만에 의하여 이루어져야 하는 것이다.

__ 대법원. 2004. 03. 26. 선고 2003도7878 판결

권력분립의 원칙은 국가권력을 형식적·기계적으로 분산하는 데에 의미를 갖는 것이 아니라, 국가권력의 집중에 의해 야기될 수 있는 권한남용을 방지하고, 이를 통해 국민의 기본권을 보장하려는 데 그 본래의 의미가 있는 것이다. 행정조직과 그 권한이 방대해 짐으로써 그 권한남용의 위험도 증대된 만큼, 행정에 대한 법원의 통제권한도 그에 상응하는 것으로 고양되어야만 견제와 균형이 이루어질 수 있는 것이지, 행정권한이 강력해져 가는 현실과 상관없이 법원이 언제까지나 소극적 통제방식만 고집할 수는 없는 것이다.(행정소송법, 하명호 저, 박영사 간, 68쪽 참조)

망국적 불법행위의 지속

한 나라의 대통령을 재임 중 쫓아내는 행위는 명백한 사실 관계에 입각해 '헌법 및 법률 위배 여부'라는 고도의 법률적 잣대로 판단해야 할 문제임은 이론의 여지가 없다.

'박근혜 대통령 탄핵'은 '사실조사' 자체를 뒤로 하고, '마녀사냥식 여론재판'에 의해 졸속 진행이었음이 시간이 흐를수록 더 명백히 밝혀지고 있다.

당시 탄핵 주도세력은 "2016년 11월, 박 대통령에 대한 지지율은 3주 연속 4~5%의 유례없이 낮은 수치로 추락했다"며 좌편향 여론조사업체가 발표한 수치를 마치 민의(民意) 그 자체인 듯 치환하는 논리를 폈다.

박근혜 대통령을 질타하면서, 더 이상 대통령 직책을 수행하지 말라는 국민들의 의사는 분명하다며, 주권자인 (일부)국민의 뜻은 수많은 국민들이 세대와 이념과 출신지역에 상관없이 평화롭게 행하는 집회와 시위에서 충분히 드러났다"고 규정하고 거짓언론으로 이를 부각시켰다.

국민 전체의 의사를 묻는 '국민투표'와 같은 법적 절차에도 근거하지 않은 채 '주권자의 뜻'으로 단정한 것이었다.

2017년 03월 10일, 헌법재판소의 불법탄핵 결정이 이뤄지기까지 심리 기간은 총 92일에 불과했다. 헌법재판소법 제38조에 따라 소추의결서가 접수된 날로부터 180일 이내에 결과를 선고하도록 돼 있지만, 당시 야권의 압박과 탄핵심판 기간 중 퇴임한 박한철 헌법재판소 소장의 '2017년 3월 10일 이전선고' 데드라인 제시 등 이례적 행보로써 선고를 앞당긴 정황이 뚜렷하다.

헌법재판소는 검찰과 특검의 피의(혐의나 의심을 받는)사실만 담긴 조사결과물 등을 넘겨 받으며 주 4회 재판을 강행함으로써, 결과적으로 대통령 대리인단은 변론준비도 제대로 못하게 수세로 몰았던 것 또한 사실이다.

대통령 대리인단과 국회 소추위원단이 줄곧 다툰 대상은 법리보다도, 소추 단계에서부터 부실한 '사실관계'에 대한 것이었다. 특검 수사라는 관련 형사절차가 진행되고 있는데도 불구하고, 헌법재판소의 탄핵심판 병행이 강행된 것은 '졸속 탄핵'의 증거로 밖에 볼 수가 없다.

증거 없는 탄핵소추의결서며, 이를 수정 변경한 것에 관하여 국회 본회의 절차를 거치지 않은 위법성과 헌법재판관 보충을 이행하지 않은 처사며, 특별수사본부와 특검으로부터 위법한 수사기록 입수에 관하여 피소추인의 대리인들은 박 대통령의 형사재판 거부와 같이 변호사가 반드시 있어야 하는 필수적인 헌법재판에서 변론을 행동으로 거부하기라도 했어야 했다고 본다.

그런데 대리인들 마저도 탄핵심판에서 의견을 모으지 못하고, 각자의 변론형태로 견지함으로써 탄핵심판의 절차적 들러리 역할에 그치도록 한 주축 변호사가 아직도 박 대통령의 측근에서 눈과 귀를 막아 계속적으로 그 판단을 흐리게 하고 있다.

탄핵은 단지 한 사람 박근혜 대통령에 대한 탄핵사건이 아니다. 대한민국 자유민주 정체성을 흔들어 나라를 망하게 하고자 하는 대한민국에 대한 탄핵사건이다. 이런 중차대(重且大)한 사건에 있어서 대통령은 국가의 최고 대표로서 적들로부터 법의 허울로써 권력의 찬탈(惨奪)을 당한 것이다.

도저히 밝히지 않을 수 없는, 법원에서 계속되는 헌법수호단의 탄핵무효 소송에 이렇게 많은 국회와 헌법재판소의 위법으로 불법탄핵이었음에도 박대통령을 위한다는 그들 변호인들은 지금까지 단한 번도 '불법탄핵'을 선언한 바 없는, 불법탄핵을 오히려 적법한 것으로 받아들인 듯하다.

헌법수호단의 탄핵무효 소송에 있어서도 몇 차례 여러 법원의 재판부에 '변호사 선임계(소송대리인 지정서)'를 제출했지만, '불법탄핵이었다'는 취지 변론으로서 단 한 번의 아무런 문건도 제출한 바 없었던 그들은 박 대통령의 진정한 변호인들이 아니었다.

그들이 '변호사 선임계'를 재판부에 제출함으로서 박 대통령에 대한 국민의 재판 받을 권리를 앞서 차단하게 되었고, 그럼으로써 법원으로부터의 문서를 받아 볼 수가 없었으며, 이에 따라 소송당사자로서의 피고이지만, 박 대통령은 자신의 진정한 '내심 있는 의사'로서 헌법수호단 원고들의 청구에 응할 수가 없었던 연막의 사정이 있었음을 밝히지 않을 수 없다.

2016년 12월 27일, 주심인 헌법재판관이 '쟁점 정리'라는 명분으로 개입해, 국회 소추위원단이 주장하던 '난잡한' 9가지의 소추사유를 4가지로 압축시켜 주며 탄핵소추 수정에 대한 사실상의 지원사격을 한 것도 같은 취지의 논란일 수 밖에 없다.

'국정농단'이라는 표현대로, '박 대통령이 어떤 이익 권리를 차지했는지, 단돈 한 푼의 개인적인 이익이라도 취했는지'가 국회의 탄핵소추안, 헌법재판소의 탄핵심판, 형사재판 과정에서도 증명되지 않았다는 점 역시, 불순한 의도상의 '이미 정해진 탄핵'이란 해석에 무게를 더한다.

이렇게 대통령 탄핵심판 조차 헌법과 법률을 엄정히 적용한 게 아닌, 여론재판의 일환으로 흘러 갔음이다.

사정이 이렇게 정의롭지 못한 위법하기가 과중한데도 사법부나 우리 국민이 헌법과 법률에 입각하여 법치를 실현하지 못한다면, 망국이라는 종국에 부딪혀, 국민주권이라는 편법의 망국적 촛불집회에 동원되면서 말과 글 장난으로 저지른 죄과를 망국민이라는 공동의 이름으로 받을 수 밖에 없을 것이다.

당연한 원천적 무효인 파면결정을 촛불혁명이라는 이름으로 국민을 선동하여 대통령의 위법행위에 관한 법률판단도 결한 채 마녀사냥 격의 인민재판식으로 국회에서 파면소추권으로서 가결하였다.

헌법재판소에 탄핵재판으로 소추된 그 헌법재판 역시 국회의 파면소추에 관한 내용과 절차적 정의에 관하여 그 또한 탄핵소추에 적법하지 못하여 수정까지 하였다. 수정에 필요한 헌법과 법률의 규정을 무시한, 수정안 제출에 필요한 법적 정의와 진실을 상세히 살피지도 아니 하였다.

불순한 국정 참탈(慘奪 : 참혹히 빼앗음)의 기회에 편승하여 대한민국 최고의 법률지식 기관이라고 하는 헌법재판소에서 그 소속 헌법재판관이라는 신분 하에 나온 결정을, 세상은 온통 절대 신봉했다.

재심도, 항소의 제도도 없는 헌법재판이라 하여, 많은 국민들은 정작 자신의 헌법에 족쇄를 채우며, 대한민국 국민으로서의 자신을 억압하는 탄핵인 줄을 모르고서 위정자들과 거짓 언론에 속아 박 대통령에 대한 '파면'선고에 환호와 찬사를 한 것이다.

일부 법조계나 법학계에서 이견이 없지는 않았으나, 그렇다면 헌법재판소의 불법탄핵을 뒤이어 법원에서 재판받는 3만명 변호사들에 의한 사법구제 방법의 실행이 왜 따르지 않았는지 모르겠다. 방법을 몰랐는지, 알면서도 권력이 무서워 행하지 않았음인지 의문스럽다. 그래서 비법조인들이 그들을 대신해 아직도 투쟁을 잇고 있음이다.

대한민국의 국민과 국가권력은 헌법재판소의 당시 관여 헌법재판관들이 저지른 명백히 위법한 직권남용의 것을 거국적인 법률인식의 착오로, 헌법재판 결정의 위법한 오류조차도 인식하지 못하고 있었던 것이다.

결국, 국회의 위법한 탄핵소추와 그 수정 변경, 헌법재판소의 불법탄핵 선고로 2017년 5월 9일 대통령선거가 실시되고, 정권을 착취한 촛불반란식 인민재판의 권한 없는 가짜정권이 들어서게 되었던 것이다.

하지만, 대한민국의 실정법에 대한 반헌법·반법률적인 '국민이 선거로 뽑은 대통령' 운운하며 적법한 대통령으로 세탁될 수 없는, 그렇게 세탁되어 넘어가는 대한민국 헌정이어서는 결단코 안 되는 것이기에, 헌법개판 불법탄핵 6년째로 40차례가 넘는 끝없는 소송투쟁으로 국민저항을 잇고 있다.

이렇게 헌법재판소의 당시 불법탄핵 심판에 관여한 헌법재판관들로서는 형법 제123조의 공무원의 직권남용 권리행사 방해에 대한 죄를 구성함과, 나아가 헌법 제65조상의 그 직무집행에 있어서 헌법이나 법률을 위배한 탄핵사유에 해당하는 중죄인이라 할 것이다.

이들은 이렇게 형법(제91조)상의 국헌문란 행위를 한 것이다. 국헌문란(國憲紊亂)이라 함은 ①헌법 또는 법률에 정한 절차에 의하지 아니하고 헌법 또는 법률의 기능을 소멸시키는 것. ②헌법에 의하여 설치된 국가기관을 강압에 의하여 전복 또는 그 권능행사를 불가능하게 하는 것으로 정의한다.

이렇게 박 대통령에 대한 불법탄핵 관여 8인의 헌법재판관으로서는 그들의 위법행위로써 헌법과 법률의 기능을 소멸시킴으로써 대한민국의 체제 전복을 도모한 대통령의 권한 행사를 불가능 하도록 하였음이 그들의 행위나 규범에 분명하다.

이들의 국헌문란으로 내란을 일으킨 사안에서 다음과 같이 판단하였다.

> 내란음모가 실질적 위험성이 있는지 여부는 합의 내용으로 된 내용의 구체성, 계획된 실행시기와의 근접성, 합의 당사자의 수와 합의 당사자들 사이의 관계, 합의의 강도, 합의 당시의 사회정세, 합의를 사전에 준비하였는지 여부, 합의의 후속 조치가 있었는지 여부 등을 종합적으로 고려하여 판단되어야 할 사항이다.
>
> — 대법원. 2015. 1. 22. 선고 2014도10978 전원합의체 판결 참조

당연한 주권행사로서의 정당행위

헌법재판소의 불법탄핵으로 국민의 주권적 권리와 대한민국의 적법한 대통령으로서의 정권이 절취 당한 완벽한 '대한민국의 법률착오'였음에도 불구하고, 세상은 온통 불법으로 잘못된 것에 대한 위법

·무효의 인식조차 없이 무권(無權)의 불법 권력이 국가 전반에 통치 행사되었고, 계속적으로 2022년 5월 10일 정권교대를 이루고서 불법통치는 이어지고 있다.

헌법수호단 원고들은 이런 국가의 헌법기관들이 앞장서서 불법을 자행한 잘못된 세상에 대하여, 이 책은 사법정의(司法正義)의 차원에서 '그것은 아니다'라는 것을 헌법상의 사법권한 있는 사법부로부터 확인을 받고자 한다.

불법탄핵의 탄핵무효는 법원의 판결이 없더라도 헌법과 법률이 그 판단의 기준일 수 밖에 없는 사안에서 '박근혜 現 대통령'일 수밖에 없는 진실은, 법원이 계속 원고들의 청구에 대하여 '각하'로써 소송의 청구취지를 확인 안 해 준다고 하여 불법탄핵이 적법탄핵일 수 없는 '대한민국 대통령은 박근혜'라는 진실과 정의는 달라질 수가 없는 것이다. 비가 내리는 먹구름 위에는 여전히 정의와 진실의 찬란한 태양이 빛나고 있음이다. 비가 그치면 태양을 보듯, 정의와 진실은 반드시 세상에 광명을 비춰낼 것임은 지극히 당연하다.

이에 진정한 사법정의를 세상에 널리 알림으로써, 현직 대통령에 대한 파면결정이 잘못되었음을 뒤늦은 지금이라도 깨달아, 대한민국에 법치가 살아 있는 나라로 바로 세우고자 함이다.

이미 우리 사회 공사(公私) 전 영역에 걸쳐 많은 좌경화가 이루어져 있음을 모른 순진한 발상에서 시작된 탄핵무효 소송에 관한 법원으로부터의 계속된 동문서답 우이독경 식의 '각하'판결을 받으면서, 국민 저항권 행사의 한 방편으로서 불법탄핵을 이제 또 '국민재판'에 회부하지 않을 수 없다.

헌법수호단은 이 책을 통하여, 이 나라의 헌법기관이며 공공기관들이 그 얼마나 나라를 잘못 이끌고 있음인가를 주권 있는 국민으로부터 판단 받아 보고자 하는 '국민재판'에 회부하는 소장(訴狀)을 냄이다.

내 집에, 내 나라에 든 불법 가짜 대통령 망국도적을 이 나라의 명청한 공권력은 도적패들을 잡지 않으니, 아니, 공권력자들이 불법 가짜를 지켜주는 추종자들임이니 국민인 주인이 국민주권의 행사로써 자력으로 불법 가짜 대통령 망국도적을 잡겠다는데 무엇이, 어찌하여, 경찰과 검찰이 공권력으로 제지해야 할 일인가?

실질적인 국민주권은 형식적인 국민주권의 행사에 그치는 선거일에 투표하는 단순 거수기의 역할이 아니라, 그 형식적인 투표행위의 결과에 승복하고, 또한 그 합법적인 결과로서 이행 준수되는가를 감시하고 확인할 국민주권이 오늘날 말하는 실질적인 국민주권인 것이다.

불법 가짜 대통령을 체포하고자 하는 국민들의 시위에 경찰력을 동원하여 국민으로서의 정당행위를 하지 못하게 하는 경찰과 검찰은 그들의 사명과 본분을 망각하거나 착각한 것이다. 아니, 망국을 도모하는 반국가 세력과의 공범이었다.

헌법기관들이 성문 법률을 명백히 위반하여, 그에 따른 절차적 위법까지 저지른 불법행위의 연속선상에서 이루어 진 2017년 5월 09일 거국적으로 실시한 대통령선거로 뽑은 다수득표자라 하여, 불법 가짜 대통령 문재인을 우리는 대통령으로 인정할 수 없었다. 2022년 5월 9일의 대통령선거 역시도 법리에 있어서 다르지 않다.

이를 인정하는 것 자체가 위법에 부화뇌동함이고, 그들과 함께 국가반란의 공범이 되는 것이다. 박 대통령의 잔여 임기가 존재하는 앞에서 문재인의 가짜공화국을 이은 윤석열 정부에 대한 법리 역시 다를 수가 없지 않는가?

국민의 투표행위를 모은 선거득표지만, 그 선거를 실시할 이유가 없는 명백한 불법선거에 있어서, 국민의 투표행위가 그에 앞선 불법 탄핵을 합법으로 정제 세탁할 수는 없는 것이다.

지금 대한민국의 경찰과 검찰은 이 나라에 침투한 불법 가짜 대통령을 아직도 법에 따라 체포하지 않는 동조범이거나 직무유기를 범하고 있음이다.

불법 가짜 대통령 수괴(형법상 용어임)로부터의 통치는 조직폭력 집단의 지배행위와 전혀 다를 바 없다.

무엇이 정의이고, 무엇이 불법인지 대한민국의 멍청한 공권력은 다시 공부하고 정신 차려야 할 일이다.

2

검찰·특검의
불법 횡포 활약상

검찰·특검의 전성시대

'촛불혁명'이라는 기치를 들고서 가짜 언론과 부정한 국회의원들의 선동질에 일어나는 광풍 앞에 있는, 적어도 이 나라에서, 더구나 불법 가짜 공화국에서 검찰은 권력의 시녀일 수 밖에 없는 상황에서 기고만장(氣高萬丈) 그 자체였다.

이런 기고만장은 연일 탄핵정국의 '국정농단' 수사진행 과정과 결과를 언론에 퍼뜨리기가 마치 전쟁 중인 전선에서의 승전보를 전하는 듯 하는 그 작태에서 조사를 당하는 피의자의 인격 존중 따위는 전혀 안중에도 없었다.

그들은 수사 권력은 저들 마음대로다. 이현령비현령(耳懸鈴鼻懸鈴)은 이래서 나온 말일게다. '검수완박(檢搜完剝, '검찰수사권 완전박탈'의 줄인 말)'으로 치는 자나, '검수완박'을 당하는 자나…. 헌법수호단이 숱한 고발장을 내었던 경험에서 본 견해로는 그들에게 대한민국의 헌법과 법률이 존재한다는 성정(性情)이 전혀 보이지 않는다. 그들에게는 오직 안주(安住)와 출세만이 관심의 대상인 것 같다.

2017년 1월 12일 오전 9시반경에 특검에 불려 나와서, 13일 아침 7시 50분까지 22시간을 넘는 고강도의 조사가 삼성전자 이재용 부회장에 대한 특검에 의해서 이루어지는 세상이었다. 이 정도가 예사로운 형국의 부당한 수사는 과히 '고문'으로 이뤄졌다.

이렇게, 탄핵을 찬성한 촛불시위자들과 정치인들을 의식한 특검의 만행이 자행되고 있었던 시국은, 이미 이 사건은 범죄라고 정해 놓고, 거기에 끼워 맞추기식으로 관련자들을 잡아들여서는 그들의 인권은 완전 무시한 채 무소불위의 수사행태가 도를 넘어서고 있었다.

살인자도 보호하는 자유민주 법치 사회에서 불법 가짜 공화국의 검찰 앞에서는 형사피의자의 인권이나 알권리 따위는 일체 무시된 채, 망국으로 가는 불법통치의 희생양이었다. 이런 정국에서 드러난 국정농단의 결정적 증거물이라던 '최순실(최서원)의 태블릿PC'의 실체적 진실은 전혀 다른 방향에서 그 진실이 드러난 것으로 앞에서 본 바이다.

대통령도 내치는 탄핵정국, 불법 가짜 공화국에서 거짓, 과장, 술수, 음모, 계략, 흉계가 판치며 '사회주의가 답'이라는 세상에서, 믿었던 당원들로부터 먼저 탄핵에 선동질 되었던 박 대통령이 기댈 언덕은 고작 한 개인 유튜브 방송에 토로하는, 대한민국 대통령의 위신이 말이 아닌 세상이었다.

방송을 비롯하여 모든 언론들은 차마 일일이 늘어놓기도 민망한 소재들로 어떻게 그렇게 일국의 대통령을 국민들은 시구렁창에 처넣기를 즐겨할 수 있었는지, 예부터 전해 온 평화를 사랑하며 상부상조하는 홍익인간 백의민족(白衣民族)의 뉘앙스는 전혀 아니었다. 사촌이 땅을 사면 배가 아픈 민족 근성에서부터 자성해야 할 일이다.

대통령이 아닌 한 사인(私人)이라 할지라도, 남편이라도 있는 사정에서 당신의 아내가 그렇게 불의·불법·모멸·치욕의 늪에 던져진 자신의 아내에 대해 당신은 그런 치욕적 모욕에 어떻게 반응하겠는가?

당시 '촛불혁명'이라는 지랄발광, 집회에서의 그 잔인한 퍼포먼스와 폭력과 파괴를 책에 고스란히 담아 전하고 싶다만, 그 정도가 너무 지나친 혐오스러움에 차마 올릴 수가 없는 자료는 인터넷과 유튜브로 충분히 검색해서 볼 수가 있을 것이다. 이를 거짓 언론보도에 이끌려 대다수의 사람들은 마치 국민 전체의 뜻인 양하고 국민주권으로 포장하여 즐기고 있었다.

일부 학자들은 대통령에 대한 특검자체가 위헌이라며, 무슨 권한으로 대통령을 범죄자로 몰아 정치적인 차원에서 법의 심판에 어긋나는 그런 횡포를 할 수가 있는지 우리는 그것이 알고 싶다 했다.

결국은 특검으로 박 대통령을 비롯하여 관계인들에 대한 위 삼성의 이부회장과 같은 고강도의 수사가 있었을 것이고, 그런 수사의 기록이 수사 및 재판 진행 중에 헌법재판소에 위법하게 넘겨진 자료는 불법탄핵으로서의 증거가 되었지 않았는가?

이렇게 하여, 여러 위법행위와 어우러진 불법탄핵 당연무효의 파면선고는 박 대통령에게 탄핵·파면·궐위되지 못한 대통령이 되어, 현재도 임기가 다하지 않은 적법한 대통령으로 남아 있다.

이런 2022년 5월 10일, 윤석열 정부가 서울 용산에 들어서면서 문재인으로부터 정권이 바뀌었다고 착각 받는 정권교대자 윤석열 정부에 있어서도 문재인 정부 하에서 있었던 여러 차례의 부정선거에 있어서 조차도 이에 관한 일체의 수사나 검증이 이루어지지 않고 있다.

단적으로, 박 대통령은 불법탄핵의 파면결정 선고를 받고서 10일만인 3월 21일에 서울중앙지방검찰청에 피의자 신분 출석하여 조사를 받고서, 그 10일만인 2017년 3월 31일 밤에 서울중앙지법 영장전담 강ㅂㅇ판사가 발부한 구속영장에 의하여 서울구치소에 수감 조치되었다. 그런데 문재인에서 윤석열로 정권교대를 하고서 5개월에 이르는 시점에 있어서도 문재인은 커녕 그 어느 종자 하나도 제대로 수사하고 구속됨을 볼 수가 없다.

이것 하나만 보더라도 불법통치의 정권교대인 것이지 적법한 정권교체일 수가 없는, 아직 박 대통령의 잔여 임기 앞에서 그 정당성이 없는 것은 문재인 정부와 전혀 다를 바가 없지 않나? 남의 둥지에서 부화된 뻐꾸기가 어디로 날아가겠는가?

'촛불혁명의 검찰'로 변한 특검과 특별수사본부

박 대통령의 탄핵심판에 피청구인의 대리인으로 참가했던 김평우 변호사(전 대한변협 회장)는 2017년 2월 15일, "혁명검찰로 변한 특검을 몰아내야 한다"며 위법·위헌으로 임명된 박영수 특검을 해임시켜야 한다고 주장했다. 아래는 그 중요한 대목만을 고른 발췌문이다.

원래 박영수 특검은 최순실 비리를 조사하기 위해 만들었다. 그런데 소위 블랙리스트라고 하여 문화체육부의 업무문서를 조사하여 이것이 헌법의 언론자유를 침해했다는 이유로 문체부의 고위직 공무원들을 구속했다. 필자(김평우)가 아무리 박영수 특검법을 보아도 박영수 특검의 조사 대상에는 없는 항목이다. 그런데도 영장이 발부되었다.

과연 담당 법관은 박영수 특검의 조사대상을 확인해 본 것일까 의문이 든다. 설사 조사대상에 들었다고 가정하더라도 조사대상이면 무조건 범죄란 말은 아니다. 블랙리스트이든 레드리스트이든 공무원이 업무상 필요해서 리스트를 만드는 것은 정당한 업무이지 그것 자체가 위법, 위헌이 될 수는 없다.

경찰·검찰도 소위 수사 대상자, 관찰 대상자 등의 리스트를 만들어 수시로 상태를 체크하는 것으로 안다. 그러면 그런 리스트도 헌법상의 인권 침해니까 범죄가 되어야 할 것 아닌가? 자기네가 하는 것은 합법이고, 다른 부처 공무원이 만드는 업무 리스트는 위법, 범죄라고 할 수는 없을 것이 아닐까? 이해가 안 된다.

원래, 범죄가 되려면 죄형법정주의 원칙상 실정법에 처벌규정이 있어야 한다. 공무원은 블랙리스트 만들지 말라, 만들면 처벌한다는 형사처벌 법률이 대한민국 법전 어디에도 없다. 그러니까 경찰·검찰도 수사대상, 요 관찰 대상자 명단을 만드는 것이 아니겠나?

헌법상 언론의 자유를 침해한 범죄라는 죄도 없다. 헌법의 언론의 자유 원칙에 위반되면 헌법 소송, 행정소송을 하여 헌법위반인지 아닌지 헌법 재판소가 판결하는 것이지 특검이 헌법위반까지 판결하여 헌법위반으로 사람을 구속하여, 헌법위반죄로 기소하는 것은 아니다.

오히려 박영수 특검처럼 자신의 수사경험을 믿고 짧은 시간에 성과를 내려고 무리를 할 때 생기는 권력남용이다. 특검이 과욕을 부려 여기저기 마구 쑤시고, 무조건 구속부터 해서 허위 자백을 받아내기 시작하면 걷잡을 수 없게 된다. 피의자를 구속해서 자백을 받아내는 것은 그렇게 어려운 일이라고 할 수 없다. 조선시대 관리들도 했고, 아프리카·남미 같은 나라에서도 다 한다.

박영수 특검은 독립검사 본래의 취지에서 벗어나 무소불위의 수사 권력을 행사하는, 마치 혁명검찰 같이 행동하는 것 같다. 근본 문제는 박영수 특검의 출발 그 자체가 적법하지 않다는 데 있다고 본다.

이번 박영수 특검은 2016년 11월 22일 국회가 만든 법률에 따라 90일 시한부로(연장은 가능) 최순실 게이트 15개 의혹사건을 조사하기 위해 설립된 임시 수사 기구이다. 그런데 이 법은 특검의 임명절차에 대하여 처음부터 이상하게 시작했다.

원래 특검은 국회가 임명권을 행사하거나 아니면 국회가 대법원장이나 대통령에게 임명권을 위임하는 것이 관례이다. 그런데 이 법('박근혜 정부의 최순실 등 민간인에 의한 국정농단 의혹 사건 규명을 위한 특별검사의 임명 등에 관한 법률', 약칭 '박근혜·최순실 특검법')은 국회가 아닌 국회의 '더불어민주당' 및 '국민의당' 두 개 야당이 추천권을 행사하도록 되어 있다. 대통령은 이 두 야당의 추천을 받아 임명권을 행사하도록 법률로 규정하였다.

삼권분립의 원칙상, 대통령에게 추천권을 행사하는 헌법기관은 국회가 되어야지 국회의 내부 기관에 불과한 정당이, 직접 대통령에게 추천권을 행사하는 것은 그 자체가 위헌이다. 이는 마치 대법원장이 아니라 대법원장 비서실장이 대통령에게 법관추천을 하는 것과 같다.

이런 취지로 2017년 최순실의 서울중앙지방법원 2017고합184 특정범죄가중처벌등에관한법률위반 사건에 연계한 대통령이 임명할 특별검사 1인에 대하여 그 후보자 2인의 추천권을 교섭단체를 구성하고 있는 두 야당의 합의로 행사하게 한 '박근혜 정부의 최순실 등 민간인에 의한 국정농단 의혹 사건 규명을 위한 특별검사의 임명 등에 관한 법률'(2016. 11. 22. 법률 제14276호로 제정) 제3조 제2항, 제3항이 적법절차원칙에 위배되는지 여부에 관한 헌법재판소에 위헌소원(청구인 최서원, 대리인 이경재 변호사)이 있었다.

이 사건 헌법재판소 2019. 2. 28. 선고 2017헌바196 전원재판부 결정에서 "특별검사후보자의 추천권을 누구에게 부여하고 어떠한 방식으로 특별검사를 임명할 것인지에 관한 사항 역시 사건의 특수성과 특별검사법의 도입 배경, 수사대상과 임명 관여주체와의 관련성 및 그 정도, 그에 따른 특별검사의 독립성·중립성 확보 방안 등을 고려하여 국회가 입법재량에 따라 결정할 사항이다. 그러한 국회의 결정이 명백히 자의적이거나 현저히 불합리한 것이 아닌 한 입법재량으로서 존중되어야 할 것이다.

이 사건 법률의 제정 배경과 수사대상에 대통령이 포함될 수도 있었던 사정, 여야 합의의 취지, 이 사건 법률에서 규정하고 있는 특별검사의 정치적 중립성과 독립성 확보를 위한 여러 보완장치 등을 고려할 때 심판대상조항이 당시 여당을 특별검사후보자 추천권자에서 배제하고 교섭단체를 구성하고 있는 두 야당으로 하여금 특별검사후보자 2명을 추천하도록 규정하였다고 하여 합리성과 정당성을 잃은 입법이라고 볼 수 없다"며 헌법에 위반되지 아니한다고 결정했다.

태극기를 앞세운 애국집회는 박 대통령을 부당하게 탄핵하는 국회와 언론 정치검찰에 대한 애국국민들의 항거로서, 위 김평우 변호사의 지적대로, 이렇게 모순에 찬 비법률적으로 구성된 특검, 그들의 횡포, 이를 받아 즐기는 언론들의 근거 없는 폭로와 책임지지 않는 선동은 정치검찰들의 월권적 횡포로 지적되었다.

김변호사의 지적과 같이 '특검은 국회가 임명권을 행사하거나 아니면 국회가 대법원장이나 대통령에게 임명권을 위임하는 것이 관례이다. 그런데 이 법은 국회가 아닌 국회의 '더불어민주당' 및 '국민의당' 두 개 야당이 추천권을 행사하도록 되어 있다.'

대통령은 이 두 야당의 추천을 받아 임명권을 행사하도록 법률로 규정하는 헌법의 정신과 법체계에 어긋난 것이다. 국가의 권력구조가 국회를 배제한, 이런 게 아니다. 정당(政黨)은 일정한 정치 이상의 실현을 위해 정치 권력의 참여를 목적으로 하는 정치 단체인 것이지 국가운영상의 권력기관이 아니며, 또한 제1 제2 정당이 국회를 대신할 수 있는 그런 권리는 법률 어디에도 없다. 100%지분을 가진 법인 대표라 할지라도 법인과 그 개인 대표가 법적인 의미가 분명 다르듯이, 대한민국 국회와 정치단체 조직인 제1 제2 정당과는 분명하게 다른 법적 의미를 지니고 있다. 이런 정도로 대한민국의 헌법은 지금 파괴되어 있음의 실증(實證)이다.

특별검사의 임명권은 국가권력 기관으로서의 권리능력인 것이지 다수의석 정당이라고 하여 국가권력기관으로서의 권한을 행세를 할 것은 아니다. 이런 특검임명방식에서 파생될 여러 문제점들을 연역적으로 진지하게 고려해야 할 향후의 정치지도를 긍정적으로 바꾸는 계기로 삼아 반영해야 할 일이다.

검찰이, 특검이, 헌법재판소가 대한민국의 최고 최상위 기관인가? 태극기를 앞세운 애국 국민들이 대거 거리로 나섰음에는 그 만큼 현 시국이 심각하다는 것이었다. 정치검찰. 특검의 횡포를 관리 감독할 기관과 책임자는 도대체 뭘 하고 있었는지?

당시 탄핵 반대를 외치는 태극기 민심이 불 화산처럼 뜨겁고, '조작된 태블릿으로 출발한 탄핵은 무효다'라는 국민감정이 좀처럼 수그러들지 않고 있었다. 태극기의 민심이 일궈낸 장엄하고 도도한 흐름에 특검, 헌법재판소 모두 법과 정의가 있는 바른 민심을 거역해서는 안 되는 것이었다.

정의의 의미는 실현을 전제로 하는 것이지, 추상에 머물러 있는 입발림의 형해화(形骸化)된 용어가 아니다. 지난 오랜 시간 동안, 아직도 탄핵무효 및 헌법수호의 집회들이 지속되고 있는 점을, 바른 전달을 하는 언론의 재조명으로써 이런 사정을 전혀 모르고 한낱 이념에 치우친 정치이야기로 터부시한 국민들은 통찰해야 할 일이다.

3

국회의 탄핵소추 의결부터 잘못됐다

국회의 탄핵소추권 행사

더불어민주당, 국민의당, 정의당 등 야3당과 무소속 등 의원 171명은 12월 3일 박근혜 대통령에 대한 탄핵소추안 단일안을 확정, 공동발의했다. 민주당 우상호, 국민의당 박지원, 정의당 노회찬(亡) 원내대표 등 야3당 원내대표 대표발의로 '대통령(박근혜) 탄핵소추안'을 국회에 제출했다.

탄핵안은 12월 8일 본회의에 보고된 뒤 9일 표결에 부쳐지며, 새누리당 비주류계가 가결 여부에 대한 캐스팅보트를 쥘 전망이다. 탄핵정족수는 재적의 3분의2인 200명으로, 발의한 171명과 정세균 국회의장의 172명 외에 28명의 찬성 의원이 더 필요하다.

앞서 피력한 대통령 탄핵의 시발요인의 하나인 부산 해운대 LCT에 관한 박 대통령의 철저한 수사지시에 반감의 날을 세운 새누리당 비박계의 김ㅁㅅ을 중심으로 탄핵을 은밀히 준비하였다. 같은 당 하ㅌ

ㄱ은 당내에서 40~50명은 찬성표를 던질 것이라며, "촛불에 타 죽고 싶습니까?"라며 대통령에 대한 탄핵 촉구에 적극 나섰던 것이다.

탄핵안은 피소추자로서 '대통령 박근혜'를 표시하고, "헌법과 국회법 규정에 의하여 대통령 박근혜의 탄핵을 소추한다"는 주문을 헌법재판소에 요청 표시하고 있는 모양은 위법·불법 투성이에 혐오·가증스럽기까지 하다.

소추안은 2004년 당시 노무현 대통령에 대한 헌재의 탄핵심판, 1997년 전두환 · 노태우 대통령 사건에 대한 대법원 판결과 최서원 게이트에 대한 검찰의 공소장 등이 포함된 증거목록 21개 가운데 14개가 언론의 보도기사다.

탄핵소추안의 증거 목록에는 수사 중이거나 재판 진행 중이면 공개될 수가 없는 수사기록이 포함된 공소장이 불법 공개되었고, 허위 보도가 아니라면 보다 구체적일 수 있을 여러 언론사로부터 나온 14개의 거짓·과장·허위 보도된 기사뭉치가 바로 대통령 박근혜를 탄핵하기 위한 소추 증거로 제시된 것이다.

'탄핵소추의결서'에 탄핵 소추할 증거는 아무 것도 없었던, 언론보도 기사만으로 탄핵의 증거로 삼은 탄핵소추가 대한민국 국회의 입법권자로서의 법률수준이고, 국민을 대표하는 국회의원 된 수준의 진면목이 다 드러나 있다. 언론이 국회가 할 증거조사까지 다한 셈이다.

'언론에서 이렇게 보도했다', '누가 이렇게 말하더라' 라는 당시 최서원의 태블릿PC보도를 비롯하여 거짓 풍문만이 난무하는 그런 언론기사에 대하여 국회는 법이 요구하는 일체의 증거조사도 없이 쓰레기 언론기사를 탄핵의 증거로 삼은 탄핵소추가 대한민국 국회의 입법권자로서의 법률수준이고, 국민을 대표하는 국회의원으로 인간적 몰상식 수준의 진면목이었다. 세금이 아깝고, 우리 국민의 대표라는 것이 창피하고 부끄럽다.

국회법 제11장 탄핵소추에 관하여, 법제사법위원회가 제130조 제1항의 탄핵소추안을 회부 받았을 때에는 지체 없이 조사·보고하면서, 그 조사에 관하여는 '국정감사 및 조사에 관한 법률'에 따른 조사의 방법 및 주의의무 규정을 준용(제131조)하고 있다.

국회는 대통령 박근혜를 탄핵하고자 소추하면서 '국회법', '국정감사 및 조사에 관한 법률', '국회에서의 증언·감정 등에 관한 법률'에서 요구하는 수준의 위법한 증거들을 조사하지 않아, 그런 헌론 보도기사 목록의 것은 소추의 증거가 될 수 없다.

야당도 아닌 여당 의원들이 탄핵의 불을 집혀, 야3당이 발의한 소추안은 박 대통령이 헌법 11개항을 위배해 위헌을 저질렀고, 형법과 특정법죄가중처벌 등에 관한 법률상의 핵심쟁점인 '제3자 뇌물죄'가 포함됐으며, 세월호 참사에 대한 대통령으로서의 부실대응으로 헌법이 보장한 국민의 생명권 보호 의무를 위반했다는 점도 담겼다. 구체적이고 명백한 적법한 증거는 하나 없고, 거짓 언론으로부터 듣고서 베껴 옮긴 설(說) 뿐이다.

헌법 위배의 경우, 비선실세 최서원 등에게 정부 정책과 인사 문건을 유출하고, 정부정책 및 고위공직 인사에 관여토록 해, 국민주권주의를 규정한 헌법 제1조, 대통령의 헌법수호 및 헌법준수 의무를 정한 헌법 제66조 등을 어겼다는 것이다.

특히, 세월호 참사 당일 사고 발생 초기에 90분 동안 국가적 재난과 위기상황에 대통령이 보이지 않았다는 등 세월호 침몰 후 대통령으로서의 7시간에 대한 의혹이 해소되지 않은 점 등을 들어, 헌법 제10조가 정하고 있는 국민의 생명권 보장을 위배로 들었다. 박 대통령의 법률 위배행위와 관련시키는, 공익목적의 미르 · K스포츠재단 설립과 모금과정에서 드러난 사실을 뇌물과 직권남용, 강요 등의 혐의도 표시했다.

SK와 CJ, 삼성, 현대차의 경우 오너가 박 대통령을 면담하기 전 민원성격의 '당면 현안'을 청와대에 제시한 것을 구체적 청탁행위로 본 것으로, 소추안은 SK와 CJ는 오너 총수의 사면, 삼성은 삼성물산과 제일모직의 합병, 현대차는 노사문제가 청탁의 내용인 것으로, 이후 이들 기업에서 출연을 받은 박 대통령에게 뇌물 혐의를, 또 롯데에서 추가로 출연금을 받아낸 것도 역시 뇌물로서 소추안에 담았다.

이런 탄핵소추장에 탄핵심판으로 사용될 부적절함이 있다면 헌법재판소가 국회의 정본 탄핵소추장을 헌법재판소가 탄핵심판 심리 중에 부적절한 부분에 관하여 임의로 이를 수정 변경 정리하도록 권고할 일은 아닌 바, 이런 권고 및 중재 행위는 헌법재판관으로서의 직권남용에 해당한다.

다만, 재판장은 심판청구가 부적법하나 보정(補正)할 수 있다고 인정되는 경우에는 상당한 기간을 정하여 보정을 요구하여야 한다.(헌법재판소법 제28조 제①항) 이 보정기간은 심판기간에 산입하지 아니하니, 법정기한 180일 이내(헌법재판소법 제38조)에 신속히 탄핵심판을 종결해야 하는 시간에 쫓길 이유도 없었다.

이런 보정도 재판관이 보정을 요구할 수 있는 권한에 그치는 것이지, 심리 중에 재판관이 양 당사자의 동의를 끌어내어 보정을 강압적으로 진행할 수 있음도 아니며, 적법한 보정 요구 역시도 이를 보정한 소추인(국회)로서는 국회법상의 수정동의를 거쳐야 하는 것이다.

국회 권한으로서의 대통령에 대한 탄핵소추권 행사를 위한 소추안으로서, 결국 가결됨으로서 헌법재판소에 넘겨져 탄핵심판을 받아 그 결정에 이르게 되는 것이고, 대통령에 대한 탄핵소추안은 국회재적의원 2/3 이상의 찬성으로 가결정족수를 요하고, 그 수정동의 또한 같다.

법원에서 일반인들 간의 분쟁 심리 중에는 당사자 간의 합의로 고쳐질 수 있지만, 법률 제정·개정 그 이상의 국회 재적의원 2/3 이상의 찬성 결의를 요구한 결의로 가결된 대통령 탄핵소추장은 헌법재판 심리 중에 법정에서 양 당사자 간의 합의로 고쳐질 수 있는 것이 아니지 않는가?

그런 탄핵소추안은 탄핵심판 심리과정에서 국회법 제95조상의 적법한 수정동의를 거쳐야 할 것이나, 국회의 탄핵소추위원단장 권성동 의원에 의하여 무단히 변경제출된 것으로써 탄핵심판의 파면결정이 이루어 졌던 것으로, 국회법 제95조상의 수정동의 절차를 거치지 아니하고는, 임의로 변경될 수가 없는 것이기에 가증스럽지 않을 수가 없다.

이런 결함을 지닌 탄핵소추장으로서는 탄핵심판의 결정은 각하나 기각일 수 밖에 없는 것으로써, 헌법재판소의 헌법재판관들은 이런 허접한 탄핵소추장과 이를 기초로 하는 심리로서 탄핵심판의 근거로 삼아, 전원재판부 구성도 고의적으로 회피한 결원재판부에서 용감하게 파면결정까지 행할 수 있었던 폐법의 논리와 용기는 어디에서 나올 수 있었던 것일까?

헌법수호단 원고들은 이런 헌법재판소의 기록에 관한 의견서와 준비서면, 재판기록 등본조서를 법원의 탄핵무효 소송에 활용하기 위하여 탄핵심판에서 변경 제출되었던 문건을 확인하고자 소송이 계류 중인 서울행정법원의 해당 재판부에 '기록등본송촉탁신청'을 해보았지만, 법원은 헌법재판소에 전혀 관련 문건의 송부처리 조차도 해주지 않았다.

이런 법원의 처사에, 하는 수 없이 자발적으로 헌법재판소에 헌법재판소법 제39조의2(심판확정기록의 열람·복사)에 의한 기록복사를 계류소송에 관한 것이라고 밝혀 신청했지만, 헌법재판소는 원고의 신청이 '공익목적이 아니다'라는 허황한 핑계로 거부함에 그 변경의 상세한 문건을 확인할 수도 없었음을 국민들에게 고하지 않을 수 없다.

탄핵소추 국회 본회의

대한민국 제20대 국회의원 중 234인의 탄핵 찬성으로서 가결처리된 탄핵소추안에 대한 20대-346회-18차 '국회본회의록'상에 담긴 김관영 의원의 탄핵소추안 제안 설명문이 있다.

당시 국회는 탄핵소추 할 증거 없이 거짓 과장된 언론 보도 자료만으로 '국회법', '국정감사 및 조사에 관한 법률', '국회에서의 증언·감정 등에 관한 법률'에서 요구하는 수준의 위법한 증거들을 조사하지 않은 채로 법을 무시하고 설(說)만으로써 탄핵소추를 가결하기로 서둘렀던 흔적을 볼 수가 있다.

이러한 대통령 박근혜에 대한 헌법상의 국회 탄핵소추권 행사는 국회회의록(20대-346회-18차 국회본회) 기록으로 정리된 총 12쪽 분량에 기록되었고, 이들 중에서 탄핵소추에 관련된 8쪽 분량만 발췌하여 부록에 첨부했다.

이 국회회의록에도 표시되어 있는, 탄핵소추 가결하는 그 날 '국회에서의 증언·감정 등에 관한 법률 일부 개정 법률안' 발의가 두 번이나 보이면서 '부칙(2016.12.16. 제14377호)' 입법처리도 있었다. 그런 그 법률에 관하여 그들 입법자들 조차도 이를 지키지 아니하고 위법한 탄핵소추를 그들 입맛대로 결의했던 국민 없는 국회의 명백한 증거가 그대로 여실히 드러나 있다.

입법자들 조차도 지키지 않는 법을 왜 만들고 있는지, 그들은 누구를 위한 국회인지, 무엇을 하는 국회인지 국민으로서는 참으로 한심스럽지 않을 수 없는, 그래서 국회의원 감축론이 국민들로부터 절대적 지지를 받고 있는 지탄의 대상이 이 나라 국회의 위상임을 부정하는 자는 아마 별로 없을, 우리는 우리가 뽑는 국회 때문에 슬픈 국민이다.

*부록. 국회회의록(20대-346회-18차) 탄핵소추 관련 발췌

4

헌법재판소,
이게 헌법재판인가?

탄핵 소추할 증거가 아무 것도 없었다

먼저, 국회의 박근혜 대통령 탄핵소추안 전문에 나타난 탄핵소추 증거자료인 '증거 기타 조사상 참고자료'로 표시된 21개 목록에는, 수사 중이거나 재판 진행 중이면 공개될 수가 없는 박근혜 대통령의 것이 아닌 수사기록이 포함된 공소장이 불법 공개되었고, 여러 언론사로부터 나온 입방아 글방아의 14개 항목의 기사뭉치가 바로 대통령 박근혜를 탄핵하기 위한 증거였다.

대통령 박근혜에 대한 공소장이 아닌 최모씨, 차모씨 등에 대한 공소장, 노무현 대통령 탄핵 관련 헌법재판소 결정문, 전두환·노태우 사건 관련 대법원 판결문, 박근혜 대통령 시정연설 국회본회의 회의록, 박근혜 대통령 대국민 담화문, 그리고 나머지 14개의 언론기사가 대한민국 대통령 박근혜를 탄핵하고자 내세운 소추할 증거물 목록이었으나, 탄핵소추의 증거로 삼을 수 있는 것이 하나도 없었다.

'언론에서 이렇게 보도했다', '누가 이렇게 말하더라' 라는 풍문만으로 탄핵의 증거를 삼은 탄핵소추가 대한민국 국회의 입법권자로서의 법률수준이고, 국민을 대표하는 국회의원으로 인간적 몰상식 수준의 진면목이 다 담겼다.

'뇌물죄, 직권남용죄, 강요죄'의 형사법위반의 범죄행위로 날조된 국회의 정본 탄핵소추장을 헌법재판소가 탄핵심판 심리 중 부적절한 부분에 관하여 임의로 이를 다시 수정 변경 정리하도록 권고하는 행위는 헌법재판관으로서의 형법상 직권남용에 해당된다.

법원의 소송에서 일반인들 간의 분쟁 심리 중에는 당사자 간의 합의로 고쳐질 수 있지만, 국회가 결의한 탄핵소추장은 헌법재판 심리 중에 법정에서 양 당사자 간의 합의로 고쳐질 수 있는 것이 절대 아니다. 국회의원 재적 3분의 2 이상의 찬성을 요하는 대통령 탄핵에 관하여 국회법 제95조상의 수정동의 절차를 거치지 아니하고는, 탄핵소추의결서(탄핵소추장)을 임의로 변경될 수가 없는 것이다.

이렇게 국회와 헌법재판소는 국회법상의 탄핵소추의결서의 수정 절차도 모른 채, 임의 수정해서 제출한 위법한 소추의결서로 "대통령 박근혜를 파면한다"고 선고한 것은 아무런 법률효과를 발생시키지 못하는 무효의 것이었다.

이로써 가짜 대통령의 불법통치 5년에 이른 것은, 세계적 수준의 몰법 비상식 국가로 낙인을 찍는 국가적 수치가 아닐 수 없다. 그러고서도 2022년 5월 10일, 불법통치의 주자만 바뀐, 탈취된 불법 정권의 위험한 질주는 윤석열에 의하여 계속 달음질치고 있음이다.

정작 헌법수호의 의지가 없었던 자는 대통령 박근혜가 아니라, 불법탄핵으로 나라를 망국으로 인도한 8인의 결원재판부 관여 헌법재판관들이었다. 대한민국 제18대 대통령 박근혜에 대한 탄핵의 파면 결정은 아무런 법률효과의 발생조차 일어나지 않은 당연무효다.

국회가 처음 제출한 탄핵소추장 원본의 부적합을 이유로 헌법재판소는 '각하'나 '기각'의 결정을 할 수 밖에 없었던 것을, 적법한 파면 선고로 받아들인 대한민국의 국민주권과 정당해야 할 공권력은 '누구를 위하여 종을 울리냐?'고 묻지 않을 수가 없다.

추락하는 새는 날아오를 날개가 있었음이고, 몰락할 불법정권은 국민을 잠시 속일 수 있었음이니, 그 진실과 정의가 바닥나면 추락하듯 불법 정권은 결국 멈출 수 밖에 없을 것이니 국민저항의 끊임없는 준법투쟁을 해야 하는 당위성이다.

헌법재판다운 면모(面貌)도 전혀 없었다

헌법재판은 9인의 재판관으로 구성된 재판부에 의해 이루어지는 것이 원칙임에도 불구하고, 헌법재판소는 다음과 같이 변명 했다.

'재판관의 공무상 출장이나 질병 또는 재판관 퇴직 이후, 후임 재판관 임명 사이의 공백 등 다양한 사유로 일부 재판관이 재판에 참여할 수 없는 경우가 발생할 수 있는데 이럴 때마다 헌법재판을 할 수 없다고 한다면 헌법재판소의 헌법 수호 기능에 심각한 제약이 따르게 된다.'고 기록했다.

헌법재판소법 제6조는 일상의 개연성으로 있을 수 있는 재판관의 공무상 출장이나 갑작스런 질병 따위가 아니라, '재판관의 임기가 만료되거나 정년이 도래하는 경우에는 임기만료일 또는 정년 도래일까지 후임자를 임명하여야 한다'고 정하고 있는 것이다.

헌법재판소법 제3조, 제6조, 제22조, 제23조의 규정 취지는 현실적으로 일부 재판관이 재판에 참여할 수 없는 경우가 발생할 수 밖에 없는 일상의 개연성 있는 사건을 전제로 하는, 재판 당일의 갑작스런 사고로 인한 재판관의 결석이 있을 수 있는 경우에 대비한 것이 아니라, 헌법재판의 완벽성을 추구한 공법상의 강행규정들이다.

헌법재판소법 제3조, 제6조, 제22조, 제23조의 관계에 있어서 해당 조문들은 일련의 연관성 있는 규범적 절차 규정으로서, 제3조는 '헌법재판소는 9명의 재판관으로 구성한다'는 9명을 채우는 그 방법규정인 제6조를 이행해야 하는 즉, 제6조 제3항은 '재판관의 임기가 만료되거나 정년이 도래하는 경우에는 임기만료일 또는 정년도래일까지 후임자를 임명하여야 한다.'는 행정청으로서 해야 할 작위의무를 분명히 정하고 있다.

이러한 완결에 따라 제22조 제1항은 '이 법에 특별한 규정이 있는 경우를 제외하고는 헌법재판소의 심판은 재판관 전원으로 구성되는 재판부에서 관장한다'는 전원재판부 구성의 당연성과 국민의 재판받을 권리의 보장 규정에 충실했어야 했다.

나아가, 제23조 제1항은 '재판부는 재판관 7명 이상의 출석으로 사건을 심리한다'는 9명의 전원재판부가 아닌 결원재판부이더라도 7명이상이면 심리는 진행하되, 국민의 재판받을 권리에 대한 결정적인 침해가 되는 결원재판부에서 결정까지도 하라는 규정은 아니다.

더구나 제6조 제3항을 이행하지 않고서, 구성 재판관의 예정되어 있는 임기만료의 도래나, 갑작스럽고도 확정된 회복할 수 없는 결원

발생의 경우를 대비하여 헌법재판소법 제6조로써, 전원재판부 구성의 방법을 규정해 둠으로써, 헌법재판으로서의 적법 타당한 결정에 대한, 법률상의 효력발생 요건을 제시하고 있다.

그렇다면 당시 박한철 헌법재판소장의 정년퇴임으로 재판관 중 공석 발생이 분명하게 예정되어 있는 상황에서, 헌법재판소는 국민의 공정한 헌법재판을 받을 권리의 보장을 위하여 공석인 재판관의 후임자를 선출하도록 관련 헌법기관에 협조를 요청하는 등 헌법을 지도하여 결원을 충원하도록 했어야 했다.

이러한 이들 제 규정들은 헌법상의 권리를 실현하는 구체적 방법으로서의 순차적인 선결요건으로서의 의미를 지닌 절차규범인 것이지만, 이미 헌법재판소는 불법탄핵 심판결정을 위하여 이 모두를 고의적으로 거서를 의도를 갖고서 적극적으로 관련법을 위반했음이 여러 법규 대비로써 그 중대하고도 명백한 위법사실이 드러난다.

적법하지 않은 증거는 증거로 쓸 수 없다. 헌법재판소는 적법한 절차에 따르지 아니한 증거는 증거로 쓸 수 없음에도 '재판·소추 또는 범죄수사가 진행 중인 사건의 기록에 대하여는 송부를 요구할 수 없다'는 규정을 어기고 서울지방검찰청의 특별수사본부와 박영수의 특별검사 팀으로 부터 무단히 사건의 기록을 입수하였다.

헌법재판소는 탄핵심판기관이지, 탄핵소추기관이거나 탄핵증거조사지원기관이 아니다.

박 대통령에 대한 탄핵심판에는 사후 시행법까지 소급 적용되었다.

형법 제1조 제1항에는 '범죄의 성립과 처벌은 행위시의 법률에 의한다고 명백한 규정한 '행위시법주의'를 채택 명문화하고 있다. 하지만, 탄핵심판에는 2015년 3월 제정되어 2016년 9월 시행되는 '부정청탁 및 금품 등 수수의 금지에 관한 법률'을 소급 적용하였다.

청와대가 대기업으로부터 500억 원 이상을 모금하였다는 언론 보도가 2016년 7월경 있었고, 청와대가 재단설립에 관여한 이유 등이 2016년 9월 국회 국정감사에서 중요한 쟁점이 되었는데, 2016년 9월에 시행되는 법률을 3개월이나 앞당겨 소급 적용한 증거가 불법행위자 8인의 헌법재판관들의 탄핵결정문에 드러나 있다.

이런 헌법재판소의 탄핵심판은 국민의 정당한 재판받을 권리마저 빼앗았다. 유독, 대통령 박근혜에 대하여는 국민으로서의 정당한 재판을 받을 권리가 명백하게 침해되었던 것으로, 이렇게 대통령에 대한 탄핵심판에 있어서 8인의 헌법재판관은 심판하는 재판관이 아니라, 또 한 팀의 탄핵소추인 이었다.

박 대통령에 대한 탄핵심판에 있어서는 이렇게 증거조사의 결여, 헌법기관이 마음대로 하는 소추장의 변경, 헌법과 법률상의 전원재판부에서 재판을 받을 권리의 배제, 위법하게 수집한 증거의 적용, 죄형법정주의의 법률적 판단사유는 전혀 필요치 않았던 것이다.

헌법재판소는 국회의 위법한 증거로 시작된 탄핵소추의 가결부터 이미 탄핵심판 개정 이전에 '파면'이라는 정치적 결단을 내려놓았던 것이다. 때문에, 형식적이고 가식적인 심리절차를 거치는 과정에서 결국 스스로 많은 위법사실을 드러낼 수 밖에 없었던, 불법탄핵 심판이었다.

5

선거할 이유 없는
대통령선거

대통령 궐위 안 된 원인무효의 대통령선거

이상의 앞서 본 바와 같은 탄핵심판의 피청구인 '대통령 박근혜'는 대한민국의 헌법과 법률상 탄핵 당하지 않았음이 명백하다.

여러 가지 불법행위의 점철을 지닌 채, 불법 탄핵심판 결정으로 선고된 '대통령 박근혜'에 대한 파면결정 선고는 공법상의 강행규정을 명백하고도 중대히 위반한 것으로써, 그 결정 선고는 아무런 법률효과를 발생시키지 못하는 당연무효의 것으로 귀결되는 그 탄핵은 명백한 무효였다.

위법한 사실과 불법행위로서의 사정이 이러함에도 불구하고, 중앙선거관리위원회는 이러한 원천적으로 당연 무효인 파면결정을 마치 적법한 것으로 수용하고서, 대통령이 궐위되지 못하여 선거를 실시할 법률상의 이유가 없음에도 대통령 선거를 실행한 사실 및 그 결과는 당연히 '불법원인에 기한 원인무효의 대통령 선거'였다는 위법한 사실의 존재이다.

헌법재판소의 위법한 불법파면 결정으로 대통령이 궐위되지 않은 파면결정 무효임에도 불구하고, 당시 중앙선거관리위원회 위원장 김용덕은 공직선거법에 의한 대통령선거를 2017년 5월 9일에 실시함을 공표했다.

그에 따라, 장차로 불법 가짜 사실상의 대통령이 되는 문재인은 반헌법적인 대통령 선거에 후보로서 참여하는 위계에 의한 공무집행 방해 행위를 함으로써, 나라에 불법통치를 적극적으로 주도 행사하는 착수에 이른 것이다.

2017년 5월 9일 시행한 대통령선거는 분명, 대통령이 궐위되지 않은 선거로써 대통령 선거를 실시할 법률상 원인이 전혀 없었던 원인무효의 선거를 공직선거를 주관하는 중앙선거관리위원회는 이러한 법규에 관한 위반으로 불법탄핵 사실을 간과 무시한 채, 하지 않아야 할 위법한 선거를 실시했던 것이다.

국회 및 헌법재판소가 저지른 위법사실이 분명하여, 아무런 법률효과를 발생시키지 못하는 당연무효인 탄핵결정으로 궐위되지 않은 대통령직에, 공직선거법의 규정이 '원인무효되는 선거'의 경우까지 규율하고 있지 아니한다.

국회와 헌법재판소, 그리고 권한 없는 사실상의 대통령 문재인으로부터 빚어진 헌법과 법률에 반하는 불법 가짜 대통령의 5년 지배와 동일한 형태의 것을, 2022년 3월 9일에 실시한 원인무효의 선거로써 또 한 번 더 연 가짜공화국, 국민들이 "선거로 뽑은 대통령 운운…" 하며 적법한 대통령의 임기를 남겨 두고서 계속적으로 불법 가짜를 대통령으로 받드는 나라가 되어서는 아니 될 것이다.

원인무효 선거에서 당선증 교부 역시 무효

중앙선거관리위원회는 헌법 제68조상의 대통령이 궐위되지 않았음을 살피지 않고서, 2017년 05월 09일 법률상 근거 없는 원인무효의 대통령선거를 실시하고서, 문재인에게 이 나라의 불법 가짜 대통령으로 등극시키는 당선증을 잘못 교부한 사실이 있다.

이런 불법탄핵으로 인한 파면무효, 파면무효로 궐위되지 않은 대통령의 존재, 그런 법률상 원인 없는 대통령 선거의 실시 및 그 다수 득표만으로는 중앙선거관리위원회가 문재인에게 공직선거법 제184조에 의한 대통령 당선증을 교부할 이유가 없는 것임에도 부당하게 교부된 것으로, 불법 가짜 대통령이 국가를 통치하는 법률상으로 어긋나기가 명백하고 그 위험성이 중대하다.

헌법을 수호해야 할 헌법기관들이 오히려 이렇게 위법행위를 앞장서 저지른 불법탄핵에 기인한 2017년 5월 9일 실시한 대통령선거는 결국 '원인무효'라는 취지의 불법 가짜 대통령 문재인을 생성시킨 것이다.

여기에 주의할 것으로서, 의도한 범법으로 위법하였던지, 모르고서 주고받았던지, 점유이탈물 이었던지 간에, 자신이 취할 수 있는 정당한 권한 있는 것이 아니라면 가져서는 안 되는 것임을 법률가인 문재인은 잘 알고 있다.

그는 당시 야당의 당수로서, 거리에 나서 시민들을 선동하는 등의 그런 과정을 번복한 결과로 민주노총이며 전교조 등 반정부 단체가 나선 폭력으로 이를 막는 국가 경찰공무원을 폭행하고, 경찰의 버스 등 기물을 파괴하는 수법에 편승하여 결국 대통령 박근혜의 정권을 적법한 과정인 듯 포장하여 탈취한 자인 것이다.

이와 같은 권한 없는 사실상의 대통령 문재인으로서 무권통치 5년의 세월에 똑 같은 경우를 더할 2022년 3월 9일 실시한 대통령 선거로써 이 나라는 또 다시 '윤석열'에 의한 불법통치 5년이 재현되고 있는 것이다.

대한민국의 적법한 법치수호를 위하여 또 한 꺼풀의 장애물이 덮여져서는 아니 될, 우선은 적법한 대통령 박근혜의 남은 '제18대 대통령'의 임기를 완수하면서, 적법한 '제19대 대통령'이 있고 난 후에, '제20대 대통령'이 있어야 함이 타당하고 정의로운 순리인 것이다.

불법 탄핵심판으로 탄핵되지 못하여 대통령이 궐위되지 않았음에도, 이에 속은 국민들이 "선거로 뽑은 대통령 운운…" 하며 불법 가짜 수괴를 대통령으로 받드는 나라, 어긋난 쟉크를 계속 끌어 당기는 격의 헌법과 법치가 사라진 멍청한 나라가 되어서는 아니 될, 참으로 부끄러운 대한민국의 법률수준이 아닐 수 없다.

6

가짜 대통령의 불법통치와 국민저항권

국가기관과 언론을 중심으로 거짓 여론을 펼쳐 대다수의 국민들은 문재인이 위법한 가짜 대통령이라는 사실을 모르고서 아직도 그를 '대통령'이라 칭하며 받들어 예우하고 있으나, 분명 그에게는 '대통령'이라는 법률적 지위 및 인격이 부여될 수가 없음이 확실하다.

그런 자에게 국군통수권이며 기타 어느 것 하나, 대한민국의 헌법과 법률에 의한 대통령으로 가질 수 있는 권한은 아무 것도 없음에, 문재인을 '탄핵'하거나 '하야'하라고 하는 말조차도 법률상의 근원이 없는 사치일 뿐이다.

나라를 망치는 적법하지 못한 불법 가짜 대통령은 지금이라도 당장 체포가 가능한 것으로서, 국가운영의 정상화를 위한 국가가 당연히 해야 할 긴급하고도 중대한 사안이 아닐 수가 없다.

이러한 몇 가지 위법한 탄핵심판의 사유만으로도 헌법수호단의 탄핵무효 소송에 기반한 제18대 대통령 박근혜의 남은 임기는 반드시 확인되어야 한다.

그 남은 임기의 직무를 완수해 달라는 주권국민으로서의 청구는 지극히 타당한 법리를 지닌 국민주권적 권리로서 '진짜 복귀' '가짜 체포'로 이뤄져야 할, 불법구금에서 가짜의 은혜로운(?) 사면으로 끝낼 수 있는 것이 아니다.

이러한 법리로써 지난 2022년 3.9 대선은 제18대 대통령 박근혜에 대한 불법탄핵을 적법한 것으로 인정하는 동시에, 불법 가짜 19대를 적법한 대통령으로 인정하는 것으로써, 헌법과 법률의 법리에 전혀 맞지 않는 것으로써 반헌법 대선일 수 밖에 없음이다.

이러한 반헌법에 국민의 저항권 행사는 자유롭다. 대한민국 헌법수호단은 이런 무효의 법리로써 대통령 박근혜의 직무복귀와 가짜 대통령과 헌법재판관들에 대한 체포로 대한민국에 정법하게 헌법이 수호되는 그 날까지 뭉쳐 국민저항권 행사를 계속할 수 밖에 없는 이유다.

헌법수호단 원고들의 탄핵무효소송 청구는 앞선 국회와 헌법재판소의 위법한 처분으로 인한 불법탄핵으로서의 당연무효와 공직선거법상의 관할법원과 제소기한 따위에 적용받을 이유가 없는 공직선거법으로 규율되지 않는 외적 요인인 당연무효의 선거였음에 기초하고 있다.

대한민국의 국민주권은 문재인에게 대통령 권한 없음을 확인하고, 대통령 박근혜는 '前대통령'이 아닌 '적법한 대한민국의 대통령'으로서 2017년 3월 10일 이래로 행사하지 못한 대통령의 직무를 국가와 국민에게 완수 이행해야 할 책무가 있음을 확인할 필요가 있는 것이다.

탄핵무효 소송은 이러한 확인을 구하는 것이 소송상의 청구취지이며, 확인 그 자체로서 탄핵무효 소송상의 소(訴)의 이익(利益)이 있는 것이다.

헌법재판소가 행한 박 대통령에 대한 탄핵심판 사건은 법원의 선고로써 유효한 것이 무효로 변질되는 것이 아니라, 이미 본래부터 그 탄핵심판은 국가운영을 위한 공법상의 강행규정을 위법하여 당연 무효화된 것이었다.

이렇게 국회, 헌법재판소, 중앙선거관리위원회의 각 행정처분이 무효인 경우는 특히 권한 있는 기관에 의한 무효선언을 기다릴 것 없이 누구든지 무효를 주장할 수 있다.

그러므로 행정처분의 무효확인의 소에 있어서는 행정소송법 또는 다른 법률의 제소기간에 관한 제한규정의 적용을 받지 아니하고 제소할 수가 있다.

따라서 제소기간이며 사정판결, 간접강제, 행정심판전치주의, 행정소송법 및 특히 행정소송상의 지역관할 등의 제약을 받지 않음에 근거하여 서울행정법원의 관할을 벗어나 지방법원 행정재판부에까지 제소를 확대했다.

물론, 지방법원 행정재판부라고 다 호락호락하게 원고의 청구가 순조로운 것은 아니다. 고도의 정치성을 띤 국가행위에 대하여는 이른바 통치행위라 하여 법원 스스로 가짜 공화국에 마저도 바짝 엎드려 사법심사권의 행사를 억제하여 그 심사대상에서 제외하는 사법부의 어리석은 판단 영역으로 한 몫을 하고 있기 때문이다.

7

대통령에 가혹한
형사재판의 헛발길질

2017년 3월 10일, 헌법재판소는 헌법파괴집단으로서, 이 책에서 소상하게 밝히는 여러 가지 위법행위로서 국헌을 문란하게 한 헌법파괴를 일말의 양심에 거리낌조차도 없이 결정문에 위법으로 도배를 하고서는 "대통령 박근혜를 파면한다"라고 당치도 않은 선고를 하였다.

이런 사정을 모르는 이 나라 대부분의 국민은 헌법재판소의 선고 시간에 맞춰, 각자의 모두는 일손을 놓고서 TV 중계를 주시하고 있다가, 파면선고에 환호성을 지르며, 감격해 눈물까지 흘리는 모습도 뉴스로 보여 졌다.

청와대를 나온 박 대통령은 3월 30일, 구속 전 피의자심문(영장실질심사)을 앞두고 있음에, 야당 인사들은 '작별 인사'의 비아냥거림을 드러내 보여줬다.

이ㅎㅊ 더불어민주당 의원은 트위터를 통해 "박근혜 구속하면 역풍이 불거라고 하는데 냉정하게 봐야한다. 구속이 되면 최대 20일내 기소해서 1년 내에 대법 판결을 내야 하지만 불구속 상태면 언제 기소할지도 불명확하고 자칫 다음 정권 내내 재판이 진행될 수 있다"며, "구속 여부가 중요하다"고 강조했다.

또 정ㅊㄹ 더불어민주당 전 의원은 "박근혜 전 대통령께서 먼 길을 떠나십니다"라며, "내일(30일) 오전 10시 15분 집을 떠나면 언제 돌아올지 모른다. 아마 쉽게 귀가하기란 어려울 것"이라고 비꼬았다. 그러면서 "이제 작별인사를 할 시간이다. 건강하십시오"라고 전했다.

대통령 신분(지금도 잔여임기가 있는 적법한 대통령이다)으로서, 사상 처음으로 2017년 3월 30일 영장 심사를 받고서 이튿날 31일 서울구치소에 수감되었다. 아니, 대한민국을 망치려는 적들에 의해 불법으로 체포 감금된 것이었다.

이런 박 대통령은 불법 구금과 구속의 연장에 가혹한 재판진행은 급기야 2017년 10월16일 법정에 출두하여, '재판거부 선언'을 하고 난 궐석재판들은 이렇게 법원 판사들 제 마음대로 적법한 대통령 박근혜를 형사재판으로 판결했다.

직권남용·강요 등 18개 혐의로써, 서울중앙지방법원 2017고합364호, 징역 24년·벌금 180억원 선고 / 서울고등법원 2018노1087호, 징역 25년·벌금 200억원 선고 / 대법원 2018도14303호, 파기환송 선고 / 서울고등법원 2019노1962호, 징역 20년·벌금 180억원·추징금 35억원 선고 / 대법원 2020도9836호, 징역 20년·벌금 180억 원·추징금 35억원으로 확정 판결 선고했다.

국고손실 등 2개 혐의로는 서울중앙지방법원 2018고합20호, 징역

6년·추징금 33억원 선고 / 서울고등법원 2018노2150호, 징역 5년·추징금 27억원 선고 / 대법원 2019도11766호, 파기환송 선고 / 서울고등법원 2019노2657호 재판은 위 서울고등법원 2019노1962호 사건에 병합하고 종결했다.

공천개입 혐의로 서울중앙지방법원 2018고합119호, 징역 2년 선고 / 서울고등법원 2018노2151호, 징역 2년 확정 선고했다.

박 대통령에 대한 대법원 재상고심에서 징역 20년형이 2021년 1월 14일 최종 확정하는, 탄핵·파면·궐위되지 않은 대통령을 붙들고서 법과 정의, 국민 무서운 줄을 모르고 마녀사냥한 망국 전야의 만찬을 즐긴, 참으로 부끄럽고 한심한 대한민국의 법치 수준을 이 나라의 지식층들이 세계 전 인류에게 전해 줬다.

대법원 3부(주심 노트ㅇ 대법관)는 특정범죄 가중처벌법상 뇌물 등 혐의로 기소된 박 대통령의 재상고심 선고 공판에서 파기환송심 원심을 확정했다고 밝혔다. 박 대통령은 이 사건 파기환송심에서 뇌물 혐의로 징역 15년과 벌금 180억원, 국고손실 등 나머지 혐의로 징역 5년을 각각 선고한 것이다.

대통령에 대한 과중한 선고 형량이나, 파기환송 전 항소심 선고형량인 징역 30년, 벌금 200억원에서 형량이 줄었는데, 대법원의 파기환송 취지에 따라 강요죄와 일부 직권남용권리행사방해 혐의가 무죄로 판단한 이런 것이 문제가 아니다.

아주 중대하고 명백하게 잘못된 문제는 이렇게 따로 있다.

- 불법탄핵에 관여 종사한 위법한 탄핵소추를 가결한 234인의 국회의원

- 위법 투성이로 헌법개판 친 8인의 헌법재판관
- 결원되는 헌법재판관을 임명하지 않았으며, 탄핵·파면·궐위되지
  못한 대통령을 궐위되었다고 중앙선거관리위원회에 통보하고서
  대통령의 궐위로 인한 선거를 실시한다고 위법한 공고를 한 대
  통령 권한대행

공직선거법 제35조(보궐선거 등의 선거일)

①대통령의 궐위로 인한 선거 또는 재선거(제3항의 규정에 의한 재선거를 제외한다. 이
하 제2항에서 같다)는 그 선거의 실시사유가 확정된 때부터 60일 이내에 실시하되, 선
거일은 늦어도 선거일 전 50일까지 대통령 또는 대통령권한대행자가 공고하여야 한
다.(개정 2009.2.12.)

공직선거법 제200조(보궐선거)

④ 대통령권한대행자는 대통령이 궐위된 때에는 중앙선거관리위원회, 국회의장은 국
회의원이 궐원된 때에는 대통령과 중앙선거관리위원회에 그 사실을 지체 없이 통보
하여야 한다.(개정 2020.1.14.)

절대무효인 불법탄핵 파면선고로 탄핵·파면·궐위되지 않은 적법한
대통령을 불법 수사·구속·기소한 검사와 이런 대통령에 대한 구속
영장 발부 판사며 검찰의 공소를 받아 각 심급의 형사재판을 진행하
고 선고한 관여 법관들, 이들의 국가반역을 불법감금으로 도운 서울
구치소까지, 또한 이런 불법 감금을 지속 집행한 국가반역 수괴 문
재인의 하수인으로 종사한 법무부장관과 검찰기관장, 이들은 분명
하고도 중대한 범법으로서, 이 책에서 밝히는 탄핵되지 못한 한 여
인 박근혜 대통령을 붙들고서 법이라는 허울을 씌워서는 탄핵심판

의 피소추인 그리고 형사재판의 피고인이라는 빌미를 씌워 갈갈이 물고 뜯는 배고픈 짐승의 짓거리를 행사함이 아니고 무엇이었는가?

분명 헌법수호단이 밝히는 대통령 박근혜는 대한민국의 헌법과 각 법률에 의하여 탄핵·파면·궐위되지 못한, 아직 지금도 적법한 대통령임이 분명하다. 이런 대통령을 그들의 위법하고 불법적인 행위들을 감추고서, 그들의 승전보인양 언론에 연일 퍼뜨리며 한껏 마녀사냥놀이로 망국의 전야를 한껏 즐긴 것이 아니던가?

그런 언론기사에 꼭 붙는 서두는 "박근혜 前 대통령…"이었다. 헌법재판소의 파면선고 이후 단 한 언론기사에서도 "박근혜 대통령…" 하는 것은 볼 수가 없었다. 무려는 피소추인의 편에서 변론한 변호사의 어느 저서물에서도 그랬다.

헌법수호단이 주장하는 이 엄연하고 당연한 '절대무효의 파면선고', '탄핵·파면·궐위되지 않은 지금도 적법한 대통령'임에 대한 반론을 기다리며, 이런 반론을 적법하게 제시하지 못한다면 그들 모두는 국가반란 반역범일 수밖에 없음을 천명한다.

국가반역에 있어서, 주역들이 안에서 뭔 작당을 하고 있는지는 몰라도 출입 문지기는 일체의 외부인 출입을 막는 역할을 했다면 그 또한 사전에 약속이나 내통이 없었고 그런 사정을 몰랐다 하더라도 공범이 되는 것이 법 적용상의 당연한 이치다.

이렇게 문재인이 적법하지 못한 국가통치자임을 알았거나, 몰랐거나, 함께 동조하였거나, 불법탄핵으로 파면을 선고하여 권좌에서 끌어 낸 헌법재판관들, 적법한 대통령을 죄수로 엮은 검사, 헌법재판관, 법관 등이 '절대무효의 파면선고', '탄핵·파면·궐위되지 않은 지금도 적법한 대통령'에 대한 그들의 위법한 처사에 자유로울 수 있는 자는 과연 누구일까?

이렇게 국민으로서 몸담은 대한민국이 '대통령 박근혜 탄핵'이라는 이름의 빌미로 나라가 탄핵 당하고 있는 줄을 모르고서, "파면하다"는 헌법파괴의 소리에 환호한 "당신의 국적은 어디인가?"를 묻는다.

그랬다. '대한민국 헌법수호단'의 이 책 '대한민국은 왜 불법탄핵을 저질렀나'가 구성하고 있는 전단부에는 불법탄핵 음모의 검은 그림자를, 중단부에서는 헌법과 법률이 파괴된 실상을 해부했고, 종단부에서는 파괴된 법치회복의 처방을 제시했음이니, 잘못 운영되고 있는 대한민국을 위하여 정법으로서 지적하는 경비병으로서의 역할을 충분히 다하고 있음이다.

이제 이런 망국을 도모한 적들을 소상히 알아, 적극적으로 대응하고 처단에 나설 역할은 주권자인 국민과 정법한 공권력이 그 사명을 다해주기 바란다.

3

국민저항권행사로서의
준법투쟁, 그 법리

1. 국민주권의 경비병 '헌법수호단'
2. 소송당사자
3. 소송상의 주요 청구취지들
4. 청구원인 된 위법사실
5. 공법상의 선행처분과 무효의 비구속성
6. 법원의 보정명령에 답하다
7. '부작위위법 확인' 청구소송의 적법성

무혈폭동의 태풍은 지나가고 있었다. 말이 무혈이지 2016년 3월부터 시작된 좌파들의 촛불 폭동은 살이 있는 권력 박근혜 정권을 집어삼키기 위해 철저하게 기획된 것이었다. 그 여진은 아직도 갖은 악법 제조로써 진행형이다.

2016년 3월 26일자 북한 로동신문 6면에는 마치 대한민국 주사파들에게 지령이라도 내리듯 '우리는 박근혜를 탄핵한다'는 보도를 내보냈다. 그런데 이미 이 보도가 나오기 전 1년 전부터 북한은 박근혜 대통령에 대한 원색적인 비난과 탄핵 선동 글들이 도배되어 있었다. 우파들이 모르고 있었을 뿐이었다.

그리고 1년 후 북한이 주장하던 대로 박근혜 대통령은 아무런 저항도 못 해보고 권좌에서 내려올 수밖에 없었다. 분명한 체제 탄핵이었다.

거꾸로 선 세상은 진실과 정의를 모두 촛불에 태우고 있었고, 국법과 공권력은 촛농을 뒤집어 쓴 동태 눈 모양을 하고 망가진 나라를 멀뚱히 바라만 보고 있을 뿐이었다.

이러고 있을 때가 아니었다. 세상 모든 사람들이 촛불에 두 손을 든다 해도 헌법을 파괴하는 자는 용서할 수 없었다. 우리는 소리를 질렀다. "우리가 나서 헌법을 수호합시다" "헌법수호는 국민의 의무입니다" "국민저항권도 헌법수호로부터 시작합시다." 라고 외쳤지만 대다수는 별로 알아주지 않았다. 그냥 총칼을 들고 좌파들과 정면으로 맞서 싸워야 한다는 여론들이 부지기수였다.

우리들의 미세한 호소는 그나마 깨어 있는 소시민들의 귀를 파고들었다. 그래도 바르게 나라를 걱정하던 국민들이 하나 둘 뜻을 같이 하겠다며 손을 내밀어 동지의 길을 함께 하기 시작했다.

전문 법조인 한 명 없는 소시민 결사체는 2017년 3월 33명의 애국 국민들의 이름으로 '대한민국 헌법수호단'이라는 투쟁력 높은 조직을 결성하고 법적 투쟁을 선언했다.

헌법수호단의 투쟁은 폭력도 시위도 아닌 그야말로 불법 탄핵에서 자행된 국회, 헌법재판소, 특검, 검찰의 헌법 파괴 행위를 소송을 통해 증명함이었다. 계란으로 바위치기라는 법적 투쟁은 '헌법수호단' 이 이름 하나로 강호의 전쟁판에 모두 나섰다.

그리고 지난 6년간 우리는 42번의 소송을 통해 박근혜 대통령의 불법 탄핵의 진실 규명은 물론이고, 어떤 기관이 어떤 헌법을 파괴했는지 법적 증거들까지 모두 대한민국 법원 기록에 빼곡히 기록을 누적해 가고 있다. 그 기록에는 담당재판부 법관들의 이름과 재판진행 상황도 기록되었다.

헌법을 파괴하고, 농락하는 것도 모자라, 권력에 빌붙어 아무 죄 없는 박근혜 대통령을 탄핵시킨 자들을 역사와 정의의 국민들은 결코 용서하지 않을 것이다.

1

국민주권의 경비병
'헌법수호단'

'국정농단'이라 속여도 정의의 눈빛은 살아 있다

2016년 말, 국회의 탄핵발의와 소추의 가결부터 2017년 3월 10일 헌법재판소의 대통령 박근혜에 대한 파면선고가 있기까지, 탄핵소추의 적법성 논란과 함께 정객들로부터의 '하야'선언 종용도 거세었다.

하지만, 박 대통령께서는 이런 불의와 타협하기를 거부함으로써, 불법탄핵 그 무효의 파면 선고를 받고, 청와대에서 밀려 나와 '진실은 밝혀진다'는 믿음 하나로 6개월간의 피 말리는 인권유린의 구속수사와 장시간의 고문재판을 버텨 왔었다.

그러나 증거인멸의 우려를 핑계로 추가 구속영장이 또 발부되자, 정치적 외풍과 여론의 압력에도 오직 헌법과 양심에 따른 재판을 할 것이라는 재판부에 대하여, "더는 재판부에 대한 믿음이 의미 없다"는 결론을 내리고서 재판을 거부하고, 기나긴 침묵의 옥중투쟁으로 불의와 거짓에 맞섰다.

불의와 배신, 거짓의 정객들이 떨고 있을 수 밖에 없는 진실이 대한민국 헌법수호단의 38차례가 넘는 주장법리로 불법탄핵의 그 민낯이 다 드러났다.

국민주권, 그 정의의 칼날은 여의도 정객들과 불법 가짜대통령 문재인, 불법탄핵의 원흉인 8인의 헌법재판관을 향해 나날이 가까이 다가서고 있다.

불법 가짜 공화국은 법률지식인들이 만들었다

불법 가짜 대통령 문재인에 의한 통탄할 불법통치 5년의 세월은 이 나라의 법률가들이 만들었고, 그 나머지 수 많은 법률가들의 무지와 용기 없는 비굴한 침묵이 불법가짜 정권에 의한 '몰법시대'까지 겪는 화를 키웠다. 또 이 비굴한 침묵은 얼마나 더 큰 화를 입은 후에야 후회라도 할는지….

나라의 헌법기관 중 하나인 헌법재판소는 사법부에 포함되지 않음에도 이 나라의 법 지식은 헌법재판소를 사법부의 최고기관으로 자리 매김하고 있었고, 무려 헌법재판소마저도 '최고의 사법기관으로서 그 관장업무로서의 탄핵결정은 재차 법원에서 사법판단의 대상이 되지 않는다'라는 헌법수호단 원고들과의 탄핵무효 소송에서 엉터리 답변을 내놓기까지 했던 이 나라의 참담한 법률지식 수준이 아닐 수 없다.

보라! 행정소송법 제3조, 소송의 한 종류인 '기관소송'에 대한 규정을 보면 헌법재판소의 관장 사항 중에서 기관간의 소송으로 다툴 쟁송만 행정소송을 제한하는 것이지, 헌법재판소가 결정한 그 관장사항 일체가 사법판단 대상이 되지 않는다는 것이 아니다 즉, 우리나라의 사법구조는 헌법재판소의 관장 사항으로서의 헌법재판 결정과 법원에서의 행정소송과의 관계에 있어, 헌법재판소의 관장 사항도 사법판단의 대상으로 사후구제 방법상의 쟁송가능성을 행정소송법으로 열어 두고서, 국민의 재판받을 권리를 보장하고 있다.

사법부의 최고기관이 헌법재판소라는 무지, 대통령도 마음대로 파면시키는 헌법재판소의 결정은 절대지존이라는 무지에서, 박 대통령에 대한 파면선고 이후의 주권 국민은 더 이상 아무것도 기대할 것이 없는 대통령에 대한 파면으로서의 궐위를 받아들이고서 사실상 헌법에 반하는 2017년 5.9대선을 실시했던 것이다.

헌법재판소가 대한민국 절대 최고 존엄이라는 법률적 착오로 인한 무지가 결국은 불법 탄핵일지라도 행정소송을 통한 사법구제의 방법을 생각조차 하지 못하게 했다.

불법탄핵의 파면 선고 이후, 세상은 그냥 '박근혜 前 대통령'이라 표기하며 손을 놓은, 안타깝고도 참담한 사실에 헌법수호단은 불법탄핵의 증거사실을 낱낱이 밝혀 소송과 고발의 투쟁을 지속해 왔고, 이런 잘못된 법률착오를 국민들께 알리지 않을 수 없다.

이 나라 대한민국의 총체적인 법률 무지로써, 나라가 온통 불법 가짜 대통령으로부터 지배받기 그 5년을 채워 주면서, 이런 위법사실조차도 모르는 것인지, 무서워서 말을 못하는 것인지…. 아직도 그를 '문재인 대통령'에 이어 '문재인 前 대통령'으로 전직 대통령에 관한 예우로써 받들고 있는 이 상황은 참으로 민망한 국제적 망신이 아닐 수가 없다.

실로 창피하기가 그지없는 국난임에도 불구하고, 살아 있는 불의의 세력이 무서워서 헌법수호단을 돕는 변호사 한 사람 없지만, 헌법수호단의 탄핵무효 소송은 40차례가 넘는 결코 꺾이지 않는 소송 원고 500여명의 아우성과 정의의 시선은 여법(如法)하게 수년간의 준법투쟁에도 여전히 빛나고 있다.

이런 무책임하고도 용기 없는 법조인들의 양심, 그 어디에서 정의로움을 찾아야 할지 모르겠는 실망감 속에서도, 탄핵심판의 박 대통령 변론인으로 참여한 김평우 변호사를 비롯하여, 전 대법관과 헌법재판관 등을 지낸 원로 법조인 몇 분은 박 대통령에 대한 탄핵의 잘못을 과감하고도 날카롭게 지적해 줬다.

탄핵하자(彈劾瑕疵)의 지적을 낸 원로 법조인들로서는 김두현, 정기승, 이세중, 함정호, 김종표, 이시윤, 김문희, 김평우 변호사들로서, 이들 원로법조인들은 조선일보(2017년 2월 9일, 1면 하단) 지면에 박 대통령 탄핵심판의 법적하자 의견을 공개적으로 제시했다.

"우리는 박근혜 대통령 개인에 대한 호불호나 찬반을 떠나 순전히 법률전문가로서 법적인 견해를 밝혀 헌법재판소의 판단에 도움을 드리고자 한다"며 탄핵소추 의결부터 헌법재판소의 심판진행에 이르는 전 과정에 법적 하자가 있다고 신문지면에 유료광고를 이용하여 6개항의 의견을 밝힌 것이다.

아래는 이들 원로법조인들이 광고로써 개진한 '탄핵심판에 관한 법조인의 의견' 전문이다.

1. 우리나라는 국회의 탄핵소추 그 자체만으로도 피청구인 즉 박 대통령의 권한이 정지돼 실질상 탄핵 효과가 선 발생하는 매우

특이한 제도를 가지고 있다. 탄핵소추 당시 제출된 증거와 선례만으로도 탄핵결정이 날 수 있는 정도의 충분한 사전준비 절차가 선행돼야 마땅하다.

그런데 이번 탄핵에서 국회는 아무런 증거조사 절차나 선례 수집 과정 없이 신문기사와 심증만으로 탄핵을 의결, 박 대통령의 권한을 정지했다. 이는 증거재판을 요구하는 우리 헌법의 법치주의, 적법절차 원리에 반하는 중대한 위헌이다.

2. 특히, 특검의 조사가 본격적으로 시작되기도 전 탄핵소추를 의결, 처리한 것은 이번 탄핵이 비정상적으로 졸속 처리됐음을 단적으로 드러낸다.

3. 법적 성격이 전혀 상이한 13개 탄핵사유에 대해 개별적으로 심의, 표결하지 않고, 일괄하여 표결한 것 역시 중대한 적법절차 위반이다. 이번 탄핵은 여러 개의 탄핵사유가 실질적으로 동일했던 (선거중립법위반) 노무현 대통령의 탄핵과는 구별하여야 한다.

특히, 이번 탄핵의 논의 과정에서 세월호 부분에 대하여 상당수 의원이 반대의사를 표시하였음에도 불구하고 일괄 표결한 것은 표결의 적법성에 중대한 하자가 있다고 본다.

4. 박 대통령은 대한민국 헌법의 원리나 원칙을 부정하거나 반대한 사실이 없다. 몇 개의 단편적인 법률위반이나 부적절한 업무집행 의혹을 근거로 하여 헌법 위반이라고 주장하는 것은 논리의 비약이다.

5. 대통령의 공익법인설립 및 그 기본재산의 출연을 기업들로부터 기부 받는 행위는 선례도 많고, 목적이 공공의 이익을 위한 것

이므로 이를 범죄행위로 단죄하는 것은 선례에도 맞지 않고 공익재단법인의 법리에도 맞지 않다.

6. 헌재는 9명 재판관 전원의 심리 참여가 헌법상의 원칙이므로, 헌재의 소장 및 재판관의 임명절차에 관여하는 기관들은 2017.1.31자로 퇴임한 박한철 소장과 2017.3.13 퇴임이 예정된 이정미 재판관의 후임을 조속히 임명하여 9명 재판관 전원 참여의 헌법정신을 준수하여야 한다.

헌재는 그때까지는 일시 재판을 중지하였다가, 하자가 없는 전원재판부를 구성한 연후에 재판을 재개하여 심리를 진행하는 것이 국민의 신뢰를 받는 공정한 재판진행 절차라고 본다.

원로 법조인들의 이런 저항은 지극히 타당하고 고마운 지적이라 대단히 감사하며, 준법투쟁에 임하는 헌법수호단으로서는 많은 용기를 얻을 수 있어 고마웠다.

대통령 박근혜는 탄핵·파면·궐위된 바 없다

불법탄핵으로 파면 궐위된 바 없는 대통령을 두고서 실시한 제19

대 대통령선거 역시도 법률상 그 원인이 없는 당연무효의 선거였다.

탄핵심판의 피청구인 대통령 박근혜가 대한민국의 헌법과 법률상 탄핵 당하지 못하였다는 명백한 법리도 이해하지 못한 중앙선거관리위원회(당시 위원장 김용덕 대법관, 2016.9.6.~2017.12.26. 재임)는 2017년 5월 9일, 대통령이 궐위된 것으로 원인무효의 위법한 대통령선거를 실시했다.

헌법수호단 원고들이 문재인을 가짜 대통령으로 만든 대통령선거가 무효라고 주장하는 것은, 공직선거법상의 무효선거가 아니라, 선거 실시 그 자체를 원인무효로 주장하는 것이다.

선거에 앞선 국회와 헌법재판소의 여러 가지 위법한 처분으로 인하여, 탄핵심판에서 탄핵되지 못해 궐위되지 않은 대통령을 궐위됐다고 사실을 착오하고서 실행한 잘못된 선거였다는 것이다.

혹자는 말하기를 "원인무효이긴 하지만, 그래도 나라 전체가 대통령 선거를 실시하여 다수결로 뽑은 대통령 아닌가?" 하는 반론을 제기하는 자도 있다.

하지만, 지켜야 할 법을 지키지 않은 불법탄핵으로 헌법상 궐위되지 못한 대통령을 두고서, 또 대통령을 선출하는 대통령 선거를 실시할 수 없는 법리상의 분명한 이유로 문재인은 적법한 대통령일 수가 없는 것이다. 이어진 불법정권의 교대자 윤석열에게도 이 법리는 다르지 않다.

불법 탄핵심판으로 인한 파면은 불발되었고, 그로써 실시한 선거는 당연무효인 즉, 법률상의 오인으로 잘못 실행한 대통령 선거이다.

2

소송당사자

원고들

원고들은 먼저 애국시민단체 대한민국 헌법수호단의 단원들로서, 2012년 12월 19일 대한민국의 제18대 대통령선거에 의하여 박근혜 대통령을 대한민국 대통령으로 선출한 주권 있는 국민들이다. 박 대통령에게 지지표를 줬던 안줬던 우리 국민의 대통령이 망국의 세력 적들에게 당하고 있음이니….

이 사건 소송에서 보아 알 수 있는, 헌법재판소의 2017년 3월 10일 대통령 박근혜에 대한 파면선고는 위법으로 점철된 불법탄핵으로서, 아무런 법률효과를 발생시키지 못하는 '당연무효'의 것이었다.

반면의 권한 없는 사실상의 대통령 문재인에 대하여는, 국가기관과 언론을 중심으로 대다수의 국민들까지 그 위법을 모르고서 문재인을 '대통령'이라 칭하고 받드나, '대통령'이라는 법률적 지위 및 인격이 부여될 수가 없는 자다.

(적법한) 대통령 박근혜 대통령에 대한 지지 투표 여부와 무관하게, 국가가 헌법과 법률을 파괴하는 반국가, 반헌법, 반도덕성은 국민으로서 결코 방치 방관할 수 없는 시급히 회복해야 할 국민주권적 차원의 권리이다.

이에, 대한민국의 국권과 국민주권 회복의 한 방편으로서 부적법한 사인(私人)으로부터의 불법통치를 차단하고, 불법 가짜 대통령으로부터의 통치·지배를 시급히 벗어나 생명권, 재산권, 자유권, 행복추구권 등 헌법상의 권리를 지키고자 하는 국민저항 준법투쟁 차원의 이 사건 청구 소송에 이른 원고들이다.

국회

대한민국의 헌법상에 편재된 산하 헌법기관인 국회는 대한민국의 제18대 대통령으로 대통령선거에 의하여 박근혜가 대통령에 선출되어 대통령으로서의 직무를 수행하고 있는 대통령을 2016년 12월 3일, 민주당과 국민의당, 정의당 등과 무소속 의원 총 172명은 박 대통령에 대한 탄핵안을 발의하여, 2016년 12월 9일, 국회가 본회의에서 박근혜 대통령 탄핵소추안을 탄핵 234표, 반대 56표, 무효 7표, 기권 2표로써 소추를 가결하였다.

국민의 직선에 의하여 선출된 대통령을 국회가 탄핵소추 절차에 비밀투표로써 표결 처리한 것은 대한민국 헌법 제1조에 있는 국민의 주권을 침해한 것이다. 주권자로서의 선거구민들은, 자신이 선출한 의원이 탄핵의 찬반 어디에 투표했는지를 알 권리가 있다.

국회의원은 헌법 제45조에서 '국회의원은 국회에서 직무상 행한 발언과 표결에 관하여 국회 외에서 책임을 지지 아니 한다'고 발언과 표결권이 보장되어 있다.

헌법상 국회 활동에 관한 보장이 분명함에도 불구하고, 소추의 찬반을 비밀투표에 붙인 것은 그들의 부적법성에 후한이 두려웠음이 었을 것이다. 국회는 국민의 대표기관으로서, 사적 감정의 놀이터가 아닌, 국가의 중요업무를 관장하는 입법기관인 만큼 그 발언과 표결은 적법하고 당당해야 했다.

탄핵 소추할 증거도 없는 대통령을 '반드시 탄핵해 버리겠다'는 작정을 한 소추는 아무런 증거물도 없이 언론상의 소문인 설(說)만으로 일언지하에 소추를 가결하였다.

헌법재판 기관이라고 하는 헌법재판소로 하여금 의혹에 관하여 위법하게 수집한 수사기록과, 장차로 시행될 소급법 적용까지 하며, 파면결정을 위한 수사 및 입증까지 하도록 했으니, 이게 무슨 헌법 재판이며 탄핵심판인가?

국회의 박근혜 대통령 탄핵소추안 '전문'에 나타난 탄핵소추 증거 자료인 '증거 기타 조사상 참고자료'로 표시된 21개 목록에는 소추할 증거는 아무 것도 없었다.

범죄행위가 법률적 절차를 거쳐서 확증되지도 않은 상태에서 국회가 서둘러 탄핵을 의결한 것은, 대한민국 헌법에서 포괄적으로 보장된 법치주의 특히, 신체자유의 권리를 보장하는 헌법 제12조 1항을 명백히 위반한 것이다.

국회법 제11장 탄핵소추에 관하여, 법제사법위원회가 제130조 제1항의 탄핵소추안을 회부 받았을 때에는 지체 없이 조사·보고하면서,

그 조사에 관하여는 '국정감사 및 조사에 관한 법률'에 따른 조사의 방법 및 주의의무 규정을 준수했어야 했다.

오직 하루 빨리 박 대통령을 내칠 것에만 혈안이 되어, 이런 빠른 탄핵처리에 방해가 되는 관련 법 따위는 관심 없이 일사천리로써 걸림 되는 법을 위반하고서 탄핵소추를 발의하고 표결에 붙여 가결 처분하였던 것이다.

이렇게 의결 통과된 탄핵소추의결서는 국회에 의하여 헌법재판소에 제출하였다만, 국회는 제출된 의결서를 후일 본회의 의결절차도 거치지 아니하고 무단히 임의로 2차례에 걸쳐 그 수정 의결서를 헌법재판소에 제출한 사실로 파악되고 있다.

이와 같이 국회가 헌법재판소에 넘긴 탄핵소추의결서와 그 수정서는 헌법재판소로 하여금 헌법을 파괴하는 불법 탄핵결정의 원인제공을 하는 자료로 분명히 사용되었던 것이다.

2017년 1월 20일 무렵, 탄핵소추의결서의 수정서는 국회법 제95조 상의 수정동의를 거쳐야 함에도 불구하고, 국회는 본회의 절차를 거치지 아니한 위법한 수정서를 작성하여 헌법재판소에 제출 행사한 사실이 있다.

이는 국회법 제94조(재회부), 제95조(수정동의), 제98조(의안의 이송)의 국회 본회의를 거치지 않은 무효의 의결서임에도 소추인은 탄핵소추의결 수정서를 무단히 헌법재판소에 제출하였던 것이다.

이를 받은 헌법재판소는 법률상 원인 없는 위법한 탄핵소추의결 수정서에 근거한 2016헌나1 파면결정(2017년 3월 10일)은 당연무효인 것으로서, 헌법수호단의 소송원고들은 국회의 탄핵소추의결 수정서에 대하여 무효확인을 구하기도 해보았다.

국회법 제94조(재회부)

본회의는 위원장의 보고를 받은 후 필요하다고 인정할 때에는 의결로 다시 안건을 같은 위원회 또는 다른 위원회에 회부할 수 있다.

국회법 제95조(수정동의)

① 의안에 대한 수정동의(修正動議)는 그 안을 갖추고 이유를 붙여 30명 이상의 찬성 의원과 연서하여 미리 의장에게 제출하여야 한다. 다만, 예산안에 대한 수정동의는 의원 50명 이상의 찬성이 있어야 한다.
② 위원회에서 심사보고한 수정안은 찬성 없이 의제가 된다.
③ 위원회는 소관 사항 외의 안건에 대해서는 수정안을 제출할 수 없다.
④ 의안에 대한 대안은 위원회에서 그 원안을 심사하는 동안에 제출하여야 하며, 의장은 그 대안을 그 위원회에 회부한다.
⑤ 제1항에 따른 수정동의는 원안 또는 위원회에서 심사보고(제51조에 따라 위원회에서 제안하는 경우를 포함한다)한 안의 취지 및 내용과 직접 관련이 있어야 한다. 다만, 의장이 각 교섭단체 대표의원과 합의를 하는 경우에는 그러하지 아니하다.

국회법 제98조(의안의 이송)

① 국회에서 의결된 의안은 의장이 정부에 이송한다.

이렇게 헌법재판소는 위법한 탄핵소추장을 토대로 2017년 3월 10일, 대통령 박근혜에 대한 탄핵심판으로서 부당한 파면결정 선고를 행사한 것이었다.

국회는 국회법을 명백하게 위반한 사실로써, 그 수정서의 위법한 무효의 책임을 부담하여야 할 책임이 있는 대한민국 법치의 근간을 흔들어 놓는 부적절하고도 부적법한 탄핵소추의결 수정서를 제출 행사한 헌법상의 기관이다.

당시 국회의장은 국회의원 정세균으로서 2016년 6월 9일부터 2018년 5월 29일까지 임하였고, 법제사법위원장 겸 탄핵소추위원장에는 국회의원 권성동으로서 2016년 6월 13일부터 2018년 6월 12일까지에 이르는 각 소임을 맡고 있었다.

소송 원고들은 탄핵소추의결 수정서가 탄핵심판에 각 위법하게 사용된 사실의 확인을 위하여 그 관련 기록등본의 송부 촉탁을 신청해 보았지만, 법원의 비협조적인 방해로 국민으로서의 정당한 재판받을 권리는 보장되지 않았다.

국회의원 그들은 국가권력의 한 축인 입법기관(立法機關)으로 법을 세우는 선봉에 있는 자들임에도, 오히려 망국적 입법활동을 행사하여 관련기관으로부터 연쇄적으로 위법한 처분을 낳게 하는 원인제공을 한 자들이다.

그들은 국민의 지탄을 받아 마땅할, 그들의 소행에 대한 이 사건 청구상의 취지가 사법부로부터 적법하게 확인됨으로써 응당 그들의 책임을 물어, 국가의 질서를 회복하여야 할 것이다.

헌법재판소

헌법재판소법은 헌법재판소의 조직 및 운영과 그 심판절차에 관하여 필요한 사항을 정함을 목적으로 한다(동법 제1조) 하였다.

이 법에 의한 헌법재판관은 헌법재판소의 조직 및 운영과 그 심판절차에 관하여 필요한 사항을 준수해야 할 직분상의 법적인 의무가 있는 것이다.

헌법재판소도 결정문 상에 밝힌, 9명의 재판관으로 구성된 전원재판부에서 재판부로서의 탄핵심판 결정을 할 수 있는 법률적 구성요건을 갖춰야 함은 지극히 당연한 것이었다.

대통령 박근혜에 대하여 헌법재판소법 제22조상의 전원합의체 구성 재판관 인원수의 미달인 8명의 결원재판부 상태에서 동법 제23조상의 7명 이상이면 심리할 수 있음을 넘어 탄핵결정하기에 까지 이른 위법한 파면결정 선고 행위는 명백히 헌법과 헌법재판소법에 어긋난 불법행위였다.

헌법재판소는 국회가 박근혜 대통령에 대한 탄핵소추의결서를 제출함에, 이를 넘겨받은 헌법재판소는 2017년 3월 10일 헌법재판 절차에 의하여 원천적 당연 무효 사유될 불법적 직권남용을 행사함으로써 헌법을 파괴하는 탄핵결정을 하였던 것이다.

중앙선거관리위원회

국회와 헌법재판소의 위법으로 점철된 대통령 박근혜에 대한 탄핵심판은 불법탄핵으로서 그 파면선고는 아무런 법률효과를 발생시키지 못한 '당연무효'된 것이다.

이렇게 중앙선거관리위원회는 위법한 불법탄핵으로 당연무효되어 대통령 박근혜는 탄핵되지 못하였음에도 헌법 제68조상의 대통령이 궐위되지 않았음을 살피지 않고서 법률상 근거 없는 원인무효의 대통령선거를 실시하였다.

이와 같은 경우가 2022년 3월 9일 실시한 제20대 대통령 선거로써 이 나라는 또 다시 '윤석열'에 의한 불법통치 5년이 재현되고 있다.

대한민국의 적법한 법치수호를 위하여 또 한 꺼풀의 장애물이 덮여겨서는 아니 될, 우선은 적법한 대통령 박근혜의 남은 '제18대 대통령'의 임기를 완수한 이후에, 적법한 '제19대 대통령'이 있고, '제20대 대통령'이 있어야 함이 대한민국 헌법과 법률상의 순리인 것이다.

2017년 5월 10일에는 그 다수득표자인 문재인에게 대통령 당선증을, 2022년 5월 10일에는 윤석열에게 대통령 당선증을 순차 교부하는 무효의 처분행위가 이어지고 있는 위법사실이다.

거국적으로 실시한 두 차례의 대통령 선거에서 '국민이 뽑은 대통령'이라고 하는 틀에서 국가 운영을 위한 국가 공법상의 강행규정이 마음대로 훼손되어 졌다. 이 정도면 나라의 헌법 체계와 기강이 완전히 무너진 상태다.

대한민국이 의도적으로, 조직화 된 소수 군중들의 외침으로써 마치 다수 국민을 대변하는 듯한 모양새를 갖춰, 소수집단의 이익으로 움직여져서는 정상적인 국가로서의 적법한 법치가 이루어질 수 없는, 결국 그 피해는 국가와 국민 모두의 책임으로 안겨질 수밖에 없는 변질된 민주주의의 병폐가 아닐 수 없다.

헌법과 법률을 훼손하면서 현직 대통령을 권좌에서 불법으로 끌어내고, 끌어낸 권좌에 그들의 인물로 새 지도자를 만든다는 것은 민주 법치국가에서 있을 수가 없는 것이다.

이러한 잘못이 그냥 넘어가면 좋을 듯도 해 보이지만, 결국은 그것이 나라가 자살하는 망국의 병폐가 되는 법치 없는 나라가 되어, 스스로 망국에 이를 수밖에 없을 것이다.

중앙선거관리위원회의 부적법한 당선증 교부처분의 행위는 반드시 사법판단을 받아, 박 대통령이 나쁜 언론과 헌법기관들에 의해 배척

당하고 불법 퇴출된 잘못을 우리는 반드시 바로 잡아야 할 것이다.

중앙선거관리위원회가 2017년 5월 9일과 2022년 3월 9일 각 실시한 대통령 선거의 결과로 교부한 당선증의 무효 확인 청구는 정의로운 사법(司法)의 결단(決斷)을 구하는 준법투쟁은 계속 진행될 수 밖에 없는 원인이다.

권한 없는 사실상의 대통령 문재인

권한 없는 사실상의 대통령 문재인은 대한민국의 적법한 대통령이 아닌 자로서, 대한민국의 헌법과 법률에 반하는 아무런 권한 없는 위법한 사실상의 대통령 행세를 하였던 대통령이나 공무원도 아닌 한 민간인일 뿐이다.

사실상의 대통령 행세를 지속한 문재인은 앞에서 본 여러 헌법기관들의 위법행위들에 의한 불법탄핵으로 거국적인 법률착오에 빠진 상태에서 이 나라를 망국으로 이끌 대통령이 되기 위해 스스로가 국가와 국민을 속이는 대통령 선거에 입후보 하는 등의 방법으로 위계에 의한 공무집행방해를 더했다.

이렇게 문재인은 2017년 5월 9일 중앙선거관리위원회가 헌법과 법률상 원인 없는 대통령선거를 실시함으로써 그 다수득표자가 됨으로서 불법 가짜 대통령이 되어, 이 나라를 불법통치로써 망국에 이르도록 반 대한민국 반 헌정 작업을 5년 내내 계속해 왔던 것이다.

문재인은 이상의 위법한 불법이 점철된 귀속체인 바, 위법한 불법 가짜 대통령으로서의 통치권 행사로서, 적법한 대통령 박근혜의 지위와 권한으로부터의 정권탈취를 불법 행사함으로써 박근혜의 적법한 대통령으로서의 지위와 권한행사의 정상적인 수행을 차단 방해하는 불법 구금행위가 2017년 5월 10일부터 2021년 12월 30일까지의 오랜 기간 동안 그의 불법지배 통치하에서 지속되었다.

또한 문재인의 불법 통치기간 5년 동안에 국민들은 적법성 없는 자로부터 부당한 통치 지배를 받음으로써 주권자로서의 국민 개개인은 중대하고도 심각한 피해를 입는 손해도 발생했다.

적법한 대통령 박근혜(제18대)

적법한 대통령 박근혜는 2012년 12월 19일, 대한민국의 제18대 대통령선거에 의하여 다수득표로 선출된 대한민국의 제18대 대통령으로서, 2013년 2월 25일에 대통령으로 취임한 이래로 헌법 제70조에 따른 대통령의 임기 5년을, 대한민국 대통령으로서의 직책을 국가와 국민에게 성실히 수행해야 할 아직 헌법과 법률상의 적법한 의무가 있는 신분 위치에 있다.

이러한 박 대통령에게 그 직무수행 중 국회로부터 탄핵소추가 발의되어, 2016년 12월 9일 국회 본회의에서 탄핵소추안을 탄핵 234표로써 가결하고 소추함에, 이에 헌법재판소가 2017년 3월 10일 위법사항으로 점철된 불법탄핵 심판의 파면결정을 선고받았다.

이로써 파면된 것으로 오인된 법률착오는, 이후 관련 형사상의 억지 혐의로 2017년 3월 31일 투옥되어 2021년 12월 30일까지 경기도 의왕시 소재 서울구치소에서 적법한 대통령의 신분으로서 4년 9개월의 부당한 옥고를 겪었다. 그러고서도 아직 남은 임기에 복귀되지 못하고 있다.

대통령 박근혜는 탄핵무효 소송의 청구원인이 된 공법상의 여러 강행규정을 위반한 불법탄핵의 당연무효로 인하여 탄핵되지 못한, 헌법 제68조상의 대통령 직에서 궐위되지 못하였다.

그럼에도, 불법 불의의 세력에 의하여 위법한 탄핵의 선고를 받고서, 대통령의 궐위로 매김·오인되고서, 이후 원인무효의 대통령 선거를 치르는 등으로, 대통령으로서 기결수가 되어 징역까지 당한 과정에는 다음 장에서 장차로 볼 각 위법한 행정처분과 권한 없는 사실상의 대통령 문재인의 형사상의 책임 등이 점철되어 있는 것이다.

대통령 박근혜에게 있었던 헌법재판소로부터의 위법한 파면결정 선고는 그 아무런 법률효과를 발생하지 못하는 무효의 파면결정 선고였던 것이고, 이러한 위법으로 인하여 적법한 대통령 박근혜로서는 당시 탄핵되지 못한 아직, 현재까지도 대한민국의 적법한 법률상의 대통령임이 분명하다.

대한민국의 법리가 이러한데도 이후 2017년 3월 21일에 박 대통령은 서울중앙지방검찰청에 피의자 신분으로 출석하여 검찰의 조사를 받고서, 27일에 검찰은 대통령에 대한 구속영장을 법원에 청구하여, 30일에는 구속 전 피의자 심문(영장실질심사)이 진행되었고, 31일에 서울중앙지방법원으로부터 구속영장이 발부되어 서울구치소에 강제구금 되었던 것이다.

대한민국의 헌법기관들이 공법(公法)상의 강행규정을 위반하고서 자행한 불법탄핵, 대통령에게는 불소추특권까지 있음에도 불구하고, 이 나라의 잘못된 법치는 적법한 대통령을 피고인으로 묶어 법대(法臺) 앞에 앉혔다.

2017년 05월 23일 서울중앙지방법원에서 1차 공판이 열린 이래 2018년 11월 28일 '새누리당 공천개입' 혐의로 박 대통령에 징역 2년 이 확정되고, 2021년 01월 14일 대법원의 '박 대통령 국정농단·국정 원 특활비 수수'혐의로 재상고심서 징역 20년, 벌금 180억원, 추징금 35억원으로 확정되었다.

가짜 대통령 문재인의 불법통치 하에서 적법한 대통령 박근혜에게 헌법과 법률상의 근원 없는 부적법한 구금처분은 4년 9개월 동안 지 속되었다.

대통령 박근혜는 대한민국과 국민의 대통령으로서 그 당연무효인 불법탄핵 선고임에도 불구하고, 오랜 기간 동안 서울구치소에 불법 감금되었다가, 가짜가 진짜를 용서하는 대통령 문재인의 특별사면 이란 명목으로 2021년 12월 31일 석방되었다.

하지만, 적법한 대통령으로서 국정운영을 수행하지 못하고 있는 상황에 처한, 국가의 대표인 대통령으로서의 권한과 국권은 심히 회 복하기 어려울 만큼의 중대한 침해가 아닐 수 없다.

이런 엄청난 국익의 손실을 이상의 국회, 헌법재판소, 중앙선거관 리위원회, 가짜 대통령 문재인으로부터 당한 엄청난 사실이다.

헌법수호단은 헌법재판소가 자행한 2017년 불법탄핵 사건을 국가 반란의 '정유법난(丁酉法難)으로 명명(名銘)한다.

3

소송상의
주요 청구취지들

아래, 소송상의 몇 가지 청구취지는 동일한 위법행위로서의 소송상의 청구원인 된 사실 및 증거에 기초하여 행정소송으로나 민사소송으로 구하는 청구취지가 다를 뿐인 것으로, 다양한 형태의 청구취지 형태를 취하며 소송으로 투쟁해 왔던 흔적이다.

　　註 • 행정소송의 성질상 부득이 '피고 대통령 문재인'으로 피고를
　　　　표시함.
　　　 • 일련의 소송들을 편의상 '탄핵무효소송'으로 통칭함.

가.

1) 피고 국회가 피고 헌법재판소의 2016헌나1 대통령 박근혜에 대한 탄핵심판 파면결정 사건에 제출한 탄핵소추 수정의결서는 국회법 제95조상의 수정동의를 거치지 아니한 위법사실로 무효임

을 확인한다.

2) 피고 헌법재판소의 2016헌나1 파면결정(2017년 3월 10일)은 전항의 위법사실과 헌법재판소법 제22조상의 9명 전원재판부가 구성되지 못한 8명 결원재판부 결정의 위법사실로 무효임을 확인한다.

3) 피고 중앙선거관리위원회가 2017년 5월 9일 시행한 대통령선거는 전항의 위법한 사실로 무효로써 그 선거를 실시할 법률상 원인 없었던 원인무효의 선거였음을 확인한다.

4) 피고 대통령(위법한 무권 사실상의 대통령) 문재인은 피고 국회, 피고 헌법재판소, 피고 중앙선거관리위원회의 각 전항과 같은 위법사실로써 대한민국 대통령이 법률상 갖는 일체의 권한 없음을 확인한다.

나.

1) 피고 (적법한) 대통령 박근혜는 대한민국 제18대 대통령으로서 2017년 03월 10일 이래로 5년 잔여 임기상의 지위 및 권한이 존재함을 확인한다.

2) 피고 (권한 없는 사실상의) 대통령 문재인은 대한민국 대통령으로서의 지위 및 권한 없음을 확인한다.

3) 피고 중앙선거관리위원회가 2017년 5월 9일과 2022년 3월 9일 각 실시한 대통령 선거의 결과로 교부한 '당선증'의 무효를 확인한다.

다.

1) 피고 (권한 없는 사실상의) 대통령 문재인은 대한민국 대통령으로서

의 지위 및 권한 없음을 확인한다.

2) 피고 (적법한) 대통령 박근혜는 대한민국 제18대 대통령으로서 2017년 3월 10일 이래로 5년 잔여 임기상의 지위 및 권한이 존재함을 확인한다.

라.

1. 피고 대통령 (박근혜)는 대한민국 제18대 대통령으로 2017. 03. 10. 이래로 5년 잔여 임기상의 지위 및 권한이 존재함을 확인한다.

마.

주위적 청구로서,

1. '피고 대통령(박근혜)은 대한민국 제18대 대통령으로서 헌법상의 국정을 수행하지 않고 있는 부작위 위법을 확인한다.'

예비적 청구로서,

1. '피고 대통령(박근혜)은 대한민국 제18대 대통령으로서 2017.03.10. 이래로 5년 잔여 임기상의 지위 및 권한이 존재함을 확인한다.'

4
————

청구원인 된 위법사실

註 청구원인을 밝히면서 보이는 원고의 입증 증거자료로써

　　갑제1호증: 헌법재판소 2016헌나1 대통령 탄핵결정문

　　갑제2호증: 국회 탄핵소추안 전문이 제출되었다.

위법의 뚜껑을 열다

　대한민국의 주권 있는 원고들의 이 사건 '대통령 지위 및 권한 존재 및 부존재 확인의 소'의 제기에 있어서, 적법한 대통령 박근혜는 대한민국과 국민의 대통령으로서 2017년 3월 10일 이래로 헌법재판소가 불법탄핵 파면 선고한 탓으로 그 당연무효인 불법탄핵 선고임에도 불구하고, 4년 9개월에 이르는 불법 감금을 당하는 등 대통령으로서의 정상적인 국정운영을 수행하지 못하는 엄청난 국익의 손실과 대통령으로서 심히 회복하기 어려울 만큼의 중대한 침해를 당한 것이다.

권한 없는 사실상의 대통령 문재인은 대한민국을 대표할 아무런 법적 권한이 없는 한 민간 사인(私人)에 불과한데도, 적법한 대통령을 그들 불의의 세력 수괴 문재인에게 빼앗기고서, 국민들은 그의 불법 무단통치를 받았던 것이다.

2016년 12월 9일 국회가 본회의에서 박근혜 대통령에 대한 탄핵소추안을 탄핵 234표로써 가결한 이래로 아래의 위법한 행정처분 등이 점철되어 있어 있음으로 하여, 대통령 박근혜로서는 부당한 불법 탄핵에 의한 대통령직의 정권을 참탈(慘奪: 참혹하게 빼앗김) 당한 것이었고, 권한 없는 사실상의 대통령 문재인에게는 대통령일 수가 없는 아래는 관련 헌법기관들의 위법사항들이다.

대한민국 헌법기관 국회가

① 탄핵소추의결서의 바탕이 된 국회의 탄핵소추안의 '증거 기타 조사상 참고자료' 목록에는 '국회법' 등 관련 법률로써 요구하는 수준의 주의를 기울인 증거는 전혀 없고, 풍문만을 탄핵소추의 증거로 삼았다.

② 탄핵심판 심리 중에 행한 탄핵소추의결서의 무단 수정 변경한 제출은 국회의 결의를 거치지 않은 국회법 제95조를 위반한 것이다.

대한민국 헌법기관 헌법재판소는

③ 헌법재판은 국회의 고유권한인 탄핵소추의결권을 침해한 탄핵심판이었다.

④ 헌법재판소법 제6조의 재판관 임명을 고의적으로 회피하여 제22조상의 전원재판부를 구성하지 않은 위반을 했다.

⑤ 헌법재판은 8명으로는 '심리'만 가능한 헌법재판소법 제23조를 위반하고, 결원재판부에서 국민의 재판받을 권리를 중대하게 침해하는 '결정'을 했다.

⑥ 8명의 재판관들은 헌법재판소법 제32조를 위반하고 불법으로 수집한 증거로써 탄핵심판의 결정을 하였다.

⑦ 재판관들은 국회가 소추장을 변경하도록 지도한 즉, 국회결의를 거치지 않은 탄핵소추장 변경의 허위공문서작성에 관한 교사를 범했다.

⑧ 행위시 이후에 장차로 시행될 '부정청탁 및 금품 등 수수의 금지에 관한 법률'을 소급적용까지 한 불법탄핵이었다.

⑨ 헌법상 보장된 재판을 받을 권리의 본질적 내용을 침해하는 법의 일반원칙에 반하는 부적절한 탄핵심판이었다.

⑩ 재판관은 헌법과 법률에 의하여 양심에 따라 독립하여 심판했어야 함에도 독립성 공정성이 없는 총체적 불법탄핵이었다.

대한민국 헌법기관 중앙선거관리위원회는

⑪ 위법한 불법탄핵으로 당연무효되어 대통령 박근혜는 탄핵되지 않았음에도 헌법 제68조상의 대통령이 궐위되지 않았음을 살피지 않고서 법률상 근거 없는 원인무효의 대통령선거를 실시하였고,

⑫ 그 다수 득표자인 권한 없는 사실상의 대통령 문재인에게 대통

령 당선증을 교부하는 무효의 행위를 범했다.

이런 한편의 사실상의 대통령 행세를 지속한 문재인은

⑬ 이러한 위법행위들에 의한 불법탄핵으로 거국적인 법률착오에
빠진 상태에서 이 나라를 망국으로 이끌 대통령이 되기 위해 스
스로가 국가와 국민을 속이는 대통령 선거에 입후보 하는 등의
방법으로 위계에 의한 공무집행방해를 더했다.

⑭ 권한 없는 사실상의 대통령 문재인은 이상의 위법한 불법이 점
철된 귀속체인 바, 위법한 불법 가짜 대통령으로서의 통치권 행
사는 적법한 대통령 박근혜의 지위와 권한으로부터의 정권탈취
를 불법 행사함에, 대통령 박근혜에 대한 지위와 권한행사의 정
상적인 수행을 차단 방해하는 불법 구금행위가 2017년 3월 31
일 부터 2021년 12월 30일까지 4년 9개월의 오랜 기간 동안 지
속되었고, 권한 없는 사실상의 대통령 문재인은 불법 가짜 대통
령으로서의 그 사실상 임기 5년을 다 채우는 대한민국의 국가
와 국민들에게 무단 불법통치를 자행했다.

반면의 적법한 대통령 박근혜에게는 이와 같은 이 사건 청구원인이
여러 헌법기관들과 권한 없는 사실상의 대통령 문재인의 위법한 불법
행위들에 기인한 것으로, 적법한 대통령 박근혜에게 있었던 2017년
03월 10일 헌법재판소로부터의 위법한 파면결정 선고는 그 아무런 법
률효과를 발생하지 못하는 무효의 파면결정 선고였던 것이다.

이러한 위법으로 인하여 적법한 대통령 박근혜로서는 당시 탄핵·

파면·궐위되지 못한, 현재 대한민국의 적법한 법률상의 대통령임이
분명하다.

그러므로 적법한 대통령 박근혜는 대한민국 제18대 대통령으로서
2017년 3월 10일 이래로 5년 잔여 임기상의 지위 및 권한이 존재함
이 헌법과 법률에 다르지 않다.

따라서 대통령 박근혜는 적법한 대통령으로서 2017년 3월 10일 불
법탄핵 파면선고 이후 행사하지 못한 대통령으로서의 소임 직무를
국가와 국민에게 다하여야 할 의무가 있는 것이다.

이렇게 나라를 바로 잡는 일이 주권 있는 국민들에 의하여 응당 바
로서야 할 것으로, 사법기관의 수명법관으로서는 이에 철저하고도
냉철하게 사법 정의롭게 판단해야 할, 잘못된 헌법기관들의 소행을
보다 상세하게 살펴본다.

탄핵할 증거가 아무 것도 없는 '탄핵소추장'

박근혜 대통령 탄핵소추안 전문에 나타난 바와 같이 탄핵소추하는
증거자료로는 '증거 기타 조사상 참고자료'로 표시된, 수사 중이거나
재판 진행 중이면 공개될 수 없는 것이고, 또한 박 대통령의 것이 아
닌 제3자의 수사기록이 불법 공개된 '공소장'과 21개 항목 중 14개 항
목이 언론기사로써 탄핵소추하는 증거로 삼은 각 사건별 항목마다
여러 언론사로부터 나온 입방아 글방아의 기사뭉치가 바로 대통령
탄핵의 모든 증거였다는 사실이다.

아래는 '탄핵소추안'의 〈증거 기타 조사상 참고자료〉 목록이다.

1. 최순실, 안종범, 정호성에 대한 공소장

2. 차은택, 송성각, 김영수, 김홍탁, 김경태에 대한 공소장

3. 2004년 5월 14일 대통령(노무현) 탄핵 관련 헌법재판소 결정문 (2004헌나1 결정)

4. 1997년 4월 17일 일해재단 설립 전두환, 노태우 사건 관련 대법원 판결문(96도3377)

5. 2015년 10월 27일 경제활성법안, 5대 노동개혁법 처리 등을 내용으로 하는 박근혜 대통령 시정연설 국회본회의회의록

6. 2016년 11월 4일 박근혜 대통령 대국민 담화문

7. 최순실, 김종덕−김상률 인사 개입 관련 기사

8. 김종, 최순실·장시호 이권개입 지원 관련 기사

9. 유진룡, 문화체육관광부 승마협회 조사·감사 관련 인터뷰 기사

10. 장시호, 동계스포츠영재센터 예산 지원 관련 기사

11. 차은택, 늘품체조 예산 지원 관련 기사

12. CJ 이미경 부회장 퇴진, 박근혜 대통령 지시한 것이라는 조원동 전수석 인터뷰 기사

13. 정윤회 수사 축소 관련 고 김영한 전 민정수석 비망록 기사

14. 정윤회 국정 농단 의혹 관련 한일 전 경위 인터뷰 기사

15. 정윤회 문건보도 보복 관련 조한규 전 세계일보 사장 인터뷰 기사

16. 박 대통령, 각 그룹의 당면 현안 정리한 자료 요청 관련 기사

17. 국민연금, 삼성물산과 제일모직의 합병 찬성 관련 기사

18. 홍완선 국민연금 기금운용본부장, 삼성 이재용 부회장과 면담 관련 기사

19. 2015년 '광복 70주년 특별사면' 실시 보도자료

20. SK와 롯데, 면세점 추가 설치 특혜 관련 기사

21. K스포츠재단, 수사정보 사전 인지 의혹 관련 기사

이렇게 '탄핵소추의결서'에 탄핵소추할 증거는 아무것도 없었다.

국회법 제11장 탄핵소추에 관하여, 법제사법위원회가 제130조 제1항의 탄핵소추안을 회부 받았을 때에는 지체 없이 조사·보고하면서, 그 조사에 관하여는 '국정감사 및 조사에 관한 법률'에 따른 조사의 방법 및 주의의무 규정을 준용(제131조)하고 있다.

'국정감사 및 조사에 관한 법률'에 준용한 조사의 방법(제10조)으로… '조사와 관련된 보고 또는 서류 등의 제출을 관계인 또는 그 밖의 기관에 요구하고, 증인·감정인·참고인의 출석을 요구하고 검증을 할 수 있다.(제①항)'

이러한 증거의 채택 또는 증거의 조사를 위하여 청문회를 열 수 있으며(제③항), 조사를 위한 증인·감정인·참고인의 증언·감정 등에 관한 절차는 국회에서의 증언·감정 등에 관한 법률에서 정하는 바에 따른다(제⑤항)고 했다.

증언·감정에 임하는 증인은 증언에 앞서 선서하기 전에 "양심에 따라 숨김과 보탬이 없이 사실 그대로 말하고 만일 진술이나 서면답변에 거짓이 있으면 위증의 벌을 받기로 맹서한다"라는 선서의 취지를 명시 받고 위증(僞證) 또는 허위감정의 벌이 있음을 알고서 증언에 임하도록 한다.

그렇다면 이 나라 대한민국의 국회는 대통령 박근혜를 탄핵하고자 소추하면서, 과연 이런 수준의 위법한 증거들을 조사하고 소추의 증

거로서 제시했는가를 묻지 않을 수가 없다.

보다시피, 국회법, 국정감사 및 조사에 관한 법률, 국회에서의 증언·감정 등에 관한 법률에서 요구하는 수준의 주의를 기울인 증거는 탄핵소추안에 아무것도 없다.

"언론에서 이렇게 보도했다", "누가 말하더라"라는 풍문만으로 탄핵의 증거를 삼은 탄핵소추가 대한민국 국회의 입법권자로서의 법률수준이고, 국민을 대표하는 국회의원 된 인간적·직업적 수준의 진면목이 다 드러난 대목이다.

또한, 국회법 제95조상의 탄핵소추의결서의 수정절차도 모른 채, 임의 수정해서 제출한 위법한 소추의결서로써 "대통령 박근혜를 파면한다"고 하는 법률적 효력 없는 선고에 이르게 한 것과 함께, 세계적 수준의 몰법 비상식 국가로 낙인(烙印)함에 제격이 아닐 수가 없다.

국회법 제130조 (탄핵소추의 발의)
① 탄핵소추가 발의되었을 때에는 의장은 발의된 후 처음 개의하는 본회의에 보고하고, 본회의는 의결로 법제사법위원회에 회부하여 조사하게 할 수 있다.
② 본회의가 제1항에 따라 탄핵소추안을 법제사법위원회에 회부하기로 의결하지 아니한 경우에는 본회의에 보고된 때부터 24시간 이후 72시간 이내에 탄핵소추 여부를 무기명투표로 표결한다. 이 기간 내에 표결하지 아니한 탄핵소추안은 폐기된 것으로 본다.
③ 탄핵소추의 발의에는 소추대상자의 성명·직위와 탄핵소추의 사유·증거, 그 밖에 조사에 참고가 될 만한 자료를 제시하여야 한다.

국회법 제131조 (회부된 탄핵소추사건의 조사)
① 법제사법위원회가 제130조제1항의 탄핵소추안을 회부받았을 때에는 지체 없이 조사·보고하여야 한다.
② 제1항의 조사에 관하여는 「국정감사 및 조사에 관한 법률」에 따른 조사의 방법 및 주의의무 규정을 준용한다.

국회에서의 증언·감정 등에 관한 법률 제7조(증인·감정인의 선서)

① 의장 또는 위원장(국정감사나 국정조사를 위하여 구성된 소위원회 또는 반의 소위원장 또는 반장을 포함한다. 이하 이 조에서 같다)은 증인·감정인에게 증언·감정을 요구할 때에는 선서하게 하여야 한다.

② 참고인으로 출석한 사람이 증인으로서 선서할 것을 승낙하는 경우에는 증인으로 신문할 수 있다.

③ 증언·감정을 요구한 의장 또는 위원장은 선서하기 전에 선서의 취지를 명시하고 위증(僞證) 또는 허위감정의 벌이 있음을 알려야 한다.

국정감사 및 조사에 관한 법률 제8조(선서의 내용과 방식)

① 제7조에 따라 증인이 선서할 경우 그 선서서에 다음과 같은 내용이 기재되어야 한다.
"양심에 따라 숨김과 보탬이 없이 사실 그대로 말하고 만일 진술이나 서면답변에 거짓이 있으면 위증의 벌을 받기로 맹서한다"

② 그 밖에 선서의 내용과 방식에 관한 사항에 대하여는 「형사소송법」 제157조 또는 제170조를 준용한다.

국정감사 및 조사에 관한 법률 제10조 (감사 또는 조사의 방법)

① 위원회, 제5조제1항에 따른 소위원회 또는 반은 감사 또는 조사를 위하여 그 의결로 감사 또는 조사와 관련된 보고 또는 서류등의 제출을 관계인 또는 그 밖의 기관에 요구하고, 증인·감정인·참고인의 출석을 요구하고 검증을 할 수 있다. 다만, 위원회가 감사 또는 조사와 관련된 서류등의 제출 요구를 하는 경우에는 재적위원 3분의 1 이상의 요구로 할 수 있다.

② 제1항에 따른 서류등의 제출은 서면, 전자문서 또는 컴퓨터의 자기테이프·자기디스크, 그 밖에 이와 유사한 매체에 기록된 상태나 전산망에 입력된 상태로 제출할 것을 요구할 수 있다.

③ 위원회(제5조제1항에 따른 소위원회 또는 반을 포함한다. 이하 같다)는 제1항의 증거의 채택 또는 증거의 조사를 위하여 청문회를 열 수 있다.

④ 제1항 본문의 요구를 받은 관계인 또는 기관은 「국회에서의 증언·감정 등에 관한 법률」에서 특별히 규정한 경우를 제외하고는 누구든지 이에 따라야 하고, 위원회의 검증이나 그 밖의 활동에 협조하여야 한다.

⑤ 감사 또는 조사를 위한 증인·감정인·참고인의 증언·감정 등에 관한 절차는 「국회에서의 증언·감정 등에 관한 법률」에서 정하는 바에 따른다.

탄핵소추의결서 수정제출은 국회법 제95조 위반

탄핵소추 결정권은 헌법 제65조(국회의 탄핵소추권)와 제111조 제1항 제2호(헌법재판소의 탄핵심판권), 국회법 제130조 내지 134조(탄핵소추절차), 헌법재판소법 제48조 내지 제54조(탄핵심판절차)에 규정한 바와 같이, 국가권력의 3권 분립 차원에서 국회의 권한으로 주어져 있음이 명백하다.

국회는 헌법상의 권한으로서 박근혜 대통령에 대한 국회의 탄핵소추안은 5개항의 헌법 위배행위, 4개항의 10개 혐의 법률 위배행위, 중대성의 문제, 결론으로 정리되어 박근혜 대통령에 대한 탄핵소추는 발의되어, 국회 재적의원 2/3 이상인 234인의 결의로 통과된 탄핵소추의결서는 국회 소추인에 의하여 헌법재판소에 제출되었던 것이다.

국회가 먼저 탄핵소추장에서 '뇌물죄, 직권남용죄, 강요죄'의 형사법위반의 범죄행위라고 하여 탄핵소추 결의가부를 묻는 국회 본회의에 회부하여 가결요건을 충족시켜 의결 종료한 것이었다.

국회는 제출된 탄핵소추장을 후일 탄핵심판 심리 과정에서 본회의 의결절차도 거치지 아니하고, 무단히 임의로 2차례에 걸쳐 그 수정의결서를 헌법재판소에 제출한 사실은 탄핵심판 결정문상에서 위법행위의 증거로 파악된다.

국회가 헌법재판소의 2016헌나1 대통령 박근혜에 대한 탄핵심판 파면결정(갑제1호증; 헌법재판소 2016헌나1 대통령 탄핵결정문) 사건에서 그 심리절차 중에 의견서로써 제출한 탄핵소추의결서 수정은 국회법 제95조상의 수정동의를 거치지 아니하여 무효임에도 탄핵심판에 그 근원이 되었던 사실이다.

국회가 처음 제출한 탄핵소추장이 아닌, 국회가 국회법을 위반하고 탄핵심판 심리 중에 헌법재판소에 의견서로 수정 제출한 탄핵소추장 수정서를 헌법재판소가 탄핵심판의 새로운 근거로 삼았다는 명백한 위법사실의 증거인 것이다.

헌법재판소법 제26조는 '탄핵심판에서는 국회의 소추의결서(訴追議決書)의 정본(正本)으로 청구서를 갈음한다'하고, '청구서에는 필요한 증거서류 또는 참고자료를 첨부할 수 있다' 하였을 뿐, 정본의 청구서를 누구든지 임의로 수정·변경할 수 있는 규정은 없다.

다만, 재판장은 심판청구가 부적법하나 보정(補正)할 수 있다고 인정되는 경우에는 상당한 기간을 정하여 보정을 요구하여야 한다.(헌법재판소법 제28조 제①항) 이 보정기간은 심판기간에 산입하지 아니하니, 법정기한 180일 이내(헌법재판소법 제38조)에 신속히 탄핵심판을 종결해야 하는 시간에 쫓길 이유도 없었다.

그럼에도, 2016년 12월 9일 탄핵의결서 접수부터 이듬해 3월 10일까지 92일만에 헌법재판관 8인의 결원재판부는 서둘러 불법 탄핵심판으로 종결했다.

이런 보정도 재판관이 보정을 요구할 수 있는 권한에 그치는 것이지, 심리 중에 재판관이 양 당사자의 동의를 끌어내어 보정을 강압적으로 진행할 수 있음도 아니며, 적법한 보정 요구 역시도 이를 보정한 소추인(국회)로서는 국회법상의 수정동의를 거쳐야 하는 것이다.

국회법 제95조(수정동의)

① 의안에 대한 수정동의(修正動議)는 그 안을 갖추고 이유를 붙여 30명 이상의 찬성 의원과 연서하여 미리 의장에게 제출하여야 한다.

헌법 제65조

④ 탄핵결정은 공직으로부터 파면함에 그친다. 그러나, 이에 의하여 민사상이나 형사상의 책임이 면제되지는 아니한다.

헌법 제111조 제1항 제2호(헌법재판소의 탄핵심판권)

① 헌법재판소는 다음 사항을 관장한다.

　　1. 법원의 제청에 의한 법률의 위헌여부 심판

　　2. 탄핵의 심판

헌법재판소법 제26조(심판청구의 방식)

① 헌법재판소에의 심판청구는 심판절차별로 정하여진 청구서를 헌법재판소에 제출함으로써 한다. 다만, 위헌법률심판에서는 법원의 제청서, 탄핵심판에서는 국회의 소추의결서(訴追議決書)의 정본(正本)으로 청구서를 갈음한다.

② 청구서에는 필요한 증거서류 또는 참고자료를 첨부할 수 있다.

형법 제123조(직권남용)

공무원이 직권을 남용하여 사람으로 하여금 의무없는 일을 하게 하거나 사람의 권리행사를 방해한 때에는 5년 이하의 징역, 10년 이하의 자격정지 또는 1천만원 이하의 벌금에 처한다.

　탄핵소추장 변경은 국회 본회의 표결 사항으로서, 국회가 탄핵소추장을 헌법재판소에 제출함으로써 탄핵심판이 개시되었고, 제출된 그 탄핵소추장은 마치 법 제정의 결의 절차를 거친 어느 법률과 같아, 국회법 제95조상의 수정동의 절차를 거치지 아니하고 임의로 변경될 수가 없는 것이다.

국회가 대통령 박근혜 탄핵심판을 위하여 표결한 탄핵소추장은 탄핵소추에 대한 각 국회의원들의 결의의 표시와 의사봉을 두드림으로써 즉시로 표결로써 가결의 효과를 발휘한 것이다.

그렇게 탄핵심판에 제출된 탄핵소추장이 헌법재판소에 넘어 간 탄핵심판에 있어서 그 부적절로 헌법재판소 재판관의 제의를 받고서, 국회는 이 탄핵소추장을 보정 변경함에 국회의 표결 절차도 없이 무단히 변경하여 헌법재판소에 제출하였다.

헌법재판소의 제의로써 탄핵심판 청구인인 국회가 소추의결서를 국회 본회의의 표결절차 없이 임의로 변경·제출하였다는 위법사실의 존재로써 그 수정부터 무효일 수 밖에 없고, 이에 근거한 탄핵심판 결정 또한 인용·기각·각하의 향방을 불문하고 당연무효일 수 밖에 없다.

따라서 국회가 처음 제출한 탄핵소추장의 부적합으로 헌법재판소는 '각하'나 '기각'의 결정을 할 수 밖에 없었던 것임에도 불구하고, 정작 헌법수호 의지가 없었던 자들은 불법탄핵으로 대통령을 내치며, 나라를 망국으로 인도한 8인의 관여 헌법재판관들이었다.

한편, 지난 2017년 1월 19일, 이날 헌법재판소 재판정에서 권성동 탄핵소추위원장은 "구체적 범죄 사실에 대한 유무죄는 형사 재판에서 가려야 할 사안인데도 탄핵 소추안에 포함된 것은 국회가 탄핵심판을 잘못 이해한 것"이며 "새로운 소추 의결서를 헌법재판소에 제출하겠다"고 언론에 밝힘으로써 "우리 스스로 과오를 인정하고 이를 바로잡기로 한 것"이라고 해명했다.

그런데, 탄핵결정문의 제15쪽 하단에 표시된 바와 같은 '헌법재판소는 변론준비기일에 양 당사자의 동의 아래 소추사유를 사실관계를 중심으로 ①비선조직에 따른 인치주의로 국민주권주의와 법치국가원칙 등 위배, ②대통령의 권한 남용, ③언론의 자유 침해, ④생명권 보호 의무 위반, ⑤뇌물수수 등 각종 형사법 위반의 5가지 유형으로 정리하였다'고 밝혀 놓은 사실로써, 헌법재판관들이 법원에서의 일반소송사건 다루듯 '양 당사자의 동의'를 구하고서 탄핵소추인(국회)으로 하여금 소추장을 변경하게 하는 주선(周旋)·교사(教唆)를 하였다는 사실이다.

국회 재적의원 3분의 2 이상의 찬성으로 가결된 대통령에 대한 탄핵소추장은 탄핵심판 심리 중에 양 당사자의 동의로써 다시 정리하고 변경될 수 있는 성질의 것이 아니지 않는가?

헌법재판관으로서의 법률지식 수준이면 능히 알고 있는 상식이지만, 그들의 불법 탄핵심판 의도는 달리 있었음이다.

소추자인 국회가 스스로 소추 내용이 잘못되었다고 밝힌 것과 같이, 대통령 박근혜에 대한 탄핵심판은 위법한 당연무효의 심판 결정이었음이 분명하다.

무릇, 행정처분이 유효하게 성립하기 위하여는 정당한 권한 있는 자에 의하여 그 권한내의 사항에 관하여 정상적인 의사에 기하여 실현가능한 사항으로서 법정의 일련의 절차에 따라 소정의 형식을 갖추어 행해져야 하고, 또 외부에 대하여 표시되어야만 할 것이고, 이렇게 성립된 행정처분은 통상 그 성립과 동시에 그 효력을 발생한다.(대법원 1976.06.08. 선고 75누63 판결 참조)

이 사건 헌법재판소의 탄핵심판 심리 중에, 대통령을 탄핵하고자 제출된 탄핵소추장으로서는 탄핵심판에 부적절한 부분에 관하여, 헌법재판관들이 국회의 수정결의가 필요한 절차부분을 무시한 채, 헌법재판소가 이를 다시 수정 변경 정리하도록 하는 행위는 형법상 분명한 직권남용에 해당한다.

갑제1호증의 탄핵결정문 15쪽 내지 16쪽에 그 증거가 명백히 나타난, 헌법재판소의 제의로써 변론준비 기일에 양 당사자의 임의 동의 아래 소추사유를 재정리하였음은 헌법상 국회의 탄핵소추 의결권을 명백히 침해한 증거다.

원래 국회는 박 대통령의 것이 아닌, 제3자들의 수사에 관한 검찰의 공소장을 입수해 탄핵을 의결했던 것으로, 소추할 증거조사도 없이 본회의에 상정되었던 것에 더해, 이에 대한 개별 항목으로서의 본회의에서 조차 전혀 심의 없이 포괄적으로 대통령에 대한 소추를 무기명투표로써 의결하였던 것이다.

국회 자신이 설치한 특검과 국정조사위원회의 조사가 끝나는 것도 기다리지 않고 서둘러 기소한 것으로서, 한껏 늘려도 도덕적 책임에 지나지 않는 대통령의 '세월호 7시간' 행적을 촛불시위대의 위세에 눌려 굳이 소추안에 넣고서, 항목이 너무 많으면 적당히 추려서 심리하라고 헌법재판소를 다그친 법에 이치가 없는 야단법석을 부리고서, 부랴부랴 탄핵소추장이 잘못되었다고 뒤늦게 밝힌 것이었다.

증거도 없는 탄핵소추 발의에, 수정의결도 할 필요 없이 국회가 마음대로 만들고, 마음대로 수정 제출하는 탄핵소추의결서(탄핵소추장), 그들은 도대체 누구인가?

헌법재판 법정(法庭)에서 보정될 수 없는 소추장

헌법재판소의 헌법재판에 관한 일반원칙으로서, 헌법재판소법 제 28조(심판청구의 보정) '①재판장은 심판청구가 부적법하나 보정(補正)할 수 있다고 인정되는 경우에는 상당한 기간을 정하여 보정을 요구하여야 한다'고 규정되어 있다.

국회의 탄핵소추 의결을 거쳐 온 탄핵소추장이 헌법재판에서 '심판청구가 부적법하나 보정(補正)할 수 있다고 인정되는 경우'에 해당한다면 '그 보정기간은 심판기간에 산입하지 아니하는(동법 제④항) 보정명령으로서 재차 국회의 의결로써 탄핵소추 수정의결 절차를 거치는 과정으로서 보정이 이루어졌어야 했다.

하지만, 헌법재판소의 적법한 보정명령 절차나 이에 따른 국회에서의 탄핵소추수정의결 절차를 거치는 과정이 없었기에, 그러한 절차의 과정이 있었다'고 입증하거나 기억할 수 있는 사실이 없다.

헌법재판소법 제28조(심판청구의 보정)
① 재판장은 심판청구가 부적법하나 보정(補正)할 수 있다고 인정되는 경우에는 상당한 기간을 정하여 보정을 요구하여야 한다.

◎ 탄핵심판의 경우에는 형사소송에 관한 법령을 준용

헌법재판에 있어서 준용규정으로, 헌법재판소의 심판절차에 관하여는 이 법에 특별한 규정이 있는 경우를 제외하고는 헌법재판의 성질에 반하지 아니하는 한도에서 민사소송에 관한 법령을 준용하면서, '탄핵심판의 경우에는 형사소송에 관한 법령을 준용한다'고 규정했다.(헌법재판소법 제40조제①항)

탄핵심판에서 형사소송법을 준용하고 있으니, 형사소송상의 공소장과 같은 탄핵심판에서의 탄핵소추의결서를 공소장의 개념에 비교검토하지 않을 수 없다.

검사는 공소장에 범죄의 일시, 장소와 방법을 명시하여 사실을 특정할 수 있도록 하여야 하는 것(형사소송법 제254조 제4항)으로, 이는 법원의 심판대상을 한정하고 소외인*의 방어의 범위를 특정하여 그 방어권 행사를 용이하게 하기 위한 데에 있으므로(대법원 2011.11.24. 선고 2009도7166 판결 참조), 법원은 검사가 공소 제기한 범위 내에서만 심판하여야 한다(대법원 2020.03.12. 선고 2019도15117 판결 참조) 했다.

헌법재판소법 제40조(준용규정)

① 헌법재판소의 심판절차에 관하여는 이 법에 특별한 규정이 있는 경우를 제외하고는 헌법재판의 성질에 반하지 아니하는 한도에서 민사소송에 관한 법령을 준용한다. 이 경우 탄핵심판의 경우에는 형사소송에 관한 법령을 준용하고, 권한쟁의심판 및 헌법소원심판의 경우에는 「행정소송법」을 함께 준용한다.

형사소송법 제254조(공소제기의 방식과 공소장)

① 공소를 제기함에는 공소장을 관할법원에 제출하여야 한다.
② 공소장에는 피고인수에 상응한 부본을 첨부하여야 한다.
③ 공소장에는 다음 사항을 기재하여야 한다.
　1. 피고인의 성명 기타 인을 특정할 수 있는 사항
　2. 죄명
　3. 공소사실
　4. 적용법조
④ 공소사실의 기재는 범죄의 시일, 장소와 방법을 명시하여 사실을 특정할 수 있도록 하여야 한다.
⑤ 수개의 범죄사실과 적용법조를 예비적 또는 택일적으로 기재할 수 있다.

---

*소송의 당사자가 아닌 제3의 개인이나 법인의 지칭어

"공소장일본주의(公訴狀一本主義)는 재판제도의 생명이라 할 수 있는 재판의 공정성을 보장하기 위한 필수적인 원칙으로서 그 원칙에 위배된 재판은 이미 생명을 잃어버린 것이나 다름없다.

한편, 우리 형사소송법이 당사자주의의 기본구조에 직권주의적 요소를 가미한 것도 실체적 진실발견에 도움이 되고자 하는 것이므로 직권주의적 요소가 가미되어 있다는 점이 공소장일본주의가 추구하고자 하는 재판의 공정과 상충되는 요인이 될 수 없고, 그것이 공소장일본주의에 일정한 한계를 두어야 하는 근거로 될 수 없다.

공소장일본주의를 위반하는 것은 소송절차의 생명이라 할 수 있는 공정한 재판의 원칙에 치명적인 손상을 가하는 것이고, 이를 위반한 공소제기는 법률의 규정에 위배된 것으로 치유될 수 없는 것이므로 시기 및 위반의 정도와 무관하게 항상 공소기각의 판결을 하는 것이 타당하다"(대법원 2009. 10. 22.선고 2009도7436 전원합의체 판결 참조)는 것이다.

이러한 기준에 비추어 공소장일본주의에 위배된 공소제기라고 인정되는 때에는, 그 절차가 법률의 규정에 위반하여 무효인 때에 해당하는 것으로 보아 공소기각의 판결을 선고하는 것이 원칙이다.(형사소송법 제327조 제2호)

이렇게 일반적인 형사소송에서도 '공소장 일본주의(公訴狀 一本主義)'는 엄격하게 다루어져야 할 사안으로 중요시 되고 있는 바, 탄핵심판에서의 대통령에 대한 탄핵소추의결서 역시 공소장 이상으로 엄격히 다루어 졌어야 했음은 지극히 당연한 것이었다.

하물며, 국민의 직접 민주주의제도를 위임 받은 헌법상의 국가권력 분립에 의한 국회의 탄핵소추권은 국회법 제95조상의 본회의 결의권한으로서, 탄핵소추장이 탄핵심판 심리 과정에서 당사자의 동의로써 임의 보정·변경될 수 있는 사안일 수가 없다.

국회법상의 수정동의 절차 규정이 있고, 헌법재판소법에는 탄핵심판에서는 국회의 소추의결서(訴追議決書)의 정본(正本)으로 청구서를 갈음하도록 함으로써, 국회에서 소추의결된 소추의결서에 대하여 의결 후 임의의 보정·변경을 금지한다는 입법취지일 것이다.

이 사건 헌법재판소 2016헌나1 대통령에 대한 탄핵심판 사건에서 국회가 그 권한으로 의결한 탄핵소추의결을, 헌법재판소 탄핵심판의 재판장은 심판청구가 부적법하나 보정(補正)할 수 있다고 인정되는 경우에는 상당한 기간을 정하여 보정을 요구하여야 했던 그 절차적 규정을 명백히 위반한 것이다.

탄핵심판에 제출된 소추의결서가 보정·변경을 필요로 한다면 국회법 제95조의 과정을 거쳐 보정을 요구할 수 있는 것이지, 탄핵심판의 심리법정에서 좌우 양 당사자의 임의 동의로써 보정·변경할 수가 없는 것임은 너무나 명백하고 당연하다.

국회의 의결절차를 거쳐 나온 탄핵소추장(탄핵소추의결서)이 '심판청구가 부적법하나 보정(補正)할 수 있다고 인정되는 경우'에 해당할 수 있는지도 엄격하게 분별하지 않을 수 없는 사안의 것이다.

이러한 절차적 어려움을 익히 알고 있었던 이 사건 탄핵심판에 관여한 8명의 재판관은 여하튼 "피소추인 대통령 박근혜를 파면한다"는 결정을 처음부터 미리 결론으로 정해 두고서, 증거력 없는 허위 가짜의 언론소식지와 이를 근거로 작성한 검찰의 날치기 수사보고서를 증거로 삼아 대통령에게 헌법수호 의지가 없다고 하여 위법한 파면결정에 이르렀음이 분명하다.

결국, 형사소송법을 준용하고 있는 헌법재판의 탄핵심판은 탄핵소추인인 국회를 위하여 국회가 의결한 탄핵소추장을 본회의 절차 없이 임의로 변경하도록 제의하는 부당성을 여실히 드러내 보인 위법한 불법 탄핵심판 된 증거사실이다.

이런 탄핵소추장의 변경이 헌법재판관들의 독립성마저 위반한 헌법재판관들과 소추인측과의 사주(使嗾)에 의한 담합(談合)으로 이뤄진 불법행위라는 것이다.

이렇게 갑제1호증의 탄핵결정문 15쪽 내지 16쪽 내용으로 국회가 제출한 탄핵소추장의 부족함으로 이에 대한 탄핵심판 심리 과정에서 탄핵소추장을 수정 변경되는 과정의 그 증거가 탄핵결정문상에 명백하다.

형사소송법을 준용하고 있는 헌법재판의 탄핵심판은 형사소송법 제327조 제2호 '공소제기의 절차가 법률의 규정에 위반하여 무효인 때'에 해당하는 사항으로서 공소장일본주의에 위배된 공소제기라고 인정되어 그 절차가 법률의 규정에 위반하여 무효인 때에 해당하는 것으로 보아 '파면결정'이 아니라, 탄핵소추의 기각 결정의 판결이 원칙이었던 것이다.

형사소송법 제327조(공소기각의 판결)
다음 경우에는 판결로써 공소기각의 선고를 하여야 한다.
1. 피고인에 대하여 재판권이 없는 때
2. 공소제기의 절차가 법률의 규정에 위반하여 무효인 때
3. 공소가 제기된 사건에 대하여 다시 공소가 제기되었을 때

---

4. 제329조의 규정에 위반하여 공소가 제기되었을 때

5. 고소가 있어야 죄를 논할 사건에 대하여 고소의 취소가 있은 때

6. 피해자의 명시한 의사에 반하여 죄를 논할 수 없는 사건에 대하여 처벌을 희망하지
   아니하는 의사표시가 있거나 처벌을 희망하는 의사표시가 철회되었을 때
   [전문개정 2020.12.8. 이전의 것]

국회법 제95조(수정동의)

① 의안에 대한 수정동의(修正動議)는 그 안을 갖추고 이유를 붙여 30명 이상의 찬성
   의원과 연서하여 미리 의장에게 제출하여야 한다.

헌법재판소법 제26조(심판청구의 방식)

① 헌법재판소에의 심판청구는 심판절차별로 정하여진 청구서를 헌법재판소에 제출함
   으로써 한다. 다만, 위헌법률심판에서는 법원의 제청서, 탄핵심판에서는 국회의 소추
   의결서(訴追議決書)의 정본(正本)으로 청구서를 갈음한다.

② 청구서에는 필요한 증거서류 또는 참고자료를 첨부할 수 있다.

헌법재판소법 제28조(심판청구의 보정)

① 재판장은 심판청구가 부적법하나 보정(補正)할 수 있다고 인정되는 경우에는 상당한
   기간을 정하여 보정을 요구하여야 한다.

헌법재판소법 제6조의 재판관 임명할 작위의무 위반

헌법재판소법 제6조상의 재판관의 임명에 관하여 규율된 '③재판
관의 임기가 만료되거나 정년이 도래하는 경우에는 임기만료일 또
는 정년도래일까지 후임자를 임명하여야 한다.'고 규정되어 있음으
로 헌법재판소가 주관하여 완수하도록 되어 있다.

이에 대한 헌법재판소는 관련 헌법기관으로서의 권한과 역할로서
헌법재판소법상의 유기적인 업무를 진행하여 재판관의 임기가 만료
되거나 정년이 도래하는 경우에는 임기만료일 또는 정년 도래일까

지 후임자를 충원하였어야 했음에도 이를 행하지 않은 형법상의 직무유기(형법 제122조)를 범한 위법사실이 있다.

형법상의 직무유기죄는 공무원이 정당한 이유 없이 그 직무 수행을 거부하거나 그 직무를 유기한 범죄로서, '직무를 유기한다' 함은 이렇게 후임재판관을 임명하여야 함에도 불구하고 동법 제6조상의 직무를 수행하지 않은 포기함을 말한다.

헌법재판소의 '퇴임재판관 후임자선출 부작위 위헌확인'(2014. 4. 24. 2012헌마2) 사건에 있어서 당시의 헌법재판관들은 헌법재판소 재판관 중 공석이 발생한 경우, 공석인 재판관의 후임자를 선출하여야 할 헌법상의 작위의무가 있다고 판정한 바 있다.

탄핵무효 소송의 원고들은 헌법재판소가 결원재판부에서 대통령 박근혜 탄핵심판 파면결정을 선고한 처분은 위법하였다는 주장을 함에 있어서, 9명의 헌법재판소 재판관을 대통령이 임명하지만, 이 재판관 중 3명은 국회에서 선출하는 사람을, 3명은 대법원장이 지명하는 사람을 임명한다.

그 주무관청은 헌법재판소이고, 구체적인 실행 법률은 헌법재판소법의 규정에 따를 것으로, 대통령 박근혜 탄핵심판에서 결원재판부 상태유지와 심리를 넘어, 위법한 '결정'에 까지 이르게 된 것은 헌법재판소에 그 책임이 더 막중하다 할 것이다.

앞서 본 바와 같이, 이 사건 여러 위법으로 청구원인이 되는, 헌법재판소법 제3조, 제6조, 제22조, 제23조의 관계에 있어서 해당 조문들은 일련의 연관성 있는 규범적 절차 규정으로 되어 있다.

제3조 '헌법재판소는 9명의 재판관으로 구성한다.'는 9명을 채우는

방법규정인 제6조를 이행하는 즉, 제6조 제3항 '재판관의 임기가 만료되거나 정년이 도래하는 경우에는 임기만료일 또는 정년도래일까지 후임자를 임명하여야 한다'는 행정청으로서의 작위의무가 있는 것이다.

이러한 완결에 따라 제22조 제1항 '이 법에 특별한 규정이 있는 경우를 제외하고는 헌법재판소의 심판은 재판관 전원으로 구성되는 재판부에서 관장한다'는 전원재판부 구성의 당연성과 국민의 재판받을 권리의 보장 규정에 충실했어야 했다.

나아가, 제23조 제1항 '재판부는 재판관 7명 이상의 출석으로 사건을 심리한다'는 9명의 전원재판부가 아닌 결원재판부에서는 결원이더라도 7명이상이면 심리는 진행하되, 국민의 재판받을 권리에 대한 결정적인 침해 원인이 되는 헌법재판의 결정까지도 할 수 있는 규정을 둔 것은 아니다.

이러한 이들 제 규정들은 헌법상의 권리를 실현하는 구체적 방법으로서의 순차적인 선결요건으로서의 의미를 지닌 규범적 절차 규정인 것으로, 헌법재판소는 불법탄핵 심판결정을 위하여 이 모두를 진정한 고의적 작위로서 적극 위반했음이 명백하고도 분명하게 드러나 있다.

그러면서 그 치졸한 변명을 결정문상에 '헌법재판은 9인의 재판관으로 구성된 재판부에 의하여 이루어지는 것이 원칙이다. 그러나 현실적으로는 일부 재판관이 재판에 참여할 수 없는 경우가 발생할 수밖에 없다. 이에 헌법과 헌법재판소법은 재판관 중 결원이 발생한 경우에도 헌법재판소의 헌법 수호 기능이 중단되지 않도록 7명 이상의 재판관이 출석하면 사건을 심리하고 결정할 수 있음을 분명히 하고 있다'는 헌법재판관으로서의 준법 의지와 헌법수호 의지는 근본적으로 그들에게 존재하지 않았음이다.

형법 제122조(직무유기)
공무원이 정당한 이유없이 그 직무수행을 거부하거나 그 직무를 유기한 때에는 1년 이하의 징역이나 금고 또는 3년 이하의 자격정지에 처한다.

헌법재판소법 제6조(재판관의 임명)
① 재판관은 대통령이 임명한다. 이 경우 재판관 중 3명은 국회에서 선출하는 사람을, 3명은 대법원장이 지명하는 사람을 임명한다.
② 재판관은 국회의 인사청문을 거쳐 임명·선출 또는 지명하여야 한다. 이 경우 대통령은 재판관(국회에서 선출하거나 대법원장이 지명하는 사람은 제외한다)을 임명하기 전에, 대법원장은 재판관을 지명하기 전에 인사청문을 요청한다.
③ 재판관의 임기가 만료되거나 정년이 도래하는 경우에는 임기만료일 또는 정년도래일까지 후임자를 임명하여야 한다.
④ 임기 중 재판관이 결원된 경우에는 결원된 날부터 30일 이내에 후임자를 임명하여야 한다.
⑤ 제3항 및 제4항에도 불구하고 국회에서 선출한 재판관이 국회의 폐회 또는 휴회 중에 그 임기가 만료되거나 정년이 도래한 경우 또는 결원된 경우에는 국회는 다음 집회가 개시된 후 30일 이내에 후임자를 선출하여야 한다.

모든 국민은… 재판을 받을 권리를 가진다

헌법재판은 개인의 권리구제 뿐만 아니라, 헌법질서를 보장하는 기능도 가지고 있다. 헌법상의 공정한 재판을 받을 권리에 대한 침해행위가 앞으로도 반복될 위험이 있거나, 당해 분쟁의 해결이 헌법질서의 수호·유지를 위하여 긴요한 사항인 것이다.

특히 대통령으로서 탄핵심판의 피청구인인 대통령 박근혜로서는 헌법재판소와 관련 헌법기관들의 부작위로 인하여 공정한 재판을 받을 권리상의 중대한 침해가 있었던 사실이다.

재판관의 장기간 공석 상태는 필연적으로 국민의 기본권을 보장하고 헌법질서를 수호·유지하여야 할 헌법재판소의 기능 내지 권한 행사에 중대한 지장을 초래할 뿐만 아니라, 국민들이 공정한 헌법재판을 받을 권리를 침해하는 불법 탄핵심판이 된다.

이렇게 국가적으로 매우 중요한 대통령 탄핵심판 사건에 있어서는 더 더욱 헌법질서의 수호·유지를 위하여 긴요할 뿐만 아니라, 그 헌법적 해명이 중대한 의미를 갖는다.

이러한 상태에서는 심리 및 결정에 재판관 정원인 9인 전원의 견해가 빠짐없이 반영된 것이 아니므로 피청구인과 국민들의 공정한 재판을 받을 권리를 침해했다 할 것이고, 정당한 사유가 없는 헌법재판소의 재판관 공석 결원에 대한 충원의 작위의무 이행 지체는 그 자체로서 이미 공정한 재판을 받을 권리를 침해한 것이다.

재판관 공석 결원에 대한 충원의 작위의무 이행지체로 인하여, 이미 결원 상태에서의 심리만으로도 침해된 탄핵심판 피청구인의 권리는 그 작위의무 이행이 지체되었던 기간 동안 침해되었던 사실상의 상태가 그대로 남아 있다.

그러므로 추후에 전원재판부로서의 9인의 재판관에 의한 결정이 이루어졌다 하더라도 이미 사실상 침해된 기본권이 원상회복되는 것도 아니지만, 결국 헌법재판소는 9명의 재판관으로 구성된 전원재판부 마저도 충족시키지 못하고, 법률에도 없는 8명의 결원재판부에서 심리를 넘어 '결정'권까지 행사하는 위법을 범해서는 안 되는 것이었다.

그런 2017년 03월 10일 선고한 2016헌나1 탄핵심판 사건에서 한 재판관의 임기만료 도래가 예정되어 있는 것임에도 불구하고, 관련 헌법기관들은 재판관 보충에 필요한 조치들을 적극 회피하였던 것이다.

이미 국회의 탄핵소추 발의 이전부터 대통령 박근혜에 대한 무조건적인 탄핵 파면의 결론부터 지어 놓고서 이에 방해되는 요소들을 회피하면서 위법한 파면을 도모한 증거사실이다.

헌법재판소의 불법탄핵의 결정이 이뤄지기까지 그 심리 기간은 총 90일에 불과했고, 헌법재판소법 제38조에 따라 소추의결서가 접수된 날로부터 180일 이내에 결과를 선고하도록 되어 있다. 하지만, 헌법재판소로서는 적법하게 결원이 충족되도록 관련 헌법기관에 재판관의 충원을 촉구하는 협조요청 및 지도(指導)를 하는 등의 임무를 회피, 게을리하였다.

이렇게 단서 조항으로서 180일 이내에 결과를 선고해야 하는 기간에도 산입하지 않음이니 헌법재판관들로서는 전원재판부를 구성하기까지 심판의 결정을 미룰 수 밖에 없는 당연한 법률상의 상황이었다. 그럼에도 불구하고 그들은 이외의 다수 위법과 함께 헌법재판이 아닌 국가반란 체제전복에 충실한 불법탄핵의 결정을 앞당길 수 밖에 없었던 사정이다.

이런, 위법한 파면결정은 아무런 법률효과를 발생시키지 못하는 당연무효가 되어, 결국 '적법한 대통령 박근혜'는 헌법재판소의 2016헌나1의 피소추인 된 탄핵심판사건에서 탄핵 당하지 않았음이 명백하다.

공정한 재판을 받을 권리는 헌법 제27조의 재판청구권에 의하여 함께 보장되고(헌법재판소 2002. 7. 18. 2001헌바53 참조), 재판청구권에는 민사재판, 형사재판, 행정재판뿐만 아니라 헌법재판을 받을 권리도 포함된다.(헌법재판소 2013. 8. 29. 2011헌마122 참조)

헌법상 보장되는 기본권인 '공정한 재판을 받을 권리'에는 '공정한 헌법재판을 받을 권리'도 포함된 것으로, 이를 침해·위반한 탄핵심판은 당연무효일 수 밖에 없는 것이다.

헌법 제27조가 보장하는 재판청구권은 공정한 헌법재판을 받을 권리도 포함되고, 헌법 제111조, 헌법재판소법 제3조 및 동법 제6조는 헌법재판소가 9인의 재판관으로 구성된다고 명시하여 다양한 가치관과 헌법관을 가진 9인의 재판관으로 구성된 합의체가 헌법재판을 담당하도록 규정하고 있다.

헌법재판소법에서 재판관의 임명에 관한 법조항들의 법적 성격에 대하여는 헌법재판소법 제22조상의 전원재판부 유지를 위한 강행규정으로 볼, '할 수 있다'는 재량규정이 아니라, '하여야 한다'는 귀속규정으로 된 국가운영을 위한 공법상의 강행규정인 것이다.

헌법재판소는 탄핵심판의 피청구인 대통령 박근혜에게 국민의 공정한 헌법재판을 받을 권리의 보장을 위하여 공석 결원인 재판관의 후임자가 임명되도록 하여 충원하여야 할 구체적 작위의무를 부담했어야 했다.

이런 헌법재판소는 분명 주무관청으로서 헌법재판소법에 따라 탄핵심판 진행 중에 임기가 만료되는 한 재판관의 결원을 필히 충원했어야 했다.

헌법재판소법 제6조는 '재판관의 임기가 만료되거나 정년이 도래하는 경우에는 임기만료일 또는 정년 도래일까지 후임자를 임명하여야 한다'고 하면서, 만약 국회의 폐회 또는 휴회 중 위와 같은 사유로 재판관이 공석이 된 경우에는 국회의 다음 집회가 개시된 후 30일 이내에 후임자를 선출하여야 한다고 규정함으로써 관련 헌법기관들의 작위의무를 구체화하고 있다.

헌법 제27조
① 모든 국민은 헌법과 법률이 정한 법관에 의하여 법률에 의한 재판을 받을 권리를 가진다.

헌법 제101조
① 사법권은 법관으로 구성된 법원에 속한다.
② 법원은 최고법원인 대법원과 각급법원으로 조직된다.
③ 법관의 자격은 법률로 정한다.

헌법 제111조
① 헌법재판소는 다음 사항을 관장한다.
   1. 법원의 제청에 의한 법률의 위헌여부 심판
   2. 탄핵의 심판
   3. 정당의 해산 심판
   4. 국가기관 상호간, 국가기관과 지방자치단체간 및 지방자치단체 상호간의 권한쟁의에 관한 심판
   5. 법률이 정하는 헌법소원에 관한 심판
② 헌법재판소는 법관의 자격을 가진 9인의 재판관으로 구성하며, 재판관은 대통령이 임명한다.
③ 제2항의 재판관중 3인은 국회에서 선출하는 자를, 3인은 대법원장이 지명하는 자를 임명한다.
④ 헌법재판소의 장은 국회의 동의를 얻어 재판관중에서 대통령이 임명한다.

헌법재판소법 제3조(구성)
헌법재판소는 9명의 재판관으로 구성한다.

헌법재판소법 제6조(재판관의 임명)

① 재판관은 대통령이 임명한다. 이 경우 재판관 중 3명은 국회에서 선출하는 사람을, 3명은 대법원장이 지명하는 사람을 임명한다.

② 재판관은 국회의 인사청문을 거쳐 임명·선출 또는 지명하여야 한다. 이 경우 대통령은 재판관(국회에서 선출하거나 대법원장이 지명하는 사람은 제외한다)을 임명하기 전에, 대법원장은 재판관을 지명하기 전에 인사청문을 요청한다.

③ 재판관의 임기가 만료되거나 정년이 도래하는 경우에는 임기만료일 또는 정년도래일까지 후임자를 임명하여야 한다.

④ 임기 중 재판관이 결원된 경우에는 결원된 날부터 30일 이내에 후임자를 임명하여야 한다.

⑤ 제3항 및 제4항에도 불구하고 국회에서 선출한 재판관이 국회의 폐회 또는 휴회 중에 그 임기가 만료되거나 정년이 도래한 경우 또는 결원된 경우에는 국회는 다음 집회가 개시된 후 30일 이내에 후임자를 선출하여야 한다.

헌법재판소법 제22조(재판부)

① 이 법에 특별한 규정이 있는 경우를 제외하고는 헌법재판소의 심판은 재판관 전원으로 구성되는 재판부에서 관장한다.

헌법재판소법 제23조(심판정족수)

① 재판부는 재판관 7명 이상의 출석으로 사건을 심리한다.

헌법재판소법 제38조(심판기간)

헌법재판소는 심판사건을 접수한 날부터 180일 이내에 종국결정의 선고를 하여야 한다. 다만, 재판관의 궐위로 7명의 출석이 불가능한 경우에는 그 궐위된 기간은 심판기간에 산입하지 아니한다.

국민의 공정한 재판을 받을 권리는 법원뿐만 아니라 헌법재판소에서도 마찬가지로서, 공정한 헌법재판이 이루어지기 위하여서는 재판관들이 토론 및 합의 과정에서 견해를 제시하고, 그 타당성을 충분히 검증할 수 있어야 하고, 신속한 재판을 받을 권리의 보장을 위하여서는 오랜 기간 재판관이 공석이 되더라도 헌법재판은 심리절

차 진행으로서 이어져야 한다.

그렇다면 헌법재판소는 정당한 사유 없이 상당한 기간 내에 공석인 재판관의 후임자가 선출되도록 노력하지 아니하면 재판관이 공석인 상태에서 헌법재판이 이루어질 수밖에 없어, 심리 및 결정에 재판관 9인 전원의 견해가 모두 반영될 수 없으므로 헌법재판 당사자와 국민들은 공정한 재판을 받을 권리가 침해받게 된다.

헌법과 헌법재판소법은 헌법재판소가 9인의 재판관으로 구성된다는 점을 명시하고 있고, 헌법 및 헌법재판소법에 의하면 헌법재판소는 재판관 7인 이상의 출석으로 사건을 심리하며, 헌법재판소에서 법률의 위헌결정, 탄핵의 결정, 정당해산의 결정 또는 헌법소원에 대한 인용결정을 할 때에는(재판관 과반수의 찬성으로 결정할 사건보다 중대하게 다루는, 재판관 2/3 이상의 찬성을 요구하는) 재판관 6인 이상의 찬성이 있어야 가능하도록 규정한 국가운영에 있어 보다 비중 있는 가치규범으로서 존중되었어야 했다.

'재판관 6인 이상의 찬성'으로서 9인 전원재판부가 아닌 결원재판부든 아니든, '재판관 6인 이상의 찬성'이면 된다는 취지의 법 규정은 분명 아니다.

헌법 제111조, 헌법재판소법 제3조 및 동법 제6조는 법관의 자격을 가진 9인의 재판관으로 구성한다고 규정함은, 단순히 9인의 재판관으로 헌법재판소를 구성한다는 의미를 넘어, 다양한 가치관과 헌법관을 가진 9인의 재판관으로 구성된 합의체가 헌법재판을 담당함으로써, 헌법재판에서 헌법의 해석에 관한 다양한 견해가 제시되고 그 견해들 간의 경쟁 기능이 충분히 발휘될 수 있도록 한 것이다.

대통령에 대한 파면선고가 그 효력을 발생하기 위해서는 공법상의 선결조항으로서 헌법 제27조, 제111조, 헌법재판소법 제3조, 제6조, 제22조, 제23조에 대하여 탄핵심판결정 선고 이전에 완벽하게 충족되어 있어야 했다.

헌법재판소가 9인의 재판관으로 구성된다는 것은 그 자체로 헌법재판의 공정성을 구현하기 위한 기본적인 전제인 바, 공석 결원인 재판관 충원의 부작위는 대통령 박근혜에 대한 탄핵심판 피청구인과 국민주권상의 공정한 재판을 받을 권리를 명백히 침해한 증거사실이다.

헌법재판관 8명으로는 '심리'만 가능했다

헌법재판소는 국회가 제출한 위법한 탄핵소추장 수정서를 토대로 진행한 2017년 3월 10일, 대통령 박근혜에 대한 탄핵심판 파면결정 선고에 이르기까지 헌법재판소법 제22조상의 전원재판부 구성을 하지 않았다.

1월 31일에 박한철 당시 헌법재판소장이 퇴임하면서 결원 예정에 대한 후임자 임명을 완수하지 못한 책임에서 결코 자유로울 수 없는 헌법재판소는 헌법재판소법의 주무기관임에도 불구하고, 이후 탄핵심판 선고를 하는 3월 10일에 이르기까지 헌법재판소법 제6조상의 보완을 이행하지 않는 직무유기로써 퇴임한 공석의 자리가 보충되지 않은 8명의 결원재판부 상태에서 불법탄핵의 결정 선고를 행사한 것이다.

재적 8명의 헌법재판관인 결원재판부로서는 동법 제23조상의 심리권을 넘어 탄핵심판 결정 선고할 그 결정권한이 없음에도 불구하고, 이를 직권남용한 자의적으로 무단히 위법하게 행사한 사실이다.

이렇게 헌법재판소는 탄핵심판을 관장하면서 ① 국회가 처음 제출한 탄핵소추장의 부적합으로 헌법재판소는 '각하'나 '기각'의 결정을 할 수 밖에 없었던 것을, ② 헌법재판소의 제의로써 심판청구인인 국회가 담합하여 소추의결서를 임의로 변경하게 하고서, ③ 9명 전원재판부가 구성되지 못한 8명 결원재판부 상태에서 탄핵 결정하는 위법사실을 지니고서 파면결정 선고에 이른 이 위법한 결정은 자동적으로 당연무효일 수밖에 없다.

국회가 처음 제출한 탄핵소추장의 부적합으로 헌법재판소는 각하나 기각의 결정을 할 수 밖에 없었던 것에 대하여, 헌법재판관 그들은 부적절하게도 처음부터 파면선고 하겠다는 결론의 결정을 해두고서 진행한 탄핵심판으로서의 무의미한 심리과정을 가졌을 뿐이었다.

헌법재판소법 제3조는 '헌법재판소는 9명의 재판관으로 구성한다'는 9명의 재판관 구성을, 동법 제6조 재판관의 임명에 관한 제③항 '재판관의 임기가 만료되거나 정년이 도래하는 경우에는 임기만료일 또는 정년도래일까지 후임자를 임명하여야 한다'는 규정이 있다.

헌법재판소는 위와 같이 임기만료일 또는 정년도래일까지 후임자를 임명하였어야 했고, 갑작스런 결원이라도 발생된 날로부터 30일 이내에 후임자를 임명하여야 하는 규정(헌법재판소법 제6조)에 따라 결원을 보충함으로써 헌법재판소법 제22조상의 전원재판부 구성에 달리 흠결이 없어야 했다.

동법 제22조 제①항의 재판부는 '이 법에 특별한 규정이 있는 경우를 제외하고는 헌법재판소의 심판은 재판관 전원으로 구성되는 재판부에서 관장한다.'함에 위 동법 제6조에 따라 전원재판부로서의 결원이 발생하지 않도록 먼저 후임자를 채웠어야 하는 동법 제22조 내지 제23조를 앞서는 선결사항이었다.

그럼에도 불구하고, 헌법재판소는 탄핵심판 처음부터 파면선고를 결정해 두고서 졸속 진행한 심리과정에서 결코 헌법재판관 등의 반헌법 망국적 불순한 의도에 이롭지 않을 재판관 충원(充員)을 하지 않고 결원재판부로서 위법한 파면결정 선고를 행사한 '불법탄핵(不法彈劾) 당연무효(當然無效)'라는 사실이다.

헌법재판소는 이러한 동법 제3조, 제4조, 제6조, 제22조, 제23조의 순차적인 효력발생 요건으로서의 선결조건을 완전히 배재하고서, 이 사건 2016헌나1 박근혜 대통령 탄핵심판 결정문에 아래와 같이 표기했다.

헌법재판은 9인의 재판관으로 구성된 재판부에 의하여 이루어지는 것이 원칙이다. 그러나 현실적으로는 일부 재판관이 재판에 참여할 수 없는 경우가 발생할 수밖에 없다. 이에 헌법과 헌법재판소법은 재판관 중 결원이 발생한 경우에도 헌법재판소의 헌법 수호 기능이 중단되지 않도록 7명 이상의 재판관이 출석하면 사건을 심리하고 결정할 수 있음을 분명히 하고 있다. 그렇다면 헌법재판관 1인이 결원이 되어 8인의 재판관으로 재판부가 구성되더라도 탄핵심판을 심리하고 결정하는 데 헌법과 법률상 아무런 문제가 없다.

이러한 헌법재판관으로서의 법적 사고(思考)는 아주 위험하여 법을 모르는 일반인에게서도 용납 이해되지 못할 것인 즉, 동법 제3조, 제6조, 제22조의 순차적인 효력발생 요건으로서의 선결조건을 완전히 배재한 채, 제23조만을 들고서 "탄핵심판을 심리하고 결정하는데 헌법과 법률상 아무런 문제가 없다"는 것은 불법탄핵을 합리화하기 위한 궤변일 뿐이다.

헌법재판소법 제3조, 제6조, 제22조, 제23조의 규정 취지는 현실적으로 일부 재판관이 재판에 참여할 수 없는 경우가 발생할 수 밖에 없는 일상의 개연성 있는 사건을 전제로 하는, 재판 당일의 갑작스런 사고로 인한 재판관의 결석이 있을 수 있는 경우에 대비한 것이 아닌, 헌법재판의 완벽성을 추구한 규정들이다.

구성 재판관의 예정되어 있는 임기만료의 도래나 갑작스럽고도 확정된 회복할 수 없는 결원 발생의 경우를 대비하여 동법 제6조로써 전원재판부 구성의 방법을 규정하고, 더 나아가 헌법재판으로서의 결정에 그 효력발생 요건을 제시하고 있는 것이다.

재판관 9명의 전원재판부에서 헌법재판이 이루어져야 함이 원칙임을 내보인 헌법재판소의 또 다른 앞선 결정례도 있었던 것으로, "헌법 제27조가 보장하는 재판청구권에는 공정한 헌법재판을 받을 권리도 포함되고, 헌법 제111조 제2항은 헌법재판소가 9인의 재판관으로 구성된다고 명시하여 다양한 가치관과 헌법관을 가진 9인의 재판관으로 구성된 합의체가 헌법재판을 담당하도록 하고 있다"(헌법재판소 2012헌마2 퇴임재판관 후임자선출 부작위 위헌확인 2014. 4. 24.선고)는 자기구속의 원칙에도 반하는 헌법재판소의 선결정례도 부정했다.

헌법재판소법 제6조 (재판관의 임명)

③ 재판관의 임기가 만료되거나 정년이 도래하는 경우에는 임기만료일 또는 정년도래일까지 후임자를 임명하여야 한다.

④ 임기 중 재판관이 결원된 경우에는 결원된 날부터 30일 이내에 후임자를 임명하여야 한다.

⑤ 제3항 및 제4항에도 불구하고 국회에서 선출한 재판관이 국회의 폐회 또는 휴회 중에 그 임기가 만료되거나 정년이 도래한 경우 또는 결원된 경우에는 국회는 다음 집회가 개시된 후 30일 이내에 후임자를 선출하여야 한다.

헌법재판소법 제22조 (재판부)

① 이 법에 특별한 규정이 있는 경우를 제외하고는 헌법재판소의 심판은 재판관 전원으로 구성되는 재판부에서 관장한다.

헌법재판소법 제23조 (심판정족수)

① 재판부는 재판관 7명 이상의 출석으로 사건을 심리한다.

동법 제6조(재판관의 임명) '③재판관의 임기가 만료되거나 정년이 도래하는 경우에는 임기만료일 또는 정년도래일까지 후임자를 임명하여야 한다.'고 규정되어 있음으로 하여 이른 바, 대한민국 국가로서는 관련한 권한과 역할로서 유기적인 업무를 진행하여 재판관의 임기가 만료되거나 정년이 도래하는 경우에는 임기만료일 또는 정년도래일까지 후임자를 임명하였어야 했다.

동법 제22조(재판부)는 다양한 가치관과 헌법관을 가진 9인의 재판관으로 구성된 합의체가 헌법재판을 담당하도록 하였고, 동법 제23조(심판정족수)는 '결정정족수'를 정함이 아닌 '심리정족수'를 정함이다.

이렇게 우리 국민은 헌법과 헌법재판소법으로써 9명의 정원에서 1

인이 부족한 재판관 8명으로써 재판을 계속 진행하는 '심리'를 넘어, 심판 '결정'하라고 하는 결정 권한까지 주지는 않았다.

그럼에도 불구하고 대한민국 최고의 법률업무를 관장하는 헌법재판소는 이 사건 탄핵심판에 있어서 관여한 8명으로 구성된 헌법재판관들이 대통령 박근혜를 위법하게 탄핵 파면결정하고 이를 선고하였다.

헌법재판소는 대한민국 법치의 근간을 흔들어 놓는 헌법재판을 빙자한 불법의 헌법파괴를 자행한 이 사건 소의 청구취지와 청구원인에 이유 있는 부적법한 헌법재판을 행한 국가반란의 망국을 도모하였음이 명백하다.

헌법재판소법 제32조를 위반한 증거로 탄핵심판 결정

헌법재판소는 헌법재판소법에 따라 탄핵심판에서 사건 심리에 필요한 경우 직권으로 증인신문 및 증거자료의 제출, 요구, 감정 등의 증거조사를 할 수 있다.

헌법재판소법 제31조(증거조사)

① 재판부는 사건의 심리를 위하여 필요하다고 인정하는 경우에는 직권 또는 당사자의 고발에 의하여 다음 각 호의 증거조사를 할 수 있다.

  1. 당사자 또는 증인을 신문(訊問)하는 일
  2. 당사자 또는 관계인이 소지하는 문서·장부·물건 또는 그 밖의 증거자료의 제출을 요구하고 영치(領置)하는 일
  3. 특별한 학식과 경험을 가진 자에게 감정을 명하는 일
  4. 필요한 물건·사람·장소 또는 그 밖의 사물의 성상(性狀)이나 상황을 검증하는 일

② 재판장은 필요하다고 인정하는 경우에는 재판관 중 1명을 지정하여 제1항의 증거조사를 하게 할 수 있다.

그런 헌법재판소는 헌법재판소법 제32조 단서 조항에 따라 재판·소추 또는 범죄수사가 진행 중인 사건의 기록에 대하여는 수사기록 송부를 요구할 수 없음에도 법을 위반하고서, 서울중앙지방검찰청 등에 수사기록 송부를 요청하여 이를 대통령 탄핵의 증거로 사용하고서 2017년 3월 10일 대통령 박근혜에 대하여 불법 파면의 선고를 하였던 것이다.

갑제1호증의 탄핵결정문에선 아래와 같이 밝혀 놓았다.

3. 이 사건 심판 진행과정

(1) 헌법재판소는 헌법재판소법과 헌법재판소 심판 규칙, 그리고 탄핵심판의 성질에 반하지 아니하는 한도에서 형사소송에 관한 법령을 준용하여 이 사건 심판절차를 진행하였다.

이 사건이 접수되어 2017. 2. 27. 변론이 종결될 때까지 헌법재판소는 3차례의 변론준비기일과 17차례의 변론기일을 진행하면서 변론을 듣고 증거조사를 실시하였다.

청구인이 제출한 갑 제1호증부터 제174호증까지, 피청구인이 제출한 을 제1호증부터 제60호증까지 서증 중 채택된 서증에 대하여 증거조사를 실시하였다.

또 청구인과 피청구인이 함께 고발한 증인 3명(최ㅇ원, 안ㅇ범, 정ㅇ성), 청구인이 고발한 증인 9명(윤ㅇ추, 이ㅇ선, 류ㅇ인, 조ㅇ일, 조ㅇ규, 유ㅇ룡, 정ㅇ식, 박ㅇ영, 노ㅇ일)과 피청구인이 고발한 증인 14명(김ㅇ률, 김ㅇ, 차ㅇ택, 이ㅇ철, 김ㅇ현, 유ㅇ봉, 모ㅇ민, 김ㅇ덕, 조ㅇ민, 문ㅇ표, 이ㅇ우, 정ㅇ춘, 방ㅇ선, 안ㅇ범)에 대한 증인신문을 실시하였고, 안ㅇ범은 두 차례 출석하여 증언하였다.

그 밖에 직권에 의한 1건, 청구인의 고발에 의한 1건, 피청구인의 고발에 의한 17건 등 모두 19건의 사실조회를 하여 70개 기관과 기업으로부터 답변을 받았다. 이 결정은 이와 같이 적법하게 조사된 증거를 종합하여 인정되는 사실을 기초로 한 것이다.

(2) 헌법재판소는 준비기일에 이 사건 쟁점을 최ㅇ원의 국정개입 및 대통령의 권한 남용 행위, 언론의 자유 침해 행위, 생명권 보호 의무 위반 행위, 뇌물수수 등 각종 형사법 위반 행위로 유형화하여 정리하였다. 청구인은 2017. 2. 1. 제출한 준비서면을 통하여 소추사유를 사실관계를 중심으로 유형별로 구체화하면서 뇌물수수 등 각종 형사법 위반 행위 부분은 최ㅇ원의 국정개입 및 대통령의 권한 남용 행위에 포함시켜 쟁점을 단순화하였다.

이런 헌법재판소는 2016년 12월 15일 '최서원 국정농단' 검찰 특별수사본부와 박영수 특별검사팀에 대통령 박근혜 탄핵심판과 관련한 수사 자료 송부를 요청했다.

여기에는 2016년 12월 15일에 이미 대통령 박근혜와 관련한 관련 수사가 종결되고 기소를 기다리는 극히 짧은 시간에 위 결정문상에 표시된 피의자로서의 '증인'들에 관한 수사가 종결되었다는 취지이다.

그래서 헌법재판소는 검찰 특별수사본부와 박영수 특별검사팀에 대통령 박근혜 탄핵심판과 관련한 수사 자료 송부를 요청할 수 있었다는 것이다.

그러나 소송 청구원인상의 '박근혜 대통령 탄핵심판 관련사건 주요 일지'를 보면 전혀 그렇지가 못한, 수사기록 송부를 요청한 위법 정황은 이렇게 몇 가지 중요한 사실의 정리만으로도 분명히 드러난다.

날 짜	내 용
2016년 10월 27일	검찰, '최서원 의혹 특별수사본부 구성 (본부장 이영렬 서울중앙지방검찰청장)'
2016년 11월 30일	박근혜 대통령, 박영수 특별검사 임명 결정
2016년 12월 09일	국회, 234표 찬성으로 박근혜 대통령 탄핵소추안 가결 헌법재판소에 탄핵소추의결서 접수
2016년 12월 15일	헌법재판소, 특검 및 검찰에 수사자료 요청
2016년 12월 21일	박영수 특별검사팀, 공식 수사 시작
2016년 12월 22일	탄핵심판 1차 준비절차기일
2016년 12월 26일	서울중앙지검, 헌법재판소에 수사자료 제출
2016년 12월 27일	탄핵심판 2차 준비절차기일. 강일원재판관, 쟁점정리 명분으로 탄핵소추 수정에 개입
2017년 2월 27일	헌법재판소 탄핵심판 17차 최종 변론
2017년 2월 28일	대통령 박근혜 서울중앙지법 2017고합184 공소사건 피소 박영수 특검, 수사 종료
2017년 3월 06일	박영수 특별검사 수사결과 발표. 국회 측 특검 수사결과 헌법재판소 제출
2017년 3월 10일	헌법재판소, 대통령 박근혜 탄핵심판 사건 파면결정 선고
2017년 3월 21일	대통령 박근혜, 서울중앙지검에 피의자 신분 출석 조사
2017년 3월 27일	검찰, 대통령 박근혜 구속영장 청구
2017년 3월 30일	박근혜 대통령 구속 전 피의자 심문(영장실질심사)
2017년 3월 31일	강부영 서울중앙지법 영장전담판사, 대통령 박근혜 구속영장 발부, 구속 수감

이렇게 시간적으로 재판·소추 또는 범죄수사가 진행 중인 사건의 기록에 대하여는 송부를 요구할 수 없는 것이었음에도 불구하고, 헌법재판소는 서울지방검찰청의 특별수사본부와 박영수의 특별검사팀으로부터 헌법재판소법 제32조상의 '재판·소추 또는 범죄수사가 진행 중인 사건의 기록에 대하여는 송부를 요구할 수 없다'는 규정을 어기고 무단히 사건의 기록을 입수하였던 것이다.

또한, 이영렬의 특별수사본부와 박영수의 특별검사팀은 관련 법률을 어기고 수사 중인 사건의 기록을 무단히 헌법재판소에 제공하며 관련 피의자들의 피의사실을 무단히 공표한 위법사실이 드러난다.

헌법재판소는 부당한 수사기록 요청을 하였고, 검찰 특별수사본부와 박영수 특별검사팀은 피의사실 공표를 한 혐의가 드러나는 것으로, 그 적법한 행정처분이 이루어지지 못했던 것이다.

헌법재판소는 다른 국가기관이나 공공단체에도 사실조회나 관련 자료제출을 요구할 수 있으나, 탄핵심판이 속도를 내려면 수사기록이나 재판자료가 필수적이다.

하지만, 재판이나 수사가 진행 중인 경우에는 기록을 요구할 수 없는 것이었음에도, 헌법재판소가 박근혜 대통령에 대한 탄핵심판과 관련한 수사자료 송부를 요청했고 이를 입수한 위법사실이다.

헌법재판소법 제40조는 탄핵심판의 경우 형사소송에 관한 법령을 준용하고, 형사소송법 제272조는 법원이 직권으로 필요한 사항에 대한 문서송부를 요구할 수 있도록 명시하고 있다.

관련법에는 재판 중이거나 수사 중인 사안의 경우에는 수사기록이나 자료요구를 금지하고 있지만, 헌법재판소는 검찰의 수사가 이미 종료되었고, 법원의 공판은 아직 시작되지 않은 만큼 자료 요청이 가능하다고 판단했다는 것이다.

이미 수사와 관련한 사건에 관하여 검찰로부터 법원에 공소가 제기되면서 사건번호가 부여됨으로 형사재판이 진행 중인 '계류사건'의 위치에 있게 되는 것이다.

헌법재판소는 사건을 넘겨받은 서울중앙지방법원이 아직 재판을 개시하지 않았다고 보고, 다가오는 2016년 12월 19일로 재판기일이 잡혀 있지만 아직 열리기 이전이니 문제가 없다는, 마치 강도가 가택에 침입을 하였으나 위험한 행동을 실행하지 않았으니 아직은 강도라고 할 수 없다는 식의 비법률가 수준의 천박한 괴변을 드러낸 것이다.

한편, 박영수 특별검사팀은 2016년 12월 21일에 공식적으로 수사가 개시되었던 것으로, 당시 헌법재판소는 아직 수사 개시도 않은 특별검사팀에 까지 '박근혜 대통령 탄핵사건 관련 자료'라는 내용의 선도적 포괄적인 수사기록 송부요청을 했던 것이다.

하물며, 헌법재판소는 2016년 12월 28일 검찰로부터 건네받은 박근혜 대통령 관련 수사기록 3만여 쪽을 대통령 측, 국회 소추위원단 등에 기록복사까지 허가하는 피의사실을 무단히 공표까지 범했던 것이다.

헌법재판소법 제32조는 자료제출 요구권에 대해 '재판부는 결정으로 다른 국가기관 또는 공공단체의 기관에 심판에 필요한 사실을 조회하거나, 기록의 송부나 자료의 제출을 요구할 수 있다'지만, 기록이나 자료에 관하여 제출받고서 이를 탄핵심판의 소추인측 등에 공개를 해줘야 할 의무조항이 없다.

그럼에도 불구하고 헌법재판소는 이를 소추인측에 공개하는 헌법 재판소와 소추인측이 합세하여 행한 마녀사냥식의 허울 좋은 탄핵 심판은 이미 결론지어져 있는 '파면'에 짜맞추기식 헌법재판을 했던 것이다.

헌법재판소가 확보한 검찰의 수사기록에는 정호성 전 청와대 비서 관의 전화녹음 녹취록, 안종범 전 청와대 경제수석의 업무수첩 등도 포함돼 있는 것으로 알려졌다.

물론 수사기록이 박 대통령 본인에 관한 것만이 아니라 제3자에 관한 내용을 포함하고 있고, 최서원, 안종범, 정호성 등이 형사재판 을 받고 있기 때문에 소송관련 서류를 외부로 공개해서는 안되는 것 이었다.

◎ 위법하게 수집한 증거는 증거로 쓸 수 없다.

"형사소송법 제308조의2는 '적법한 절차에 따르지 아니하고 수집 한 증거는 증거로 할 수 없다'고 정하고 있다.

이는 위법한 압수·수색을 비롯한 수사 과정의 위법행위를 억제하 고 재발을 방지함으로써 국민의 기본적 인권 보장이라는 헌법 이념 을 실현하고자 위법수집증거 배제 원칙을 명시한 것이다.

헌법 제12조는 기본적 인권을 보장하기 위하여 압수·수색에 관한 적법절차와 영장주의 원칙을 선언하고 있고, 형사소송법은 이를 이 어받아 실체적 진실 규명과 개인의 권리보호 이념을 조화롭게 실현 할 수 있도록 압수·수색절차에 관한 구체적 기준을 마련하고 있다.

이러한 헌법과 형사소송법의 규범력을 확고하게 유지하고 수사 과정의 위법행위를 억제할 필요가 있으므로, 적법한 절차에 따르지 않고 수집한 증거는 물론 이를 기초로 하여 획득한 2차적 증거 또한 기본적 인권 보장을 위해 마련된 적법한 절차에 따르지 않고 확보한 것으로서 원칙적으로 유죄 인정의 증거로 삼을 수 없다고 보아야 한다."(대법원 2007.11.15. 선고 2007도3061 전원합의체 판결, 대법원 2015.1.22. 선고 2014도10978 전원합의체 판결 참조)

행정처분이 유효하게 성립하기 위하여서는 정당한 권한 있는 자에 의하여 그 권한내의 사항에 관하여 정상적인 의사에 기하여 실현가능한 사항으로서 법정의 일련의 절차에 따라 소정의 형식을 갖추어 성립된 행정처분은 통상 그 성립과 동시에 그 효력을 발생한다.(대법원 1976.06.08. 선고 75누63 판결 참조)

대통령 탄핵심판은 국가원수인 대통령을 파면하는 매우 중대한 재판이기 때문에 그 과정에서 '절차적 정당성'은 두 말할 나위 없이 중요하다.

탄핵심판은 '사실확정'과 '규범재판' 두 단계로서, 사실의 존재여부를 결정하는 '사실확정'이 첫 단계라면, 이를 바탕으로 인정된 사실관계를 앞세워 대통령 파면사유의 법리를 따져보는 규범재판이 다음 단계이다.

그런 국회의 탄핵소추장에는 적법성을 갖는 소추할 증거물은 전혀 없이, 박 대통령을 비난하는 설(說) 뿐이었다. 증거 없는 설 뿐인 수사기록이 형사재판에서 조차도 피고인에 대한 유죄의 증거일 수 없듯, 형사소송법을 준용하는 탄핵심판이다.

헌법과 헌법재판소법은 탄핵심판에 대해 자세한 절차를 정해 두지 않고 있고, 대신에 헌법재판소법은 탄핵심판에 있어서 형사소송법을 준용하도록 규정(헌법재판소법 제40조)하고 있다.

이러한 준용규정 이전에, 헌법재판소법 제32조는 헌법재판에 필요한 자료제출 요구 등에 관하여 단서로서 '재판·소추 또는 범죄수사가 진행 중인 사건의 기록에 대하여는 송부를 요구할 수 없다'고 규정했다.

이것은 헌법재판소법 제32조 단서를 위반하였음과 동시에 형사소송법을 준용하도록 규정한 헌법재판소법 제40조에 따라 가 봄으로써 확인되는 '적법한 절차에 따르지 아니하고 수집한 증거는 증거로 할 수 없다'는 형사소송법 제308조의2 위법수집증거 배제의 규정을 위반하였다.

이러한 위법사실의 결과로써 갑제1호증의 탄핵결정문에는 그들의 적법절차를 이행하지 않은 증거, '공소'라는 단어 사용으로써 밝혀져 있다.

'적법한 절차에 따르지 아니하고 수집한 증거는 증거로 할 수 없다'는 형사소송법 제308조의2에 의한 위법수집증거로서 배제됨에도 불구하고, 당시 헌법재판소가 형사소송법 제272조상의 법원이 직권으로 필요한 사항에 대한 문서 송부를 요구할 수 있다는 근거로서 검찰 특별수사본부와 박영수 특별검사팀에 대통령 박근혜 탄핵심판과 관련한 수사기록 송부를 요청한 행위는 법률상 전혀 그 적법한 설득력이 없다.

헌법 제12조

① 모든 국민은 신체의 자유를 가진다. 누구든지 법률에 의하지 아니하고는 체포·구속· 압수·수색 또는 심문을 받지 아니하며, 법률과 적법한 절차에 의하지 아니하고는 처 벌·보안처분 또는 강제노역을 받지 아니한다.

형사소송법 제307조(증거재판주의)

① 사실의 인정은 증거에 의하여야 한다.

② 범죄사실의 인정은 합리적인 의심이 없는 정도의 증명에 이르러야 한다.

형사소송법 제308조의2(위법수집증거의 배제)

적법한 절차에 따르지 아니하고 수집한 증거는 증거로 할 수 없다.

헌법재판소법 제32조(자료제출 요구 등)

재판부는 결정으로 다른 국가기관 또는 공공단체의 기관에 심판에 필요한 사실을 조회 하거나, 기록의 송부나 자료의 제출을 요구할 수 있다. 다만, 재판·소추 또는 범죄수사가 진행 중인 사건의 기록에 대하여는 송부를 요구할 수 없다.

헌법재판소법 제40조(준용규정)

① 헌법재판소의 심판절차에 관하여는 이 법에 특별한 규정이 있는 경우를 제외하고는 헌법재판의 성질에 반하지 아니하는 한도에서 민사소송에 관한 법령을 준용한다. 이 경우 탄핵심판의 경우에는 형사소송에 관한 법령을 준용하고, 권한쟁의심판 및 헌법 소원심판의 경우에는 「행정소송법」을 함께 준용한다.

형사소송법 제272조(공무소등에 대한 조회)

① 법원은 직권 또는 검사, 피고인이나 변호인의 신청에 의하여 공무소 또는 공사단체 에 조회하여 필요한 사항의 보고 또는 그 보관서류의 송부를 요구할 수 있다.

② 전항의 고발을 기각함에는 결정으로 하여야 한다.

이렇게 헌법재판소법 제32조에 위법함과 동시에 형사소송법을 준 용하도록 규정한 헌법재판소법 제40조에 따라가 본, '적법한 절차에 따르지 아니하고 수집한 증거는 증거로 할 수 없다'는 형사소송법 제

308조의2 위법수집한 증거의 배제 규정을 정면으로 위배되는 행위를 헌법재판소가 앞장서 범했다.

이러한 헌법재판소의 대통령 박근혜에 대한 탄핵심판에서 헌법재판소로서는 재판·소추 또는 범죄수사가 진행 중인 사건의 기록에 대하여는 송부를 요구할 수 없고, 탄핵심판의 경우에는 형사소송에 관한 법령을 준용함으로써, 형사소송법 제308조의2에 의한 위법하게 수집한 증거는 그 증거력이 배제되는 즉, 적법한 절차에 따르지 아니하고 수집한 증거는 증거로 할 수 없었음에도 오히려 헌법재판소가 앞장서 불법을 저지른 무법재판(無法裁判)을 행사했다.

분명, 증거에 관한 규정은 공법상의 강행규정으로서 재량규범이 아닌 귀속규범임이 분명한데도 탄핵심판의 관여 재판관들이 이를 모르고 직권남용을 범하지는 않았을 터인 즉, 그들은 이미 탄핵심판 이전에 '파면'의 결론을 내려놓고서 형식적인 심리만을 진행하였던 것이고, '결정' 또한 결원재판부로서는 행할 수 없는 것임에도 이를 위법하게 결정 선고하는 무법재판의 중대 범죄를 저지른 것이다.

이런 한편으로, 대한민국의 헌법재판소에서 나온 갑제1호증인 그 불법탄핵 결정문상에는 위법하게 취득한 수사자료에 관하여는 일체의 언급 없이 숨긴, 국가반역 모반의 혐의가 역력히 담겨져 있음이다.

소추장 변경한 허위공문서 작성 및 교사

헌법재판소나 소추인과 피소추인은 국회의 탄핵소추 의결사항을 달리 변경할 수 있는 권한이 그들에게는 전혀 없음에도 직권을 남용 행사한 위법사실이 있다.

2016년 12월 9일 국회가 본회의에서 소추 가결한 탄핵소추안 상에 표기된 그 구체적인 탄핵소추 사유는 항목별로 다음과 같다.

(註. 아래 기울임체는 탄핵소추안 및 결정문상의 문언을 그대로 인용한 것임.)

□ 헌법 위배행위

가. 국민주권주의, 대의민주주의, 국무회의에 관한 규정, 대통령의 헌법수호 및 헌법준수의무,

나. 직업공무원제도, 대통령의 공무원 임면권, 평등원칙 조항 위배

다. 재산권 보장, 직업선택의 자유, 기본적 인권보장 의무, 시장경제질서, 대통령의 헌법수호 및 헌법준수의무 조항 위배

라. 언론의 자유, 직업선택의 자유 조항위배

마. 생명권 보장 조항 위배

1. 법률 위배행위

가. 재단법인 미르, 재단법인 케이스포츠 설립·모금 관련 범죄

  – 특정범죄가중처벌등에관한법률위반(뇌물)죄

  – 직권남용권리행사방해죄, 강요죄

나. 롯데그룹 추가 출연금 관련 범죄

  – 특정범죄가중처벌등에관한법률위반(뇌물)죄

  – 직권남용권리행사방해죄, 강요죄

다. 최서원 등에 대한 특혜 제공 관련 범죄

  – 케이디코퍼레이션 관련 특정범죄가중처벌등에관한법률위반(뇌물)죄, 직권남용권리행사방해죄, 강요죄

  – 플레이그라운드 관련 직권남용권리행사방해죄, 강요죄

– 주식회사 포스코 관련 직권남용권리행사방해죄, 강요죄

　　　– 주식회사 케이티 관련 직권남용권리행사방해죄, 강요죄

　　　– 그랜드코리아레저 관련 직권남용권리행사방해죄, 강요죄

라. 문서 유출 및 공무상 취득한 비밀 누설 관련 범죄

3. 중대성의 문제

　　대통령에 대한 파면결정이 정당화되기 위해서는 파면결정을 통하여 헌법을 수호하고 손상된 헌법질서를 다시 회복하는 것이 요청될 정도로 대통령의 법위반행위가 헌법수호의 관점에서 중대한 의미를 가져야 하고 대통령에게 부여한 국민의 신임을 임기 중 다시 박탈해야 할 정도로 대통령이 법위반행위를 통하여 국민의 신임을 저버린 경우여야 한다.

　　이러한 경우에 한하여 대통령에 대한 탄핵사유가 존재하는 것으로 볼 수 있을 것이다. (후략)

4. 결론

　　박근혜 대통령의 탄핵소추와 공직으로부터의 파면은 대통령의 직무수행의 단절로 인한 국가적 손실과 국정공백을 훨씬 상회하는 '손상된 근본적 헌법질서의 회복'을 위한 것이다.

　　이미 박근혜 대통령은 국민들의 신임을 잃어 정상적인 국정운영이 불가능하며 주요국가정책에 대하여 국민의 동의와 지지를 구하기 어려운 상태다.

　　박근혜 대통령에 대한 탄핵소추와 파면은 국론의 분열을 가져오는 것이 아니라 오히려 국론의 통일에 기여할 것이다.

　　이 탄핵소추로서 우리는 대한민국국민들이 이 나라의 주인이며 대통령

이라 할지라도 국민의 의사와 신임을 배반하는 권한행사는 결코 용납되지 않는다는 준엄한 헌법원칙을 재확인하게 될 것이다.

이에 ○○○위원 외 ○○○명의 국회의원은 국민의 뜻을 받들어 박근혜 대통령에 대한 탄핵소추를 발의한다.

◎ 소추의결서는 5개항의 헌법위배, 4개항의 10개 혐의 법률위배 행위

위와 같이 국회의 탄핵소추안은 5개항의 헌법 위배행위, 4개항의 10개 혐의 법률 위배행위, 중대성의 문제, 결론으로 정리된 박근혜 대통령에 대한 탄핵소추는 발의되어, 국회 재적의원 2/3 이상인 234인의 결의로 통과된 탄핵소추의결서는 국회 소추인에 의하여 헌법재판소에 제출되었다.

국회 탄핵심판소추위원단 권성동 단장은 미상의 2017년 ○월 ○일 제○차 변론기일에 소추사유를 4가지 유형으로 정리한 것으로, 이러한 탄핵소추안에서 나아간 탄핵심판은 그 결정문에서 이렇게 표기하고 있다.

'청구인은 2017. 2. 1. 제10차 변론기일에 다른 유형과 사실관계가 중복되는 각종 형사법 위반 유형을 제외하고 ①최○원 등 비선조직에 의한 국정농단에 따른 국민주권주의와 법치주의 위반, ②대통령의 권한 남용, ③언론의 자유 침해, ④생명권 보호의무와 직책성실수행의무 위반 등 4가지 유형으로 소추사유를 다시 정리하였다.'

'이 사건 소추의결서의 헌법 위배행위 부분은 사실관계를 중심으로 기재되어 있지 않아 소추사유가 분명하게 유형별로 구분되지 않은…'

미상의 2017년 ○월 ○일 제○차 변론기일에 제출하였을 것으로 추정되는, 그 소추사유를 5가지 유형으로 정리하였다 했다.

'헌법재판소는 변론준비기일에 양 당사자의 동의 아래 소추사유를 사실관계를 중심으로 ①비선조직에 따른 인치주의로 국민주권주의와 법치국가원칙 등 위배, ②대통령의 권한 남용, ③언론의 자유 침해, ④생명권 보호 의무 위반, ⑤뇌물수수 등 각종 형사법 위반의 5가지 유형으로 정리하였다.'

'이미 변론준비기일에 양 당사자가 소추 사유의 유형별 정리에 합의하고 15차례에 걸쳐 변론을 진행해 온 점' 등이 이렇게 이 사건 갑제1호증의 탄핵결정문 15쪽 내지 16쪽 내용으로 그 증거가 명백하다.

2016년 12월 9일, 처음 헌법재판소에 제출되었던 탄핵소추장은 12월 27일 주심인 강일원 헌법재판관이 '쟁점 정리'라는 명분으로 개입해, 탄핵소추장 수정에 대한 사실상의 지원사격을 한 것은 분명 위법행위였다.

헌법재판관들의 입장에서는 이후 탄핵소추 관련 사건에 대한 형사재판에서 형사법으로 적용할 사건이 무죄가 될 가능성을 보고서, 그 경우 헌법재판소가 잘못된 탄핵으로 책임을 질 것에 대비하여 구체적인 형사법 조항 위반혐의로 탄핵하지 않고, 모호한 '권한남용 비리 사건'으로 탄핵소추의결서를 수정하게 하여 자신들에게 날아 올 비난가능성과 그들의 신변 안전을 도모한 것으로 보인다.

2017년 1월 20일, 국회 탄핵심판소추위원단 권성동 단장은 '탄핵소추의결서를 재작성한다'는 기자회견을 열고 "탄핵심판은 대통령의 직무집행, 헌법 법률 위반 여부가 가장 중요한 핵심"이라며 탄핵소추의결서를 변경해야 하는 배경을 전했다.

권성동 단장은 "탄핵재판은 형사재판이 아니다. 대통령 직무집행 행위가 헌법과 법률에 중대하게 위반됐느냐 여부를 가리는 재판"이라며 "공무원이 직무와 관련해서 잘못된 경우 징계처분을 하는데, 그 징계처분의 성격을 띠고 있는 행정소송이 탄핵심판"이라고 헌법재판소로부터 받은 설명을 하였다.

그러면서 "현재 탄핵소추 의결서에는 헌법위반 5개, 법률위반 8개로 법률위반에 대해서 뇌물수수, 직권남용, 강요죄 등 형법상 범죄가 성립한다고 돼있다"며 "범죄성립 유무는 헌법재판 대상이 아니라 형사재판 대상"이라고 밝힌 이러한 당시 언론기사들을 볼 수 있다.

그렇다면 2017년 1월 20일 무렵, 이 탄핵소추장의 수정서는 국회법 제95조상의 수정동의를 거쳤어야 함에도 불구하고, 국회는 본회의 절차를 거치지 아니한 위법한 수정서를 작성하여 헌법재판소에 제출함으로써 탄핵심판의 결정에 사용된 탄핵소추장의 임의 무단변경이 헌법재판관들의 위법한 사주(使嗾)에 의하여 이뤄진 위법한 증거사실이다.

탄핵심판 절차에서 두 차례에 걸쳐 있었던 소추의결서의 변경에 관한 국회의 탄핵소추 수정의결을 거치지 아니한 위법사실을 문제삼는 것으로써, 헌법재판소가 제의하고 양 당사자의 동의로써 소추의결서를 정리하였다는 심판기관인 헌법재판소, 심판청구인인 국회, 피청구인의 대리인인 변호사들이 재판상 담합하여 소추의결서를 임의로 변경하였다는 사실로써 이것은 명백하게 위법하여 무효인 문서이다.

이와 같이 국회가 헌법재판소에 넘긴 '이 사건 소추의결서의 헌법위배행위 부분은 사실관계를 중심으로 기재되어 있지 않아 소추사유가 분명하게 유형별로 구분되지 않은…'으로 탄핵심판 결정문에 기재될 만큼 부적절한 탄핵소추장과 이후 그 수정서는 헌법재판소로 하여금 헌법을 파괴하는 불법 탄핵결정의 원인제공을 하는 자료로 사용되었던 것이다.

이를 받은 헌법재판소는 법률상 원인 없어 무효인 위법한 탄핵소추의결 수정서에 근거한 2016헌나1 파면결정(2017년 3월 10일)을 내리는 당연무효에 이르는 근거가 되었던 것이다.

이는 국회법 제94조(재회부), 제95조(수정동의)의 국회 본회의를 거치지 않은 무효의 의결서임에도 국회는 탄핵소추의결 수정서를 무단히 헌법재판소에 제출하였고, 헌법재판소는 이것으로 탄핵심판 결정에 사용하였다.

국회의 입법권한으로서 하는 헌법과 법률의 제·개정에 관한 권한, 조약의 체결 비준에 대한 동의권, 국정통제권으로서의 탄핵소추권 등은 국회의 의결로서 이루어지고, 이러한 어떤 사안에 관하여 그 의결이 있었던 이상에는 이미 확정되었기 때문에 다시 함부로 논할 수 없는 그 자체로서 존중되어야 하는 것이었다.

그럼에도 불구하고 국회에서 의결된 탄핵소추의결서가 헌법재판소의 탄핵심판 과정에서 중립적이어야 할 헌법재판소가 소추의결서의 변형을 제의하고, 이를 양 당사자의 동의로써 소추의결서를 정리하였다는 사실은 대한민국의 헌법과 법률상 있을 수가 없는 헌법기관들의 중대범죄인 것이다.

"처분이 적법한지는 행정규칙에 적합한지 여부가 아니라 헌법과 법률, 대외적으로 구속력 있는 법령의 규정과 입법 목적, 비례·평등원칙과 같은 법의 일반원칙에 적합한지 여부에 따라 판단해야 한다."(대법원 2019.7.11. 선고 2017두38874 판결 참조)

국회법 제94조(재회부)
본회의는 위원장의 보고를 받은 후 필요하다고 인정할 때에는 의결로 다시 안건을 같은 위원회 또는 다른 위원회에 회부할 수 있다.

국회법 제95조(수정동의)
① 의안에 대한 수정동의(修正動議)는 그 안을 갖추고 이유를 붙여 30명 이상의 찬성 의원과 연서하여 미리 의장에게 제출하여야 한다. 다만, 예산안에 대한 수정동의는 의원 50명 이상의 찬성이 있어야 한다.

형법 제227조(허위공문서작성등)
공무원이 행사할 목적으로 그 직무에 관하여 문서 또는 도화를 허위로 작성하거나 변개한 때에는 7년 이하의 징역 또는 2천만원 이하의 벌금에 처한다.

법률 소급적용으로까지 죄를 엮은 불법탄핵

죄형법정주의와 명확성 원칙의 의미 및 법규범이 명확성 원칙에 위반되는지 여부의 판단 방법으로 대법원은 이런 판단을 내린 바 있다.

"헌법 제12조 및 제13조를 통하여 보장되고 있는 죄형법정주의의 원칙은 범죄와 형벌이 법률로 정하여져야 함을 의미하며, 이러한 죄형법정주의에서 파생되는 명확성의 원칙은 법률이 처벌하고자 하는 행위가 무엇이며 그에 대한 형벌이 어떠한 것인지를 누구나 예견할 수 있고, 그에 따라 자신의 행위를 결정할 수 있도록 구성요건을 명확하게 규정하는 것을 의미한다"(대법원 2006.05.11. 선고 2006도920 판결 참조) 했다.

"죄형법정주의의 근본정신에 따라 일반국민에게 행위의 가벌성에 대한 예측가능성을 줌으로써 그의 행동의 자유와 인권을 보장함과 아울러 그 법규를 운용하는 국가기관의 자의와 전단을 방지하기 위하여 형벌법규가 규정하는 범죄구성요건이 애매, 불명확 하여서는 아니 되며, 구성요건에서 금지 또는 명령되는 행위의 내용을 명확하게 규정하여야 하나, 일반적으로 법규는 그 문언의 표현력에 한계가 있을 뿐 아니라 그 성질상 다소의 추상성을 가지며 일의적이 아니라 보편타당적으로 기술되고 어느 정도의 유형화, 추상화 내지 포괄적인 표현을 피할 수 없는 경우가 있으므로, 그 명확성 여부를 판단함에 있어서도 항상 절대적인 기준을 요구 할 수는 없고 통상의 판단능력을 가진 일반인이 그 구성요건에서 금지 또는 명령되는 행위가 무엇인지를 이해할 수 있는지 여부에 따라 결정되어야 한다"(서울고법 1991.08.02. 선고 91노2114 판결 참조)는 것이다.

"그 명확성 판단의 기준으로, 법규범이 명확한지 여부는 그 법규범이 수범자에게 법규의 의미내용을 알 수 있도록 공정한 고지를 하여 예측가능성을 주고 있는지 여부 및 그 법규범이 법을 해석·집행하는 기관에게 충분한 의미내용을 규율하여 자의적인 법해석이나 법집행이 배제되는지 여부, 다시 말하면 예측가능성 및 자의적 법집행 배제가 확보되는지 여부에 따라 이를 판단할 수 있는데, 법규범의 의미내용은 그 문언뿐만 아니라 입법목적이나 입법취지, 입법연혁, 그리고 법규범의 체계적 구조 등을 종합적으로 고려하는 해석방법에 의하여 구체화하게 되므로, 결국 법규범이 명확성원칙에 위반되는 지 여부는 위와 같은 해석방법에 의하여 그 의미내용을 합리적으로 파악할 수 있는 해석기준을 얻을 수 있는지 여부에 달려 있다."(헌법재판소 2005.06.30. 선고 2002헌바83 참조)

형사소송법을 준용하고 있는 헌법재판소의 탄핵심판에 있어서 죄형법정주의의 의미는 형사처벌의 대상이 되는 범죄의 구성요건은 형식적 의미의 법률로 명확하게 규정되어야 한다.

만약 범죄의 구성요건에 관한 규정이 지나치게 추상적이거나 모호하여 그 내용과 적용범위가 과도하게 광범위하거나 불명확한 경우에는 국가형벌권(國家刑罰權)의 자의적인 행사가 가능하게 되어 개인의 자유와 권리를 보장할 수 없게 된다.

이렇듯, 죄형법정주의의 원칙에 위배되는 금지의 법률적 한계 즉, 가벌성(可罰性)의 한계 영역 밖의 행위로서 위법한 불법파면 결정으로 규율된 대통령 박근혜에 대한 파면은 무효일 수 밖에 없는 것이다.

헌법 제12조

① 모든 국민은 신체의 자유를 가진다. 누구든지 법률에 의하지 아니하고는 체포·구속·압수·수색 또는 심문을 받지 아니하며, 법률과 적법한 절차에 의하지 아니하고는 처벌·보안처분 또는 강제노역을 받지 아니한다.

② 모든 국민은 고문을 받지 아니하며, 형사상 자기에게 불리한 진술을 강요당하지 아니한다.

③ 체포·구속·압수 또는 수색을 할 때에는 적법한 절차에 따라 검사의 신청에 의하여 법관이 발부한 영장을 제시하여야 한다. 다만, 현행범인인 경우와 장기 3년 이상의 형에 해당하는 죄를 범하고 도피 또는 증거인멸의 염려가 있을 때에는 사후에 영장을 청구할 수 있다.

④ 누구든지 체포 또는 구속을 당한 때에는 즉시 변호인의 조력을 받을 권리를 가진다. 다만, 형사피고인이 스스로 변호인을 구할 수 없을 때에는 법률이 정하는 바에 의하여 국가가 변호인을 붙인다.

⑤ 누구든지 체포 또는 구속의 이유와 변호인의 조력을 받을 권리가 있음을 고지받지 아니하고는 체포 또는 구속을 당하지 아니한다. 체포 또는 구속을 당한 자의 가족등 법률이 정하는 자에게는 그 이유와 일시·장소가 지체없이 통지되어야 한다.

⑥ 누구든지 체포 또는 구속을 당한 때에는 적부의 심사를 법원에 청구할 권리를 가진다.

⑦ 피고인의 자백이 고문·폭행·협박·구속의 부당한 장기화 또는 기망 기타의 방법에 의하여 자의로 진술된 것이 아니라고 인정될 때 또는 정식재판에 있어서 피고인의 자백이 그에게 불리한 유일한 증거일 때에는 이를 유죄의 증거로 삼거나 이를 이유로 처벌할 수 없다.

헌법 제13조

① 모든 국민은 행위시의 법률에 의하여 범죄를 구성하지 아니하는 행위로 소추되지 아니하며, 동일한 범죄에 대하여 거듭 처벌받지 아니한다.

② 모든 국민은 소급입법에 의하여 참정권의 제한을 받거나 재산권을 박탈당하지 아니한다.

③ 모든 국민은 자기의 행위가 아닌 친족의 행위로 인하여 불이익한 처우를 받지 아니한다.

헌법과 죄형법정주의에서 파생된 명확성의 원칙 및 그 위반여부의 판단방법이 위와 같은데, 헌법재판소가 행한 헌법상의 탄핵심판이

어느 이름 없는 소기업이나 단체에서의 징계행위도 아닌 것이 이 사건 갑제1호중 탄핵결정문상에 나타낸 아래의 문언으로 감히 "대통령을 파면한다"고 선고했던 것이다.

"우리나라에서는 '부정청탁 및 금품 등 수수의 금지에 관한 법률'이 2015년 3월 제정되어 2016년 9월 시행되었다. 이 법률은 적용대상으로 공직자뿐만 아니라 사립학교 관계자와 언론인을 포함하고, 공직자등의 부정청탁행위 자체를 금지하는 한편 공직자등의 금품등 수수행위를 직무관련성이나 대가성이 없는 경우에도 제재할 수 있도록 하고 있다. 이 법률은 공직사회의 부패구조를 청산하여 공직자의 공정한 직무수행을 보장하고 공공기관에 대한 국민의 신뢰를 확보하는 것을 입법목적으로 한다. 이러한 공정하고 청렴한 사회를 구현하려는 국민적 열망에 비추어 보더라도 대통령의 법 위반 행위에 대해서는 엄정하게 대처하지 않을 수 없다."(탄핵결정문 제68쪽)

"전국경제인연합회(다음부터 '전경련'이라 한다)가 주도하여 만든 것으로 알려져 있던 재단법인 미르와 재단법인 케이스포츠(다음부터 '미르'와 '케이스포츠'라고 한다)가 설립될 때 청와대가 개입하여 대기업으로부터 500억 원 이상을 모금하였다는 언론 보도가 2016년 7월경 있었다. 청와대가 재단 설립에 관여한 이유 등이 2016년 9월 국회 국정감사에서 중요한 쟁점이 되었는데, 청와대와 전경련은 이런 의혹을 부인하였다."(탄핵결정문 제9쪽)

그렇다면, '부정청탁 및 금품 등 수수의 금지에 관한 법률'에 따르면 청와대가 개입하여 대기업으로부터 500억 원 이상을 모금하였다는 사실은 중죄로써 다룰 사안이라 하더라도, 그러한 모금행위는 이미 2016년 7월경 언론보도 이전으로, 금지법이 시행될 이렇게 분명하게 2016년 9월 이전의 행위였으므로 대통령 박근혜에게 적용될 죄가 되는 행위가 아니었다. 헌법재판이라 할 수 없는 수준의 '행위시 법주의'에 명백하게 저촉되었다.

이러한 모금행위가 공익에 기초한 대통령의 통치행위로서 역대 대통령들이 만든 공익재단 설립의 규모에 비교하면 현저히 적은 규모에 불과하고, 역대 대통령들의 공익재단 설립은 그 규모가 월등하였음에도 그러한 이유로 아무도 탄핵되지 않은 바, 이미 이 나라 통치권자들의 통치행위로서 관습법이 되었다 해도 무방할 사안이다.

이렇게 대통령 박근혜에 대한 파면선고는 심히 평등권을 침해한, 탄핵 이상의 대한민국을 망국에 빠뜨리려는 차원의 어떤 불순세력의 개입을 부인하기 어려운 정황이 불법탄핵의 여러 증거로 내재되어 있다.

대한민국의 헌법재판소는 학생들의 모의재판에서도 이런 실수는 하지 않을, 감히 이런 허접한 수준의 탄핵심판으로 대통령을 탄핵심판 한다며 형식적인 심리행위에 망국적 의도가 담긴 불법탄핵으로써 대통령을 파면한다고 선고했던 것이다.

'부정청탁 및 금품 등 수수의 금지에 관한 법률'이 2015년 3월 제정되어 2016년 9월 시행되었고, 대기업으로부터 500억 원 이상을 모금하였다는 언론 보도가 2016년 7월경 있었다.

청와대가 재단 설립에 관여한 이유 등이 2016년 9월 국회 국정감사에서 중요한 쟁점이 되었는데, 2016년 9월에 시행되는 법률로써 대통령의 법 위반 행위에 대해서는 엄정하게 대처하지 않을 수 없다는 무법재판(無法裁判)의 억지 논지를 세상 아무도 이를 이해·납득·

용인할 수 없을 것이다.

"법률의 효력은 … 법률의 정한 일(效力發生日)에 비로소 발생되는 것이고, … 소정의 사유와 절차로 인하여 법률안으로서 확정되었다 하더라도 그의 확정만으로서는 당연히 그 효력이 발생하는 것은 아니다."(대법원 1954. 10. 05. 선고 4287형상18 판결 참조)

박 대통령에 대한 8인의 관여 헌법재판관들은 이렇게 사후에 시행할 법까지 끌어 와서 비난하고, 탄핵 결정에 소급 적용했던 것으로, 그들의 국헌문란 국가반역으로 계획된 결론은 이미 '파면'이었음이 역력히 드러나는 또 하나의 분명한 불법탄핵 증거이다.

법의 일반원칙에 반하는 탄핵심판

헌법상, 법관에 의한 재판을 받을 권리를 보장한다고 함은 결국 법관이 사실을 확정하고 법률을 해석·적용하는 재판을 받을 권리를 보장한다는 뜻이고, 그와 같은 법관에 의한 사실 확정과 법률의 해석 적용의 기회에 접근하기 어렵도록 제약이나 장벽을 쌓아서는 아니된다고 할 것이며, 만일 그러한 보장이 제대로 이루어지지 아니한다면 헌법상 보장된 재판을 받을 권리의 본질적 내용을 침해하는 것으로서 우리 헌법상 허용되지 아니한다.(헌법재판소 1995.09.28. 선고 92헌가11,93헌가8·9·10 판결 참조)

헌법으로부터 도출되는 행정법의 일반원칙으로는 신뢰보호의 원칙, 평등의 원칙, 비례의 원칙 및 적법절차의 원칙, 자기구속의 원칙 등이 있으며, 이들 원칙은 헌법적 효력을 갖는 것으로서 법해석상의 중요한 법원(法源)이다.

◎ 신뢰보호의 원칙

국민이 행정기관의 어떤 공적 견해의 정당성이나 존속성에 대하여 신뢰한 경우 그 신뢰가 보호받을 가치가 있는 한, 그 신뢰를 보호해 주는 신뢰보호의 원칙은 신의성실의 원칙으로도 해석되는 법치국가에서의 법적 안정성에 근거하고 있다.

"처분이 적법한지는 행정규칙에 적합한지 여부가 아니라 헌법과 법률, 대외적으로 구속력 있는 법령의 규정과 입법 목적, 비례·평등원칙과 같은 법의 일반원칙에 적합한지 여부에 따라 판단해야 한다."(대법원 2019. 7. 11. 선고 2017두38874 판결 등 참조)

이 사건 청구취지의 원인된 헌법기관 등의 위법행위이다.

국회가 처분한

① 탄핵소추의결에 오직 풍문만을 탄핵소추의 증거로 삼았던 사실

② 탄핵소추의결서의 무단 수정 변경 제출한 행위

헌법재판소는

③ ②에 기반한 국회의 탄핵소추의결권을 침해한 탄핵심판

④ 재판관 임명을 회피 및 전원재판부를 구성하지 않은 위반

⑤ 결원재판부의 '심리권'를 넘어, 재판받을 권리를 침해하는 '결정'

⑥ 불법으로 수집한 증거로써 탄핵심판의 결정한 사실

⑦ 헌법재판관들이 탄핵소추장을 변경하도록 지도한 '허위공문서 작성 교사'

⑧ 행위시 이후에 시행될 법률의 소급적용

⑨ 헌법과 법의 일반원칙에 반하는 부적절한 탄핵심판

⑩ 재판관의 독립성 공정성이 없는 총체적 불법탄핵이었다.

중앙선거관리위원회는

⑪ 불법탄핵으로 당연무효되어 대통령이 궐위되지 않은 원인무효의 대통령선거 실시

⑫ 원인무효의 대통령선거 실시의 다수득표자에게 대통령 당선증을 교부했다.

이런 한편의 사실상의 대통령 행세를 한 <u>(권한 없는 사실상의)</u> 대통령 <u>문재인은</u>

⑬ 원인무효의 대통령 선거에 입후보 하는 등의 위계에 의한 공무집행방해

⑭ 위법한 불법 가짜 대통령으로서의 대통령 박근혜에 대한 구금과 국민들에게 불법 통치권을 행사했다.

보건데, 헌법재판소법 제4조상의 재판관의 독립성에 관한 규정이 무의미한 헌법재판소의 명백한 불법 탄핵심판이었다.

"헌법재판은 9인의 재판관으로 구성된 재판부에 의하여 이루어지는 것이 원칙임은 분명하다.

그러나 현실적으로는 재판관의 공무상 출장이나 질병 또는 재판관 퇴직 이후 후임 재판관 임명까지 사이의 공백 등 다양한 사유로 일부 재판관이 재판에 참여할 수 없는 경우가 발생할 수밖에 없다.

이럴 때마다 헌법재판을 할 수 없다고 한다면 헌법재판소의 헌법 수호 기능에 심각한 제약이 따르게 된다.

이에 헌법과 헌법재판소법은 재판관 중 결원이 발생한 경우에도 헌법재판소의 헌법 수호 기능이 중단되지 않도록 7명 이상의 재판관이 출석하면 사건을 심리하고 결정할 수 있음을 분명히 하고 있

다."(갑제1호증 탄핵결정문의 19쪽)

그렇다면 헌법재판소법 제6조의 입법취지에 비춰 "현실적으로는 재판관의 공무상 출장이나 질병 또는 재판관 퇴직 이후 후임 재판관 임명까지 사이의 공백 등 다양한 사유로 일부 재판관이 재판에 참여할 수 없는 경우가 발생할 수밖에 없다"는 궤변의 변명으로서 작위의무를 회피해 갈 수 있는 것이 아니다.

'출장이나 질병'의 경우에는 예정된 기일진행을 위하여 재판관 7명 이상의 출석이면 심리를 속행하라는 것이고, 7명 이하의 경우라면 심리마저도 하지 말라는 것이다.

'재판관 퇴직 이후 후임 재판관 임명까지 사이의 공백 등 다양한 사유' 의 경우에는, 특히 대통령 박근혜에 대한 탄핵심판에서 박한철 헌법재판소장의 임기만료가 예정되어 있는 경우에 있어서 법제6조 제3항의 '재판관의 임기가 만료되거나 정년이 도래하는 경우에는 임기만료일 또는 정년도래일까지 후임자를 임명하여야 한다'고 규정되어 있는 경우와는 동떨어진 무법재판의 궤변이 아닐 수 없다.

헌법재판소법 제6조는 '재판관 퇴직 이후 후임 재판관 임명까지 사이의 공백' 이 생기기 이전에 이를 방지하라고 '재판관의 임기가 만료되거나 정년이 도래하는 경우에는 임기만료일 또는 정년도래일까지 후임자를 임명하여야 한다'는 재량이 아닌 귀속규정을 둔 것이다.

◎ 평등의 원칙

공익재단 설립 등으로 불법 모금한 범죄의 실체들이 명백하게 드러난 과거 대통령들은 탄핵 되지 않았고, 그런 범죄에 가담했을 만한 자들이 오히려 주동하여 자행한 것으로 보이는 이 탄핵은 헌법 제11조상의 평등권을 침해하였다.

이런 불합리한 점이, 이 책으로 밝히고 있는 박 대통령에 대한 탄핵은 한 사람 박근혜에 대한 탄핵이 아니라, 대한민국 자유민주 국가 정체성에 대한 체제전복을 도모한 탄핵이라는 것이다.

평등의 원칙은 행정작용에 있어서 특별한 합리적 사유가 없는 한, 불합리한 차별을 하여서는 안 된다는 원칙으로서 합리적인 이유가 있어서 다르게 취급하는 것은 평등원칙의 위반이 아닌, 오히려 합리적인 이유가 있는 경우에는 다르게 취급하는 것이 평등의 원칙에 합치되는 이 원칙은 헌법 제11조로부터 도출되는 불문법원(不文法源)이라 하겠다.

평등원칙은 헌법적 효력을 갖는 것으로서, 평등원칙에 반하는 행정권 행사는 위법하고, 평등원칙에 반하는 법률은 위헌이 되는 바, 대통령 박근혜의 탄핵심판에 있어서는 헌법과 법률상의 전원재판부에서의 국민의 재판받을 권리 보장이나 불법적인 증거수집의 배제원칙, 죄형법정주의 따위의 법률적 판단사유는 전혀 필요치 않았던 것으로서, 심리 이전에 이미 '대통령 파면'이라는 정치적 결단을 내려놓고서 가식적인 심리절차를 거치는 과정에서 결국 여러 가지 많은 위법사실을 드러낼 수 밖에 없었다할 것이다.

대의 민주 제도에 의하여 제정, 공표, 시행된 법률에 따른 권리와 의무에 대한 헌법과 법률에 대한 신뢰를 갖고 있음에, 오히려 법을 집행하는 헌법재판관들의 법 집행 수준은 이렇게 국제사회에 창피스러운 수준으로서, 국민들에게 헌법재판소에 대한 헌법상의 신뢰를 완전히 깨뜨려 놓았다.

헌법 제11조

① 모든 국민은 법 앞에서 평등하다. 누구든지 성별·종교 또는 사회적 신분에 의하여 정
  치적·경제적·사회적·문화적 생활의 모든 영역에 있어서 차별을 받지 아니한다.

② 사회적 특수계급제도는 인정되지 아니하며, 어떠한 형태로도 이를 창설할 수 없다.

③ 훈장등의 영전은 이를 받은 자에게만 효력이 있고, 어떠한 특권도 이에 따르지 아니한다.

◎ 비례의 원칙

헌법상의 '비례의 원칙'은 국민의 기본권 제한의 한계로서 기본권
을 제한하는 목적이 헌법과 법률의 체제상 그 정당성이 있어야 하고
(目的의 正當性), 목적의 달성을 위하여 그 방법이 효과적이고 적절하여
야 하며(方法의 適正性), 기본권 제한의 조치가 그 목적을 위하여 적절
하다 하더라도 보다 완화된 형태나 방법을 모색함으로써 기본권의
제한은 필요 최소한도에 그치도록 하여야 하며(被害의 最小性), 그 보호
하려는 공익과 침해되는 개인의 이익을 비교 형량할 때 보호되는 공
익이 더 커야 한다(法益의 均衡性)는 것이다.

행정주체가 구체적인 행정목적을 실현하는 행정작용에 있어서 그
목적 실현과 수단사이에는 합리적인 비례관계가 있어야 한다는 '비
례의 원칙'은 과잉금지의 원칙이다. 행정작용에 있어서 행정목적과
행정수단 사이에는 합리적인 비례관계가 있어야 함이다.

비례의 원칙은 헌법상의 기본권 보장에 관한 제37조 제2항 및 법
치국가의 원리로부터 도출되는 법원칙으로서, 헌법적 효력을 가지
며, 이를 위반한 행정권 행사는 위법하며, 비례의 원칙에 위반한 법

령이나 처분 등은 위헌, 위법으로 무효가 된다('행정법강의', 박균성 저, 제11판 33쪽 참조) 했다.

"비례의 원칙은 법치국가 원리에서 당연히 파생되는 헌법상의 기본원리로서, 모든 국가작용에 적용된다."(헌법재판소 1992. 12. 24. 선고 92헌가8 전원재판부 결정 등 참조)

"행정목적을 달성하기 위한 수단은 목적달성에 유효·적절하고, 가능한 한 최소침해를 가져오는 것이어야 하며, 아울러 그 수단의 도입에 따른 침해가 의도하는 공익을 능가하여서는 안 된다"(대법원 1997. 9. 26. 선고 96누10096 판결 등 참조)는 것이다.

"처분상대방의 의무위반을 이유로 한 제재처분의 경우 의무위반 내용과 제재처분의 양정(量定) 사이에 엄밀하게는 아니더라도 어느 정도는 비례 관계가 있어야 한다.

제재처분이 의무위반의 내용에 비하여 과중하여 사회통념상 현저하게 타당성을 잃은 경우에는 재량권 일탈·남용에 해당하여 위법하다고 보아야 한다"(대법원 2019.07.11. 선고 2017두38874판결, 대법원 1997. 9. 26. 선고 96누10096 판결, 대법원 2007. 7. 19. 선고 2006두19297판결 참조) 했다.

반면의 갑제1호증 대통령 탄핵결정문상에는 관여한 헌법재판관들이 명시한 탄핵의 요건을 이렇게 밝혔다.

'헌법 제65조는 대통령이 '그 직무집행에 있어서 헌법이나 법률을 위배한 때'를 탄핵사유로 규정하고 있다.

여기에서 '직무'란 법제상 소관 직무에 속하는 고유 업무와 사회통념상 이와 관련된 업무를 말하고, 법령에 근거한 행위뿐만 아니라 대통령의 지위에서 국정수행과 관련하여 행하는 모든 행위를 포괄하는 개념이다.

또 '헌법'에는 명문의 헌법규정뿐만 아니라 헌법재판소의 결정에 따라 형성되어 확립된 불문헌법도 포함되고, '법률'에는 형식적 의미의 법률과 이와 동등한 효력을 가지는 국제조약 및 일반적으로 승인된 국제법규 등이 포함된다.

헌법재판소법 제53조 제1항은 '탄핵심판 청구가 이유 있는 경우' 피청구인을 파면하는 결정을 선고하도록 규정하고 있다.

대통령을 탄핵하기 위해서는 대통령의 법 위배 행위가 헌법질서에 미치는 부정적 영향과 해악이 중대하여 대통령을 파면함으로써 얻는 헌법 수호의 이익이 대통령 파면에 따르는 국가적 손실을 압도할 정도로 커야 한다.

즉, '탄핵심판청구가 이유 있는 경우'란 대통령의 파면을 정당화할 수 있을 정도로 중대한 헌법이나 법률 위배가 있는 때를 말한다'고 했다.

헌법 제37조
① 국민의 자유와 권리는 헌법에 열거되지 아니한 이유로 경시되지 아니한다.
② 국민의 모든 자유와 권리는 국가안전보장·질서유지 또는 공공복리를 위하여 필요한 경우에 한하여 법률로써 제한할 수 있으며, 제한하는 경우에도 자유와 권리의 본질적인 내용을 침해할 수 없다.

행정소송법 제27조(재량처분의 취소)
행정청의 재량에 속하는 처분이라도 재량권의 한계를 넘거나 그 남용이 있는 때에는 법원은 이를 취소할 수 있다.

헌법재판소법 제53조(결정의 내용)
① 탄핵심판 청구가 이유 있는 경우에는 헌법재판소는 피청구인을 해당 공직에서 파면하는 결정을 선고한다.

박 대통령에 대한 탄핵 결정은 합법적이며 합목적성이 완전 결여된 헌법과 법률상의 탄핵심판 절차를 빙자한 국헌문란 헌법파괴의 국가반란 그 자체였던 것이다. 불법탄핵으로 소송의 원인된 이 논지를 누가 반박할 수 있는가?

◎ 적법절차의 원칙

'적법절차의 원칙'이라 함은 개인의 권익을 제한하는 모든 국가작용은 적법절차에 따라 행하여져야 한다는 것이다.

공권력의 행사가 비록 그 실체적 내용에서는 합법이라 하여도, 그 공권력 행사의 절차가 적정한 절차를 거치지 않으면 그 공권력의 행사는 적법절차 원칙의 위반으로서 절차상 위법한 행정행위가 된다.

이 역시 헌법으로부터 도출되는 국민의 권리로서, 행정법상에 규정이 없더라도 행정권 행사가 적정한 절차에 따라 행하여지지 아니한 경우에는 그 행정권 행사는 적법절차 원칙의 위반으로 위헌·위법이다.

'행정법의 일반원칙이 공통적으로 지향하는 목표는 국민의 입장에서 행정활동이나 국가의 공권력 행사가 항상 예측 가능하고 투명하여야 하며, 일정한 공익을 실현하기 위하여 불필요하게 공권력을 남용하여 국민의 권리를 과도하게 침해하지 말아야 하고, 동시에 합리적인 최소한의 비용만을 지출함으로서 납세자인 국민에게 필요 이상의 과도한 경제적 부담을 주는 것을 지양하는 공권력 행사에 대한 예측가능성과 투명성, 합리성 등이 그 요체라고 할 수 있다.

비례의 원칙과 신뢰보호의 원칙이 포함하는 키워드는 바로 합리성, 투명성, 예측가능성, 불필요하고 과도한 공권력 행사의 지양, 최소한의 비용, 재산권 존중과 같은 것들이다.

그렇다면 적법절차원칙은 이제 비례의 원칙, 신뢰보호의 원칙과 같은 헌법적 위상과 효력을 갖는 행정법의 일반원칙으로서 법령과 행정처분의 위법성 심사기준이 되어야 한다는 점에 이의를 제기하기 어려울 것으로 보인다.'(법률신문, 판례평석: '적법절차원리' 행정법의 일반원칙인가, 김성수 교수(연세대 로스쿨))

이는 위법한 압수·수색을 비롯한 수사 과정의 위법행위를 억제하고 재발을 방지함으로써 국민의 기본적 인권 보장이라는 헌법 이념을 실현하고자 위법수집증거 배제 원칙을 명시한 것이다.

헌법 제12조는 기본적 인권을 보장하기 위하여 압수·수색에 관한 적법절차와 영장주의 원칙을 선언하고 있고, 형사소송법은 이를 이어받아 실체적 진실 규명과 개인의 권리보호 이념을 조화롭게 실현할 수 있도록 압수·수색절차에 관한 구체적 기준을 마련하고 있다.

이러한 헌법과 형사소송법의 규범력을 확고하게 유지하고 수사 과정의 위법행위를 억제할 필요가 있으므로, 적법한 절차에 따르지 않고 수집한 증거는 물론 이를 기초로 하여 획득한 2차적 증거 또한 기본적 인권 보장을 위해 마련된 적법한 절차에 따르지 않고 확보한 것으로서 원칙적으로 유죄 인정의 증거로 삼을 수 없다고 보아야 한다'(대법원 2007.11.15. 선고 2007도3061 전원합의체 판결, 대법원 2015.1.22. 선고 2014도10978 전원합의체 판결 참조)는 엄연한 사실을 재차 확인한다.

헌법 제12조

① 모든 국민은 신체의 자유를 가진다. 누구든지 법률에 의하지 아니하고는 체포·구속·압수·수색 또는 심문을 받지 아니하며, 법률과 적법한 절차에 의하지 아니하고는 처벌·보안처분 또는 강제노역을 받지 아니한다.

② 모든 국민은 고문을 받지 아니하며, 형사상 자기에게 불리한 진술을 강요당하지 아니한다.

③ 체포·구속·압수 또는 수색을 할 때에는 적법한 절차에 따라 검사의 고발에 의하여 법관이 발부한 영장을 제시하여야 한다. 다만, 현행범인인 경우와 장기 3년 이상의 형에 해당하는 죄를 범하고 도피 또는 증거인멸의 염려가 있을 때에는 사후에 영장을 청구할 수 있다.

④누구든지 체포 또는 구속을 당한 때에는 즉시 변호인의 조력을 받을 권리를 가진다. 다만, 형사피고인이 스스로 변호인을 구할 수 없을 때에는 법률이 정하는 바에 의하여 국가가 변호인을 붙인다.

⑤ 누구든지 체포 또는 구속의 이유와 변호인의 조력을 받을 권리가 있음을 고지 받지 아니하고는 체포 또는 구속을 당하지 아니한다. 체포 또는 구속을 당한 자의 가족등 법률이 정하는 자에게는 그 이유와 일시·장소가 지체 없이 통지되어야 한다.

⑥ 누구든지 체포 또는 구속을 당한 때에는 적부의 심사를 법원에 청구할 권리를 가진다.

⑦ 피고인의 자백이 고문·폭행·협박·구속의 부당한 장기화 또는 기망 기타의 방법에 의하여 자의로 진술된 것이 아니라고 인정될 때 또는 정식재판에 있어서 피고인의 자백이 그에게 불리한 유일한 증거일 때에는 이를 유죄의 증거로 삼거나 이를 이유로 처벌할 수 없다.

형사소송법 제307조(증거재판주의)

① 사실의 인정은 증거에 의하여야 한다.

② 범죄사실의 인정은 합리적인 의심이 없는 정도의 증명에 이르러야 한다.

형사소송법 제308조의2(위법수집증거의 배제)

적법한 절차에 따르지 아니하고 수집한 증거는 증거로 할 수 없다.

"행정청의 행위가 '처분'에 해당하는지가 불분명한 경우에는 그에 대한 불복방법 선택에 중대한 이해관계를 가지는 상대방의 인식가능성과 예측가능성을 중요하게 고려하여 규범적으로 판단하여야 한

다"(대법원 2020.04.09. 선고 2019두61137 판결 참조)는 것이다.

이 사건 소송의 청구원인을 구성하는, 헌법재판소법 제3조, 제6조, 제22조, 제23조의 관계에 있어서 해당 조문들은 일련의 연관성 있는 규범적 절차 규정으로서, 제3조 '헌법재판소는 9명의 재판관으로 구성한다'는 9명을 채우는 그 방법규정인 제6조를 이행하도록 하는 즉, 제6조 제3항 '재판관의 임기가 만료되거나 정년이 도래하는 경우에는 임기만료일 또는 정년도래일까지 후임자를 임명하여야 한다'는 행정청으로서의 작위의무가 있는 것이다.

이러한 완결에 따라 제22조 제1항 '이 법에 특별한 규정이 있는 경우를 제외하고는 헌법재판소의 심판은 재판관 전원으로 구성되는 재판부에서 관장한다'는 전원재판부 구성의 당연성과 국민의 재판받을 권리의 보장 규정이다.

나아가, 제23조 제1항 '재판부는 재판관 7명 이상의 출석으로 사건을 심리한다'는 9명의 전원재판부가 아닌 결원재판부에서는 결원이더라도 7명 이상이면 심리는 진행하되, 국민의 재판받을 권리에 대한 결정적인 침해 원인이 되는 헌법재판의 결정까지도 할 수 있는 규정은 없다.

이러한 이들 제 규정들은 헌법상의 권리를 실현하는 구체적 방법으로서의 순차적인 선결요건으로서의 의미를 지닌 '규범적 절차 규정'이다.

◎ 자기구속의 원칙

'행정의 자기구속의 원칙'이란 행정관행이 성립된 경우, 행정청은 특별한 사정이 없는 한 같은 사안에서 행정관행과 같은 결정을 하여야 한다는 원칙이다.

자기구속의 원칙 근거는 신뢰보호의 원칙 및 평등의 원칙에서 도출한 것으로 '행정규칙이 그 정한 바에 따라 되풀이 시행되어 행정관행이 이루어지게 되면 평등의 원칙이나 신뢰보호의 원칙에 따라 행정기관은 그 상대방에 대한 관계에서 그 규칙에 따라야 할 자기구속을 받게 되므로, 이러한 경우에는 특별한 사정이 없는 한 그를 위반하는 처분은 평등의 원칙이나 신뢰보호의 원칙에 위배되어 재량권을 일탈·남용한 위법한 처분이 된다'(대법원 2009.12.24. 선고 2009두7967 판결 참조)할 것이다.

이런 관점에서 헌법재판소는 '퇴임재판관 후임자선출 부작위 위헌확인'(2014.4.24. 2012헌마2) 사건에 있어서 당시의 헌법재판관들은 헌법재판소 재판관 중 공석이 발생한 경우, 공석인 재판관의 후임자를 선출하여야 할 헌법상의 작위의무가 있다고 대통령 박근혜의 탄핵심판 사건에 앞서 이렇게 판정한 바 있다.

그럼에도 불구하고 이 사건 박 대통령에 관한 탄핵 결정에 관여한 헌법재판소장 권한대행 이정미 등에 의하여 법 규정 자체를 전혀 무시한 '재판부는 재판관 7명 이상의 출석으로 사건을 심리한다.'를 9명의 전원재판부가 아닌 결원재판부에서는 결원이더라도 7명이상이면 심리하고 결정하는데 하자가 없다는 말도 안되는 반대의 궤변으로서 자신들의 범법행위를 합리화하며 위법한 파면 결정을 선고한 것이다.

또한, 헌법재판소 2004년 5월 14일 선고 2004헌나1 대통령노무현에 대한 탄핵심판 사건에 박근혜 대통령의 탄핵결정에 비춰보지 않을 수 없는, "이 사건에서 인정되는 대통령의 법위반이 헌법질서에 미치는 효과를 종합하여 본다면, 대통령의 구체적인 법위반행위에 있어서 헌법질서에 역행하고자 하는 적극적인 의사를 인정할 수 없으므로, 자유민주적 기본질서에 대한 위협으로 평가될 수 없다. 따라서 파면결정을 통하여 헌법을 수호하고 손상된 헌법질서를 다시 회복하는 것이 요청될 정도로, 대통령의 법 위반행위가 헌법수호의 관점에서 중대한 의미를 가진다고 볼 수 없고, 또한 대통령에게 부여한 국민의 신임을 임기 중 다시 박탈해야 할 정도로 국민의 신임을 저버린 경우에 해당한다고도 볼 수 없으므로, 대통령에 대한 파면결정을 정당화하는 사유가 존재하지 않는다"(헌법재판소 2004.05.14. 선고 2004헌나1 전원재판부 대통령 노무현 탄핵심판 결정문 참조)고 판단했다.

대통령 박근혜의 탄핵심판에서도 이렇게 결정지어졌어야 할 사안 아니었나?

헌법수호단이 밝힌 불법탄핵 근거들에 관하여, 헌법개판 친 억지궤변 말고, 그 어떤 법지식인 명사라도 나서서 불법탄핵이 아닌 적법·타당성을 밝혀 보라. 분명 대통령 박근혜는 탄핵·파면·궐위 당하지 못한 現 大韓民國 大統領 朴槿惠다. 자유 민주 법치의 양심에 불을 밝혀라!

국가는 헌법파괴로써 국민 속여 대통령까지도 축출한. 나라는 분명 가짜공화국시대에 국론은 좌우파로 나눠져서 서로 좋고 싫음의 대립양상이건만. 적법한 대통령 앞에 새 대통령을 뽑을 법리가 없는. 국민이 투표로써 선출했다고 그 위법성이 어디 가나? 다시 똑바로 보라!

5

공법상의 선행처분과
무효의 비구속성

당연무효의 비구속성

이 사건 청구원인과 같은 여러 헌법기관들의 많은 공법상의 강행규정을 위반한 행정처분은 법원의 선고로써 유효한 것이 무효로 변질되는 것이 아니라, 이미 본래부터 그 당해 강행규정에 위법하여 아무런 법률효과가 발생하지 못한 것이다.

"하자 있는 행정처분이 당연무효라고 하기 위한 요건으로서는 처분에 위법사유가 있다는 것만으로는 부족하고 하자가 법규의 중요한 부분을 위반한 중대한 것으로서 객관적으로(외형상으로) 명백한 것"(대법원 1993.12.07. 선고 93누11432 판결 등 참조)이어야 하고, "행정처분이 무효인 경우는 특히 권한 있는 기관에 의한 무효선언을 기다릴 것 없이 누구든지 무효를 주장 할 수 있는 것이므로 행정처분의 무효확인의 소에 있어서는 행정소송법 또는 다른 법률의 제소기간에 관한 제한규정의 적용을 받지 아니하고 제소할 수 있는 것"(대법원

1966.12.06. 선고 63누197 판결 참조)이다.

◎ 법해석의 목표는 법적 안정성과 구체적 타당성을 찾는 것

"법해석의 목표는 어디까지나 법적 안정성을 저해하지 않는 범위 내에서 구체적 타당성을 찾는 데 두어야 할 것으로, 그러기 위해서는 '가능한 한 법률에 사용된 문언의 통상적인 의미에 충실하게 해석하는 것을 우선으로 하여야 하고, 다만 문언의 통상적 의미를 벗어나지 아니하는 범위 내에서는 법률의 입법 취지와 목적, 제·개정 연혁, 법질서 전체와의 조화, 다른 법령과의 관계 등을 고려하는 체계적·논리적 해석방법을 추가적으로 활용할 수 있다.'"(대법원 2017.12.22. 선고 2014다223025 판결 참조)

이렇듯, 여러 가지의 법률 위반으로 점철된 대통령 박근혜에 대한 파면결정 선고 처분은 안정성 · 공정성 · 적법성 · 객관성 · 투명성 · 신뢰성 등의 확보를 필요로 했다.

또한 불법탄핵으로 인한 당연무효의 파면선고 처분을 받는 피소추인의 권익보호 문제도 공익목적 실현과의 비교 교량의 측면에서 적법하게 보장되었어야 했다.

한편, 행정처분이 무효인 그 항고소송에서의 위법판단의 기준시에 관하여, 처분은 그 당시의 사실상태 및 법률상태를 기초로 하여 행해지게 된다. 그런데 처분 후 사실상태 및 법률상태가 변경되는 경우가 있다. 이 경우에 있어서 법원이 본안심리의 결과, 처분의 위법 여부를 판단함에 있어서 어느 시점의 사실상태 및 법률상태를 기준으로 하여야 할 것인가 하는 문제가 제기된다.

이에 관한 판례는 '행정소송에서 행정처분의 위법 여부는 행정처분이 행하여 졌을 때의 법령과 사실상태를 기준으로 하여 판단하여야 하고, 처분 후 법령의 개폐나 사실상태의 변동에 의하여 영향을 받지는 않는다'(대법원 2007.5.11.선고, 2007두1811 판결, 대법원 2008.7.24.선고, 2007두3930 판결) 하는 처분시점을 기준으로 판단하여야 한다는 것이다.

이 위법판단의 기준시점으로서의 처분시(處分時)의 의미는 항고소송에서 행정처분의 위법 여부는 행정처분이 있을 때의 법령과 사실 상태를 기준으로 판단하여야 하며, 법원은 행정처분 당시 행정청이 알고 있었던 자료뿐만 아니라 사실심 변론종결 당시까지 제출된 모든 자료를 종합하여 처분 당시 존재하였던 객관적 사실을 확정하고 그 사실에 기초하여 처분의 위법 여부를 판단할 수 있다[(대법원 2010.01.14. 선고 2009두11843 판결)는 의미를 갖는다.

따라서 처분 당시 보유 하였던 처분자료나 행정청에 제출되었던 자료만으로 위법여부를 판단하는 의미는 아닌 바, 헌법수호단원들이 제기하는 소송이나 고발의 원인된 국회에서의 ①대통령을 탄핵할 증거도 없이 탄핵소추를 의결한 처분사실, ②탄핵심판 중 수정의결도 없이 소추장을 무단 수정변경하여 헌법재판소에 제출한 처분사실, ③위법하게 수집한 증거 및 법률 소급적용 등과 함께 결원재판부에서 7인 이상의 재판관으로 할 수 있는 '심리권'를 넘어, 무단 '결정 선고'한 처분사실 시점을 기준으로 하여 그 위법여부를 판단하여야 하는 것이다.

이후에 국민이 뽑은 (불법 가짜)대통령으로서 위법성 유무 판단의 시점이 아닌, 헌법과 법률상의 명백하고도 중대한 하자(瑕疵)로서의 불법탄핵의 위법처분이 있었던 선결 처분시점이 오직 판단의 문제일 뿐이다.

◎ 대통령을 파면함으로써 얻은 국익은 없었다.

2004년 5월 14일, 헌법재판소에서 노무현 대통령에 대한 탄핵심판 사건 2004헌나1의 결정문에서 '헌법 제65조의 탄핵심판절차의 본질'에 관하여 이렇게 밝혔다.

"헌법 제65조는 행정부와 사법부의 고위공직자에 의한 헌법위반이나 법률위반에 대하여 탄핵소추의 가능성을 규정함으로써, 그들에 의한 헌법위반을 경고하고 사전에 방지하는 기능을 하며, 국민에 의하여 국가권력을 위임받은 국가기관이 그 권한을 남용하여 헌법이나 법률에 위반하는 경우에는 다시 그 권한을 박탈하는 기능을 한다. 즉, 공직자가 직무수행에 있어서 헌법에 위반한 경우 그에 대한 법적 책임을 추궁함으로써, 헌법의 규범력을 확보하고자 하는 것이 바로 탄핵심판절차의 목적과 기능인 것이다."(헌법재판소 2004헌나1의 노무현대통령 탄핵심판결정문)

한편, 이 사건 박 대통령에 대한 헌법재판소의 결원재판부는, 대통령을 탄핵하기 위해서는 대통령의 법 위배 행위가 헌법질서에 미치는 부정적 영향과 해악이 중대하여 대통령을 파면함으로써 얻는 헌법 수호의 이익이 대통령 파면에 따르는 국가적 손실을 압도할 정도로 커야 한다. 즉, "'탄핵심판청구가 이유 있는 경우'란 대통령의 파면을 정당화할 수 있을 정도로 중대한 헌법이나 법률 위배가 있는 때를 말한다"(갑제1호증; 탄핵결정문 제1쪽 내지 제2쪽)라고 표시했다. 그러면서 박 대통령에게 '파면'을 선고했다.

이후 박 대통령에 대한 법원의 형사재판에서는 2017년 05월 23일 서울중앙지방법원에서 1차 공판이 열린 이래 2018년 11월 28일 '새누리당 공천개입' 혐의로 박 대통령에 징역 2년이 확정했고, 2021년 01월 14일 대법원의 '박 대통령 국정농단·국정원 특활비 수수'혐의로 재상고심서 징역 20년, 벌금 180억원, 추징금 35억원으로 확정했다.

앞서 있었던 노무현 대통령에 대한 탄핵심판과도 형평이 있었어야 했는데, 박 대통령에 대한 심판에서는 과연 그러했는가?

탄핵심판의 법해석 방법은 성문법 국가인 이 나라에서 '특별한 규정이 없는 한 실정법과 일반적 법리에 따라서 법해석'이 이루어져야 할 것이다. 그리고 대통령 박근혜에 대한 탄핵심판 사건에서는 성문법상의 법률 문언과 헌법재판관들의 결정에 이르는 법해석의 이유가 전혀 달랐던 것이다.

탄핵심판의 부당성에 관한 관점에서 말하는 것이다. 이미 실정법에 근거한 법리 해석 및 적용상의 흠결을 밝힌 바와 같이 여러 위법 사항의 집합체가 된 그 부당하기가 명백한 탄핵심판 결정이었다.

박대통령의 공천개입 정도가 대통령을 파면함으로써 얻는 헌법 수호의 이익이 대통령 파면에 따르는 국가적 손실을 압도할 정도로 컸는지, 국정원의 특활비 수수는 역대 대통령이 그러해 온 관행적 전용이었고, 공익재단 기금 조성 역시 역대 정권의 대통령들이 그러해 왔었던 것, 최서원에게 경축사 연설문에 관하여 자문을 구함이 국익에 엄청난 손실을 초래한 사항인지, 그래서 박 대통령의 파면을 정당화할 수 있을 정도로 중대한 헌법이나 법률 위배가 있는 때라는 것인지? 참으로 한심하기가 비할 바가 없다.

8인 헌법재판관 그들은 탄핵심판을 열기에 앞서 이미 정해진 '파면'이라는 결론에 장애되는 법률이 있다면 무시하고, 필요한 부분은 억지 궤변으로 포장한 대한민국 헌법재판소의 헌법재판이 아니라 헌법재판관들 마음대로 행한 국가전복을 위한 국헌문란 헌법파괴를 일삼은 무법재판(無法裁判) 그 자체였던 것이다.

재량권을 벗어난 강행규정 위반부터 인식해야

대한민국의 헌법기관 헌법재판소에서 업무로 하는 대통령에 대한 탄핵심판을 다루는 관여 헌법재판관들은 '제재적 행정처분이 재량권의 범위를 일탈하였거나 남용하였는지 여부는 처분사유로 된 위반행위의 내용과 그 위반의 정도, 당해 처분에 의하여 달성하려는 공익상의 필요와 개인이 입게 될 불이익 및 이에 따르는 제반 사정 등을 객관적으로 심리하여 공익침해의 정도와 그 처분으로 인하여 개인이 입게 될 불이익을 비교교량하여 판단했어야 했다.(대법원 2012.11.15. 선고 2011두31635 판결, 대법원 2000.4.7. 선고 98두11779 판결 등 참조)

그런데 사실은 전혀 그렇지가 못했다. 이를 태만히 한 정도가 아니라, 오히려 그들은 헌법과 법률을 역행하는 반국가적 불법행위를 자처하였던 것이다.

"행정처분은 정당한 권한 있는 자가 그 권한 내에서 실현가능한 사항에 관하여 정상적인 의사에 기하여 법정의 일련의 절차와 소정의 형식을 갖추어 행해져야 하고, 또 외부에 표시되어야만 유효하게 성립하고 동시에 효력을 발생한다"(대법원 1976.06.08. 선고 75누63 판결 참조) 했다.

헌법기관들의 위법사실에 관한, 행정청이 어느 법률관계나 사실관계에 대하여 어느 법률의 규정을 잘못 해석하여 행정처분을 한 경우, 그 하자(瑕疵)가 중대하고 명백한지 여부를 판단하는 방법에 관하여 대법원 판례로서도 잘 나타나 보이고 있다.

행정소송법 제30조(취소판결등의 기속력)

① 처분 등을 취소하는 확정판결은 그 사건에 관하여 당사자인 행정청과 그 밖의 관계 행정청을 기속한다.

② 판결에 의하여 취소되는 처분이 당사자의 신청을 거부하는 것을 내용으로 하는 경우에는 그 처분을 행한 행정청은 판결의 취지에 따라 다시 이전의 신청에 대한 처분을 하여야 한다.

③ 제2항의 규정은 신청에 따른 처분이 절차의 위법을 이유로 취소되는 경우에 준용한다.

◎ 강행법규를 위반한 법률행위의 무효성

"하자 있는 행정처분이 당연무효가 되기 위하여는 그 하자가 법규의 중요한 부분을 위반한 중대한 것으로서 객관적으로 명백한 것이어야 하며, 하자가 중대하고 명백한지 여부를 판별할 때에는 그 법규의 목적, 의미, 기능 등을 목적론적으로 고찰함과 동시에 구체적 사안 자체의 특수성에 관하여도 합리적으로 고찰함을 요한다.

행정청이 어느 법률관계나 사실관계에 대하여 어느 법률의 규정을 적용하여 행정처분을 한 경우에 그 법률관계나 사실관계에 대하여는 그 법률의 규정을 적용할 수 없다는 법리가 명백히 밝혀져 그 해석에 다툼의 여지가 없음에도 행정청이 위 규정을 적용하여 처분을 한 때에는 그 하자가 중대하고도 명백하다고 할 것(대법원 2009.9.24.선고

2009두2825판결 참조)이다.

이러한 국회나 헌법재판소가 강행법규에 위반하는 내용의 법률행위는 부적법하거나 위법하여 무효가 되는 것이고, 강행법규의 위반으로서 무효가 됨은 효력법규를 위반한 법률행위이기 때문이다. 따라서 강행법규를 위반한 법률행위는 당연무효일 뿐이다.

국가 운영을 위한 공법상의 강행규정(强行規定)은 사회질서 등의 유지를 위해서 당사자 간의 합의로도 깨뜨릴 수 없는 규정으로서, 당사자의 의사와 상관없이 강제적으로 적용되는 법률상의 규정인 강행법규를 위반한 법률행위는 공공의 질서에 반(反)하여 절대적 당연무효이다.

이 사건 청구원인으로서의 위법한 행정처분과 관련하여 그 각 성립요건(成立要件) 또는 유효요건(有效要件)으로서 법률상 요구된 절차에 위반된 경우에 있어서는, 쟁송의 쟁점에 있는 헌법기관들의 선행처분과 그 위법한 결과가 권한 없는 사실상의 대통령 문재인에게 총체적으로 귀결된 이러한 위법선상의 위치와 행위에 있어서 그 위법한 정도가 '법 규정상(規定上) 절차상(節次上)의 하자(瑕疵)'가 중대하고 명백한 경우에는 관련된 모든 것이 원칙적으로 무효임이 분명하다.

허용될 수 없는 위법한 행정행위는 당연무효

위법 불법으로 점철된 탄핵심판으로서의 그 하자 있는 행정행위의 치유는 행정행위의 성질이나 법치주의의 관점에서 볼 때 원칙적으로 허용될 수 없고,(대법원 2014.5.16. 선고 2011두13736 판결, 대법원 2010. 8. 26. 선고 2010두2579 판결 등 참조) 그 결과는 당연무효일 뿐이다.

헌법재판소도 '헌법재판소가 탄핵심판을 관장하게 함으로써 탄핵 절차를 정치적 심판절차가 아니라 규범적 심판절차로 규정하였다'(헌법재판소 2004.5.14. 2004헌나1결정 참조)고 하여 탄핵심판이 사법재판형 제도임을 선결정례로써 확인한 바 있다.

탄핵심판의 본질은 형사처벌을 목적으로 개별 행위책임을 묻는 것이 아니라, 피소추자인 대통령이 그 직을 유지하는데 적합 또는 부적합을 헌법적 관점에서 판단하는 것이라 하겠다.

즉 탄핵심판은 사유에서 알 수 있듯이 헌법과 법률위반인 경우에 탄핵소추가 가능하고, 그에 따른 파면이 결정되는 것이므로 형사책임을 인정 및 부과하는 절차가 아니라, 헌법과 법률 위반을 확인하고, 그에 따른 처분을 하는 것으로 이해하는 것이 바람직할 것이다.

이에 더하여 탄핵제도는 국민의 신임에 의해 위임된 권력을 국민의 대표자인 국회를 통해 그 위임을 철회하는 제도로 대의적 책임추궁의 의미를 갖는 연유로 대통령 탄핵의 경우는 국회 재적의원 3분의 2 이상의 찬성이라는 가중 정족수를 요구하여 대통령 이외의 탄핵보다 강화된 요건을 부여하고 있는 것이라 할 것이다.

이런 탄핵심판의 헌법적 구조에서, 국민이 직접선거로 선출한 대통령에 관하여, 또한 지역주민이 직접선거로 선출한 국회의원이 어떻게 탄핵소추권을 행사했는지도 주권자인 유권자로서 알 수 있어야 함은 당연한 권리이기도 하나, 국회는 비밀투표로써 대통령에 대한 탄핵소추를 가결로서 처리했던 것이다.

헌법재판소는 대통령 박근혜에 대한 탄핵심판 결정문(갑제1호증)에서 '탄핵소추절차는 국회와 대통령이라는 헌법기관 사이의 문제이고, 국회의 탄핵소추의결에 따라 사인으로서 대통령 개인의 기본권이 침해되는 것이 아니다. 국가기관이 국민에 대하여 공권력을 행사할 때 준수하여야 하는 법원칙으로 형성된 적법절차의 원칙을 국가기관에 대하여 헌법을 수호하고자 하는 탄핵소추절차에 직접 적용할 수 없다'고 했다.

그래서 결원되는 헌법재판관을 보충할 필요도 없었고, 결원재판부에서 결정도 할 수 있는 무소불위 전지전능한 무법재판이 타당하다는 말인가?

오늘날 모든 국가작용은 입법절차의 적법성 보장원리 뿐만 아니라 '행정 절차적 적법성의 원리'로 발전하였으므로 탄핵소추절차에도 확대되어야 한다는 견해가 상당히 유력하게 제기되고 있다.

종래 헌법재판소의 태도도 적법절차는 "형사절차상의 영역에 한정되지 않고 입법, 행정 등 국가의 모든 공권력의 작용에는 절차상의 적법성뿐만 아니라 법률의 실체적 내용도 합리성과 정당성을 갖춘 실체적인 적법성이 있어야 한다"는 것이다.

헌법재판소는 탄핵결정문에서 '헌법재판은 9인의 재판관으로 구성된 재판부에 의하여 이루어지는 것이 원칙이다.

그러나 현실적으로는 일부 재판관이 재판에 참여할 수 없는 경우가 발생할 수밖에 없다.

이에 헌법과 헌법재판소법은 재판관 중 결원이 발생한 경우에도 헌법재판소의 헌법 수호 기능이 중단되지 않도록 7명 이상의 재판관이 출석하면 사건을 심리하고 결정할 수 있음을 분명히 하고 있다.

그렇다면 헌법재판관 1인이 결원이 되어 8인의 재판관으로 재판부가 구성되더라도 탄핵심판을 심리하고 결정하는 데 헌법과 법률상 아무런 문제가 없다'고 단정했다.

헌법재판관들은 헌법재판소법상의 대통령 탄핵심판에 결원 보충할 규정도 무시하고 배제할 수 있는 재량행위가 아닌 즉, 탄핵심판 결정에 6인 이상의 찬성이면 9인의 전원재판부가 구성되지 않은 결원재판부의 경우라도 6인 이상이면 만사형통할 수 있는 재판관들 마음대로의 재량수치가 아닌 것이기에 헌법과 법률상 아무런 문제가 없는 것이 아니다.

이미 앞 〈3장 4. 모든 국민은… 재판을 받을 권리를 가진다〉 항에서 국민의 재판받을 권리에 관하여 밝혀 놓은 바와 같이, 단 1명 일지라도 그 결원 자체로서 국민의 재판권을 침해한 위법사실이 증거로써 분명하게 존재한다.

이러한 헌법재판소의 불법탄핵 파면결정은 법률위반 일색으로서 헌법기관의 대통령으로서나, 사인(私人)으로서의 대통령 박근혜에게 침해된 개인적 기본권 침해는 이루 말할 수 없는 정도이다.

그런데 이러한 불법 파면으로서의 결정이 헌법과 법률을 애써 위반하고서 구차한 변명의 꼼수로써 만들어진 '파면결정'이란 것에 우리 국민은 빼앗긴 대통령을 대신해 분통을 터뜨릴 수 밖에 없는, 국민으로서의 권리이고 의무 있는 국민주권(國民主權)상의 당위성(當爲性)이다.

'무효확인'은 상대방과 제3자에게도 법률관계 대상

판례는 "행정소송에서의 무효확인 등의 소는 반드시 원·피고 간의 법률관계에 한하지 아니하고 원·피고의 일방과 제3자 또는 제3자 상호간의 법률관계도 대상이 될 수 있으며, 그러한 법률관계의 확인은 그 법률관계에 따라 원고의 권리 또는 법적 지위에 현존하는 위험, 불안이 야기되고, 이를 제거하기 위하여 그 법률관계를 확인의 대상으로 삼아 원·피고 간의 확인판결에 의하여 즉시로 확정할 필요가 있고, 또한 그것이 가장 유효 적절한 수단이 되어야 확인의 이익이 있다"(대법원 1994. 11. 8. 선고 94다23388 판결, 대법원 2016. 5. 12. 선고 2013다1570 판결 등 참조)했다.

하자 있는 행정처분이 당연무효라고 하기 위한 요건으로서는 처분에 위법 사유가 있다는 것만으로는 부족하고 하자가 법규의 중요한 부분을 위반한 중대한 것으로서 객관적으로(외형상으로) 명백한 것(대법원 1993.12.07. 선고 93누11432 판결 등 참조)이다.

이렇게 **"행정처분이 무효인 경우는 특히 권한 있는 기관에 의한 무효선언을 기다릴 것 없이 누구든지 무효를 주장 할 수 있는 것이므로 행정처분의 무효확인의 소에 있어서는 행정소송법 또는 다른 법률의 제소기간에 관한 제한규정의 적용을 받지 아니하고 제소할 수 있는 것"**(대법원 1966.12.06. 선고 63누197 판결 참조)이다.

취소소송은 처분 등의 취소를 구할 법률상 이익이 있는 자가 제기할 수 있다지만, 무효소송은 본래의 원천적인 당연무효로 인한 비구속성으로 인하여 응당 대한민국 국민이라면 대한민국의 법률관계에 관한 행정처분에 있어서 그 사안의 무효확인을 구할 수 있음은 자연스럽게도 당연한 권리인 것이다.

행정처분의 직접 상대방이 아닌 제3자가 그 처분의 취소나 무효확인을 구할 수 있는 요건으로서 '법률상 보호되는 이익'의 의미로서 행정처분의 직접 상대방이 아닌 제3자라 하더라도 당해 행정처분으로 인하여 법률상 보호되는 이익을 침해당한 경우에는 그 처분의 취소나 무효확인을 구하는 행정소송을 제기하여 그 당부의 판단을 받을 자격이 있다(대법원 2008.3.27. 선고, 2007두23811 판결)함이 대법원 판례이다.

무권한의 불법 가짜 대통령에 이른 선행된 위법한 처분 등이 공법상의 강행규정 위반이 명백하고 중대함에 비추어 당연무효로 귀결됨으로써 적법한 대통령이 아닌 사실상의 대통령 문재인에 대하여 '당연무효의 법리'에 따라, 청구취지상의 지위 및 권한의 부존재 확인을(적법한 대통령 박근혜에게는 권한의 존재확인을) 서울행정법원에서 뿐만 아니라, 지방법원 행정재판부에서 판단 못할 이유가 없다.

탄핵심판 결정으로서의 여러 가지 흠결을 가진 효력발생 요건을 갖추지 못한 2016헌나1 사건의 대통령에 대한 파면 결정의 효력은 원천적으로 당연무효일 수 밖에 없는 것이고, 동시에 박근혜가 '적법한 대한민국 대통령'으로서의 지위와 권한을 유지함에 있어서 현행법에 전혀 다름이 없는 것이다.

선행처분과 후행처분의 상관관계

선행처분과 후행처분이 서로 결합되었거나 또는 독립하여 각각 별개의 법률효과를 발생시키는 경우라도 선행처분의 하자가 중대하고 명백하여 선행처분이 당연무효인 경우에는 선행처분의 하자를 이유로 후행처분의 효력을 다툴 수 있는 것이 원칙으로 굳어진 판례이다.

원고들의 제소 취지는, 법원의 판결은 권리를 설정, 변경, 소멸시키는 창설적 판결로서 당사자는 물론 그 관계의 제3자에 대하여도 그 효력을 미치는 판결의 성질에 편승하고 있다.

대통령 박근혜가 '적법한 대통령'으로서 그 권한 있음을 공신력 있는 법원으로부터 판결로써 확인받아 적법한 위치에 복귀 환원시킴으로써 나라의 법치를 수호하고자 하는 국민주권으로서 재판받을 권리를 행사함에 있다.

이렇게 대한민국의 국민으로서 원고들의 국민주권상의 권리 또는 국민으로서의 법률상 지위에서 권한 없는 사실상의 대통령 문재인에 대한 부적법한 대통령으로서의 대통령 지위 및 권한 부존재 확인을 받음에 있어서 문재인은 법률상 무권한(無權限)임이 명백하고 그 위험성이 중대하고도 부적절한 부당한 통치를 원고들과 국민들이 받은 사실이다.

그러므로 이 사건 권한 없는 사실상의 대통령 문재인에 대한 청구상의 대통령으로서의 지위 및 권한 부존재 확인 판결을 받는 것이 그 분쟁을 근본적으로 해결하는 가장 유효, 적절한 수단임에 의심의 여지가 없는 확인의 소의 이익이 있다(대법원 1999. 09. 17.선고 97다54024 판결 참조)는 것이다.

앞서 본 이러한 국회, 헌법재판소, 중앙선거관리위원회와 불법 가짜 대통령 문재인의 각 위법한 행위가 점철된 과정의 결과로서 '대통령 박근혜'가 대통령으로서의 권한이 있음에도 이를 행사하지 못하고 있는 국권이자 통치권의 참탈(僭奪: 참혹하게 빼앗음)과 국민주권의 중대한 침해 상태에서 이 사건 소송으로써 '적법한 대통령 박근혜' 및 주권국민에게 헌법과 법률에 적법한 위치와 자세로 고쳐져야 할 사법권의 행사가 시급히 요청되고 있다.

◎ 선·후행처분의 결합관계

국회의 탄핵소추수정서와 이에 기초한 헌법재판소의 위법한 탄핵결정의 관계와 같은 2개 이상의 행정처분이 연속적 또는 단계적으로 이루어지는 경우 선행처분과 후행처분이 서로 합하여 1개의 법률효과를 완성하는 때에는 선행처분에 하자가 있으면 그 하자는 후행처분에 승계된다.

이러한 경우에는 선행처분에 불가쟁력이 생겨 그 효력을 다툴 수 없게 되더라도 선행처분의 하자를 이유로 후행처분의 효력을 다툴 수 있다.(대법원 2019.1.31. 선고 2017두40372 판결, 대법원 1994.1.25. 선고 93누8542 판결, 1998.3.13. 선고 96누6059 판결 참조)

◎ 선·후행처분의 독립관계

헌법재판소의 위법한 탄핵결정과 대통령선거 실시의 관계와 같은 선·후행처분이 서로 독립하여 각각 별개의 법률효과를 발생시키는 경우라도 선행처분의 하자가 중대하고 명백하여 선행처분이 당연무효인 경우에는 선행처분의 하자를 이유로 후행처분의 효력을 다툴 수 있는 것이 원칙이다.(대법원 2000.9.5. 선고 99두9889 판결, 대법원 2004.6.10. 선고 2002두12618 판결, 대법원 2009.4.23. 선고 2007두13159 판결 등 참조)

이 경우 선행처분의 불가쟁력이나 구속력이 그로 인하여 불이익을 입게 되는 자에게 수인한도를 넘는 가혹함을 가져오고, 그 결과가 당사자에게 예측가능한 것이 아니라면, 국민의 재판받을 권리를 보장하고 있는 헌법의 이념에 비추어 선행처분의 후행처분에 대한 구속력은 인정될 수 없다.(대법원 2019.1.31. 선고 2017두40372 판결 등 참조)

이러한 헌법기관으로서의 권한에는 사무의 성질 및 내용에 따르는 제약이 있고, 지역적·대인적으로 한계가 있으므로 이러한 권한의 범위를 넘어서는 권한유월의 행위는 무권한 행위로서 원칙적으로 무효이고, 선행행위가 부존재하거나 무효인 경우에는 그 하자는 당연히 후행행위에 승계되어 후행행위도 무효로 된다.(대법원 1996.6.28. 선고 96누4374 판결 참조)

따라서, 문재인의 불법통치에 선행된 각 관련 헌법기관들의 선행처분된 당연무효의 비구속성으로 인하여 원고들의 제소요건이나 수명법원으로서의 후행적 판단을 함에 있어서 아무런 제약을 받지 않는다.

이에 이 사건 사인(私人)으로서의 권한 없는 사실상의 대통령 문재인에 대하여 구하는 '대통령 지위 및 권한의 부존재'를 확인 판단함에 있어서, 민사법정에서 선행된 행정처분에 관한 판단을 함에 아무런 제약을 받지 않음인 것으로서, 원고들의 권한 없는 사실상의 대통령 문재인에 대한 권한 및 지위에 관한 부존재 확인을 구함은 적절하다 하겠다.

여러 헌법기관들의 각 관장업무로서의 행정처분은 그 어느 것 하나라도 위반되어서는 아니 될 (달리 치유될 수도 없는) 공법상의 강행규정상의 여러 가지 위법사항으로서, 선행처분과 후행처분이 서로 결합되었거나 독립되었다 하더라도 선행처분의 하자가 중대하고 명백하여 선행처분이 당연무효인 경우에는 선행처분의 하자를 이유로 후행처분의 효력을 다툴 수 있는 것이 원칙이다.

이 사건 위 헌법기관들의 행정행위의 그 하자가 중대하고 명백하여 당연 무효로 보아야 할 사유가 존재하고, 선행처분의 불가쟁력이나 구속력이 그로 인하여 불이익을 입게 되는 적법한 대통령 박근혜에게 수인한도를 넘는 가혹함이 있다.

또한, 국민으로서 이런 불법 무권(無權)의 가짜 대통령으로부터 통치를 받는 결과가 국민인 당사자에게 예측 가능한 것이 아닌, 이 경우에는 국민의 재판받을 권리를 보장하고 있는 헌법의 이념에 비추어 선행처분의 후행처분에 대한 행정행위로서의 구속력은 인정될 수 없다고 봄이 타당하다.

따라서 선행처분에 위법이 있는 경우에는 그 자체를 행정소송의 대상으로 삼아 위법 여부를 다툴 수 있음은 물론이지만, 이를 기초로 한 후행처분의 무효·취소를 구하는 행정소송에서도 선행처분의 위법을 독립된 위법사유 즉 청구원인으로 주장할 수 있다(대법원 1998.3.13.선고 96누6059 판결참조) 했다.

이렇듯, 위법한 무권 사실상의 대통령 문재인은 국회, 헌법재판소, 중앙선거관리위원회의 각 위법행위의 존재 사실로써, 이들 각자 내지는 상호간의 선·후 관계에 있어서 결합관계이거나 독립관계이거나 하등의 결론을 달리하지 않는다.

이렇듯, 문재인은 대한민국 대통령으로서 법률상 가질 수 있는 일체의 권한이 없고, 이 사건 원고들의 청구는 이를 공신력 있는 법원의 판결로써 확인받고자 함이다.

무효한 행정처분과 민사소송과의 관계

행정행위의 효력요건은 정당한 권한 있는 기관이 필요한 수속을 거치고 필요한 표시의 형식을 갖추어야 할 뿐만 아니라, 행정행위의 내용이 법률상 효과를 발생할 수 있는 것이어야 되며, 그 중의 어느 하나의 요건의 흠결도 당해 행정행위의 절대적 무효를 초래하는 것이며, 행정행위의 내용이 법률상 결과를 발생할 수 없는 권리의무를 목적한 것이면 그 행정행위 및 부관은 절대무효(대법원 1959.5.14. 선고 4290민상834 판결 참조)인 것이다.

행정처분이 법령상 당사자를 구속할 수 없는 하자가 있으므로 인하여 당연히 무효한 것이라고 인정되는 경우가 아니면 민사소송절차에 있어서 선결적으로 그 효력을 부인할 수 없는 것이다.(대법원 1957.2.23. 선고 4289민상671 판결 참조)

하지만, 이 사건 청구원인과 같은 행정처분에 실체적 요건에 관련된 사실관계를 오인한 하자가 있는 경우, 그 하자가 중대하고 명백하다고 하기 위해서는 그 사실관계 오인의 근거가 된 자료가 외형상 상태성(狀態性)을 결여하거나 또는 객관적으로 그 성립이나 내용의 진정을 인정할 수 없는 것임이 명백한 이 사건 청구원인과 같은 여러 헌법기관들의 많은 공법상의 강행규정을 위반한 행정처분은 법원의 선고로써 유효한 것이 무효로 변질되는 것이 아니라, 이미 본래부터 그 당해 강행규정에 위법하여 당연무효화되어 있는 것이다.

따라서, 이 사건 청구원인 된 여러 위법한 행정처분이 법령상 당사자를 명백히 구속할 강행법규 위반의 하자가 있으므로 인하여, 당연히 무효한 경우의 위법사실로서 민사소송절차에 있어서도 선결적으로 그 효력을 부인할 수 있는 사안에 해당한다.

행정처분이 무효인 경우는 특히 권한 있는 기관에 의한 무효선언을 기다릴 것 없이 누구든지 무효를 주장 할 수 있는 것이므로 행정처분의 무효확인의 소에 있어서는 행정소송법 또는 다른 법률의 제소기간에 관한 제한규정의 적용을 받지 아니하고 제소할 수 있다.(대법원 1966.12.6. 선고 63누197 판결 참조)

따라서 권한의 존재·부존재 등 무효확인 소송은 취소소송과 달리 제소기간이며 사정판결, 간접강제, 행정심판전치주의, 행정소송법 및 특히 행정소송상의 지역관할 등의 제약을 받지 않는 것이다.

또한, '행정처분이 강행법규에 위배하여 그 효력요건을 결여하거나 처분으로 인하여 의무 또는 불이익을 받을 자에 대하여 그 구속력을 인정할 수 없는 경우에는 이를 무효한 행정처분이라 아니할 수 없다.

따라서 여사한 행정처분이 소송상 선결문제로 된 때에는 법원은 취소할 수 있는 행정처분과 달라서 행정소송절차에 의하지 아니하고 이를 심리 판단할 수 있는 것이다.'(대법원 1955.9.15. 선고 4288민상263 판결 참조)

그러므로, 민사소송에 있어서 어느 행정처분의 당연무효 여부가 선결문제로 되는 때에는 이를 판단하여 당연무효임을 전제로 판결할 수 있고, 반드시 행정소송 등의 절차에 의하여 그 취소나 무효확인을 받아야 하는 것은 아니다.(대법원 1972.10.10. 선고 71다2279 판결, 대법원 2010.4.8. 선고 2009다90092 판결 참조)

지방법원에 탄핵무효소송이 이르게 된 원인과 법리

2018년 초기에는 원고측의 행정소송 준비 부족으로, 한 피고 표시에 있어서 '피고 대통령 문재인'으로 표시하지 않고, '피고 문재인'으로 표시하는 등의 행정소송으로서의 흠결도 있었다.

하지만 그러기를 얼마 후부터는 소장 접수 후 다음날 오후면 사건 배당이 표시되던 것이 2·3일 지나서 배당되는가 하면, 또 다시 제소된 사건은 앞서 변론 기일 진행도 없이 '각하'선고를 내린 그 재판부로 배당되는 등, 원고의 소장(訴狀) 속에 든 강조 문구는 못 보고 못 들은 척, 늘 그렇게 엉뚱한 '각하'판결만 내놓았다.

이런 시련은 헌법기관들의 정상적인 처분이라면 응당 서울행정법원이 관할권을 가지므로 그에 따라야 할 것이나, 아래의 '공법상의 강행규정을 위반한 당연무효의 법리'에서 언제나, 어디서나, 누구나 그 무효를 선언할 수 있음에 따른,

파면선고 처분 등에 아무런 법률효과가 발생하지 않는 원천적인 당연무효의 법리에서 서울행정법원에 계속하는 제소, 계속되는 '각하'선고를 받을 이유가 없음을 알게 된 이후, 주소관할이 있는 원고들에 의하여 여러 지방법원 행정재판부로 소가 제기 되었다.

이렇게 지방법원에 제소를 하면서, 서울행정법원에서는 피고에게 피소 안내문의 송달도 않던 것이 송달이 이루어졌고, 재판부에서 보정명령을 내리면서도 그 신중하고 진지함을 느낄 수가 있었다. 앞에서 본 무효의 비구속성에 근거하면서, 또한 이 사건의 원고들 중 일부의 원고들은 지방법원 관할의 거주민으로서 지역관할을 갖고 있어, 지방법원에 제소한 원고들의 청구는 사건관할에 적합하다.

6

법원의 보정명령에
답하다

즉, 헌법재판소는 위법하기가 헌법재판관의 신분으로서 있을 수 없는, 말이 안 되는 탄핵심판의 결정을 하였던 것이고, 이런 불법탄핵의 증거가 되는 그들의 법률위반 행위가 있었음이 그 결정문에도 치졸한 변명으로 담겨져 있음에, 감히 헌법수호단은 그들의 탄핵심판 업무는 불법이었고, 망국적 '반역'이었다고 말한다.

그들의 헌법재판 업무에 관하여 수년간에 걸친 수십 건의 탄핵무효 소송을 법원에 제소하는 준법투쟁을 함에 있어서 '저들은 뭔 이익이 있어 저럴까' 하는 의아심을 갖는 이도 있을 것이다.

원고들의 탄핵무효 소송의 수명재판부로서는 원고들에게 소송의 가치가 없는 것을 제소한 것 아니냐는 것으로, 이를 해명하라는 등의 '보정명령'에 답한 것을 올려 드림에, 그래도 일반인으로서는 쉽게 이해 안 될, 모를 내용의 보정명령에 답일 수도 있다.

하지만, 법 지식인들로서는 많은 공감 있을 것으로 알아, 불법 탄핵심판에 대한 국민주권 행사로서 행정소송상의 항고소송으로 다툼을 하면서 소송구조상의 핵심이 되는 내용을 법원 재판부가 보정명령으로 묻고 원고들이 그 답한 것을 몇 올린다.

탄핵무효 소송의 원고들은 비법률가들로서, 우리 사회가 식자(識者)로서의 최소한의 도덕적 책임을 느끼며 사는 사회라면, 우리가 살고, 후세가 살아 갈, 대한민국은 참으로 밝고 맑은 좋은 나라일 것이라는 생각이 든다.

국회, 헌재, 선관위, 대통령은 행정청이 아니지 않는가?

행정청, 즉 헌법기관으로서의 행정청은 "국가 또는 공공단체의 기관으로서 직접 대외적 구속력 있는 의사를 결정·표시할 수 있는 권한을 가진 기관을 말하는 것으로, '다른 법률에 특별한 규정이 없는 한 처분 등을 행한 행정청을 피고로 한다.'(행정소송법 제13조 제1항)

여기서 '행정청'이란 국가 또는 공공단체의 기관으로서 국가나 공공단체의 의견을 결정하여 외부에 표시할 수 있는 권한, 즉 처분 권한을 가진 기관을 말한다'(대법원 2019.04.03. 선고 2017두52764 판결 참조) 함은 법률상 지극히 당연하다.

행정절차법 제2조 제1호는 '행정청'을 "행정에 관한 의사를 결정하여 표시하는 국가 또는 지방자치단체의 기관 기타 법령 또는 자치법규에 의하여 행정권한을 가지고 있거나 위임 또는 위탁받은 공공단체나 그 기관 또는 사인"으로 정의하고, 행정심판법 제2조 제2항과 행정소송법 제2조 제2항은 각각 "이 법을 적용함에 있어서 행정청에는 법령에 의하여 행정권한의 위임 또는 위탁을 받은 행정기관, 공공단체 및 그 기관 또는 사인이 포함된다"라고 규정했다.

한편, 정부조직법 제5조 및 제6조 등에서 '행정기관', '행정기관의 장' 등의 용어를 사용하고 있다.

그러나, 행정소송법에서 말하는 행정청은 의사결정의 표시기관이라는 점에서 행정조직법상의 그것과 반드시 일치하는 것은 아닌 것으로, 보조기관(청와대 안보실장 등)도 때로는 행정청이 될 수 있고, 국회나 헌법재판소, 중앙선거관리위원회, 감사원 등의 헌법기관도 행정청으로 기능하는 것으로, 이러한 행정청은 때때로 그 의사결정을 외부에 표시하고 있다.

이 사건 청구원인에 있어서 국회의 탄핵소추의결서가 가결로서 외부에 표출되면서 동시에 헌법재판소에 제출된 사실, 헌법재판소는 여러 가지 위법사항을 내포하고서도 결원재판부에서 위법한 탄핵결정이 파면선고로써 행사 표출된 사실들로서 헌법기관으로서의 행정청은 의사결정을 외부에 표시했던 '행정청'인 것이다.

이러한 위법사항의 귀결체인 '피고 대통령 문재인'으로서는 통치권한 없는 불법 가짜 대통령임에도 불구하고, 갖가지 위법한 통치행위가 표출되면서 국민의 생활에 직·간접적으로 작용하고 있는 현실적 사실상의 헌법기관인 '피고 대통령'으로서의 행정청에 해당하고 있다.

피고들의 행위가 항고소송의 대상인 처분인가?

행정소송의 대상이 되는 행정처분에 해당하는지의 여부는 그 행위의 성질·효과 이외에 행정소송 제도의 목적이나 사법권에 의한 국민의 권익보호의 기능도 충분히 고려하여 합목적적으로 판단하여야 할 것이다.

'처분'이란 "행정청이 행하는 구체적 사실에 관한 법집행으로서의 공권력의 행사 또는 그 거부와 그 밖에 이에 준하는 행정작용"(행정소송법 제2조 제1항 제1호)을 말하는 것이다.

그러한 '행정처분은 정당한 권한 있는 자가 그 권한 내에서 실현가능한 사항에 관하여 정상적인 의사에 기하여 법정의 일련의 절차와 소정의 형식을 갖추어 행해져야 하고, 또 외부에 표시되어야만 유효하게 성립하고 동시에 효력을 발생한다.'(대법원 1976.06.08. 선고 75누63 판결 참조)

그런데, 행정처분이 유효하게 성립하기 위하여는 정당한 권한 있는 자에 의하여 그 권한 내의 사항에 관하여 정상적인 의사에 기하여 실현가능한 사항으로서 법정의 일련의 절차에 따라 소정의 형식을 갖추어 행해져야 하고 또 외부에 대하여 표시되어야만 할 것이고, 이렇게 성립된 행정처분은 통상 그 성립과 동시에 그 효력을 발생한다.(대법원 1976.6.8. 선고 75누63 판결 참조)

행정법의 일반원칙이 공통적으로 지향하는 목표는 국민의 입장에서 행정활동이나 국가의 공권력 행사가 항상 예측 가능하고 투명하여야 하며, 일정한 공익을 실현하기 위하여 불필요하게 공권력을 남용하여 국민의 권리를 과도하게 침해하지 말아야 하고, 동시에 합리적인 최소한의 비용만을 지출함으로서 납세자인 국민에게 필요 이상의 과도한 경제적 부담을 주는 것을 지양하는 공권력 행사에 대한 예측가능성과 투명성, 합리성 등이 그 요체라고 할 수 있다.

혹여, 이 사건상의 청구취지에 따른 위법한 청구원인이 된 각 헌법기관들의 행위가 '처분'에 해당하는지 불분명한 경우, 이를 판단하는 방법에 관하여 대법원의 판례는 행정청의 행위가 '처분'에 해당하는지가 불분명한 경우에는 그에 대한 불복방법 선택에 중대한 이해관계를 가지는 상대방의 인식가능성과 예측가능성을 중요하게 고려하여 규범적으로 판단하여야 한다(대법원 2020.4.9. 선고 2019두61137 판결 참조)고 밝혔다.

그러한 즉, 국회의 탄핵소추장에 관한 무단 수정 변경은 응당 국회의 본회의 의결 절차를 거쳐야 했고, 탄핵심판에 있어서 헌법재판소의 재판관 전원이 참여하는 전원재판부 해당사건에서 재판관의 결원이 이미 예정되어 있는 상황에서 결원 이전에 그 후임자를 보완하도록 한 규정은 탄핵에 소추된 대통령 박근혜나 관련 헌법기관 및 국민으로서 응당 법률상의 인식가능성과 예측가능성이 중요하게 작용하고 있는 법규범 그 자체로 명문화 되어 있는 강행법규범으로서 사법판단(司法判斷)되어져야 하는 것이다.

그럼에도 불구하고 일반 당사자들 간의 소송처럼 법원에서 재판부의 변경·조정·화해의 제안에 따라 소송당사자나 그 대리인들로 하여금 동의하게 하여 변경될 수 없는 그런 ①국회의 결의를 거쳐 온 탄핵소추장이 헌법재판소의 심리 과정에서 임의 변경할 수 있는 사안이 아니었으며, ②헌법재판소법에 재판관의 결원에 대비하여 충원하도록 강행규정이 있음에도 헌법재판소가 이에 대한 부작위를 고수하고서는, 결국 전원재판부가 아닌 결원재판부에서 무단히 결정 선고를 행사하면서 "헌법수호 차원에서 부득이 했다"는 변명 따위로 피소추인과 국민을 우롱하는 양심 없는 그 궤변(詭辯)이 결코 이해·용납될 수가 없는 것이다.

이런 헌법기관들의 행위에 대하여 신뢰보호의 원칙이 적용되기 위해서는, ①행정청이 개인에 대하여 신뢰의 대상이 되는 공적인 견해표명을 하여야 하고, ②행정청의 견해표명이 정당하다고 신뢰한 데에 대하여 그 개인에게 귀책사유가 없어야 하며, ③그 개인이 그 견해표명을 신뢰하고 이에 상응하는 어떠한 행위를 하였어야 하고, ④행정청이 그 견해표명에 반하는 처분을 함으로써 견해표명을 신뢰한 개인의 이익이 침해되는 결과가 초래되어야 하며, ⑤그 견해표명에 따른 행정처분을 할 경우 이로 인하여 공익 또는 제3자의 정당한 이익을 현저히 해할 우려가 있는 경우가 아니어야 한다.(대법원 2017.11.23. 선고 2014두1628 판결, 대법원 2006.6.9. 선고 2004두46 판결 등 참조)

이렇듯, 여러 가지의 법률 위반으로 점철된 대통령 박근혜에 대한 파면결정 선고 처분은 안정성·공정성·적법성·객관성·투명성·신뢰성 등의 확보를 필요로 했고, 그러한 파면선고 처분을 받는 피소추인의 권익보호 문제도 공익목적 실현과의 비교 교량의 측면에서 적절하여야 할 것인 즉, 위법 불법으로 점철된 탄핵심판으로서의 그 하자 있는 행정행위의 치유는 행정행위의 성질이나 법치주의의 관점에서 볼 때 원칙적으로 허용될 수 없고,(대법원 2014.5.16. 선고 2011두13736 판결, 대법원 2010.8.26. 선고 2010두2579 판결 등 참조) 그 결과는 당연무효일 뿐이다.

이렇게. 항고소송의 대상이 되는 행정청의 처분이라 함은 행정소송의 대상이 되는 행정처분에 해당하는지의 여부는 그 행위의 성질·효과 이외에 행정소송제도의 목적이나 사법권에 의한 국민의 권익보호의 기능도 충분히 고려하여 합목적적으로 판단하여야 할 것이다.

'원칙적으로 행정청의 공법상의 행위로서 특정사항에 대하여 법규에 의한 권리의 설정 또는 의무의 부담을 명하거나 기타 법률상의 효과를 직접 발생하게 하는 등 국민의 권리의무에 직접 관계가 있는 행위를 말하므로, 상대방 또는 관계자들의 법률상 지위에 직접 영향을 미치지 아니하는 행위는 그에 해당하지 아니한다.'(대법원 2007.10.26. 선고 2005두7853 판결, 대법원 1999.8.20.선고 97누6889 판결 등 참조)

행정소송법 제4조 (항고소송)

항고소송은 다음과 같이 구분한다.

1. 취소소송 : 행정청의 위법한 처분 등을 취소 또는 변경하는 소송
2. 무효 등 확인소송 : 행정청의 처분 등의 효력 유무 또는 존재여부를 확인하는 소송
3. 부작위위법확인소송 : 행정청의 부작위가 위법하다는 것을 확인하는 소송

그렇다면, 행정청의 행위가 '처분'에 해당하는지의 판단에 있어서, '행정청의 행위가 '처분'에 해당하는지가 불분명한 경우에는 그에 대한 불복방법 선택에 중대한 이해관계를 가지는 상대방의 인식가능성과 예측가능성을 중요하게 고려하여 규범적으로 판단하여야 한다', (대법원 2020.04.09.선고 2019두61137판결 참조)

국회의 탄핵소추의결서가 가결로서 외부에 표출되면서 동시에

헌법재판소에 제출된 사실, 헌법재판소는 여러 가지 위법사항을 내포하고서도 결원재판부에서 위법한 탄핵결정이 파면선고로써 행사 표출된 사실로써, 이러한 위법사항의 귀결체인 피고 사실상의 대통령 문재인으로서는 통치권한 없는 불법 가짜 대통령임에도 불구하고 갖가지 위법한 통치행위가 표출되면서 국민의 생활에 직·간접적으로 작용하고 있는 현실상의 헌법기관인 피고 '대통령'으로서의 불법통치 처분이 행해졌던 것으로 행정청의 의사결정으로서의 처분에 해당하고 있다.

행정청의 어떤 행위를 행정처분으로 볼 것이냐의 문제는 추상적, 일반적으로 결정할 수 없고, 구체적인 경우 행정처분은 행정청이 공권력의 주체로서 행하는 구체적 사실에 관한 법집행으로서 국민의 권리의무에 직접적으로 영향을 미치는 행위라는 점을 염두에 두고, 관련 법령의 내용 및 취지와 그 행위가 주체·내용·형식·절차 등에 있어서 어느 정도로 행정처분으로서의 성립 내지 효력요건을 충족하고 있는지 여부, 그 행위와 상대방 등 이해관계인이 입는 불이익과의 실질적 견련성, 그리고 법치행정의 원리와 당해 행위에 관련한 행정청 및 이해관계인의 태도 등을 참작하여 개별적으로 결정하여야 할 것이다.

탄핵된 당사자가 아닌데, 소의 원고가 적절한가?

당사자 적격은 넓은 의미의 소의 이익에 포함되는 즉, 본안판단을 구하는 것을 정당화시킬 수 있는 이익 내지 필요를 말하고, 원고적격, 권리보호의 자격(청구대상의 적격) 및 권리보호의 필요(협의의 소의 이익)을

포괄하는 것으로 정의되고 있다.《행정쟁송법》, 하명호 저, 박영사 간, 76쪽)

행정소송은 공법상의 법률관계에서 생긴 분쟁을 해결하는 것, 즉 공권으로부터의 침해에 대한 구제를 주된 임무로 하는 것을 행정소송의 기능적 측면으로 이해할 '법률상 이익'은 공권의 개념과 밀접한 관련성이 있는 것이다.

공권이 성립하기 위해서는 ①행정주체에게 일정한 작위, 부작위, 급부, 수인 등의 의무를 부과하는 강행법규가 존재하여야 하고(강행법규성) ②행정법규가 단순히 공익의 실현이라는 목적 이외에 사적 이익의 보호도 의욕하여야 한다(법규의 사익보호성)는 것이다.

"항고소송에서는 당사자 사이에 직접적인 권리·이익의 대립이 있는 것이 아니다. 적극적인 당사자인 원고는 위법한 처분 등으로 권리·이익이 침해되었다는 이유로 그 처분의 효력 배제를 구하지만, 행정청은 자신의 권리·이익을 도모하는 것이 아니라, 법적용에 위법이 없다는 것을 도모할 뿐이다. 또한 행정청은 권리 주체가 아니라 국가·지방자치단체 등의 '기관'에 지나지 않으나, 소송의 편의를 위하여 피고의 지위를 인정받고 있을 뿐이다"《행정쟁송법》, 하명호 저, 박영사 간, 73쪽)라고 학계의 한 저서는 항고소송의 성질·모양을 이렇게 정의했다.

이런 맥락을 같이 하는 판례 역시도 "행정처분의 무효 확인 또는 취소를 구하는 소가 제소 당시에는 소의 이익이 있어 적법하였는데, 소송계속 중 해당 행정처분이 기간의 경과 등으로 그 효과가 소멸한 때에 그 처분이 취소되어도 원상회복이 불가능하다고 보이는 경우라 하더라도, 무효 확인 또는 취소로써 회복할 수 있는 다른 권리나 이익이 남아 있거나 또는 그 행정처분과 동일한 사유로 위법한 처분이 반복될 위험성이 있어 행정처분의 위법성 확인 내지 불분명한 법률문제에 대한 해명이 필요한 경우에는 행정의 적법성 확보와 그에 대한 사법통제, 국민의 권리구제의 확대 등의 측면에서 예외적으로 그 처분의 취소를 구할 소의 이익을 인정할 수 있다."(대법원 2007.7.19. 선고 2006두19297 전원합의체 판결, 대법원 2016.6.10. 선고 2013두1638 판결 등 참조)

여기에서 '그 행정처분과 동일한 사유로 위법한 처분이 반복될 위험성이 있는 경우'란 불분명한 법률문제에 대한 해명이 필요한 상황에 대한 대표적인 예시일 뿐이며, 반드시 '해당 사건의 동일한 소송당사자 사이에서' 반복될 위험이 있는 경우만을 의미하는 것은 아니다.(대법원 2008.2.14. 선고 2007두13203 판결, 대법원 2020.12.24. 선고 2020두30450 판결 참조)

행정소송법 제3조 제3호에서 규정한 민중소송 즉 국가 또는 공공단체의 기관이 법률을 위반한 행위를 한 때에 직접 자기의 법률상 이익과 관계없이 그 시정을 구하기 위하여 제기하는 소송에 해당 한다.(대법원 1961.4.11. 선고 4293선14 판결, 대법원 2004.5.31. 선고 2003수26 판결, 대법원 2016.11.24. 선고 2016수64 판결 참조)

이러한 판례에 비추어, 민중소송은 원고의 법률상 이익을 별도로 요구하지 않는 즉 원고들 개인의 이익을 딱히 구하는 소송이 아닌 것으로 국가 또는 공공단체의 기관이 법률을 위반한 행위에 책임을 묻는 문책을 허용하고 있다.

국가 또는 공공단체의 기관이 법률에 위반되는 행위를 한 때에 직접 자기의 법률상 이익과 관계없이 그 시정을 구하기 위하여 제기하는 '민중소송'으로서, 이 의미는 국민의 누군가는 헌법수호단의 탄핵 무효 준법투쟁의 이 사건과 같은 소송을 제기할 필요가 있는 영역의 것이다.

불이익처분의 상대방은 직접 개인적 이익의 침해를 받은 자로서 원고적격이 인정된다. 더 나아가 행정처분의 직접 상대방이 아닌 자라 하더라도 행정처분의 근거 법규 또는 관련 법규에 의하여 개별적·직접적·구체적으로 보호되는 이익이 있는 경우 처분의 취소를 구할 원고적격이 인정된다.(대법원 2020.04.09. 선고 2015다34444 판결 참조)

이렇게 개별법에서 행정청 인·허가 거부 따위 같은, 원고에 대한 권리침해가 없어도 원고적격이 인정되는 것으로, 개인적 권리구제 보다는 행정법규의 적정한 집행을 보장하기 위하여 일반인에게 소송의 제기를 할 수 있게 한 예외적인 행정소송의 한 형태라고 할 것이다.

다수 원고들의 소 제기에 대한 모양에 있어서 원고들의 이 사건 청구는 민중소송이자 단체소송으로서의 항고소송인 것이며, 또한 국가와 국민의 통치관계상의 지배·피지배의 입장에서 국민주권에 편승한 당사자 소송으로서의 측면으로도 이해될 수 있는 것이기도 하다.

이 사건 '대통령 권한 존재·부존재 확인소송'으로서, 행정소송법 제4조 제2호 '무효 등 확인소송'에 속하는 "행정청의 처분 등의 효력 유무 또는 존재 여부를 확인하는 소송"에 속하고 있다.

무효소송은 본래의 원천적인 당연무효로 인한 비구속성으로 인하여 응당 대한민국이라면 대한민국의 법률관계에 관한 행정처분에 있어서 그 사안의 무효확인을 구할 수 있음은 자연스럽게도 당연한 권리라 할 것이다.

행정처분의 직접 상대방이 아닌 제3자가 그 처분의 취소나 무효확인을 구할 수 있는 요건으로서 '법률상 보호되는 이익'의 의미로서 행정처분의 직접 상대방이 아닌 제3자라 하더라도 당해 행정처분으로 인하여 법률상 보호되는 이익을 침해당한 경우에는 그 처분의 취소나 무효확인을 구하는 행정소송을 제기하여 그 당부의 판단을 받을 자격이 있다(대법원 2008.3.27. 선고, 2007두23811 판결)함이 판례이다.

이렇듯, 행정소송법 제35조 무효등 확인소송의 원고적격에 관하여 "무효등 확인소송은 처분 등의 효력 유무 또는 존재 여부의 확인을 구할 법률상 이익이 있는 자가 제기할 수 있다"고 규정하고 있다.

판례에서도 또한 행정소송법상 처분을 "행정청이 공권력의 주체로서 행하는 구체적 사실에 관한 법집행으로서 국민의 권리의무에 직접적으로 영향을 미치는 행위"로 규정짓고 있다.

항고소송은 권리의무를 다투는 쟁송과 달리 '국민의 법적 불이익이나 불안을 제거시키기 위한 구제수단의 필요성'이라는 관점에서 피고들의 각 위법한 행위는 항고소송의 대상인 처분성이 있는 것이다.

그런 항고소송으로서의 대상인 이 사건 국회, 헌법재판소, 중앙선거관리위원회의 위법한 처분행위는 엄수해야 할 공법상의 강행규정에 대한 위반과 함께 재량권남용(裁量權濫用)이었다.

항고소송의 대상인 처분의 존부는 소송요건으로서의 직권조사 사항이고, 자백의 대상이 될 수 없으며, 설사 그 존부를 당사자들이 다투지 아니하더라도 그 존부에 관하여 의심이 있을 때는 직권으로 밝혀 보아야(대법원 2003두15195판결 등 참조) 할 일이다.

행정소송법 제26조상의 직권심리에 관한 명문 규정으로 '법원은 필요하다고 인정할 때에는 직권으로 증거조사를 할 수 있고, 당사자가 주장하지 아니한 사실에 대하여도 판단할 수 있다.'

'국민의 법적 불이익이나 불안을 제거시키기 위한 구제수단의 필요성'이라는 관점에서 항고소송의 대상인 처분성을 넓게 인정해 가고 있는 대법원의 판례의 태도에 따라 재판부가 보다 적극적인 직권심리권이 요청된다.

대통령 박근혜가 행정소송의 적정한 피고인가?

불법 무권한의 가짜 대통령에 대한 대통령 지위 및 권한 '부존재' 확인소송이나, 헌법기관 등에 의한 불법행위로 인하여 탄핵되지 못한 헌법과 법률에 적법하고서도 옥에 갇힌 억울한 진짜 대통령에 대한 대통령 지위 및 권한 '존재' 확인소송이나, 그 어떤 형태의 소송이던 간에, 그 결과는 대한민국의 현행 헌법과 법률에 합치되는 사법판단이 내려져야 할 것은 지극히 당연한 귀결점이 되어야 할 것이다.

현행 헌법과 법률 그 어디에도 사실상의 지위가 법률상의 지위를 우선하기 때문에 사실상의 지위에 있는 자를 우선 피고로 삼아야 한다는 규정은 없다.

원고의 재량으로 소송의 피고를 채택 지정하기에 적법한 진짜로 정하던, 부적법한 가짜로 정하던 그것은 무관하다할 것으로서, 원고들이 재판부의 보정의견에 따른, 달리 피고를 경정할 필요성의 의사를 느끼지 못함을 밝힌다.

이 사건 피고들 중 대통령에 있어서 가짜가 진짜의 행세를 하고, 진짜를 기결수로 몰아 퇴출시키는 반헌법적인 국가운영이 버젓이 이루어진 현실로서, 마치 국가가 외적의 침입을 받아 무단 불법통치 받고 있음과 별 다르지 않은 상황인 머지않은 망국의 불안을 느끼지 않을 수 없다.

이러한 국정운영의 책임 있는 헌법기관들에 의한 국가의 책임으로 빚은 참으로 한심한 몰법 그 자체에 원고들은 비분강개(悲憤慷慨)의 통탄을 하지 않을 수 없는 구국의 소송이다.

행정소송에서 피고도 당사자 능력을 가져야 하고, 당사자 적격으로서 피고적격을 가져야 함은 당연한 것이다.

행정소송은 공법상의 법률관계에서 생긴 분쟁으로서의 공권이 성립하기 위해서는 ①행정주체에게 일정한 작위, 부작위, 급부, 수인 등의 의무를 부과하는 강행법규가 존재하여야 하고(강행법규성), ②행정법규가 단순히 공익의 실현이라는 목적 이외에 사적 이익의 보호도 의욕하여야 한다(법규의 사익보호성)는 것이다.

항고소송에서는 당사자 사이에 직접적인 권리·이익의 대립이 있는 것이 아닌, 적극적인 당사자인 원고는 위법한 처분 등으로 권리·이익이 침해되었다는 이유로 그 처분의 효력 배제를 구하지만, 행정청은 자신의 권리·이익을 도모하는 것이 아니라, 법적용에 위법이 없다는 것을 도모할 뿐인 행정청은 권리 주체가 아니라 국가·지방자치단체 등의 '기관'에 지나지 않으나, 소송의 편의를 위하여 피고의 지위를 인정하고 있음이다.

행정소송법 제13조 제1항에서는, "취소소송은 다른 법률에 특별한 규정이 없는 한 그 처분 등을 행한 행정청을 피고로 한다"고 규정하고, 이는 동법 제38조에 의하여 무효 등 확인소송과 부작위위법확인소송에도 준용된다.

위 규정은 행정청이 실체법상 권리능력은 물론 소송법상 당사자능력도 없는 행정기관에 불과한 것임에도 불구하고 소송의 편의를 위하여 행정청에게 피고가 될 수 있는 당사자능력을 부여한 행정소송법의 특별한 규정이다.《행정쟁송법》, 하명호 저, 박영사 간, 75쪽)

이러한 행정청, 즉 헌법기관으로서의 이 사건 피고 '대통령'이라는 행정청은 "국가 또는 공공단체의 기관으로서 직접 대외적 구속력 있는 의사를 결정·표시할 수 있는 권한을 가진 기관"을 말하는 것이다.

따라서, '피고 대통령(문재인)'은 헌법과 법률에 위배된 적법한 권한을 갖추지 못한 헌법기관이나, 사실상 국가통치의 전반에 걸쳐 헌법과 법률에 의하여 무권한의 대통령으로서 마치 적법한 듯 통치를 행사하고 있다.

이러한 거국적인 법률착오 상태에 빠져 있는 현 시점에서 불법 무권한의 대통령이라고 하여 대통령으로서의 공권을 부인한 채, 그 개인에 대한 국민저항권으로서의 제재행위는 공무집행방해를 구성하게 될 것임과 마찬가지로, 피고 (사실상의 대통령)문재인은 민사소송이 아닌 행정소송에서의 피고 적격을 가질 수밖에 없는 모순이다.

결국 이 사건 청구취지에 따른 각 위법사항으로서의 귀결체인 피고 (사실상의 대통령)문재인은 원고의 주장에 반하는 적법한 입증에 충실했어야 했다.

이러한 반면에, '피고 (적법한) 대통령(박근혜)'이라고 표시함에 있어서는 박 대통령에 대한 탄핵에 있어서 헌법과 법률에 의하여 정당하게 행위 했어야 할 헌법기관들이 오히려 헌법과 법률에 반하는 위법한 행위들로써 적법한 대통령을 불법탄핵으로 내친 바, 이러한 위법의 결과는 피고 대통령 박근혜에게 탄핵심판상의 파면이 선고되었지만, 그 불법탄핵으로 인하여 탄핵된 바 없는 적법한 대통령으로서의 헌법과 법률상의 지위를 잃지 않았다.

불법의 귀결체인 가짜 대통령 문재인을 이은 적법한 정권 교체자가 아닌 불법 정권의 교대자 가짜 대통령 윤석열에 있어서도 그들이 불법에 이르는 법리는 전혀 다르지 않다.

결국 이 사건 청구취지에 따른 자타의 원인 이유를 불문하고, 각 위법사항으로서의 최종적 귀결체로서 정상적인 국정을 수행하지 못하고 있는 피고 대통령 박근혜로서는 원고의 주장에 반하는 적법한 입증에 충실하여야만 현재의 사실상의 위치에 맞는 탄핵된 대통령일 것이다.

그러나, 그 입증에 이르지 못하면 이 사건 소의 피고로서 2017년 03월 10일 이후의 남은 임기를 완수해야 하는 대통령으로서의 국가와 국민에 대한 헌법과 법률상의 채무자성(債務者性) 책무가 있는 것이다.

따라서, 피고 '적법한 대통령' 박근혜는 헌법과 법률에 벗어나 있는 적법한 권한은 헌법파괴로 불법 누명이 씌워진 채, 그 적법한 통치권을 행사하지 못하고 있는 것일 뿐이다.

이러한 거국적인 법률착오 상태에 빠져 국가의 통치권력이 정·부정(正·不正)이 뒤바뀌어져 있는 현 시점에서 주권 있는 국민으로부터 적법한 대통령' 박근혜 역시 행정소송에서의 피고 적격을 가질 수 밖에 없는 것이다.

결국 이 사건 청구취지에 따른 각 위법사항으로서의 최후 총체적 귀결체로서 적법한 대통령 박근혜는 구치소에서 석방된 사면(용서) 받은 상태에 머무를 것이 아니라, 대한민국의 적법한 대통령으로서 헌법과 법률상의 그 직분을 성실히 다할 의무가 있는 피고로서는 소송 구조상 이 사건 원고들의 청구에 임할 의무가 있다.

대한민국 대통령 박근혜는 앞에서 관련 헌법기관들의 불법행위에 대하여 낱낱이 밝혀 드린 바와 같이 국회, 헌법재판소, 중앙선거관리위원회, 무권자인 사실상의 대통령 등의 불법행위가 점철되어, 결국은 적법한 대통령 박근혜가 법률상 원인 없는 형사소추까지 당하고서 기결수라는 명목으로 불법감금 상태에 있었던 것이고, 석방된 이후에도 적법한 대통령으로서 권좌에 복귀하지 못하고, 재야에 머물러 있음이다.

결국 이 사건 원고의 청구에 이르게 됨은, 적법한 대통령 박근혜의 뜻이 아닌 제3의 반헌법적 힘에 의한 부진정 부작위로 인하여 피고가 적법한 대통령으로서의 5년 임기를 수행하지 못하고 있음에 따른 것이다.

박 대통령에 대한 불법탄핵에 관련된 나쁜 헌법기관들인 국회, 헌법재판소, 중앙선거관리위원회, 무권자인 사실상의 대통령의 위법사실에 기인한 국회의 탄핵소추수정서의 무효력과 여러 가지 위법한 헌법재판소 탄핵심판상의 파면선고의 당연무효를 확인하고, 중앙선거관리위원회가 2017년 5월 9일 실시한 대통령선거 및 그 다수 득표에 대한 당선증 교부는 절대적 저절로 무효로서, 처분으로서의 그 아무런 법률효과를 내지 못하는 것들이다.

이와 같은 무효인 위법사실들로써 대통령 박근혜는 2017년 03월 10일 이래로도 대한민국의 적법한 대통령이다.

이로써 무권자인 사실상의 대통령 문재인과 윤석열에 대하여 지금이라도 그 불법 가짜 대통령으로서의 불법통치 지배에 대한 망국적 소행에 관하여 이를 분명히 밝히고 그 잔재를 엄단해야 할 일이다.

대한민국의 헌법이고 법률이며 사법판단(司法判斷)의 정의(正義)이며, 헌법상의 법 앞에 누구나 정당하고 공평한 국민의 재판받을 권리인 것으로, 국민의 권리보장에 있어서 최후의 보루인 사법부가 수호해 줬어야 할 헌법상의 당연한 존재가치이며 의무인 것으로서, 지금이라도 이를 정법하게 밝혀 그 무효를 확인함으로써 나라의 법치를 수호하여야 할 일이다.

더욱이, 이 사건 청구의 사안은 원고나 피고에게 소의 이익이 한정되는 일반적이고 개별적인 사안이 아닌, 대한민국의 운명과 그 영속적 운용의 법치질서 수호의 사활이 걸린 중대 사안임을 이 사건 판단에 있어서 결코 간과해서는 아니 될 것이다.

행정소송법(제27조)은 행정관청의 재량에 속하는 처분이라도 재량권의 한계를 넘거나 그 남용이 있는 때에는 법원에 쟁송할 수 있다 했다.

공공기록인 등기가 민법상 공신력이 인정되지 않는 것처럼, 상급자의 부당한 직권남용의 지시를 거부할 수 있는 적법성처럼, 법률로써 보호되는 권한이나 보호법익은 법률체계에 따라 판단되어 져야 할 것이고, 이 사건 청구원인은 국가를 운영하는 헌법기관인 국회, 헌법재판소, 중앙선거관리위원회, 부적법한 사실상의 국가원수 대통령(문재인)의 여러 위법함으로써 이 같은 피고들이 피소에 이르게 된 원인이 모두 국가기관에 있다.

이런 부적법한, 사실상의 국가원수로 받드는 대통령 문재인이 있는 반면에, 불법탄핵에 의한 파면선고로서는 헌법상 궐위되지 못한 적법한 대통령 박근혜가 행정소송상의 피고에 오를 타당한 국가 기관성이 존재하는 것이다.

즉, 보이는 사실상의 내연관계인(內緣關係人)도 일단은 소송상의 필요에 따른 피고 표시부터 거부·무시할 수 없듯이, 적법성을 따져봐야 하는 양 자 모두 쟁송의 위치에 있어서는 피고의 위치를 가질 수 있는 것이다.

결국은, 부부가 별거 중이더라도 법률상의 관계가 우선적으로 존중될 수 밖에 없는 것처럼, 국민이 착오로서 잘못 인식하고 있는 대통령에 대한 인식의 정도나 현재, 지금, 사실상 대통령 행세를 하고 있는 자가 누구인가의 예단적인 인식은 사법 판단의 영역 외의 것으로서 응당 적법한 법률상의 관계가 존중되어야 하는 것이다.

법원의 판단은, 누가 더 사실상 사랑하는 사이인가를 판단하는 것이 아니라, 누가 더 적법한 관계인인가를 판단해 줘야 하는 것이다.

이 사건과 같이 진짜 대통령인 피고 대통령 박근혜와 가짜 대통령인 피고 대통령 문재인 간의 소송상 위치에 있어서 적법한 대통령과 부적법한 대통령으로서 양 자 모두 '행정청'으로서 소송상의 피고 위치를 가질 수 밖에 없는 소송상의 '행정청'으로서 적법한 소송형태이다.

이런 점에서 이 사건 두 피고간의 대립되는 권한 존부의 관계에 있어서 소의 제기에서부터 어느 한 피고를 피고의 위치에서 조차도 부인할 타당성 있는 이유는 없다.

이런 점에서, 재판부가 보정명령으로서 '소장에서 지정한 피고가 적정한 피고인지 밝히라'함에 있어서 어느 한 피고가 제소에서부터 피고에 들지 못하는 판단대상에서 배제되어야 할 법률상·사리상의 이유 또한 전혀 없다.

세인들이 알고 있는 대통령은 '부적법한 가짜 대통령'이고, 감옥에까지 갔다 온 대통령이 '적법한 진짜 대통령'이니, 행정소송법은 이런 '적법한 기관'과 '부적법한 기관' 중 어느 쪽을 피고로 할 수 있다고 규정함도 없다.

사법판단은 헌법과 법률에 근거하여 눈에 보이는 사실상이 아닌 법률상 적법한 쪽에 손을 들어 줄 수 밖에 없는 것임에, 파면되었다고 잘못 인식하고 있는 피고 대통령 박근혜를 행정소송 구조에서 박근혜 前 대통령으로 인식·배제할 아무런 합당한 이유가 없는 것이다.

피고 대통령 문재인은 여러 가지 불법·무효의 총체적 귀결체로서 ① 국회의 탄핵소추에 있어서 증거 불충분한 소추의결(訴追議決)과 ② 탄핵심판 심리 도중에 소추의결서의 무단 수정 제출, ③ 부적절한 탄핵소추장에 근거한 불법탄핵 심판, ④ 헌법재판의 재판관 구성요건을 갖추지 못한 대통령 파면결정 선고로, ⑤ 법률상 원인 없이 치러진 2017년 5월 9일의 대통령선거, ⑥ 그 무효선거에 임하여 대통령에 당선(무효의 당선증 교부)되었다는 ⑦ 법률상 원인 없는 무권한의 가짜 대통령으로서 대한민국의 대통령 직무에 임하며 불법통치를 행사한 자로서, 적법한 대통령이 아님에도 불구하고 대한민국의 대통령으로서 사실상의 행세를 한, 실로 안타깝고 참담한 응징해야 할 사실상의 대통령이다.

엄정한 국법에 의거하여 그로부터 대통령 권한의 부인(否認)과 청와대에서의 퇴출, 공무원으로서의 등록삭제, 관련 예우의 취소, 불법행위에 따른 처벌 등이 필요한 이 사건 청구상의 '피고 대통령 문재인은 대한민국 대통령으로서의 지위 및 권한 없음을 확인' 받아야 할 청구상의 피고로서의 적격성을 지녔다.

한편의 피고 (적법한) 대통령 박근혜는 이 사건 청구원인이 된 공법상의 여러 강행규정을 위반한 불법탄핵의 당연무효로 인하여 대통령 지위에서 탄핵되지 못한, 헌법 제68조상의 대통령직에서 궐위되지 않았음이다.

이런, 불법 불의의 세력에 의하여 위법한 탄핵의 파면선고가 있었고, 이에 나라는 온통 대통령의 궐위로 매김·오인하고서, 이후 2017년 5월 9일 원인무효의 대통령 선거를 치르는 등으로, 대통령 박근혜가 적법한 대통령으로서 기결수가 된 과정에는 위 헌법기관들의 각 위법한 행정처분과 피고 가짜 대통령 문재인의 위법으로 인하여 피고 대통령 박근혜에게도 청구취지의 원인을 지니고 있는 것이다.

이렇게 피고들은 이 사건 청구의 대상이 되는 '적법한 대통령'으로서 또한 '사실상의 대통령'으로서 행정소송상의 '행정청'으로서 그 피고 적격성이 있는 것이다.

소송적격에 관하여

법원 재판부는 "원고가 행정청의 부작위가 위법하여 그 확인을 구하는 것이라면, 원고가 행정처분을 신청한 사실이 있는지, 행정청이 원고의 신청에 응답할 의무가 있는지, 행정청의 부작위가 왜 위법한지 등을 밝히라(행정소송은 일반적으로 행정청이 한 처분이 위법하여 그 취소 또는 무효 확인을 구하거나, 원고의 신청에 대한 행정청의 부작위에 대한 위법확인 등을 구하는 것임 : 행정소송법 제4조 등 참조)"고 이 사건 소송적격에 관하여 소명을 명했다.

행정청의 행위가 항고소송의 대상이 되는지 판단하는 기준 및 어떠한 처분에 법령상 근거가 있는지, 행정절차법에서 정한 처분절차를 준수하였는지가 소송요건 심사단계에서 고려할 요소인지 여부에 관하여 대법원은 판례로써 이렇게 밝혔다.

"항고소송의 대상인 '처분'이란 '행정청이 행하는 구체적 사실에 관한 법집행으로서의 공권력의 행사 또는 그 거부와 그 밖에 이에 준하는 행정작용'(행정소송법 제2조 제1항 제1호)을 말한다.

행정청의 행위가 항고소송의 대상이 될 수 있는지는 추상적·일반적으로 결정할 수 없고, 구체적인 경우에 관련 법령의 내용과 취지, 그 행위의 주체·내용·형식·절차, 그 행위와 상대방 등 이해관계인이 입는 불이익 사이의 실질적 견련성, 법치행정의 원리와 그 행위에 관련된 행정청이나 이해관계인의 태도 등을 고려하여 개별적으로 결정하여야 한다.

또한 어떠한 처분에 법령상 근거가 있는지, 행정절차법에서 정한 처분절차를 준수하였는지는 본안에서 당해 처분이 적법한가를 판단하는 단계에서 고려할 요소이지, 소송요건 심사단계에서 고려할 요소가 아니다"(대법원 2020.01.16. 선고 2019다264700 판결 참조) 했다.

결국 이 사건 법원의 보정명령은 세상의 많은 지탄을 받고 있는 불법 가짜 대통령의 입지를 돕고자 하는, 소송상의 국회, 헌법재판소, 중앙선거관리위원회 및 불법 가짜 통치자를 유리하게 하고, 동시에 원고의 소송 진행을 궁색하게 하려는 의도 있는 반헌법적 행위로서의 국민의 재판권을 침해하는 불공정한 행위로서 지적 항변하지 않을 수 없는 사안이기도 하다.

◎ 행정청의 부작위가 위법하여 그 확인을 구하는 것이라면?

이 사건 피고 대통령 박근혜에 대한 '대통령 지위 및 권한존재 확인소송'으로서, 행정소송법 제4조 제2호 '무효 등 확인소송'에 속하는 "행정청의 처분 등의 효력 유무 또는 존재 여부를 확인하는 소송"에 속하고 있다.

적법한 대통령 박근혜에게 대통령으로서의 지위 및 권한이 존재하는 즉, 국회, 헌법재판소, 중앙선거관리위원회, 불법 무권자가 국가 통치자로 행세하는 문재인의 행위가 헌법과 법률에 반하는 강행규정 위반의 당연무효 사항들의 점철이다.

이렇듯, 이 사건에서 청구원인으로 보아 알 수 있는 위법으로 점철된 불법탄핵으로서 헌법재판소의 2017년 3월 10일, 박 대통령에 대한 파면선고는 아무런 법률효과를 발생시키지 못하는 '당연무효'의 것이었다.

이 사건 대통령 박근혜는 헌법과 법률에 의거하여 2012년 12월 19일 대한민국의 제18대 대통령선거에서 다수 득표자로 확인되어 대통령에 당선된 자이고, 이에 따른 헌법 제70조에 따른 대통령의 임기 5년을, 국가와 국민에게 성실히 수행해야 할 적법한 의무가 있는 신분에 있다.

이렇게 대통령 박근혜에 대한 지지 투표를 하였거나, 아니 하였거나를 불문하고, 국가가 헌법과 법률을 파괴하는 반국가, 반헌법, 반도덕성은 국민으로서 결코 방치 방관할 수 없는, 회복해야 할 국민주권적 차원의 권리에 근거하여, 대한민국의 국권과 국민주권 회복의 한 방편으로서 피고에게 대통령으로서의 직책을 국가와 국민에게 성실히 수행해야 할 의무이행을 촉구하는 국민저항 준법투쟁에 이른 원고들의 "이 사건 쟁송은 이유 있다"할 것이다.

행정소송법 제2조 제1항 제1호에서는, '처분을 "행정청이 행하는 구체적 사실에 관한 법집행으로서의 공권력의 행사 또는 그 거부와 그 밖에 이에 준하는 행정작용"이라고 정의했다.

우리나라와 일본에서의 '행정행위' 개념에 관한 통설은 행정행위를 행정청이 구체적 사실에 관한 법집행으로서 행하는 권력적·단독적 공법행위로 파악하고 있다.(《행정쟁송법》, 하명호 저, 박영사간 초판 158쪽 상단 참조)

판례도, "항고소송의 대상이 되는 행정처분이라 함은 행정청의 공법상의 행위로서 특정사항에 대하여 법규에 의한 권리의 설정 또는 의무의 부담을 명하거나 기타 법률상 효과를 발생하게 하는 등 국민의 권리의무에 직접 관계가 있는 행위를 가리키는 것"(대법원 1996. 3. 22. 선고 96누433 판결 참조)으로 정의했다.

그러면서도 "어떤 행정청의 행위가 행정소송의 대상이 되는 행정처분에 해당하는가는 그 행위의 성질·효과 외에 행정소송 제도의 목적 또는 사법권에 의한 국민의 권리보호의 기능도 충분히 고려하여 합목적적으로 판단되어야 한다"(대법원 1984. 2. 14.선고 82누370 판결 등 참조)하여, 실체법상의 행정행위보다 항고소송의 대상이 되는 행정처분의 개념이 확대될 수 있음을 분명하게 암시, 나타내 보이고 있다.

또한, "행정청의 어떤 행위를 행정처분으로 볼 것이냐의 문제는 추상적, 일반적으로 결정할 수 없고, 구체적인 경우 행정처분은 행정청이 공권력의 주체로서 행하는 구체적 사실에 관한 법집행으로서 국민의 권리의무에 직접적으로 영향을 미치는 행위라는 점을 염두에 두고, 관련 법령의 내용 및 취지와 그 행위가 주체·내용·형식·절차 등에 있어서 어느 정도로 행정처분으로서의 성립 내지 효력요건을 충족하고 있는지 여부, 그 행위와 상대방 등 이해관계인이 입는 불이익과의 실질적 견련성, 그리고 법치행정의 원리와 당해 행위에 관련한 행정청 및 이해관계인의 태도 등을 참작하여 개별적으로 결정하여야 할 것이다.

그리고 국민의 적극적 행위 신청에 대하여 행정청이 그 신청에 따른 행위를 하지 않겠다고 거부한 행위가 항고소송의 대상이 되는 행정처분에 해당하는 것이라고 하려면, 그 신청한 행위가 공권력의 행사 또는 이에 준하는 행정작용이어야 하고, 그 거부행위가 신청인의 법률관계에 어떤 변동을 일으키는 것이어야 하며, 그 국민에게 그 행위발동을 요구할 법규상 또는 조리상의 신청권이 있어야 한다고 할 것인바, 여기에서 '신청인의 법률관계에 어떤 변동을 일으키는 것'이라는 의미는 신청인의 실체상의 권리관계에 직접적인 변동을 일으키는 것은 물론, 그렇지 않다 하더라도 신청인이 실체상의 권리자로서 권리를 행사함에 중대한 지장을 초래하는 것도 포함한다고 해석함이 상당하다"(대법원 2002. 11. 22. 선고 2000두9229 판결, 대법원 2007.10.11. 선고 2007두1316 판결 등 참조)고 판시했다.

이를 종합하면, 판례는 원칙적으로 실체법적 처분개념설의 일원설에 입각하여 행정행위를 항고소송의 주된 대상으로 보면서도, 예외적으로 행정행위가 아닌 공권력 행사도 항고소송의 대상이 될 수 있는 여지를 남겨 두고 있음을 볼 수가 있다.

이렇게 행정소송법 및 행정심판법상의 처분개념은 광범위한 권리보호를 위하여 도입된 개념으로 개인의 법적지위에 영향을 미치는 권력적 성질을 가지는 행정작용에 대해서는 항고소송의 대상으로 삼아 효과적인 권리구제가 이루어져야 할 것이다.

행정소송법 제2조 제1항 제1호상의 "그 밖에 이에 준하는 행정작용"은 항고소송의 대상을 넓히기 위하여 법집행으로서의 공권력의 행사로서의 성질은 갖지만, 전형적인 행정행위에는 해당하지 않는 행정작용을 포함시킨 것으로 해석된다.

즉, 권력적 사실행위 등을 '처분'에 포함시켜 항고쟁송으로 다툴 수 있게 하여 국민의 권리구제 기회의 확대를 도모하고 있다 할 것이다.(同旨《행정쟁송법》, 하명호 저, 160쪽, 행정법 I, 김남진·김연태 저, 783쪽 참조)

재판부가 보정명령문에 표시한 바와 같은 "일반적으로 행정청이 한 처분"의 개념에서는 행정소송법 제2조 제1항 제1호상의 "행정청이 행하는 구체적 사실에 관한 법집행으로서의 공권력의 행사 또는 그 거부"라는 행정행위의 최협의 개념으로 이해·인식하고 있는 "일반적으로 행정청이 한 처분"의 그 일반적 개념이지만, 제시한 일반

적 개념과 달리, 위 판례로서나 법규정상의 해석상으로 권력적 사실
행위 등을 '처분'에 포함시켜 항고쟁송으로 다툴 수 있게 하여 국민
의 권리구제 기회의 확대를 도모하고 있다.

◎ 원고가 행정처분을 신청한 사실이 있는지?

법원 재판부가 이해·인식하고 있는 "일반적으로 행정청이 한 처
분"의 일반적 개념에서는 국민의 행정신청과 행정청의 거부처분, 이
에 따른 법원을 통한 구제쟁송으로서의 행정소송의 구조적 형태로
써 이해하고 있는 듯하다.

이런 이해와 달리, 대통령 박근혜에 대한 '대통령 지위 및 권한존
재 확인소송'으로서, 행정소송법 제4조 제2호 '무효 등 확인소송'에
속하는 "행정청의 처분 등의 효력 유무 또는 존재 여부를 확인하는
소송"에 속하고 있다.

공법상의 강행법규를 위반한 여러 헌법기관들의 처분이 당연무효
인 이 사건 청구원인 된 사안에서의 '당연무효의 법리'는 법원의 선
고로써 유효한 것이 무효로 변질되는 것이 아니라, 무단 수정제출된
탄핵소추의결서며, 그 탄핵심판, 대통령이 궐위되지 않은 원인 없는
대통령선거며 당선증 교부행위 등은 이미 본래부터 강행규정에 위
법하여 당연무효화 되어져 버린 것이다.

그럼으로, 이렇게 공법상의 행정처분이 무효인 경우는 특히 권한
있는 기관에 의한 무효선언을 기다릴 것 없이 누구든지 무효를 주장
할 수 있는 것으로서, 재판부가 요구하는 원고들이 '원고가 행정처분
을 신청한 사실이 있는지?'의 여부는 이 사건 대통령 권한 존부(存否)

확인소송에 판단의 요소가 아님이 분명하다.

즉, 이 사건 청구원인으로서의 당연무효·원인무효의 법리는 본래의 원천적인 당연무효로 인한 비구속성으로 인하여, 응당 대한민국 국민이라면 대한민국의 법률관계에 관한 행정처분에 있어서 그 사안의 무효확인을 구할 수 있음은 자연스럽게도 당연한 권리라 할 것이다.

이러한 당연무효·원인무효의 법리에서 이 사건 '대통령 지위 및 권한존재 확인소송'은 불법 가짜 통치자로부의 지배를 받고 있는 사실 및 국민주권 행사의 귀결체인 국가대표인 대통령이 불의의 세력에 의하여 불법 감금된 상태에서의 대한민국 국민 된 원고들의 이 사건 청구는 충분히 이유 있는 법 적합하고 타당한 것이다.

판례 역시, 행정처분의 직접 상대방이 아닌 제3자가 그 처분의 취소나 무효확인을 구할 수 있는 요건으로서 '법률상 보호되는 이익'의 의미로서 행정처분의 직접 상대방이 아닌 제3자라 하더라도 당해 행정처분으로 인하여 법률상 보호되는 이익을 침해당한 경우에는 그 처분의 취소나 무효확인을 구하는 행정소송을 제기하여 그 당부의 판단을 받을 자격이 있다(대법원 2008.3.27. 선고, 2007두23811 판결) 했다.

이렇듯, 행정소송법 제35조 무효등 확인소송의 원고적격에 관하여 "무효등 확인소송은 처분 등의 효력 유무 또는 존재 여부의 확인을 구할 법률상 이익이 있는 자가 제기할 수 있다"고 규정하고 있음이다.

행정소송법 제3조 제3호에서 규정한 민중소송, 즉 국가 또는 공공단체의 기관이 법률을 위반한 행위를 한 때에 직접 자기의 법률상 이익과 관계없이 그 시정을 구하기 위하여 제기하는 소송에 해당 한다'하는 판례에 비추어, 민중소송은 원고의 법률상 이익을 별도로 요구하지 않는 즉, 원고들 개인의 이익을 딱히 구하는 소송이 아닌 것으로 국가 또는 공공단체의 기관이 법률을 위반한 행위에 책임을 묻는 문책을 허용하고 있다.

국가 또는 공공단체의 기관이 법률에 위반되는 행위를 한 때에 직접 자기의 법률상 이익과 관계없이 그 시정을 구하기 위하여 제기하는 '민중소송'으로서, 이 의미는 국민의 누군가는 이 사건과 같은 소송을 제기할 필요가 있는 영역의 것이다.

행정처분의 직접 상대방이 아닌 자라 하더라도 행정처분의 근거 법규 또는 관련 법규에 의하여 개별적·직접적·구체적으로 보호되는 이익이 있는 경우 처분의 취소를 구할 원고적격이 인정된다.(대법원 2020.04.09. 선고 2015다34444 판결 참조)

이렇게 개별법에서 원고에 대한 권리침해가 없어도 원고적격이 인정되는 것으로, 개인적 권리구제 보다는 행정법규의 적정한 집행을 보장하기 위하여 일반인에게 소송의 제기를 할 수 있게 한 예외적인 행정소송의 한 형태이다.

청구원인 된 관련 헌법기관 등의 위법이 청구원인 된 사실과 같고, 이런 위법행위를 국민으로서 결코 방치 방관할 수 없는, 회복해야 할 국민주권적 차원의 권리로서, 대한민국의 국권과 국민주권 회복의 한 방편으로서 피고 대통령 박근혜에게 대통령으로서의 직책을 국가와 국민에게 성실히 수행해야 할 의무이행을 촉구하는 국민저항 준법투쟁에 이른 원고들의 "이 사건 쟁송은 이유 있다."

따라서 부작위위법 확인소송이 아닌 권한 존부확인 소송에서 재판부가 이해·인식하고 있는 "일반적으로 행정청이 한 처분"의 일반적 개념에 한정된 '원고가 행정처분을 신청한 사실이 있는지'는 이 사건 판단요소로서의 주안점이 아니라 할 것이다.

◎ 행정청이 원고의 소송·신청에 응답할 의무가 있는지?

우리나라 소송제도에 있어서 그 어느 소송에서도 피고 또는 피고인에게 묵비권이 보장·보호되지 않는 소송은 없다.

다만 피고 또는 피고인은 묵비권의 행사나 기일내 답변을 행사하지 않은 이유로 권리 위에 잠자는 이익을 보호받지 못할 뿐이지, 피고가 무응답할 것을 미리 그 이유로써 법원이 원고의 소를 각하하거나 기각할 법적 근원은 전혀 존재하지 않는다.

오히려 대법원은 '항고소송의 대상이 되는 행정청의 처분이라 함은 원칙적으로 행정청의 공법상의 행위로서 특정사항에 대하여 법규에 의한 권리의 설정 또는 의무의 부담을 명하거나 기타 법률상의 효과를 직접 발생하게 하는 등 국민의 권리의무에 직접 관계가 있는 행위'를 말한다'고 하여 실체법적 개념설에 가까운 기본 입장이다.(대판 2010무1111판결 참조)

최근에는 '국민의 법적 불이익이나 불안을 제거시키기 위한 구제수단의 필요성'이라는 관점에서 항고소송의 대상인 처분성을 넓게 인정해 가고 있다.(대법원 판례 2011두13286 판결 등 참조)

행정관청에 재량권이 부여된 재량행위는 그 판단에 잘못이 있다고 할지라도 일정한 한도 내에서는 위법을 구성하지 않으며, 부당함에 그칠 뿐 행정소송의 대상이 되지 않는다.

그러나, 행정관청이 법률이 인정하는 재량권의 한계를 넘어서 재량권을 행사하는 경우에는 위법을 구성하여 행정소송의 대상이 되는 것으로, 현행 행정소송법은 행정관청의 재량에 속하는 처분이라도 재량권의 한계를 넘거나 그 남용이 있는 때에는 법원에 쟁송할 수 있음을 밝히고 있다.(동법 제27조).

항고소송은 권리의무를 다투는 쟁송과 달리 '국민의 법적 불이익이나 불안을 제거시키기 위한 구제수단의 필요성'이라는 관점에서 피고의 위법한 행위는 항고소송의 대상인 처분성이 있는 것이다.

그런 항고소송으로서의 대상인 이 사건 국회, 헌법재판소, 중앙선거관리위원회의 위법한 처분행위는 재량권일탈을 넘어 재량권남용(裁量權濫用)이었다.

재량권일탈(裁量權逸脱)은 법률에 의한 재량권과 일반법원칙의 제약의 한계를 넘어서 행사한 경우에 위법을 구성하는 재량권의 행사 정도를, 재량권남용(裁量權濫用)은 조리(條理)상의 제약인 비례원칙(比例原則)·평등원칙(平等原則)·공익원칙(公益原則)을 무시하고 행사한 경우에, 위법을 구성하는 재량권의 행사가 심히 중대한 하자 있는 행사에 이른 수준의 것이다.

이런 면에서 이 사건 원고들의 청구는 나라의 헌법과 법률을 수호하고자 하는, 또한 엄연히 적법한 대통령을 내몰고, 불법 구금한 현실상 및 법치수호의 공익상 목적이나 관련 헌법기관들의 불법행위로 인하여 국민으로서 피해를 입은 그 법익 침해의 정도는 실로 중대하고 명백하다.

피고 적법한 대통령 박근혜에게 이 사건 소송상의 청구취지가 이유 있는, 관련 헌법기관들의 재량권 남용에 의한 위법행위가 점철된 최종 귀결체로서, "피고 대통령(박근혜)은 대한민국 제18대 대통령으로 2017년 03월 10일 이래로 5년 잔여 임기상의 지위 및 권한이 존재함을 확인한다"는 청구취지는 피고에게 부합하는 청구취지라 할 것이다.

행정소송법 제26조상의 직권심리에 관한 명문 규정으로 '법원은 필요하다고 인정할 때에는 직권으로 증거조사를 할 수 있고, 당사자가 주장하지 아니한 사실에 대하여도 판단할 수 있다'는 취지에, '국민의 법적 불이익이나 불안을 제거시키기 위한 구제수단의 필요성'이라는 관점에서 항고소송의 대상인 처분성을 넓게 인정해 가고 있는 대법원의 판례의 태도'라 하겠다.

이로써 법원은 행정청의 재량에 속하는 처분이라도 재량권의 한계를 넘거나 그 남용이 있는 때에는 법원은 이를 취소할 수 있다.

행정소송법 제26조 (직권심리)
법원은 필요하다고 인정할 때에는 직권으로 증거조사를 할 수 있고, 당사자가 주장하지 아니한 사실에 대하여도 판단할 수 있다.

행정소송법 제27조 (재량처분의 취소)
행정청의 재량에 속하는 처분이라도 재량권의 한계를 넘거나 그 남용이 있는 때에는 법원은 이를 취소할 수 있다.

그렇다면 행정청이 원고의 소송·신청에 응답할 의무가 있는지는 이 사건 제소에 있어 전혀 별개의 사항인 것일 뿐, 소송에 피고가 응답할 의무이행의 여부는 쟁송에 있어서 재판부의 판단사항 조차도 아닌 것이다.

이런 면에서 원고들의 청구는 나라의 헌법과 법률의 법치수호를 위한 공익상의 목적으로서 엄연히 적법한 대통령으로서 처한 실상 회복 및 피고 가짜 대통령 문재인을 비롯한 관련 헌법기관들의 불법 행위로 인하여 국민으로서 피해를 입은 주권침해의 정도는 실로 중대하고 명백한 위험으로부터 시급히 구제되어야 할 필요 있는 이 사건 청구원인들은 이런 위법의 최종 귀결체인 피고 가짜 대통령 문재인에게 그 법적 책임이 있다 할 국가 공법상의 강행법규를 위반한 '직권남용'의 점철인 것이다.

◎ 행정청의 부작위가 왜 위법한지?

위 표시된 행정청이 전자로서의, 국회가 국회법 제95조상의 탄핵소추수정서에 대한 찬반의 국회결의를 이행하지 않은 부작위나, 헌법재판소가 헌법재판소법 제6조상의 결원재판관에 대한 보충규정을 이행하지 않은 부작위를 지칭함인지, 후자로서의 (적법한) 대통령(박근혜)으로서의 헌법기관이 제 역할을 이행하지 않는 부작위가 왜 위법한지를 묻는 것인지는 분명하지 않다.

전자의 헌법기관들이 할 수도 있고, 안 할 수도 있는 재량규정이 아닌, 해야 하는 귀속규정을 위반한 것이기에 법률에 따라 이행을 해야만 하는 것이고, 이를 이행하지 않음은 당연히 법률위반일 수밖에 없는 것이다.

후자의 헌법기관 '대통령'은 이 사건 "피고 대통령(박근혜)은 대한민국 제18대 대통령으로 2017년 03월 10일 이래로 5년 잔여 임기상의 지위 및 권한이 존재함을 확인한다"는 청구취지에 붙인 적법한 '대통령'으로서의 현재의 부작위 상태에 대한 원고의 청구로서 이해하고서 중점 답한다.

대통령으로서의 권한존부 여부가 원고들 및 국민들에게 그 어떠한 위험이나 불안이 야기된, 국가의 중대한 위기에 빠져 있다할 것임에, 응당 국민으로서는 국가를 수호할 국민으로서의 권리와 책무에 충실하여야 할 것이고, 이를 판단하는 사법부 또한 대한민국에 있어서 다름 아니다.

따라서 원고들이 구하는 청구취지의 법률관계를 '확인받음'으로써 원고들의 국민주권적 권리 등이 명백하고도 중대하게 현존하고 있는 위험이, 소속한 국가와 그 국민으로서의 위험·불안으로부터 제거될 수 있는 것임이 법률상 명백하다.

이 사건 피고 대통령 박근혜와 관련 헌법기관들에 의하여 위법하게 저질러져 점철된 당연무효의 위법사실들로써 대한민국 대통령직에서 탄핵되지 않았거나·탄핵되지 못한 법 적합한 박 대통령에 대하여 응당 불법 체포·감금은 부적법하고, 대통령으로서의 그 권한을 회복·복귀 시킬 국가와 국민의 의무가 있음이다.

우리 국민은 주권 있는 국민으로서 박 대통령에 대한 탄핵심판이 왜 무효인지 분명히 알아야 할, 거리에서 태극기를 들고 외치는 "탄핵무효"가 아무런 법적인 타당성을 갖지 못하는, 전혀 말도 안 되는 억지 주장된 몹쓸 떼거리 패의 외침이 아니었다.

박 대통령은 불법탄핵에 의한 당연무효에 기인한 대통령으로서의 그 선고와 달리, 탄핵된 법적 사실이 없음이고, 반면에 피고 가짜 대통령 문재인은 왜 국민이 선거로 선출했음에도 대통령이 아닌지, 우리는 이를 명백히 인식할 필요가 있다.

대한민국의 대통령이 불법 납치 감금상태라는 사실과 친북 좌익 범죄단체가 불법으로 나라를 점거 통치하며, 국제사회의 질서와 지도자들까지 우롱 기망하였다는 것을 대한민국 국민이라면, 국민으로서, 국민이기 때문에 분명하게 인식하여야 한다.

오늘날의 법치 문명국가에서, 어떤 극악무도한 죄에 있어 그 누가 보더라도 극형으로 다룰 중죄인이라 할지라도 법으로 정한 재판절차도 없이 사형을 집행할 수 없듯이, 박 대통령에게 그 절대적인 탄핵사유가 명백하다고 하더라도 실체법상의 절차를 위반한 국회와 헌법재판소의 탄핵심판 소추와 결정은 명백하게 위법한 불법탄핵인 것이다.

이 사건 원고들의 국민주권적 권리로서 행사하는 재판청구권과 행정소송의 대상으로서의 소송물에 있어서 전혀 결격사유가 없는, 오히려 대한민국으로서의 나라와 헌법을 수호해야 할 국가권력의 중심에 있는 국회, 헌법재판소, 중앙선거관리위원회, 대통령이라고 하는 헌법기관들이 그 부당한 불법성으로 국민으로부터 피소의 도마에 오른 경우로서, 헌법기관인 나라가 스스로 불법행위로 나라를 망치는 망국행위를 도모했던 것이다.

한 나라의 대통령으로부터 그 재임 중 그 정권을 참탈(僭奪)한 행위는 명백한 사실 관계와 적절한 심리진행, 탄핵심판으로서의 적법한 효력발생 요건을 갖췄는가를 헌법과 법률에 입각해 '헌법 및 법률 위배 여부'라는 고도의 법률적 잣대로 판단해야 할 문제임은 이론의 여지가 없다 할 것이다.

이렇게, 대한민국의 적법한 대통령 박근혜는 위와 같은 당연무효로 귀착되는 위법한 탄핵심판에 의하여 2017년 3월 10일 탄핵심판이라고 하는 빌미의 틀에 걸려 파면이 선고되었다지만, 당연무효인 불법적인 탄핵심판으로 인하여 그 날의 탄핵심판 결정으로 대통령직에서 파면된 바 없는 '대통령 박근혜'는 대한민국의 헌법상 적법한 대통령으로서 그 임기 5년을 그의 선서와 헌법 법률에 맞게, 남은 대통령직의 임기가 적법한 대통령으로서의 권리이기도 하지만 한편으로는 국가와 국민에게 성실하게 대통령으로서의 직무를 완수해야 할 의무가 있는 것이다.

따라서 피고 대통령 박근혜의 부작위가 왜 위법한 것인지는, 피고가 위의 설시와 같이 불법탄핵으로 인하여 당연무효로서 탄핵되지 못한 적법한 대통령으로서 그 직무를 수행하지 못함에, 이는 관련 헌법기관들의 위법행위로 점철된 탄핵의 무효와 그로 인하여 탄핵 당하지 못한 대통령은 당연히 궐위되지 아니하여 2017년 5월 9일 대통령 선거를 실시할 이유조차도 없는 것임에도, 중앙선거관리위원회는 이를 실시하고, 그 다수득표자에게 당선증을 교부한 행위 등이 결국은 최종적으로 피고 적법한 대통령 박근혜가 정상적인 대통령으로서의 직무를 수행하지 못하게 된 최종적 귀결체가 된 것이다.

피고 대통령 박근혜로서는 비록 그 직무를 수행하지 못함이 진정 작위가 아닌 부진정 부작위에 의하여 그 직무를 수행하지 못함 또한 법률상의 부진정한 책임이 있다할 것이다.

이는 형사법적 성질의 책임이 아니라, 반국가 반헌법 망국적 불법 세력에 의해 초래된 정치적, 헌법적, 국가영도자로서의 도의적 책임인 것이다.

이것은 헌법과 법률에 근거하고 있다할 것으로, 결국 이 사건 청구취지와 같이 피고 대통령 박근혜는 국가와 국민에게 헌법에 적합한 대통령으로서의 5년 임기를 완수하는 작위의무를 다하여야 함이 마땅하다.

피고가 대통령으로서 불법세력에 의한 어처구니없는 황당한 경우를 당하고서 더 이상의 대통령 직무를 수행하고 싶지 않다고 하더라도, 나라의 헌정질서 수호를 위하여 권좌에 복귀하고서 대통령의 자리에서 정당한 의사로써 대통령직을 사임하여야 할 것이지, 본의 아닌 반헌법 반법률적인 세력에 의하여 강압수사와 무리한 형사재판 등으로 불법감금 상태와 부당한 사면(용서)으로써 국가와 국민에 대한 대통령으로서의 헌법상 책무를 흐지부지 흘트릴 것은 아니다.

대통령 탄핵과 관련된 헌법기관들의 위법행위의 최종 귀결체인 피고 대통령 박근혜는 그 부작위가 소송구조상 위법하여 이를 헌법과 청구취지에 따라 원만히 수행할 의무가 있는 위법성으로 이 사건 청구를 당하기에 이르렀다 할 것이다.

항고소송은 '확인'에 소의 이익을 지니고 있다

현대의 법치주의(法治主義)는 '국민주권의 실현을 위한 실질적 법치주의의 보장'으로서 권력분립에 의한 구조적 제도 속에서 보장 실현되어져야 함이 진정한 민주주의의 과제이자 국가 구성원 공동체로서의 공동선(公同善)일 것이다.

행정소송의 한 종류로서의 항고소송은 이미 행하여진 처분에 의하여 권익을 침해당한 자가 그 위법을 이유로 당해 처분의 취소 또는 변경을 구하는 소송으로서, 행정소송법이 처분 등이나 부작위에 대하여 제기하는 소송으로 정의하고 있다.

이러한 항고소송에는 ①행정청의 위법한 처분이나 재결의 취소 또는 변경을 구하는 취소소송과 ②처분 또는 재결의 효력의 유무 또는 존재 여부의 확인을 구하는 무효 등 확인소송 및 ③행정청의 부작위가 위법하다고 확인을 구하는 부작위위법확인소송 등이 행정소송법에 규정되고 있다.

이 사건 권한 존재·부존재 확인의 청구는 행정소송법이 인정하는 적법한 소송형태로서, 법률상의 소의 이익이 있다.

대통령 박근혜에 대한 지지 투표를 하였거나, 아니 하였거나를 불문하고, 국가가 헌법과 법률을 파괴하는 반국가, 반헌법, 반도덕성은 국민으로서 결코 방치 방관할 수 없는 회복해야 할 국민주권적 차원의 당연한 권리이다.

국민주권의 권리를 실현하기 위한 행정소송은 행정청의 위법한 처분 등을 취소·변경하거나 그 효력 유무 또는 존재 여부를 확인함으로써 국민의 권리 또는 이익의 침해를 구제하고 공법상의 권리관계 또는 법 적용에 관한 다툼을 적정하게 해결함을 목적으로 하므로, 대등한 주체 사이의 사법상 생활관계에 관한 분쟁을 심판대상으로 하는 민사소송과는 목적, 취지 및 기능 등을 달리한다.

행정소송법 제4조에서는 무효확인소송을 항고소송의 일종으로 규정하고 있고, 행정소송법 제38조 제1항에서는 처분 등을 취소하는 확정판결의 기속력 및 행정청의 재처분 의무에 관한 행정소송법 제30조를 무효확인소송에도 준용하고 있으므로, 무효확인 판결 자체만으로도 실효성을 확보할 수 있도록 했다.

그리고 무효확인 소송의 보충성을 규정하고 있는 외국의 일부 입법례와는 달리, 우리나라 행정소송법에는 명문의 규정이 없어, 이로 인한 명시적 제한이 존재하지 않는다.

이와 같은 사정을 비롯하여 행정에 대한 사법통제, 권익구제의 확대와 같은 행정소송의 기능 등을 종합하여 보면, '행정처분의 근거법률에 의하여 보호되는 직접적이고 구체적인 이익이 있는 경우에는 행정소송법 제35조에 규정된 '무효확인을 구할 법률상 이익'이 있다고 보아야 한다.'(대법원 2008.03.20. 선고 2007두6342 전원합의체 참조)

판례도 '지위 및 권한 부존재 확인 판결을 받는 것이 그 분쟁을 근본적으로 해결하는 가장 유효, 적절한 수단임에 의심의 여지가 없는 확인의 소의 이익이 있다'(대법원 1999. 09. 17.선고 97다54024 판결 참조) 했다.

항고소송으로서의 대상인 이 사건 국회, 헌법재판소, 중앙선거관리위원회의 위법한 처분행위는 재량권일탈을 넘어 재량권남용이었다.

재량권남용(裁量權濫用)은 이 사건 청구원인과 같은 공법상의 강행규정을 명백하고도 중대히 위반한 행위처분, 나아가 조리(條理)상의 제약인 비례원칙·평등원칙·공익원칙을 무시하고 행사한 경우에 명백한 위법을 구성하는 심히 중대한 하자가 있는 수준의 정도라 할 것이다.

이러한 행정처분에 실체적 요건에 관련된 사실관계를 오인한 하자가 있는 경우, 그 하자가 중대하고 명백하다고 하기 위해서는 그 사실관계 오인의 근거가 된 자료가 외형상 상태성(狀態性)을 결여하거나 또는 객관적으로 그 성립이나 내용의 진정을 인정할 수 없는 것임이 명백한 위법 불법으로 점철된 탄핵심판으로서의 그 하자 있는 행정행위의 치유는 행정행위의 성질이나 법치주의의 관점에서 볼 때 원칙적으로 허용될 수 없고,(대법원 2014.05.16. 선고 2011두13736 판결, 대법원

2010. 8. 26. 선고 2010두2579 판결 등 참조) 그 결과는 '당연무효'일 뿐이다.

이렇게, 청구원인과 같은 여러 헌법기관들의 많은 공법상의 강행규정을 위반한 행정처분은 법원의 선고로써 유효한 것이 무효로 변질되는 것이 아니라, 이미 본래부터 그 당해 강행규정에 위법하여 당연무효화된 것이다.

하자있는 행정처분이 당연무효라고 하기 위한 요건으로서는 처분에 위법사유가 있다는 것만으로는 부족하고 하자가 법규의 중요한 부분을 위반한 중대한 것으로서 객관적으로(외형상으로) 명백한 것(대법원 1993.12.07. 선고 93누11432 판결 등 참조)이어야 한다.

행정소송법(제27조)은 행정관청의 재량에 속하는 처분이라도 재량권의 한계를 넘거나 그 남용이 있는 때에는 법원에 쟁송할 수 있음을 밝혔다.

행정소송법 제27조(재량처분의 취소)

행정청의 재량에 속하는 처분이라도 재량권의 한계를 넘거나 그 남용이 있는 때에는 법원은 이를 취소할 수 있다.

이 사건 청구와 같은, '지위 및 권한 부존재 확인 판결을 받는 것이 그 분쟁을 근본적으로 해결하는 가장 유효, 적절한 수단임에 의심의 여지가 없는 확인의 소의 이익이 있다'(대법원 1999. 09. 17.선고 97다54024 판결 참조)는 판례도 있다.

헌법과 법률의 존재가치의 실효성을 확보하는 국민주권상의 국민의 권리와 적법한 대통령을 지킬 국민 된 권리 및 의무를 명백하게 하고자 하는 이 사건 청구가 피고 대통령 문재인의 불법행위로부터 국민과 '적법한 대통령 박근혜'에 끼치는 명백하고도 중대한 위험을 신속하게 근본적으로 해결하는 가장 유효하고 적절한 수단임에 의심의 여지가 없는 '소의 이익'이 있다.

청구원인 된 헌법기관들의 각 위법한 행정처분과 피고 대통령 문재인의 위법으로 형사상의 책임 있는 행위 등의 점철로써 청구원인을 채우고, 동시에 비록 세인들은 착오에 빠져 적법한 정의의 진실을 잘못 알고 있는 피고 대통령 박근혜에게도 청구취지의 원인을 지니고 있는 것으로서 국민주권 있는 원고들은 두 피고에게 이 사건 청구취지와 같은 법률상의 청구를 할 수 있는 권원이 있는 '항고소송'이자 '당사자소송'이라 할 것이다.

이상의 헌법수호단 비법률가에게서까지 적나라하게 밝혀진 이 정도면 대통령 박근혜에 대한 탄핵심판은 '헌법재판'이라 할 수 없지 않겠는가?

이렇게 헌법과 법률을 파괴하고 헌법수호 의지가 없었던 반국가 반헌법적 기관인 국회와 헌법재판소가 나라를 망국으로 이끄는 선도적 기능을 행사 했었다.

실로 그들의 책임이 중대하고 그 피해가 형언할 수가 없는 상황에 이른 대한민국은 지금 결정적인 헌법재판소의 위법한 불법탄핵으로서 가짜 대통령 문재인의 불법통치에 이어, 윤석열 정부로서도 그대로 대한민국은 헌정질서가 무너진 국난을 잇고 있음이다.

국민이 투표로 문재인에 이어 윤석열을 선출했다는 이유로 대통령이 궐위되지 않은 채, 권좌에서 내몰려져 있는 상태에서 치러진 원인무효의 선거가 정당화될 수 없고, 그런 19대 20대 선거에서 누구는 가짜 대통령이고, 또 다른 누구는 진짜 대통령일 수 있는, 법 적합한 논지는 없다.

그러므로 대한민국은 아직도 헌법이 파괴된 채 헌정질서가 무너진 불법정권이 장악하고 있는 것이다. 정신 나간 세상에서 편하게 지칭하고 있는, 그런 제19대에서 제20대로의 그런 정권 '교체'가 아니라, 반 헌법 불법 가짜 정권의 '교대'자일 뿐이다.

'정유법란(丁酉法難)', 그 중심의 자리에서 검찰의 칼바람으로 회오리의 강약을 조절한 장본인인 박영수 특검에서 박근혜를 심문한 윤석열검사였다. 그러고서 그 공로로 국가반란 수괴로부터 검찰총장의 자리에까지 오르는 영광을 누린 자다.

박근혜 대통령에 대하여 권좌에서 내치게 한 자들은 국회의 망나니들이요, 그들의 추임새에 맞춰 탄핵의 올가미를 던진 자들은 헌법재판관들이었으며, 올가미에 걸려 든 대통령을 검찰의 칼날 앞에 불러서는 이현령비현령(耳懸鈴鼻懸鈴)으로 마음껏 칼질을 한 자는 윤석열을 중심으로 한 검찰들 이었으며, 이를 법률이라는 마무리 포장을 하여 감옥으로 보낸 자들은 판사라는 법관들이었다.

분명, 대한민국의 대통령 박근혜는 탄핵·파면·궐위 당하지 못하였음인데, 감히 대통령을 촛불 반란의 도마 위에 올려 마음껏 유린함 아니던가?

7

'부작위위법 확인' 청구소송의 적법성

헌법수호단의 소송 원고들은 관련 헌법기관들의 각 위법행위에 대한 무효확인을 구하다가, 결국 그 위법행위의 총체적 귀결체인 가짜 대통령 문재인에게 대통령으로서의 권한부존재 확인을, 적법한 대통령 박근혜에게 권한존재 확인 소송을 구해 왔다.

이런 소송의 진행과정 속에는 정작 탄핵의 당사자인 대통령 박근혜도 가만 있는데, 제3자인 원고들이 웬 말이 많냐는 식의 원고부적격이며 청구원인 된 원인무효의 선거는 선거무효 소송으로 취급되어 선거일로부터 30일 이내에 대법원에 제소했어야 했다는 등 엉뚱한 동문서답 우이독경의 각하 판결이 예사였다.

이에 주위적 청구로서, '피고 대통령(박근혜)은 대한민국 제18대 대통령으로서 헌법상의 국정을 수행하지 않고 있는 부작위위법을 확인한다.', 예비적 청구로서, '피고 대통령(박근혜)은 대한민국 제18대 대통령으로서 2017. 03. 10. 이래로 5년 잔여 임기상의 지위 및 권한

이 존재함을 확인한다'는 청구취지 형태로써 부작위위법확인 청구소송을 제기했다.

　부작위위법 확인의 소는 국민인 원고들의 국민주권상의 권리 또는 국민으로서의 법률상 지위에 현존하는 적법한 피고 대통령 박근혜임에도 불구하고, 소외 문재인의 불법 가짜 대통령으로부터 부적절하고도 부당한 통치를 거쳐, 소외 윤석열로부터도 부당한 통치를 계속 이어 받고 있는 현실상의 국민으로서 입는 불안과 국가안보의 위험이 지극히 중대하다는 사실이다.

　이러한 원고의 청구에 관련된 판례는 아래와 같이 안내하고 있다.

행정소송의 대상과 항고소송의 대상인 행정처분의 의미

　행정소송은 행정청의 위법한 처분 그밖에 공권력의 행사·불행사 등으로 인한 국민의 권리 또는 이익의 침해를 구제하고 공법상의 권리관계 또는 법적용에 관한 다툼을 적정하게 해결함을 목적으로 하고 있으므로 행정청의 공권력의 행사로서 구체적인 권리의무에 관한 분쟁을 행정소송의 대상으로 하고 있다. (대법원 1989.01.24. 선고 88누3116 판결)

　항고소송으로서의 무효등 확인소송은 '행정청의 처분 등의 효력 유무 또는 존재 여부를 확인하는 소송'(행정소송법 제4조 제2호)으로서, 처분 등의 존재확인소송, 부존재확인소송, 유효확인소송, 실효확인소송 등을 생각할 수 있으므로, 이를 분명히 하기 위하여 행정소송법은 '무효등 확인소송'이라고 규정했다. 그러나 '무효등 확인소송'은 외관상 현존하는 처분의 무효·부존재 등의 확인을 구하는 소송이지,

행정청에게 작위·부작위의 의무가 있음의 확인을 구하는 소송은 아니다.(행정소송법, 하명호 저, 박영사 간, 59쪽 참조)

'무효등 확인소송'은 적극적으로 처분 등의 효력을 소멸시키거나 부여하는 것이 아니라 소극적으로 처분 등의 존부나 효력의 유무를 확인·선언하는 소송으로서 확인소송의 성질을 갖는다. 한편 이 소송은 처분 등으로 인한 현재의 법률관계의 확인을 구하는 것이 아니라 처분 등의 존부, 효력 자체를 그 대상으로 하므로 항고소송의 일종이다.(행정소송법, 하명호 저, 박영사 간, 60쪽 참조)

행정소송법 제35조에 규정된 '무효확인을 구할 법률상 이익'이 있는지를 판단할 때 행정처분의 무효를 전제로 한 이행소송 등과 같은 직접적인 구제수단이 있는지를 따져보아야 하는지 여부에 관하여 아래 대법원 2008.03.20. 선고 2007두6342 전원합의체 판결로써 밝혔다.

이 판결에 따르면, 행정처분의 근거법률에 의하여 보호되는 직접적이고 구체적인 이익이 있는 경우에는 행정소송법 제35조에 규정된 '무효확인을 구할 법률상 이익'이 있고, 이와 별도로 무효확인을 구할 필요가 있는지 여부에 관한 무효확인소송의 보충성이 요구되는 것은 아니라는 것이라 했다. 따라서 행정사건으로서 무효확인소송을 제기할 때 행정처분의 무효를 전제로 한 이행소송 등과 같은 직접적인 구제수단이 있는지 여부를 따질 필요가 없게 되었다.

행정소송은 행정청의 위법한 처분 등을 취소·변경하거나 그 효력 유무 또는 존재 여부를 확인함으로써 국민의 권리 또는 이익의 침해를 구제하고 공법상의 권리관계 또는 법 적용에 관한 다툼을 적정하게 해결함을 목적으로 하므로, 대등한 주체 사이의 사법상 생활관계에 관한 분쟁을 심판대상으로 하는 민사소송과는 목적, 취지 및 기능 등을 달리한다. 또한 행정소송법 제4조에서는 무효확인소송을 항고소송의 일종으로 규정하고 있고, 행정소송법 제38조 제1항에서는 처분 등을 취소하는 확정판결의 기속력 및 행정청의 재처분 의무에 관한 행정소송법 제30조를 무효확인소송에도 준용하고 있으므로 무효확인판결 자체만으로도 실효성을 확보할 수 있다.

그리고 무효확인소송의 보충성을 규정하고 있는 외국의 일부 입법례와는 달리 우리나라 행정소송법에는 명문의 규정이 없어 이로 인한 명시적 제한이 존재하지 않는다.

이와 같은 사정을 비롯하여 행정에 대한 사법통제, 권익구제의 확대와 같은 행정소송의 기능 등을 종합하여 보면, 행정처분의 근거 법률에 의하여 보호되는 직접적이고 구체적인 이익이 있는 경우에는 행정소송법 제35조에 규정된 '무효확인을 구할 법률상 이익'이 있다고 보아야 하고, 이와 별도로 무효확인소송의 보충성이 요구되는 것은 아니므로 행정처분의 무효를 전제로 한 이행소송 등과 같은 직접적인 구제수단이 있는지 여부를 따질 필요가 없다고 해석함이 상당하다.

[대법관 이홍훈의 보충의견]

무효확인소송의 보충성 인정의 문제는 행정소송법 제35조에 규정된 '무효확인을 구할 법률상 이익'의 해석론에 관한 것으로서 행정소송의 특수성, 무효확인소송의 법적 성질 및 무효확인판결의 실효성, 외국의 입법례, 무효확인소송의 남소 가능성 및 권익구제 강화 등의 측면에서 볼 때, 무효확인소송의 보충성을 요구하지 않는 것이 행정소송의 목적을 달성할 수 있고 소송경제 등의 측면에서도 타당하며 항고소송에서 소의 이익을 확대하고 있는 대법원 판례의 경향에도 부합한다.(대법원 2008.03.20. 선고 2007두6342 전원합의체 판결)

절차상 또는 형식상 하자로 무효인 행정처분에 대하여 행정청이 적법한 절차 또는 형식을 갖추어 다시 동일한 행정처분을 하였다면, 종전의 무효인 행정처분에 대한 무효확인 청구는 과거의 법률관계의 효력을 다투는 것에 불과하므로 무효확인을 구할 법률상 이익이 없다.(대법원 2010.04.29. 선고 2009두16879 판결)

그러나, 원고들의 청구원인과 같은 절차상 또는 형식상 하자로 무효인 행정처분에 대하여 행정청이 적법한 절차 또는 형식을 갖추어 다시 동일한 행정처분을 할 수 있는 것이 아닌, 국가운영을 위한 국가공법상의 강행규정을 위한 위법한 행정처분은 그 아무런 법률효과를 발생할 수 없는 절대적이고 원천적인 당연 무효의 아무 것도 없었던 공허한 처분으로서 항고소송으로서의 형식적이고 실질적인 의미를 갖춘 소의 이익이 있다.

항고소송의 대상이 되는 행정청의 처분이라 함은 원칙적으로 행정청의 공법상의 행위로서 특정사항에 대하여 법규에 의한 권리의 설정 또는 의무의 부담을 명하거나 기타 법률상의 효과를 직접 발생하게 하는 등 국민의 권리의무에 직접 관계가 있는 행위를 말하므로, 상대방 또는 관계자들의 법률상 지위에 직접 영향을 미치지 아니하

는 행위는 그에 해당하지 아니 한다.(대법원 1999. 8. 20. 선고 97누6889 판결)

이렇게 피고 대통령의 부작위는 이 사건 청구원인과 같은 법률상의 원인으로 탄핵·파면·궐위되지 못하였음으로서, 2017년 3월 10일 이래로 대한민국 대통령으로서의 국정수행을 위한 일정한 처분을 해야 할 법률상 의무가 있는데도 불구하고 이를 하지 아니하는 부작위 상태에 있는 것이다.

이렇게 피고 대통령(박근혜)에 대한 지지 투표를 하였거나, 아니 하였거나를 불문하고, 국가가 헌법과 법률을 파괴하는 반국가, 반헌법, 반도덕성은 국민으로서 결코 방치 방관할 수 없는 시급히 회복해야 할 국민주권적인 엄연한 권리이다.

국민주권적 법 감정은 적법한 통치권에 지배·종속 받음은 지극히 당연한 것으로, 적법하지 못한 가짜 통치자로부터의 지배는 국가권력으로서 당연히 퇴치시켜야 할 국가의 책임인 것이다.

이러한 대한민국의 국권과 국민주권 회복의 한 방편으로서 피고에게 남은 임기간의 대통령으로서의 직책을 국가와 국민에게 성실히 수행해 주기를 신청할 권리가 있음에 따라서 이 사건 피고의 부작위 위법의 확인을 소로써 구하지 않을 수 없었다.

헌법 제66조
① 대통령은 국가의 원수이며, 외국에 대하여 국가를 대표한다.
② 대통령은 국가의 독립 · 영토의 보전 · 국가의 계속성과 헌법을 수호할 책무를 진다.
③ 대통령은 조국의 평화적 통일을 위한 성실한 의무를 진다.
④ 행정권은 대통령을 수반으로 하는 정부에 속한다.

부작위위법확인의 소 취지와 적법요건

행정소송법 제4조 제3호가 정하는 부작위위법확인의 소는 행정청이 당사자인 국민의 법규상 또는 조리상의 권리에 기한 신청에 대하여 처분을 하여야 할 법률상 응답의무가 있음에도 불구하고 이를 하지 아니하는 경우에 그 부작위가 위법하다는 것을 확인함으로써 행정청의 응답을 신속하게 하여 부작위 또는 무응답이라고 하는 소극적 위법상태를 확인하고 제거하는 것을 목적으로 한다.

나아가 '당해 판결의 구속력에 의하여 행정청에게 처분 등을 하게 하고, 다시 당해 처분 등에 대하여 불복이 있는 때에는 그 처분 등을 다투게 함으로써 최종적으로는 국민의 권리이익을 보호하려는 제도'라고 정의했다. (대법원 1992.07.28. 선고 91누7361 판결)

이러한 부작위위법 확인소송은 처분의 신청을 한 자로서 부작위가 위법하다는 확인을 구할 법률상의 이익이 있는 주권 있는 국적보유자만이 제기할 수 있는 것이므로, 당사자가 행정청에 대하여 어떠한 행정처분을 하여 줄 것을 요청할 수 있는 법규상 또는 조리상의 권리를 갖고 있음으로서 원고적격이 있을 때 그 부작위위법 확인의 소는 적법하다. (대법원 2000.02.25. 선고 99두11455 판결)

부작위위법 확인소송의 대상이 되는 행정청의 부작위라 함은 행정청이 당사자의 신청에 대하여 상당한 기간 내에 일정한 처분을 할 법률상 의무가 있음에도 불구하고 이를 하지 아니하는 것(대법원 1991.11.08. 선고 90누9391 판결)을 말함이다.

부작위위법 확인소송은 '공권력 행사로서의 행정청의 처분'의 부작위를 그 대상으로 하는 항고소송으로서, 법률관계를 변동하는 것이 아니라, 부작위에 의하여 외형화 · 현실화된 법상태가 위법임을 확인하는 것이므로, 확인소송으로서의 성질을 갖는다. 그리하여 부작위위법 확인소송에서의 승소판결은 행정청의 특정한 부작위의 위법을 확인하는 데 그치고, 적극적으로 행청청에게 일정한 처분을 할 의무를 직접 명하지는 않는다. (행정소송법, 하명호 저, 박영사 간, 63쪽 참조)

다만 현행법은 부작위위법 확인소송의 실효성 확보수단을 강구함으로써 의무이행 소송이 채택된 것과 다름없는 효과를 거두려고 한다. 행정청이 부작위가 위법하다는 판결을 선고받고도 처분을 하지 않는 때에는 제1심 수소법원은 당사자의 신청에 의하여 결정으로써 상당한 기간을 정하고 행정청이 그 기간 내에도 이행하지 않는 때에는 그 지연기간에 따라 일정한 배상을 할 것을 명하거나 즉시 손해배상을 할 것을 명할 수 있다.(행정소송법 제38조, 제34조 제1항) 이와 같은 간접강제를 통해 이행소송과 유사한 효과를 거두고자 하는 것이다.(행정소송법, 하명호 저, 박영사 간, 64쪽 참조)

부작위위법확인의 소는 처분의 신청 또는 소송을 통하여 원고가 구하는 행정청의 응답행위는 행정소송법 제2조 제1항 제1호 소정의 '처분'에 관한 것이라야 하므로, 당사자가 행정청에 대하여 어떠한 행정행위를 하여 줄 것을 신청하지 아니하였거나 그러한 신청을 하였더라도 당사자가 행정청에 대하여 그러한 행정행위를 하여 줄 것을 요구할 수 있는 법규상 또는 조리 상의 권리를 갖고 있지 아니하든지 또는 행정청이 당사자의 신청에 대하여 거부처분을 한 경우에는 원고적격이 없거나 항고소송의 대상인 위법한 부작위가 있다고 볼 수 없어 그 부작위위법확인의 소는 부적법하다 했다.(대법원 1992.6.9. 선고 91누11278 판결, 동 1993.04.23. 선고 92누17099 판결)

그러한 당사자가 행정청에 대하여 그러한 행정행위를 하여 줄 것을 요구할 수 있는 법규상 또는 조리 상의 권리를 갖고 있는 적법한 국민으로서 응당 원고적격이 있는 것이고, 행정청으로서 적법한 국민들에 대하여 위법한 부작위가 있다고 볼 '피고 대통령'인 것이다.

행정소송법 제2조(정의)

① 이 법에서 사용하는 용어의 정의는 다음과 같다.

1. "처분등"이라 함은 행정청이 행하는 구체적 사실에 관한 법집행으로서의 공권력의 행사 또는 그 거부와 그 밖에 이에 준하는 행정작용(이하 "처분"이라 한다) 및 행정심판에 대한 재결을 말한다.

2. "부작위"라 함은 행정청이 당사자의 신청에 대하여 상당한 기간내에 일정한 처분을 하여야 할 법률상 의무가 있음에도 불구하고 이를 하지 아니하는 것을 말한다.

② 이 법을 적용함에 있어서 행정청에는 법령에 의하여 행정권한의 위임 또는 위탁을 받은 행정기관, 공공단체 및 그 기관 또는 사인이 포함된다.

추가적으로 '처분등'의 정의에 있어서 "행정청이 행하는 구체적 사실에 관한 법집행으로서의 공권력의 행사 또는 그 거부와 그 밖에 이에 준하는 행정작용 및 행정심판에 대한 재결을 말한다"고 정의함으로써, 공권력의 행사나 거부 및 재결(裁決)과 '그 밖에 이에 준하는 행정작용'으로까지 확대하고 있음에 따라, 국회와 헌법재판소에 의한 불법탄핵과 그 파면의 원척적 무효임에도 불구하고 거국적인 법률착오로 탄핵이 기정사실화된 듯한 소외 문제인과 동 윤석열의 부적법한 통치행위로 이어지고 있는 반헌법 헌정문란으로 피고 대통령으로서의 통치권한을 행사하기 어려운 '부작위위법' 사실의 존재인 것이다.

소의 이익과 원고의 '법률상 이익'

무효등 확인소송은 처분 등의 효력 유무 또는 존재 여부의 확인을 구할 법률상 이익이 있는 자가 제기할 수 있다(행정소송법 제35조). 원래 당사자적격은 넓은 의미의 소의 이익에 포함되는 것이다. 본안판단을 구하는 것을 정당화시킬 수 있는 이익 내지 필요를 말하고, 원고 적격, 권리보호의 자격(청구대상의 적격) 및 권리보호의 필요(협의의 소익)를 포괄한다. 이런 당사자적격은 당사자 측면에서 본 주관적 이익이라는 점에서 '권리보호의 자격' 및 '권리보호의 필요'와 구별된다.(행정소송법, 하명호 저, 박영사 간, 76쪽 참조)

행정소송법상 부작위위법 확인소송에 있어서는 당해 행정처분 또는 부작위의 직접 상대방이 아닌 제3자라 하더라도 그 처분의 취소 또는 부작위위법확인을 받을 법률상의 이익이 있는 경우에는 원고 적격이 인정되는 것(대법원 1989.05.23. 선고 88누8135 판결)이며, 항고소송인 무효등확인소송에 있어서 소의 이익이 인정되기 위하여서는 행정소송법 제35조 소정의 '법률상의 이익'이 있어야 하는 바, 그 법률상의 이익은 당해 처분의 근거 법률에 의하여 보호되는 직접적이고 구체적인 이익이 있는 경우를 말하고 간접적이거나 사실적, 경제적 이해관계를 가지는 데 불과한 경우는 여기에 해당되지 않는다.(대법원 2001.07.10. 선고 2000두2136 판결)

행정소송법 제35조(무효등 확인소송의 원고적격)
무효등 확인소송은 처분등의 효력 유무 또는 존재 여부의 확인을 구할 법률상 이익이 있는 자가 제기할 수 있다.

'국민(國民)'은 임의의 개념이 아니라, 헌법과 국적법의 법률상 근거로서 한정지어 지는 것으로서, 적법한 통치 권력에 종속될 국민은 행정소송법 제35조 소정의 '법률상의 이익'에 직결되어 있는 개념이

라 하겠다.

'부작위위법에 관한 확인 판결을 받는 것이 이 사건 당사자 간의 그 분쟁을 근본적으로 해결하는 가장 유효, 적절한 수단임에 의심의 여지가 없는 것으로서, 피고 대통령에게 대통령으로서의 부작위위법이 존재함을 확인하는, 확인 그 자체에 확인의 소의 이익이 있다.(대법원 2004.02.13.선고 2001다15828판결, 동 2001.06.26.선고 2001다19776판결)

한편, 부작위위법확인의 소는 판결의 구속력에 의하여 행정청에게 처분 등을 하게하고, 다시 당해 처분 등에 대하여 불복이 있는 때에는 그 처분 등을 다투게 함으로써 최종적으로는 국민의 권리이익을 보호하려는 제도이므로, 소제기의 전후를 통하여 판결시까지 행정청이 그 신청에 대하여 적극 또는 소극의 처분을 함으로써 부작위 상태가 해소된 때에는 소의 이익을 상실하게 되어 당해 소는 각하를 면할 수가 없는 것(대법원 1990.09.25. 선고 89누4758 판결)이라고 했다.

따라서 피고 대통령(박근혜)이 남은 임기상의 권한에 복귀하거나, 대통령으로서의 권한 있는 위치에서 사직서를 제출하는 하야선언이 아니라면 '변론종결시까지 행정청의 처분으로 부작위 상태가 해소되는 경우'가 아니므로 이 사건 판결에 있어서 또 다시 '각하'될 사안은 아니라고 하겠다.

이런 점에서 피고가 국정을 수행해야 할 '처분의무의 존재'로서 ① 처분을 해야 할 법률상 의무는 법령이 일정한 요건을 갖춘 때에는 일정한 처분을 할 것을 명하는 명문의 규정이 있는 경우이자, ② 법령의 취지나 신청의 성질상 행정청이 일정한 행위를 해야 하는 기속행위에 해당하는 경우까지를 포함하는, 이러한 피고 대통령에게는

국정을 수행해야 할 처분의무가 존재하고 있다.(대법원 1990.5.25. 선고 89
누5768 판결, 동 1990.9.25. 선고 89누4758 판결, 동 1991.11.8. 선고 90누9391 판결, 동
1992.06.09. 선고 91누11278 판결 등 참조)

이런 피고 대통령에게는 불법 불의의 세력에 의하여 위법한 탄핵
의 선고를 받고서 불법 감금에 까지 내몰린 과정에는 위 ① 내지 ⑩
과 같은 위법한 행정처분 등이 점철되어 있는 것으로, 이러한 불법
탄핵으로 인하여 피고는 현재 대한민국의 적법한 대통령이다.

이 사건 청구취지에 이른 불법탄핵 이었음과 피고의 부진정 부작위
로서의 책임 있는 부작위 위법사실의 확인에 이른, 국회와 헌법재판
소의 각 위법을 행사한 항목은 그대로 소송의 청구원인이 되었다.

원고가 행정처분을 신청한 사실이 있는지

불법탄핵의 원인된 증거사실과 피고 대통령에 관한 헌법 및 관련
법률상의 규정상의 괴리가 있는 이런 언어도단의 상황 하에서 적법
한 대통령 박근혜는 수사, 구속, 형사재판, 실형확정을 거친 기결수
및 권좌에 복귀되지 못하고 있는 사실상의 과정에 있는 피고에게 원
고들이 위와 같은 법리로써 원고가 피고에게 적법한 대통령으로서
작위의무 이행을 신청한다 하더라도 그 어느 누구도 이런 타당하고
적법한 신청에 성실히 답할 마음이 우러나지 않음은 일상 경험칙의
지극히 당연한 것이다.

하지만 헌법 및 관련 법률상 분명, 피고 대통령(박근혜)는 현재 대한
민국의 적법한 대통령으로서 국정을 수행할 처분으로서의 그 의무
가 존재하고 있고, 피고의 부작위가 위법성을 갖기 위해서는 당사자

의 신청·청구에 대해 행정청으로서 일정한 처분을 수행해야 할 의무가 있음에 관한 법률상의 근거를 필요로 하고 있다.

또한 행정소송법 제4조 제3호에 규정된 부작위위법확인의 소는 행정청이 당사자의 법규상 또는 조리상의 권리에 기한 신청에 대하여 상당한 기간 내에 그 신청을 인용하는 적극적 처분 또는 각하하거나 기각하는 등의 소극적 처분을 하여야 할 법률상의 응답의무가 있음에도 불구하고 이를 하지 아니하는 경우에 그 부작위가 위법하다는 것을 확인함으로써 행정청의 응답을 신속하게 하여 부작위 또는 무응답이라고 하는 소극적인 위법상태를 제거하는 것을 목적으로 하는 제도인 것이다.

여기서 "'상당한 기간'은 당해 처분의 종류, 내용, 성질 등에 따라 합리적으로 판단하여야 하며, '상당한 기간'의 경과 여부는 행정청이 당해 처분 내지 행위를 하는 데 통상 필요로 하는 기간을 경과하였는지의 여부를 기준으로 하여 법원이 구체적인 사안에 따라서 개별적으로 판단하여야 하므로, 통상 필요한 '상당한 기간'을 경과한 경우에는 원칙적으로 행정청의 부작위는 위법한 것이 되고, 다만 위 기간 경과를 정당화할 만한 특단의 사정이 있는 경우에는 그 위법을 면한다"(서울행정법원 2008. 12. 26. 선고 2008구합30663 판결 참조) 했다.

그렇다면, 원고들이 불법탄핵에 기한 당연 무효의 법리로써 소외 문재인에게 구하는 대통령권한 부존재확인, 피고 대통령(박근혜)에게 구하는 대통령권한 존재확인 소송 즉, 원고들의 기왕에 진행되어 왔던 이른 바 '탄핵무효' 소송에서 엄연히 절대적 당연무효인 파면선고에 기한 권한의 부존재확인 및 존재확인, 기타 국회 및 헌법재판소,

중앙선거관리위원회, 법무부 등에 이에 관한 무효의 법리로써 '상당한 기간'을 필요치 않는 탄핵무효였고, 소외 문재인에게는 대통령권한이 부존재한 무권 가짜 대통령일 수 밖에 없음의 취지로 제소를 이어 왔던 사실에 있다.

그런 즉, '원칙적으로 행정청의 부작위는 위법한 것'이 되고, '기간 경과' 따위의 것은 이 사건 청구의 원인된 불법탄핵이 갖는 '무효의 법리'에서 적용될 해당사항 조차도 못되는 것으로써 결국, 불법탄핵을 정당화할 만한 특단의 사정이 있는 경우가 아니므로 '탄핵무효' 소송상의 관련 피고들은 그 위법을 면하기 어렵다는 위 판례의 취지와 같다고 하겠다.

헌법수호단 원고들은 이렇게 당사자가 행정청에 대하여 그러한 행정행위를 하여 줄 것을 요구할 수 있는 법규상 또는 조리 상의 권리로써 실질적인 국민주권을 행사할 수 있는 권능을 가진 국적 있는 국민으로서, 부작위위법 확인소송에서 요청되는 '신청'과 같은 소의 형태로써 부록상의 다수 소송을 연이어 지속해 왔다.

위 행정소송법 제2조 제1항 제1호 소정의 '처분'의 개념 및 행정소송법 제4조 제3호가 정하는 부작위위법확인의 소에 관하여 원고 및 '헌법수호단' 일원들은 2018. 01. 02. 이래로 피고 (적법한) 대통령 박근혜에게 대통령 권한 존재 확인을, 피고 가짜 대통령 문재인에게 대통령 권한 부존재 확인을 구하는 중심으로 피고 국회 및 헌법재판소, 중앙선거관리위원회, 대한민국(법률상 대표 법무부장관)에게도 각 관련 당해 처분의 무효확인을 구하는 소송을 제기해 왔다.

행정청에 대한 신청의 의사표시는 명시적이고 확정적인 것이어야 하고(대법원 2004. 9. 24. 선고 2003두13236 판결 등 참조) 문서로 이루어짐이 원칙이라 할 것인데(행정절차법 제17조 제1항), 사인(私人)이 행정청에 대하여 어떠한 처분을 구하는 문서상의 의사표시가 이러한 신청행위에 해당하는지 여부는 그 문서의 내용과 작성 및 제출의 경위와 시점, 취지 등 여러 사정을 종합하여 판단해야 할 것이다.(대법원 2008.10.23. 선고 2007두6212,6229 판결)

위 이런 피고들의 각 위법 처분에 관하여 원고들이 아래의 관련 소송으로써 피고 (적법한) 대통령 박근혜가 헌법과 법률에 적합한 통치행위를 하여 줄 것을 신청함에 다름없는 즉, 민사소송법을 준용하고 있는 행정소송에서 민사소송상의 차용증과 현금보관증을 동일한 개념으로 이해하듯, 부작위위법확인을 구하는 이 사건 소송에서 원고들의 피고에 대한 신청 유무는 이미 앞서 진행했던 여러 소의 제기로써 충분하다고 이해될 수 있는 사안에 해당한다.

이런 제소로써 신청에 대신한, '신청을 받은 행정청으로서는 상당한 기간 내에 그 신청을 인용하는 적극적 처분을 하거나 각하 또는 기각하는 등의 소극적 처분을 하여야 할 법률상의 응답의무가 있다. 그럼에도, 행정청이 위와 같은 권리자의 신청에 대해 아무런 적극적 또는 소극적 처분을 하지 않고 있다면 그러한 행정청의 부작위는 그 자체로 위법하다.'(대법원 2009.07.23. 선고 2008두10560 판결)

한결 같은 탄핵무효 소송의 수 많은 소송을 제기했지만, 법원은 위와 같은 위법사항의 증거사실에 관한 확인하기를 무시하고, 동문서답 우이독경의 '각하'판결을 내리기에 일관함에 따라서 원고는 법리상의 전열을 다듬어 이 사건 부작위위법의 확인을 구하는 소송에 까지 이른 것이다.

행정청이 국민의 신청에 대하여 한 거부행위가 항고소송의 대상이 되는 행정처분이 된다고 하기 위하여는 국민이 그 신청에 따른 행정행위를 하여 줄 것을 요구할 수 있는 법규상 또는 조리상의 권리가 있어야 하며, 이러한 권리에 의하지 아니한 국민의 신청을 행정청이 받아들이지 아니하고 거부한 경우에는 이로 인하여 신청인의 권리나 법적 이익에 어떤 영향을 주는 것이 아니므로 그 거부행위를 가리켜 항고소송의 대상이 되는 행정처분이라고 할 수는 없다(대법원 1996.05.14. 선고 95누13081 판결)고 판시한 바, 이 사건 원고인 당사자가 행정청에 대하여 그러한 행정행위를 하여 줄 것을 요구할 수 있는 법규상 또는 조리 상의 권리를 갖고 있는 사안에서 위와 같은 제소의 형태로써 탄핵무효 소송을 지속해 왔었고, 정히 원고들이 제소해 온 사건 중에서 각 소송에 원고로 참여했던 사실, 그리고 이러한 탄핵무효 소송의 청구원인된 사실은 행정청들이 범한 위법행위가 공법상의 강행규정에 반하는 처분으로서 그 절대적 당연 무효성에 기인하고 있다는 명백하고 중대한 사실증거인 것이다.

이러한 수 많은 소송의 그릇된 결과는 바로, "입헌적 법치주의국가의 기본원칙은 어떠한 국가행위나 국가작용도 헌법과 법률에 근거하여 그 테두리 안에서 합헌적·합법적으로 행하여질 것을 요구하며, 이러한 합헌성과 합법성의 판단은 본질적으로 사법의 권능에 속한다.

다만, 국가행위 중에는 고도의 정치성을 띤 것이 있고, 그러한 고도의 정치행위에 대하여 정치적 책임을 지지 않는 법원이 정치의 합목적성이나 정당성을 도외시한 채 합법성의 심사를 감행함으로써 정책결정이 좌우되는 일은 결코 바람직한 일이 아니며, 법원이 정치문제에 개입되어 그 중립성과 독립성을 침해당할 위험성도 부인할 수 없으므로, 고도의 정치성을 띤 국가행위에 대하여는 이른바 통치행위라 하여 법원 스스로 사법심사권의 행사를 억제하여 그 심사대상에서 제외하는 영역이 있다.

그러나 이와 같이 통치행위의 개념을 인정한다고 하더라도 과도한 사법심사의 자제가 기본권을 보장하고 법치주의 이념을 구현하여야 할 법원의 책무를 태만히 하거나 포기하는 것이 되지 않도록 그 인정을 지극히 신중하게 하여야 하며, 그 판단은 오로지 사법부만에 의하여 이루어져야 하는 것이다"(대법원 2004.03.26. 선고 2003도7878 판결)하는 이러한 판례가 지적한 바와 같은, 원고의 이 사건 청구원인과 같은 잘못된 불법 가짜 대통령이지만 국민이 다 같이 속아서 소외 문재인과 윤석열을 대통령으로 인정하고 있는 반국가적 불법통치 행위에 해당하는 고도의 정치성에 법원이 제동을 걸 수 있는 사법심사권의 행사를 스스로 억제하여 그 심사대상에서 제외하는 영역에 원고들의 소송사건이 위치하고 있었던 것이다.

"그러나 이와 같이 통치행위의 개념을 인정한다고 하더라도 과도한 사법심사의 자제가 기본권을 보장하고 법치주의 이념을 구현하여야 할 법원의 책무를 태만히 하거나 포기하는 것이 되지 않도록 그 인정을 지극히 신중하게 하여야 하며, 그 판단은 오로지 사법부만에 의하여 이루어져야 하는 것"이 사법부와 법관의 존재가치이며 국가적, 사회적, 법치적, 교육적, 국가의 미래지향적인 정의일 것이다.

이렇게 사법정의(司法正義)로운 판단에 충족되기 위해서는 국회나 헌법재판소의 탄핵심판으로서의 '행정처분은 정당한 권한 있는 자가 그 권한 내에서 실현가능한 사항에 관하여 정상적인 의사에 기하여 법정의 일련의 절차와 소정의 형식을 갖추어 행해져야 하고, 또 외부에 표시되어야만 유효하게 성립하고 동시에 효력을 발생'(대법원 1976.06.08. 선고 75누63 판결 참조) 되도록 위법함이 없어야 했다.

이러한 국회나 헌법재판소의 탄핵 소추와 심판에 관한 '제재적 행정처분이 재량권의 범위를 일탈하였거나 남용하였는지 여부는 처분 사유로 된 위반행위의 내용과 그 위반의 정도, 당해 처분에 의하여 달성하려는 공익상의 필요와 개인이 입게 될 불이익 및 이에 따르는 제반 사정 등을 객관적으로 심리하여 공익침해의 정도와 그 처분으로 인하여 개인이 입게 될 불이익을 비교교량하여 판단되어야 할 것'(대법원 2012.11.15. 선고 2011두31635 판결, 대법원 2000. 4. 7. 선고 98두11779 판결 등 참조)이나 그렇지 못한 위법행위로서의 증거사실에 관한 관점에서 사법부로서의 엄정한 사법판단이 따라야 할 것으로 촉구된다.

부작위위법확인의 소의 제소기간 등 비제약성

당사자의 법규상 또는 조리상의 권리에 기한 신청에 대하여 여전히 행정청이 부작위의 상태에 있는, 이 사건 청구원인과 같이 부작위위법 확인의 소는 부작위상태가 계속되는 한 그 위법의 확인을 구할 이익이 있다고 보아야 하므로 원칙적으로 제소기간의 제한을 받지 않음이다.(대법원 2009.07.23. 선고 2008두10560 판결)

또한 피고의 부작위위법에 선행된 국회와 헌법재판소의 위법으로 선행 처분된 당연무효의 비구속성으로 인하여 소송상 아무런 제약을 받지 않음이고, 이러한 탄핵되지 못한 피고에 대하여 그 부작위 위법을 확인 판단 받음에 있어서, 이 사건 청구상의 제소기한이며, 청구권자, 제소법원 따위는 하등의 소송상의 전제조건이 되지 못하는 사항일 뿐으로, 원고들이 귀 법원에서 피고 대통령(박근혜)에 대하여 이 사건 청구의 판단을 받고자 함은 적절하다 할 것이다.

국민이 행정청의 부작위위법 확인을 구할 원고적격

국민주권상에 있는 원고의 경우와 같이, 행정처분의 직접 상대방이 아닌 국민(제3자)도 행정청의 부작위위법 확인을 구할 법률상 이익이 있는 경우에는 원고적격이 인정된다. 법률상 이익은 당해 처분의 근거법률에 의하여 보호되는 직접적이고 구체적 이익이 있는 경우를 말하는 것으로서, 국민이 국민의 대표인 적법한 대통령을 불의의 세력에 빼앗기고서 부적법한 통치자로부터 지배를 받는다는 것은 실로 국가와 국민의 개념과 정체성이 상실된 경우로서 국민으로서의 권리 및 의무에 직접적이고도 구체적인 적용의 이해관계가 미치는 현실적인 문제인 것이다.

이렇게 불법 통치자로부터 국민이 지배를 받게 하는 국가나 그 법의 존재는 무의미한 것으로서, 불법통치로 인한 지배·종속의 관계에서는 대한민국의 국호와 법을 참칭(僭稱)한 것일 뿐, 이미 대한민국은 사라졌다 해도 지나치지 않을 망국의 상황 수준에 이른 것이다.

행정청이 원고의 소송에 응답할 의무가 있는지

대법원은 "항고소송의 대상이 되는 행정청의 처분이라 함은 원칙적으로 행정청의 공법상의 행위로서 특정사항에 대하여 법규에 의한 권리의 설정 또는 의무의 부담을 명하거나 기타 법률상의 효과를 직접 발생하게 하는 등 국민의 권리의무에 직접 관계가 있는 행위를 말한다"고 하여 실체법적 개념설에 가까운 입장이다.(대법원 2010무1111 판결 참조)

특히 최근에는 '국민의 법적 불이익이나 불안을 제거시키기 위한 구제수단의 필요성'이라는 관점에서 항고소송의 대상인 처분성을 넓게 인정(대법원 2011두13286 판결 등 참조)하고 있다.

행정청이 법률이 인정하는 재량권의 한계를 넘어선 작위·부작위의 경우나 강행규범에 속하는 기속행위의 작위·부작위에는 위법을 구성하여 행정소송의 대상이 되는 것으로, 이러한 경우에 대하여 현행 행정소송법은 행정관청의 재량에 속하는 처분이라도 재량권의 한계를 넘거나 그 남용이 있는 때에는 법원에 쟁송할 수 있다.(행정소송법 제27조)

항고소송은 권리의무를 다투는 쟁송과 달리, '국민의 법적 불이익이나 불안을 제거시키기 위한 구제수단의 필요성'이라는 관점에서 피고의 부작위 위법한 행위는 항고소송의 대상인 처분성이 있는 것이다.

이런 부작위위법의 확인을 구하는 항고소송으로서의 청구원인이 된 이 사건 국회와 헌법재판소의 위법한 처분행위는 재량권일탈을 넘어 재량권남용(裁量權濫用)과 함께 기속행위에 속하는 공법상의 강행규범을 위반한 것이다.

행정소송법 제26조상의 직권심리에 관한 규정의 취지에 따라, '국민의 법적 불이익이나 불안을 제거시키기 위한 구제수단의 필요성'이라는 관점에서 항고소송의 대상인 처분성을 넓게 인정해 가고 있는 대법원의 판례의 태도'임을 우리는 이미 확인했다.

이로써 법원은 행정청의 재량에 속하는 처분이라도 재량권의 한계를 넘거나 강행규범에 해당하는 기속행위에 관하여 그 위반 및 남용이 있는 때에는 법원은 이를 무효확인하거나 취소하여야 할 것이다.

행정소송법 제26조(직권심리)
법원은 필요하다고 인정할 때에는 직권으로 증거조사를 할 수 있고, 당사자가 주장하지 아니한 사실에 대하여도 판단할 수 있다.

행정소송법 제27조(재량처분의 취소)
행정청의 재량에 속하는 처분이라도 재량권의 한계를 넘거나 그 남용이 있는 때에는 법원은 이를 취소할 수 있다.

이런 관점에서 헌법 제66조, 제69조, 제70조 등 대통령의 직무와 권한에 관한 규정에 비추어 대통령에 선출되고서 취임하여 대통령으로서의 직무수행에 관하여 작위·부작위할 수 있는 재량행위가 아니라 헌법과 법률에 적합한 대통령으로서의 권한과 직무를 수행해야 하는 기속행위로서, 피고 대통령(박근혜)는 2017년 3월 10일 이래로 탄핵·파면·궐위되지 못한 현재 대한민국의 적법한 대통령임에도 불구하고 통치권행사로부터 손을 놓고서 이후에 적법성 없는 소외 문재인과 동 윤석열에게 국가와 국민에 대한 불법통치 행사를 방관 방임함은 피고 대통령으로서의 명백한 기속행위의 부작위 위법행위가 분명함에 피고 대통령이 사임하는 하야선언을 하거나, 법원의 판

결에 의하여 피고 대통령의 부작위가 위법하다는 확인을 함으로써 대통령으로서의 직무수행을 촉구하는 방편이거나 이를 확인 받고서도 직무수행을 하지 않는다면 헌법상 재차 탄핵사유가 될 것이다.

따라서 원고들의 이 사건 청구에 따른 법원의 피고에 대한 부작위 위법의 확인 판결로써 등청하는 직무복귀이던, 사임 하야하는 부작위 선언이던 선택적으로 답할 의무가 있다 할 것이다.

'피고 대통령'의 부작위가 왜 위법한지

대한민국의 적법한 대통령 박근혜는 당연무효로 귀착되는 위법한 탄핵심판에 의하여 2017년 3월 10일 탄핵심판이라고 하는 빌미의 틀에 걸려 파면이라는 선고를 받았지만, 당연무효인 불법적인 탄핵심판으로 인하여 헌법재판소의 불법 탄핵심판 결정으로 무효하여 대통령직에서 파면된 바 없는 '대통령 박근혜'는 대한민국의 헌법상 적법한 대통령으로서 그 임기 5년의 그 남은 임기에 있어서 적법한 대통령으로서의 권리이기도 하지만, 한편으로는 국가와 국민에게 성실하게 대통령으로서의 직무를 완수해야 할 의무이기도 한 것이다.

피고 대통령(박근혜)은 2017년 3월 10일 이래로 탄핵·파면·궐위되지 못한 현재 대한민국의 적법한 대통령으로서 적법한 통치권을 행사하지 않고 있는 부작위의 위법이 계속되고 있는 상황에 있어서, 피고 대통령으로서의 피고의 부작위 위법사실에 관한 확인 및 그 권한존재에 관한 확인의 필요성이 있는 것으로, 이는 총체적인 불법탄핵과 이로 인한 거국적인 법률착오에 기인하고 있다.

2017년 3월 10일 이래로 계속되고 있는 피고 대통령으로서의 이런 부작위 위법이 피고의 고의에 의함이 아니라, 거국적인 법률착오에 기인한 원인을 지니고 있음에 대하여 법원은 원고들 소송의 청구에 따라 이를 확인함으로써 흐트러진 헌정질서를 바로 잡아주는 사법부(司法府)여야 한다.

이렇게 원고들의 국민주권적 권리 등이 명백하고도 중대하게 침해받고 있는 현존하고 있는 위험이 지속되고 있음에도 적법하게 파면 당하지 못한 피고 대통령(박근혜)은 부적법한 통치자인 소외 문재인과 윤석열에게 대한민국과 국민에 대한 통치행사를 방임하고 있으니 피고 대통령의 부작위가 위법할 수 밖에 없는 것이다.

이런 피고가 사실상의 적법한 대통령으로서 그 임기상의 권한을 행사하지 못하고 있는 '부작위 위법'의 원인으로서 진정 부작위이던, 부진정 부작위이던, 미필적 부작위이던 그 진의 여부에 무관히, 원고들은 피고에게 남은 임기상의 통치권 행사에 관한 권한과 의무를 확인할 권원이 존재하고 있음에, 또한 원고로서는 그 실질적 국민주권을 소로써 행사할 권원 또한 있다 할 것이다.

즉 행정청의 부작위가 왜 위법한지는 소외 문재인을 이은 동 윤석열에 의한 불법통치가 계속되고 있음에 대한 피고 적법한 대통령으로서 그 직무의 불이행상태로서 헌법기관으로서의 행정청인 대통령의 부작위가 위법하다할 것이고, 피고 적법한 대통령으로서 그 직무를 이행하지 않음에 그 위법성이 존재하고 있는 것이다.

이렇게 계속적으로 부작위 위법을 지속할 것이라면, 피고 스스로가 적법한 현 대통령으로서 더 이상의 직위 보전을 물리치는 하야선언으로서 직위에서 사직(辭職)하여야만 부작위 위법에서 자유로울 수 있는 것이다.

따라서, 원고들이 구하는 청구취지의 법률관계를 '확인받음'으로써 부적법한 가짜 대통령으로부터 원고들 및 국민들에게 야기된 위험이나 불안이 제거되고, 이런 중대한 위기에 빠진 국가를 수호할 국민으로서의 권리와 책무에 충실해야할 한 방편으로서 부작위 위법의 확인을 구함이다.

이처럼 피고 대통령 박근혜의 부작위가 왜 위법한 것인지는, 피고가 위의 설시와 같이 불법탄핵으로 인하여 당연무효로서 탄핵되지 못한 적법한 대통령으로서 그 직무를 수행하지 못하거나 아니하고 있음이 직무유기로서의 부작위 위법 상태에 있는 것이다.

피고 대통령 박근혜가 소송의 적법한 피고에 해당하는지

그런데도 지금까지 역시 대한민국 헌법기관들은 불법탄핵에 이렇게 많은 헌법기관들의 위법사항이 점철되어 있고, 여타의 공권력은 이런 불법탄핵을 헌법 및 법률과 달리 아직까지도 불법 가짜 정권을 비호(庇護)하고 있다.

국회는

① 대통령을 탄핵할 증거도 없이 탄핵소추를 의결했다.

② 탄핵심판 중 수정의결도 없이 소추장을 무단 수정변경 제출까지 했다.

헌법재판소는

③ 위 ①, ②의 위법에도 인용하는, 법을 무시한 국회의 탄핵소추 의결권을 침해했습니다. 헌법재판소가 국회의 탄핵소추 의결권

을 존중한다면 증거보충과 수정변경에 관하여 수정의결을 요청
해야 했다.

④ 결원이 예정된 재판관 즉, 헌법재판소법 제6조상의 재판관의
임명에 관하여 규율된 재판관의 임기가 만료되거나 정년이 도
래하는 경우에는 임기만료일 또는 정년도래일까지 후임자를 임
명하지 않았고, 헌법재판소의 심판은 재판관 전원으로 구성되
는 재판부에서 관장한다.'는 전원재판부 구성의 당연성과 이로
인한 국민의 재판받을 권리의 보장규정에 충실했어야 했다.

⑤ 결원재판부에서 7인 이상의 재판관으로 할 수 있는 '심리권'를
넘어, 무단 '결정' 선고하는 월권을 범했다.

⑥ 위법하게 수집한 증거를 탄핵심판의 사용했다.

⑦ 국회의 수정의결 없이 임의로 변경될 수 없는 소추의결서를 헌
법재판관이 일반 법원의 재판에서 양 당사자의 동의를 구하고
서 소추장을 변경하도록 하는 '허위공문서작성을 교사' 했다.

⑧ 행위시 이후에 시행될 법률까지도 소급 적용했다.

⑨ 헌법과 법의 일반원칙에 반한 신뢰보호, 평등성, 비례성, 적법
절차성, 헌법재판소의 선결정례도 반하는 자기구속성에 위법한
심판이었다.

⑩ 이렇게 법률상식 이하의 위법사항 투성이로 점철된 이 사건 탄
핵심판의 결정에 있어서 재판관의 독립성 공정성 없는 총체적
불법탄핵이었다.

이에 관련된 법률은 모두 국가운영을 위한 공법상의 강행규정 위
반으로서 보완될 수도 없는 절대적 위법사항으로만 점철된 총체적

불법탄핵에서 헌법재판소의 이 사건 탄핵심판 결정은 절대적 당연 무효인 것이고, 그러한 불법탄핵 선고에서는 아무런 파면·탄핵·궐위의 법률효과가 발생할 수 없었다.

불법탄핵의 내용이 이러함에 따라서 피고 대통령(박근혜)은 탄핵·파면·궐위된 바 없는 대한민국의 피고 대통령 박근혜에 대하여 '전(前) 대통령'이라고 할 수 없는, (적법한) 피고 대통령이 맞다.

이런 적법한 대통령에 대하여 주민등록법상의 주민등록된 주권 있는 국민으로서는 응당 행사할 수 있는 실질적인 국민주권은 형식적인 국민주권의 행사에 그치는 선거일에 투표하는 단순 거수기의 역할이 아니라, 그 형식적인 투표행위의 결과에 승복하고, 또한 그 합법적인 결과로서 이행 준수되는가를 감시하고 확인할 국민주권이 오늘날 말하는 실질적인 국민주권인 것이다.

그러나 이 나라의 법치질서는 이렇게 불법탄핵으로서 현직 대통령을 권좌에서 끌어내리고, 현행 헌법과 법률로써는 전혀 이해할 수 없는 원인무효의 대통령 선거를 실시하고서 불법 가짜 대통령을 등극시켜 국가와 국민을 불법통치하게 한 국회·헌법재판소·중앙선거관리위원회·대통령을 망라하는 법률상의 '대한민국'에 위법으로서 책임이 소재하고 있다.

위 탄핵소추와 탄핵심판을 하는 국회와 헌법재판소로서는 이에 관한 직무를 행함에 있어서 적법한 처분을 하였어야 할 것이나, 이에 관한 여러 가지 법규를 준수하지 못한 사정으로서 원고들로부터 피소에 이르렀음이고, 지금 그 불법탄핵의 피해는 결국 피고 대통령 박근혜와 국가·국민들이 오롯이 다 받고 있음이다.

국가는 피고 대통령에게 탄핵심판의 '파면' 총을 쏘면서 아무런 효과가 발생하지 못하는 빈총의 "대통령 박근혜를 파면한다"는 격발만 하고 만 것이기 때문에 피고 대통령 박근혜로서는 그 불법탄핵으로 인하여 탄핵·파면·궐위되지 못한 대통령으로서 현재 대한민국의 적법한 대통령이다.

이렇게 잘못 알고 있는 '박근혜 前 대통령'이 아니라, '박근혜 現 대통령'임을 공신력 있는 법원으로부터 확임 받음으로써 그 법률상의 잘못되었음을 국가와 국민들이 공유·공인 하자는 것이다.

한편으로 달리 그러한 법원의 판결이 없더라도 헌법과 법률이 판단기준일 수 밖에 없는 사안에서 '박근혜 現 대통령'일 수 밖에 없는 진실은, 친생자관계인데 법원이 이를 확인 못해 줬다고 하여 진실된 자연적 친생자 관계가 달라질 수 없는 이치와 같다.

"과도한 사법심사의 자제가 기본권을 보장하고 법치주의 이념을 구현하여야 할 법원의 책무를 태만히 하거나 포기하는 것이 되지 않도록, 그 인정을 지극히 신중하게 하여야 하며, 그 판단은 오로지 사법부만에 의하여 이루어져야 하는 것이다." - 대법원 2003도7878판례

2019년 3월 9일. 대한민국 헌법수호단은 가짜 기결수 '대통령 박근혜 정무복귀 길닦기'를 7시간 25Km를 도보행군으로 실시. 불의·불법으로 가둬 둔 서울구치소에서부터 정무에 복귀해야 할 청와대까지 구국의 결기와 염원을 담아 대통령의 복귀가 속히 이뤄지기를 갈구했다.

상당한 비가 내린 2019년 6월 6일 현충일 오후. 나라의 대통령이 적들에게 납치 구금되어 계신 서울구치소앞 주차장에서 가진 '대한민국 수호 구국음악회'. 이날 하늘도, 태극기도, 참석한 애국 동지들 모두 눈물에 흠뻑 젖었답니다. "대통령님. 지켜 드리지 못해 죄송합니다."

대한민국 대통령 박근혜 업적
2013년 2월 25일 대한민국 제18대 대통령 취임

- 통진당 해산
- 이석기구속
- 전교조 법외노조 전환
- 개성공단 폐쇄
- 사드배치
- 북한인권법 통과
- 북한인권센터설립
- 김정은 참수부대 창설
- 방산비리 척결
- 원전비리척결
- 공부 원연금개혁
- 공부원 성과평가제 도임
- 김영란법
- 종교인과세
- 전두환 추징금 환수
- 생계형 법죄 사면하고 특권층 사면 배제
- 성범죄 처벌법 개정 성범죄 강력처벌
- 코레일개혁 역사상 첫 흑자전환
- 한국전력 흑자전환
- 증국어선에 합포사격 선전포고, 강력처벌
- 좌편향 역사교과서 국정화
- 북한 지뢰 도발에 원칙대응
- 16년만의 대북확성기 재개
- 북한이 전쟁위협시 선제타격 가능 전환
- 강력 대북제재안 UN안보리 통과
- 전작권 환수 부기한 연기
- 독립유공자 후손 지원금 대폭 인상
- 6,25 여성 의용병 국가유공자 지정
- 국제결혼, 외노자 비자심사 기준 강화
- 외국인 전과서류 제출 의무화
- 귀화자시험 어렵게 제출

- 15년만의 테러방지법 통과
- 역대 최초 일본의 조선인 강제징용 인정
- 위안부문제 최종 합의
- 안중근기념관 광복군기념비 건립
- 물가상승률 역대 최저
- 지니계수 역대 최저
- 엥겔지수 역대 최저
- 국제신용등급 사상 처음으로 일본 앞서
- 행복주택
- 이공계여성지원
- 빙상계 체육계 비리 척결
- 역대 대통령들중 공약 이행률 최고
- 고액 상습체납자 1조4,028억원 세금 징수
- 주가총액 세계 10위, 수출 세계 6위 달성
- 아시아 최초 한미 우주협력 협정 체결
- 이어도 방공식별구역 설정
- 한미 핵연료재처리 협상 타결
- 카자흐스탄, 188억$ 화전사업 계약과
  실크 로드(SRX)사업 MOU체결
- 우즈베키스탄, 60조원 규모 인프라사업 참여
  및 3조원 가스플랜 시설공사 수주
- 쿠웨이트, 381억$규모 의료분야 등 포함한
  MOU체결 51억$ 정유공장건설 수주
- 사우디, 20억$ 스마트원자로 납품계약
  및 창조경제수출
- 카타르, 1,000억$규모 월드컵인프라건설,
  원자력전문인력 양성등 10건 MOU체결
- 투르크, 가스플랜 정유공장 등
  130억$ MOU체결
- 이란, 역대 최대의 66개 항목에 42조원
  (최대 52조원) MOU체결 등

4

불법탄핵의 파장

1. 법률상 이유 없는 대통령선거 실시
2. 가짜 대통령에 의한 불법 무단통치

백 번, 천 번, 뒤적여 봐도 박근혜 대통령 탄핵은 분명히 체제 탄핵이었다. 아니 더 정확히 말한다면 대한민국의 탄핵이었다. 그래서 우리는 지금 이 시간까지도 박근혜 대통령을 前 대통령이라 부르지 못한다. 반대로 우리는 파괴된 헌법이 다시 복원돼 불법탄핵의 진실이 밝혀지기까지는 문재인을 대통령으로 인정할 수 없다.

이미 불법 탄핵 그 자체로서 '파면'이라는 선고는 아무 것도 아니었다. 하지만, 법원이 우리의 청구를 쉽게 받아들이지 않을 것임을 알고 있다. 살아 있는 권력 앞에서 정의로운 판결을 해 줄 그런 법관이 한 명도 안 보였기 때문이다. 예상대로 법원은 우리들의 주장을 아직까지도 늘 각하 시키고 있다.

그러나 우리는 더 큰 것에 혼신을 다하고 있다. 공적인 소송투쟁의 기록으로서, 그것을 또 책으로 엮어서 대한민국 역사에 기록하고 있음이다. 그렇게 추한 법치의 역사와 그에 맞선 우리들 국민저항은 역사에 기록되고 있음이니,

헌법수호단은 이미 헌법파괴가 위험수위를 넘어선 이 나라에, 해양수산부 공무원이 북한에 의해 피살된 사건을 월북으로 조작한 가짜 공화국을 향하여 북한에서 보내왔다는 사과통지문의 진위·실체 확인을 위한 정보공개 청구 소송'을 진행했고, 또한 고발사건으로 현재 수사가 진행 중이다.

뿐만 아니다. 공산사회 진입을 위한 '주민자치기본법' 제정도 우리 눈에는 망국 좌파세력들의 스펙트럼 속에 감춰진 붉은 발톱으로, 반드시 뽑아내야 한다.

법원이 통치행위의 개념을 인정한다고 하더라도 과도한 사법심사의 자제가 기본권을 보장하고 법치주의 이념을 구현하여야 할 법원의 책무를 태만히 하거나 포기하는 것이 되지 않도록 그 인정을 지극히 신중하게 하여야 하며, 그 판단은 오로지 사법부만에 의하여 이루어져야 하는 것인데….

1

법률상 이유 없는
대통령선거 실시

대통령 궐위 안 된 원인무효의 대통령선거

앞서 본 바와 같은 국회와 헌법재판소의 위법한 소행으로 인하여 탄핵심판의 피청구인 '대통령 박근혜'는 대한민국의 헌법과 법률상 탄핵당하지 않았음이 명백하다. 따라서 헌법상 궐위되지 못했던 것이다.

위와 같은 여러 가지 불법행위의 점철을 지닌 '대통령 박근혜'에 대한 파면결정 선고는 공법상의 강행규정을 명백하고도 중대히 위반한 것으로써 그 결정 선고는 아무런 법률효과를 발생시키지 못하는 당연무효의 것으로 귀결되는, 그 탄핵 심판은 하나마나한 무효였다.

그런 엄청난 불법탄핵의 작업이 헌법파괴 기술자들 8명이 모여 헌법재판소에서 국민의 세금으로 대한민국의 망국을 도모하였던 것이다. 불법탄핵의 사정이 이러함에도 불구하고 중앙선거관리위원회는 이러한 원천적으로 당연 무효인 파면결정을 마치 적법한 것으로 수용했다.

헌법재판소의 위법한 불법파면 결정으로서 대통령이 궐위되지 않았음에도 불구하고, 당시 중앙선거관리위원회 위원장 김용덕은 공직선거법에 의한 대통령선거를 2017년 5월 9일에 실시함을 공표했다.

그에 따라 문재인은 불법 가짜 사실상의 대통령으로서 5년간 불법통치를 행사한 반헌법적인 대통령 선거에 후보로서 참여하는 위계에 의한 공무집행방해 행위를 함으로써 나라에 불법통치를 적극적으로 주도 행사하기에 이른 것이다.

공직선거법은 '선거와 관련한 부정을 방지함으로써 민주정치의 발전에 기여함을 목적'으로 하는, '선거와 관련한 부정'을 원인으로 하는 쟁송을 규율하고 있음을 명백히 하고 있다.

공직선거법 제1조(목적)에서 '선거와 관련한 부정'을 전제적 조건으로 분명히 요구하였고, 동법 제16장 '벌칙'에 관한 규정에서 선거와 관련한 부정을 열거하고서, 이러한 법규 내 특정의 열거(列擧) 사항에 대하여서만 선거쟁송의 제소를 인정하고 있다.

헌법 제68조
① 대통령의 임기가 만료되는 때에는 임기만료 70일 내지 40일전에 후임자를 선거한다.
② 대통령이 궐위된 때 또는 대통령 당선자가 사망하거나 판결 기타의 사유로 그 자격을 상실한 때에는 60일 이내에 후임자를 선거한다.

헌법재판소법 제3조(구성)
헌법재판소는 9명의 재판관으로 구성한다.

헌법재판소법 제22조(재판부)
① 이 법에 특별한 규정이 있는 경우를 제외하고는 헌법재판소의 심판은 재판관 전원으로 구성되는 재판부에서 관장한다.

국회법 제95조(수정동의)

① 의안에 대한 수정동의(修正動議)는 그 안을 갖추고 이유를 붙여 30명 이상의 찬성 의원과 연서하여 미리 의장에게 제출하여야 한다. 다만, 예산안에 대한 수정동의는 의원 50명 이상의 찬성이 있어야 한다.

공직선거법 제1조(목적)

이 법은 「대한민국헌법」과 「지방자치법」에 의한 선거가 국민의 자유로운 의사와 민주적인 절차에 의하여 공정히 행하여 지도록 하고, 선거와 관련한 부정을 방지함으로써 민주정치의 발전에 기여함을 목적으로 한다.

공직선거법은 국회 및 헌법재판소가 저지른 위법사실이 분명하여 아무런 법률효과를 발생시키지 못하는 당연무효인 탄핵결정으로 궐위되지 않은 대통령직에, 공직선거법의 규정이 '원인무효되는 선거'의 경우까지 규율하고 있지 아니한다.

공직선거법으로 규율하겠다는 사기나 횡령죄를 두고 있지 않음에 그를 규율할 수 없듯이, '원인무효인 선거'를 이 법으로 규율함이 없는데도, 이 법으로 규율하는 법원의 '원고들 소송은 선거소송으로서 선거일로부터 30일 이내에 대법원에 제소했어야 했다'며 각하 판결을 하는 법관의 양심을 이해할 수가 없다. 더구나 원고들의 청구는 '대통령 권한 존재·부존재 확인' 소송임에도….

원고들의 이 사건 청구는 공직선거법 제15장 '선거에 관한 쟁송'에 관한 제219조 내지 229조의 적용 즉, 선거와 관련한 부정으로서의 사유가 아닌, '선거 실행 자체의 원인무효를 소송의 청구원인'으로 하고 있다.

선거소송은 선거 그 자체의 내재적 위법을 이유로 선거의 효력 자체를 다투는 소송으로서 공직선거법이 적용되지만, 이 사건 소송의 청구원인이 된 대통령선거의 무효는 공직선거법으로서도 규율하지 못한, 선거 자체의 외재적 위법 부당함을 사유로 하는 '원인무효(原因無效)의 선거(選擧)를 청구원인(請求原因)으로 하고 있음'이다.

원고들이 주장하는 '원인무효의 대통령선거였다'라고 하는 사안과 공직선거법상의 선거소송으로 다룰 사안과는 분명하고도 엄연히 다른 차이가 있는 것이다.

중앙선거관리위원회가 이 사건 청구 원인된 대통령 궐위의 법적 타당성과 진정성을 살폈었다면 대통령선거 실시의 부당함을 알 수 있었음에도, 중앙선거관리위원회가 이를 게을리 하여 알지 못한 경우까지 포함하여 공직선거법상의 사건관할로 규율되고 있음이 아니다.

결국 이 사건 2017년 5월 9일 실시한 대통령선거에 관한 무효 여부의 판단은 공직선거법이 아니라 선거실행에 앞선 국회와 헌법재판소의 위법한 처분으로 판단되어져야 하는 것이다.

공직선거법 제1조(목적)상의 '선거와 관련한 부정'으로서, 법 제230조 내지 제279조에 해당하는 위법사실이 있을 경우에 공직선거법으로써 규율하는 특정의 열거(列擧) 사항에 대하여서만 선거쟁송의 제소를 인정하고, 이에 해당이 없는 사항으로는 이 법으로 제소하거나 판결할 수가 없음이 명백하다.

원인무효(原因無效)의 선거(選擧)를 동법에서 규율하고 있지 않음에 따라, 원고들의 이 사건 청구에 있어서 그 원인된 대통령선거의 원인무효가 동법에서 요구하는 제소요건에 적합하여야 할 이유가 없는 것이다.

따라서 법 제15장 '선거에 관한 쟁송'에 관한 법 제219조 내지 229조의 적용을 받지 않는 '선거와 비관련한 부정'의 사유인 위법한 탄핵심판 등의 무효를 원인으로 하는 비구속성으로 이어진 2017년 5월 9일 실시한 대통령선거가 원인무효라는 취지의 원고들 소송상의 청구원인 된 주장은 공직선거법에서 규율하고자 하는 선거 관련된 내재적 부정 사항이 아니다.

공직선거법 규율의 외적 원인에 기인한 '법률상 원인무효의 대통령선거'로써 대통령 박근혜로서 탄핵되지 않음으로서 대통령 선거를 실시할 궐위되지 않은 법률적 착오에 의한 당연무효의 대통령선거였다는 것이다.

"이 사건 원고들의 대통령선거에 대한 무효의 주장은 선거실시 자체를 원인무효로 다룰 사안이지, 공직선거법상의 선거실행에 내재된 분쟁의 요소된 열거사유로 다툼이 아닌 '선거를 실시할 이유없는 원인무효 그 자체로서의 무효'라는 사실은 지극히 당연한 것이다."

선거에 앞선 국회와 헌법재판소의 위법한 처분으로 인하여 탄핵심판에서 탄핵되지 못해 궐위되지 않은 대통령을 궐위된 사실로 착오하고서 실행한 선거였음으로 무효의 법리에 기한 대통령선거 역시도 그 실행 이전에 이미 원인무효에 의한 당연무효이다.

불법 탄핵심판으로 인한 파면 불발인 당연무효의 선거를 법률상의 오인(誤認)으로 실행한 대통령 선거에 공직선거법과는 무관한 법의 규율 외적요인(外的要因)인 '원인무효의 법리·조리(法理·條理)를 적용하여야 함'이 지극히 당연하다.

따라서 원고들의 이 사건 청구는 앞선 위법한 처분으로 인하여 공직선거법상의 관할법원과 제소기한 따위에 적용받을 이유가 없는 당연무효의 선거였음에 기인한 결과로 나타나는, 결국 대통령에 대한 그 권한의 부존재라는 사실 확인을 구하는 것이 이 사건 청구상의 한 취지이다.

공직선거법에서 규율하고자 하는 선거와 관련한 내재적 부정이 아닌, 선거실시에 이르기까지의 위법한 선행처분으로써 공직선거법 규율의 외적 원인에 기인한 '법률상 원인무효의 대통령선거'가 된 거국적인 법률적 착오에 의한 당연무효의 대통령선거였음이니 관할법원과 제소기한 따위에 적용받을 이유가 없는 청구원인이다.

원인무효 선거에서의 당선증 교부의 무효

이런 불법탄핵으로 인한 탄핵의 무효, 불법탄핵으로 궐위되지 않은 대통령의 존재, 그런 법률상 원인 없는 대통령 선거의 실시 및 그 다수 득표만으로는 중앙선거관리위원회가 권한없는 사실상의 대통령 문재인에게 공직선거법 제184조에 의한 대통령 당선증을 교부할 이유가 없는 것임에도 부당하게 교부된 사실로써, 불법 가짜 대통령이 국가를 통치하는 법률상으로 어긋나기가 명백하고 그 위험성이 중대한 상황에 처한 상황이 계속되고 있는 것이다.

헌법을 수호해야 할 헌법기관들이 오히려 이렇게 위법행위를 앞장서 저지른 불법탄핵에 기인한 2017년 5월 9일 실시한 대통령선거는 결국 '원인무효'라는 취지의 불법 가짜 대통령에 이른 권한 없는 사실상의 대통령 문재인의 생성인 것이다.

이렇게 공직선거법에서 규율하고자 하는 선거 관련된 내재적 부정이 아닌, 공직선거법 규율의 외적 원인에 기인한 '법률상 원인무효의 대통령선거'로써 대한민국과 중앙선거관리위원회의 법률적 착오에 의한 당연무효의 대통령선거였다.

앞서 본 이상의 여러 가지 위법사항들이 헌법기관들에 의하여 결합되거나 독립적으로 이루어진 불법행위들로서 결국 대통령 박근혜가 대통령 지위에서 궐위되지 않았음에도, 2017년 5월 9일에 대한민국 대통령으로서 무단히 실시된 대통령선거를 실시할 법률상 원인 없는 원인무효의 대한민국 제19대 대통령 선거를 실시한 것이다.

원인무효의 선거에 반하는 이를 합법적으로 편승시키려는 '국민이 선거로 뽑은 대통령'이라는 구실로서도 이러한 많은 위법사실과 불법행위로부터 결코 자유로울 수 없는 문재인으로서는 불법 가짜 대통령일 수 밖에 없는 것이다.

따라서, 불법 가짜 사실상의 대통령으로서의 문재인과 중앙선거관리위원회 사이에서 대한민국 제19대 대통령이 되었다는 당선확인증의 수수(授受: 주고 받음)행위 또한 엄연히 무효라는 위법사실로서의 존재이다.

여기에 주의할 것으로서, 의도한 범법으로 위법하였던지, 모르고서 주고 받았던지, 점유이탈물 이었던지 간에, 자신이 취할 수 있는 정당한 권한 있는 것이 아니라면 가져서는 안 되는 것임을 법률가인 문재인으로서는 너무도 분명히 잘 알고 있는 정황이다.

문재인을 이은 윤석열에 있어서도 전혀 다를 바가 없다. 정법한 법률가답게, 적법한 대통령 박근혜에게 권좌를 돌려주고서, 점유이탈물 횡령한 가짜 대통령의 허울을 벗음이 법을 준수하는 법률가다운 소신 있는 모습일 것이다.

권한 없는 사실상의 대통령 문재인은 당시 야당의 당수로서 거리에 나서 시민들을 선동하는 등의 그런 과정을 번복한 결과로 민주노총이며 전교조 등 반정부 단체가 나선 폭력으로 이를 막는 국가 경찰공무원을 폭행하고 경찰의 버스 등 기물을 파괴하는 수법에 편승하여 결국 대통령 박근혜의 정권을 적법한 과정인 듯 탄핵절차에 편승 포장하여 탈취한 자인 것이다.

불법 탄핵심판으로 탄핵되지 못하여 대통령이 궐위되지 않았음에도, 이에 속은 국민들이 "선거로 뽑은 대통령 운운…" 하며 불법 가짜 수괴를 대통령으로 받들며, 그의 무단통치를 받고 있음은 참으로 부끄럽고 안타까운 현실이 아닐 수 없다.

2

가짜 대통령에 의한
불법 무단통치

위계에 의한 공무집행방해

대한민국은 권한 없는 사실상의 대통령 문재인으로 불법 무단통치가 5년간 있었고, 그를 이어 윤석열 역시 그 위치를 잇고 있는 현실이다.

① 2017년 3월 10일에 있었던 불법탄핵 심판결정 선고로

② 법률상 원인 없이 치러진 동년 5월 9일의 대통령선거

③ 그 무효선거에 임하여 다수득표로 대통령에 당선되었다는

④ 법률상 원인 없는 무권 가짜 대통령으로서 대한민국의 대통령 직무에 임하며 불법통치권을 5년간 행사했다.

앞서 살펴 본 이런 반면의 대통령 박근혜는 헌법기관들의 위법한 행위로 인하여 불법탄핵이 추구한 대통령 파면의 법률효과가 발생하지 않음으로써 대통령 박근혜는 대통령직에서 궐위되지 못하였다.

따라서 대통령 선거를 실시할 적법한 원인 없이 중앙선거관리위

원회는 2017년 5월 9일 대통령선거를 실시했던 것으로, 그것은 실시 자체부터가 법률상 원인무효인 대통령 선거이다.

그럼에도 불구하고 법률가인 권한없는 사실상의 대통령 문재인은 헌법재판소의 박근혜 대통령에 대한 탄핵이 당연무효라는 사실을 이미 알고 있었거나 알 수 있었음에도 이를 회피태만(回避怠慢)히 하고 무단히 대통령선거에 입후보 하는 신청을 중앙선거관리위원회에 제출하고서, 법률상 원인 없는 잘못된 선거에 임하였으며, 다수결 득표의 결과로서 당선증을 교부 받고서 적법하지 않은 불법 무권의 가짜 대통령 행세를 지속하고 있는 것이다.

이러한 위계에 의한 공무집행방해죄는 위계로서 공무원의 직무집행을 방해하는 죄로, 그 수단이 위계라는 것으로서, 위계(僞計 : 착각, 오인, 부지 등의 유발이용)는 타인(공무원 또는 제3자)의 부지(不知) 또는 착오를 이용하는 일에의 행위를 의미하는 기망과 유혹의 경우를 포함한 것으로서 비밀이던 공연(公然)이든 불문한다 할 것이다.

본 죄의 성립요건으로는 위계의 존재사실과 공무집행의 방해를 요건으로 하는, '위계'는 행위자의 목적 달성을 위해 상대방에게 오인, 착각, 부지 등을 발생하게 하여 이것을 이용하는 모든 행위를 요하고, '공무집행 방해'는 현실적인 직무집행의 방해를 요건으로 한다.

업무방해죄에 있어서의 행위의 객체는 타인의 업무이고, 여기서 타인이라 함은 범인 이외의 자연인과 법인 및 법인격 없는 단체를 가리키는 바(대법원 2007.12.27. 선고 2005도6404 판결, 대법원 1999. 1. 15. 선고 98도663 판결 참조), 권한 없는 사실상의 대통령 문재인은 원인무효의 대통령선거에 입후보하는 행위로써 국가와 국민을 속였던 것이다.

업무방해죄의 성립에는 업무방해의 결과가 실제로 발생함을 요하지 않고 업무방해의 결과를 초래할 위험이 발생하면 족하며, 업무수행 자체가 아니라 업무의 적정성 내지 공정성이 방해된 경우에도 업무방해죄가 성립한다.(대법원 2010.03.25. 선고 2009도8506 판결, 대법원 2008. 1. 17. 선고 2006도1721 판결 등 참조)

권한 없는 사실상의 대통령 문재인은 법률가의 한 사람으로서, 헌법재판소가 위법 탄핵 결정으로 공법상의 강행규정을 위반한 그 법률효과는 당연히 무효라는 사실을 알았거나 알 수 있었음에도, 관여 헌법재판관들과 국민들로 하여금 박근혜 대통령은 마땅히 탄핵대상이라는 주장과 선동으로 국가와 국민들로 하여금 오인, 착각, 부지를 일으키게 애썼다.

그 실행의 결과인 국민들의 오인, 착각, 부지를 이용하여 2017년 5월 9일 시행하는 원인무효인 대통령 선거에 후보등록 신청서를 중앙선거관리위원회에 제출함으로써 위계를 범하는 국가공권력상의 법률 정상적인 공무를 방해하는 가짜 대통령으로서의 불법통치를 행사한 사실이다.

권한 없는 자의 망국적 헛발질

이상의 여러 헌법기관들로부터 위법하게 자행된 선행처분은 결국 권한 없는 사실상의 대통령 문재인에게 있어서 대한민국의 대통령이라고 하는 지위 및 신분상의 법적 권원을 찾을 수가 없는 자로서, 문재인은 결국 헌법과 법률에 어긋난 형법상 및 국가보안법상의 수괴에 다르지 않다.

그런 권원 없는 불법 가짜 대통령으로서 종국적인 법의 처분을 받기 이전에 종북종중(從北從中)의 정책으로서 이 나라를 망국에 도달하도록 도탄에 빠뜨리는 갖은 반국가적 정책만을 펼쳐 왔던 것이다.

불법 가짜 대통령 문재인과 김정은이 2018년 4월 27일 오후, '한반도의 평화와 번영, 통일을 위한 판문점 선언'이라는 이름의 판문점 선언을 발표했다. 남북정상회담에서 판문점선언을 채택하고서 이에 대해 국무회의를 열고 남북정상회담의 후속 조처를 뒷받침할 판문점선언으로 작성한 남북합의서에 관한 비준동의안을 의결했다.

이에 대해 법학자 제성호교수는 아래 이런 글로서 문재인의 판문점선언과 평양공동선언에 관한 법리적 문제점을 지적했다.

"판문점선언과 평양공동선언은 '…(노력)하기로 하였다' 혹은 '…할 것이다'라고 규정하여 구체적인 권리·의무관계를 설정하는 대신, 해당 분야에서의 협력 의지를 밝히고 있다. 발효조항도 없다. 따라서 이들은 남북한의 최고지도자들이 신의에 기초해서 작성한 정치적 신사협정에 해당한다. 즉, 헌법 제6조 제1 항의 조약(특히 북한이란 분단국 구성체와 체결하는 특수조약)에 포섭되지 않음은 물론, 남북관계발전법의 적용대상인 남북합의서에도 해당하지 않는다. 헌법과 남북관계발전법은 모두 법규범적 가치와 효력을 갖는 남북합의문건을 규율할 뿐, 정치선언 내지 신사협정을 규율하지는 않기 때문이다. 특히 판문점선언은 정치적 약속에 불과하여 예산의 집행을 수반하거나 국가나 국민에게 중대한 재정적 부담을 지우지도 않는다. 그러므로 남북관계발전법 제21조 제3항에 따라 국회의 비준동의를 추진하는 것은 옳지 않다."('판문점선언, 평양공동선언 및 '군사분야 합의서'의 법적 성격과 비준 문제',

제성호(중앙대 법학전문대학원 교수), http://www.hansun.org/korean/file/181030_ brief.pdf , Hansun Brief ; 2018년 10월 30일(통권76호), 한반도선진화재단 刊)

이러한 요지 글의 내용으로서, 그들의 남북합의서는 국내법적으로 법적 구속력을 가질 수 없다는 것이다. 혹자는 '남북관계 발전에 관한 법률'에서 대통령의 남북합의서 체결·비준권을 명시하고 있으므로, 헌법 규정에 의하지 않고 곧바로 '남북관계발전법'에 따라 대통령이 남북합의서를 체결·비준할 수 있는 것으로 해석하기도 하나, 이는 법리를 오해한 잘못이라는 것이다.

헌법 제6조 제1항은 '헌법에 의하여 체결·공포'되는 조약이 국내법과 같은 효력을 갖는다고 명백히 못 박고 있기 때문에 남북관계발전법상의 남북합의서 체결권(제21조)은 헌법 제73조(대통령의 조약체결권)에 근거한 것이며, 남북합의서가 국내법적으로 효력을 가질 수 있는 것 역시 헌법 제6조 제1항에 근거한 것으로 봄이 타당하다고 봤다.

이것이 특수조약에 해당하는 남북합의서이든 그렇지 않은 남북합의 문건이든 불문하고, 지난 시기 남북한의 관행은 '특수관계'를 반영해서 남북합의서에 대해 조약이라는 용어를 일관되게 사용하지 않았다는 것이다.

또 한 가지 주의할 것은, 남북한이 협상을 하고, 합의한 문서가 모두 남북관계발전법의 적용대상은 아니라는 점이다. 남북관계발전'법'의 적용대상은 조약의 형식을 띠고, 내용상 법규범으로서 가치가 있는 남북합의서이며, 정치적 선언이나 정치적 약속은 당초부터 이 법의 적용대상에서 제외된다는 것이다.

이러한 6·15공동선언은 정치적 신의(good faith)에 기초해 작성된 신사협정(gentlemen's agreement : "정치지도자들 간에 '성의 있는 이행을 약속'하는 법적 구속력이 없는 합의"를 지칭)'으로 간주되었으며, 10·4 정상선언도 비준 여부를 둘러싼 논란이 있었으나, 최종적으로는 남북관계발전법 적용 범위 밖의 정치적 선언으로 간주되는 남북한의 최고지도자들이 신의에 기초해서 작성한 정치적 신사협정에 해당한다는 것이다.

판문점선언은 다방면의 남북관계 개선에 관하여 남북한 정상 간의 정치적 협력 의지를 천명한 정치선언의 일종, 즉 신사협정으로서 법적 구속력이 없다는 지적이다.

그들의 판문점선언이 신사협정이라는 근거로 ①그동안 남북한 간에 채택된 합의문건 중 선언, 공동성명, 발표문 등은 모두 신사협정으로 간주, ②판문점선언은 '…(노력)하기로 하였다' 혹은 '… 할 것이다'라고 규정하여 '방침'이나 '노선'을 천명하고 있을 뿐, ③내용도 구체성이 떨어지고 이행 방법과 절차가 특정되지 않은 조항이 많음, ④발효조항 부재 등을 지적했다.

결국 판문점선언은 남북한 간에 구체적인 권리·의무관계를 설정하는 합의서가 아닌 정치선언에 불과하지만, 이 때부터 당사자를 도의적·정치적으로 구속하는 것으로, 문재인 정부가 국회 동의를 추진하는 것 또한 그들의 검은 의도가 있었다.

문재인 정부가 국회 동의를 미리 받아 놓을 경우에는 향후 서해평화협력특별지대 설치 등 대북 협력·지원 과정에서 투입될 천문학적 비용을 국민 혈세로 충당함에 대해 야당이 나중에 반대 목소리를 내지 못하게 하겠다는 의도로 추정되는 소위 '퍼주기 대북정책'의 대못

박기의 일환으로 본 것으로, 제성호 교수의 날카로운 법리해석이 흥미로워 소개 인용했다.

불법 가짜 망국의 문재인 정부는 '검수완박'을 위한 관련법 개정 등 알게 모르게 참으로 많은 악법을 제조했다. 그 어느 정권보다도 법률의 제·개정이 많은 시기로 알고 있다. 나라의 헌정질서와 민생을 위하여 이들에 관한 정리가 반드시 이뤄져야 할 일이다.

제 교수의 문재인 정부에 대한 숨은 그들의 남북합의서에 관한 법체계 구조상에 붙여서 헌법수호단은 그런 남북합의서를 그들이 작성할 권한이나 가진 자들인가에 의문을 제기하지 않을 수 없는 일이다.

남북합의서를 작성하고 협정할 수 있는 권리능력이라도 가진 자가 한 것이냐는 것이다. 이 책이 전하는 주된 내용은 불법 탄핵으로 탄핵되지 못한 박근혜 대통령을 옥에 가두어 두고서 새로 대통령을 뽑을 정당한 이유가 있느냐는 것이다. 그런 원인 없는 대통령 선거로써 위법하게 만들어진 문재인은 결코 대통령일 수가 없고, 국가 최고지도자로서의 대표권 자체가 없다.

그런 불법 가짜 문재인이 김정은을 만나 국가 최고지도자로서 할 수 있는 헌법과 법률상의 권한이 없는 자의 행위였다는데 더 심각한 문제가 있는 것이다. 비단 남북합의서 만에 한정되는 문제가 아니라, 그의 불법통치 5년에 걸친 법률행위 주체자로서의 권능(權能; 권리능력)이 문제라는 것이다.

불법 가짜 대통령 문재인, 그는 2021년 12월 31일, 박 대통령을 구금 4년 9개월 만에 감히 사면(용서)이라는 이름의 행정처분으로 석방했다. 가짜가 진짜를 용서하는 세상, 진짜 대통령을 빼앗기고 가짜 대통령을 받들며 지배받는 나라, 도대체 지구촌 또 어디에 이런 나라가 있을까?

조작. 기만, 분열일 수밖에 없었던 잠입 괴뢰정권

◎ 세월로써도 가라앉히지 못했던 종북공작

이 책으로 밝혀 드리는 바와 같이, 문재인 정부는 불법 가짜 공화국이라는 사실이 헌법과 법률로써 분명하게 드러났다.

문재인의 불법 가짜 정권은 대한민국 정부이고 싶지도 않았던, 망국을 위한 조직체였던 그 일면이 서해상에서 해양수산부공무원의 표류를 거쳐 북한해안가에서 피격된 사고가 문재인이 UN총회에서 연설할 '종전선언'을 앞두고서 일어난 비인도적인 북한 만행의 사고를 '사과'라는 형태를 만들어 덮고 싶었던 것이다.

피격사고 직후, 피격 공무원을 자진 월북했다고 조작하는 것으로, 국가안보실에서 하달된 지침은 국방부와 해양경찰청에서 수사결과 발표라는 동일한 흐름으로 발표될 수 밖에 없었다.

이런 것이 이제 월북이 아니었다고, 월북을 하였을 것으로 볼 증거가 없다고 밝혀지고 있는 이 때에, 이인제씨(前 국회의원·경기도지사)가 아래 글로써 불법 가짜 공화국이 국민을 기만하는 조작질에 대한 날카로운 지적을 했다.

"서해공무원피살사건의 진상이 떠오르고 있다. 그런데 아주 중대한 의혹이 묻히고 있어 답답하다. 그 사건이 터졌을 때 김정은을 향한 우리 국민의 분노는 하늘을 찌를 듯 폭발했다.

당황한 사람은 문재인이었다. 더 이상 김정은과 짝짝쿵이 되어 위장 평화 쇼를 할 수 없는 상황으로 치달았기 때문이다. 문재인은 여론의 불을 급히 *끄기* 위해서는 김정은의 사과가 필요하다고 판단했을 것이다.

아니나 다를까, 사건 발생 며칠 후 청와대가 북측에서 보내 온 사과문이라며 내용만을 발표했다. 그런데 그 사과문의 용어 가운데 북이 사용하지 않는 것들이 여기저기서 드러났다. 그러자 이번에는 그 용어를 바꾼 새로운 사과문 두어 개가 새로이 등장했다.

참으로 괴이한 일이었다. 김정은이 진실로 우리 정부에 사과문을 보냈다면, 사과문의 버전은 하나일 것이다. 그런데 무슨 사과문의 버전이 두서너 개가 된단 말인가! (중략)

사과문과 관련한 진실을 밝히는 것은 아주 간단하다. 청와대에 그 사과문을 누가 전달했는가? 북으로부터 어떤 경로를 통해 사과문을 전달받았는가? 왜 최초 사과문을 수정한 새 버전의 사과문이 출현했는가?

김정은이 그 사건에 대해 결코 사과할 인물이 아니라는 것은 상식에 속한다. 이 기회에 문 정권의 본질을 밝혀야 한다.”

◎ 사과통지문의 원문서 실체가 없다.

이 사고에 관하여 북한으로부터 온 사과통지문이라며 불법 가짜 공화국의 망국 문재인 괴뢰정부는 비인도적인 북한 만행의 피격사고를 북측에서 보내왔다는 ‘사과통지문’이라는 형태로 북한 괴뢰들의 만행을 덮어 주고자 했다.

앞서 본 바와 같은, 가짜 대통령 문재인 정부가 사과통지문까지 조작질하여 국민을 속이는 망국의 가짜 정부로서, 현상 그대로 반 대한민국 괴뢰정부일 수 밖에 없다.

국민의 기억에 선연한, 북에서 보내 왔다는 해양수산부 공무원 피격에 관한 사과통지문이라며 前 국가안보실장 서훈은 원문서에 관한 실체는 전혀 보여주지 않고서 북측이 보내 왔다며, 내용 문구만을 입으로만 밝히며, 마치 그 공무원이 자진 월북한 것처럼 조작질한 것과 같이 국민을 멍청이로 속였다.

헌법기관 대통령 소속의 국가안보실 실장 서훈은 당일 오후 2시 춘추관에서 브리핑을 통해 "이번 일과 관련해 오늘 오전 북측에서 우리측으로 보내온 통지문의 내용을 말씀 드린다"며 사과통지문 내용만을 읽었다.

"북측이 2020년 9월 25일 오전에 통지문을 보내와서 최근 연평도 공무원에 대한 사살 및 시신훼손 과정에 대해서 사살은 인정했지만 시신훼손은 부인했다"는 시신이 아니라 부유물을 소각했다는 것이 주요 내용이다.

이에 헌법수호단은 북측에서 보내온 발신처명, 수신처명, 발신처 번호, 수신처 번호, 송수신 시각의 표시가 있는 사과통지문의 원문서를 국민에게 공개해 달라는 행정정보공개청구를 하였다.

국가안보실 실장 서훈은 2020년 11월 6일, '공공기관의 정보공개에 관한 법률' 제9조(비공개 대상 정보) 제1항(공공기관이 보유·관리하는 정보는 공개 대상이 된다. 다만, 다음 각 호의 어느 하나에 해당하는 정보는 공개하지 아니할 수 있다.) 2호(국가안전보장·국방·통일·외교관계 등에 관한 사항으로서 공개될 경우 국가의 중대한 이익을 현저히 해칠 우려가 있다고 인정되는 정보)에 따라 공개할 수 없다고 거부해 왔다.

서훈에 의한 2020년 09월 25일 청와대 기자회견 내용은 사과통지문의 문구(文句)는 밝혔지만, 문서의 취득경로나 문서의 형태에 관한 컴퓨터 등으로 작성 전송되어 왔거나, 손으로 씌어 진 글자체 등을 인식할 원문서는 전혀 공개되지 아니 하였다.

인쇄전신기(텔렉스 TELEX)나 팩시밀리(팩스 FAX), 전자우편(메일, E-mail) 등으로 전달되었다면 그 송수신의 근거되는 흔적으로 북측에서 보내 온 발신처명, 수신처명, 발신처 번호, 수신처 번호, 송수신 시각의 표시가 있는 사과통지문의 원문서로서 인정할 근거가 있어야 했다.

헌법수호단은 서울행정법원 2021구합 제81호 정보공개거부처분 취소 청구소송을 냈다. 정보공개청구는 국민의 알권리로서, '국민의 알 권리'에 있어서, 일반적으로 모든 국민(자연인 및 법인 포함)은 국가기관에 대하여 기밀에 관한 사항 등 특별한 경우 이외에는 국가기관이 보유하고 있는 문서의 열람 및 복사를 청구할 수 있다.(서울고법 1997.11.20. 선고 97구13797 판결)

문재인의 불법 가짜 망국 괴뢰정부가 아니라면, 일부러 사과통지문을 조작질하거나, 진정 북측에서 보내온 것이라면 그 알맹이의 내용은 언론을 통하여 이미 다 공개한 상태에서 그 내용을 담은 용기(容器)가 판문점을 거쳐 온 서신인지, 텔렉스인지, 팩스인지, 전자메일인지, 사과통지문의 진정 성립을 뒷받침하는 송수신의 근거되는 흔적으로 북측에서 보내온 발신처명, 수신처명, 발신처 번호, 수신처 번호, 송수신 시각의 표시가 있는 사과통지문의 원문서로서 인정할 근거가 되는 감출 이유가 전혀 없는 것을 밝히지 않았다.

'국가기밀'이라 함은 법령에 의하여 비밀로 분류되고 객관적·일반적인 입장에서 외부에 알려지지 않는 것에 상당한 이익이 있는 사항으로서 실질적으로도 보호할 가치 있는 것을 비밀이라 할 것이다.

그러나 서훈의 발표에 의해, 사과통지문으로서의 내용은 이미 언론을 통하여 다 공개한 상태에서 그 내용을 담은 용기(容器)가 (총포탄의 용기로서 그 제원이 노출되면 곤란할 수 있음도 아닌) 서신인지, 텔렉스인지, 팩스인지, 전자메일인지, 24시간 중 언제 송수신된 것인지는 전혀 비공개할 사안으로서의 국가기밀이라고 할 수 없는 것이다.

2021년 8월 27일. 청와대에서 조작질한 북측 사과통지 원문서 공개청구 재판은 청와대 안보실장 서훈을 대신해 나오는 피고측 변호사에게 "사과통지문 그 원문서 갖고 나와 보라"고 한 재판에서 "그것은 불가하다"고 변론하였다.

웃기는 변론, "원고도 보는 것을 허용할 수 없다", 사본 제출도 거부하는 주장과 함께 "별도의 기일에 재판부만 볼 수 있게 할 수 있다"하는 피고의 주장을 받아들인 재판부는 9월 7일에 재판부와 피고측은 저들끼리 만나기로 하는 날을 잡아서 진행했다.

안보실에서 나온 직원 누군가의 이름도, 갖고 나온 문서 사본의 꼴도 남기지 않은 채, 재판부가 보았다는 사실만 기록조서로 남겨져 있다. 원고측은 이런 재판진행에 대해 공정 타당성을 결여한 재판진행이라는 불만 표시를 준비서면에 남겼다.

남북한 통신연락선은 2020년 6월 9일 일부 탈북민 단체의 대북전단 살포에 반발하여 판문점 채널은 물론 남북간 모든 통신연락선을 일방적으로 북측이 단절시키고서, 2020년 6월 16일 개성에 있는 남북공동연락사무소가 북측에 의해 폭파되었고, 2020년 9월 22일 서해 해양수산부 공무원 피격사고가 난 것이다.

2021년 7월 27일, 꼭 413일 만에 남북 공동연락선이 복원되었지만, 이 또한 며칠가지 못하고 2021년 8월 10일부터 다시 북측은 남북 연락사무소 및 軍통신선 '무응답'인 통화시도에도 '불응'하고 있는 오두방정을 뜬 북측이 천안함이며 연평도폭격의 사고에도 없던 사과를 남북 공동연락선 마저도 없던 때에 한 공무원의 피격 사고에 사과문이 당도했다는 것이다.

도저히 이해 납득할 수 없는 사안으로서 당시 군 통신선이며 청와대의 핫라인 모두 다 북으로부터 단절되어 있었음이니, 그 당치도 않은 행위에 원문서 공개청구 소송을 감행했지만, 그들 살아 있는 권력은 이미 국가의 3권 분립도 파괴했음이니, 그 실체 없는 사과통지원문서에 대해, 그들은 말이 안 되는 판결을 법원을 통하여 '기각'으로 원고의 패소를 억지 조작 관철시켰다.

이에 당연히 항소해야 했었지만, 헌법수호단의 주된 소송은 탄핵무효 소송으로서, 이 사과통지 원문서 공개청구의 승소로서 얻을 수 있는 것은 불법 가짜 공화국의 도덕성에 치명타를 안겨 줄 수는 있었겠지만, 탄핵무효 소송에서 달라질 요인은 없었다.

이런 사정으로 이 소송의 항소비용을 쓸 수가 없는 절박한, 소송비용을 아낄 수 밖에 없는 안타까움으로 접을 수 밖에 없었던 점이 생각날 때 마다 아쉽고, 지금은 피고로부터 소송비용(변호사선임비용) 달라는 청구를 받고 있다.

피격 사망한 공무원이 자진 월북으로 조작되어 수사종결하는 불법 가짜 공화국이 재판부에 또 어떤 압력을 행사했는지 알 수 없는, 이미 이렇게 불법 가짜 공화국에서는 국가권력의 3권 분립도 없고, 통치권을 구체적으로 실현하는 행정부도 없고, 오직 '대통령'과 '청와대'에서 나오는 권력만이 휘둘려지는 국민의 공복(公僕)들, 특히 검찰, 경찰, 법원은 국가재정으로 키우는 그들 불법 가짜 공화국 괴뢰들의 사노비(私奴婢)로 둔갑해 있었다. 그래서 헌법을 수호하고자 하는 탄핵무효 소송은 아직도 미완성으로 '계속 진행형'이다.

공산사회 진입을 위한 악법, 주민자치기본법 제정

◎ 주민자치기본법을 행정기본으로

이 법안은 말로는 '주민자치', '마을민주주의', '주민의 자율성과 독립성' 등을 내세우지만, 실제로는 북한의 '인민위원회'를 방불케 할 정도로 자유민주공동체의 정신과 역사를 훼손하는 것으로서, 자유민주주의 체제와 헌법을 정면으로 부인하고 있다.

죽은 박ㅇㅅ, 문ㅈㅇ, 임ㅈㅅ, 이ㅈㅁ, 송ㅇㄱ 등등을 비롯한 종북 주사파 공산주의 세력에 의하여 오랜 세월 동안에 진행되어 온 공산화 사회를 위한, 공산화사회 형태의 공동체 마을 운영을 위한 것이 '주민자치기본법'이다.

이것을 알면, 자유 민주 대한민국이 우리가 모르는 그 간에 얼마나 많은 공산화가 진행되었는가를 알 수가 있고, 위험지경에 다 닿았는지를 알 수가 있을 것이다. 우리 사회가 이렇게나 깊이 공산화가 진척되었음에도 불구하고, 정치·사회 문제에 관심 없는 자들을 볼 때면 인간과 짐승의 구분이 어려울 지경이다.

주민자치기본법은 2021년 1월 29일, 더불어민주당 김영배 의원을 대표로 하는 18명, 무소속 1명으로, 제정안은 2020년 12월, 국회를 통과한 지방자치법 전부개정안에서 전부 삭제됐던 '주민자치회' 조항을 공적 권한을 강화하여 법으로 제도화 정착시키려는 주민 최고 의사결정기구로 '주민총회', 집행기구로 '주민자치회' 규정, 자치계획 결정권과 지방자치단체에 제안·청구권 부여 등 권한을 강화한 법안이다.

'주민자치기본법'에 의하여 공산사회의 인민위원회 격인 주민자치위원회가 어떤 단체를 만들면 자유민주체제의 지방자치단체는 이를 무조건 지원하도록 하는 법안이다.

'주민자치기본법'은

- 거주자뿐 아니라 조례에 의해 해당 주소지 내에서 일하거나 배우는 사람 등 생활인도 이 법에 따른 주민의 권리를 행사할 수 있도록 정의했다.
- 읍·면·동 주민의 최고 의사결정기구로 주민총회를 두어, 자치계획 승인, 행정사무의 위임·위탁, 주민감사·조례발안 등 청구권 결정, 국·공유재산 활용계획 심의, 주민세율 및 부담금 신설 제안 등 구체적이고 실질적인 공적 권한을 행사할 수 있도록 규정했다.
- 주민자치회는 공법인으로서 사무국을 두고 주민총회의 결정 및 위임사항을 집행하며 읍·면·동 풀뿌리자치 활성화를 견인한다.
- 국가 및 지방자치단체의 행·재정적 지원 사항을 명확히 해 종합 지원계획 수립, 전문지원기관 운영 및 전문인력 양성 교육, 특별 회계를 통한 재정 지원 등도 적극 시행 의무를 명문화했다.

- 또한 주민자치기본법의 시행을 위해 지방자치법, 주민투표법, 부담금관리 기본법, 법인세법, 국가균형발전 특별법 일부개정안 등 5개 법안을 함께 발의해 이미 법의 실효성을 확보했다.

주민자치기본법은 강력한 행정권과 재정권을 바탕으로 한, 새로운 좌파주도형 자치단체로서 기능할 민주주의를 빙자한 공산화의 구체적 시도로써, 대한민국 국민이라면 법 제정 저지를 위한 국민계몽 활동과 저지에 나서야 한다.

특히 일찍이 국민계몽 활동과 저지에 나서 '주민자치법반대연대' 대표로 활동하는 이희천 교수(전 국가정보대학원 교수)는 《주민자치기본법 공산화의 길목》 책을 펴내 주민자치기본법에 관한 상세한 해설과 입법 후 우리 사회에 미칠 파장을 심도 있고 폭넓게 해설하여 국민의 이해를 돕고 있다.

◎ 주민자치기본법 무엇이 문제인가?

● '주민자치기본법'의 저의(底意)는 뭔가?

정상적으로 현행 제도를 잘 활용함으로써 충분히 건전한 지방자치를 이룰 수 있음에도 불구하고 주민자치기본법을 발의하는 것은, 주민자치라는 명분으로 국민을 속이고 민주주의로 위장하여 공산화의 거점을 만들기 위한 것이다.

주민자치기본법은 읍·면·동마다 있는 현재의 행정복지센터(동사무소)와 별도로, 좌파 주도의 새로운 지방자치단체를 설치하는 법이다. 기구로는 주민의결기구인 주민총회와 집행기구인 주민자치회가 있는데, 주민자치회가 사실상 주도권을 행사한다.

창설 이유는 마을활동가 등 좌파 성향 인사들이 기존 전국 3,490여 개의 읍·면·동을 완전히 장악하여 사회주의 성향의 마을공동체로 변모시키려는데 있다. 즉 대한민국 하부구조를 장악함으로써, 기존 국가체제가 가진 재정과 정보를 마음껏 사용하고 세상을 뒤집어 대한민국을 붉게 만드는데 있다.

● 주민자치법인가? 사회주의 체제 구축인가?

주민자치기본법은 겉으로는 지역문제를 해결하고 지역발전을 위한다고는 하지만 실제적으로는 풀뿌리 민주주의라는 미명 아래 과거 북한이 정권 수립을 준비하면서 독재기구로 사용했던 인민위원회를 설치하겠다는 의도로 밖에 볼 수 없다.

문재인이 말했던 "한 번도 경험하지 않은 나라"(공산주의)가 어느 날 갑자기 우리 일상으로 맞는 그런 날이 준비되고 있음이다. 경향 거리 곳곳의 "주민자치위원 모집"이라는 현수막이 공산사회 건설을 위한 인민위원회를 구성한다는 것이다. 이렇게 이미 우리 사회는 공산사회로 깊이 진행되고 있음이다.

● 주민 감시 통제수단인가?

주민자치기본법에는 최고 의사결정기관인 '주민총회'와 집행기관인 '주민자치회'가 있다. 두 기관은 북한이 공산화될 때 막무가내 식의 인민재판을 행한 인민위원회의 역할과 닮은 꼴이다.

이들 두 기관은 읍·면·동까지 설치하여 주민 한 사람 한 사람의 일거수 일투족을 감시, 통제하겠다는 것으로 국가 및 지방자치단체의 행정·재정적인 모든 지원을 받는 개인의 정보까지도 모두 받아 주민을 통제 관리하겠다는 것이다.

● 주민자치는 무소불위의 기관인가?

주민자치회라는 명칭과는 어울리지 않게 막강한 권한을 갖고자 한다. 이 법안 제10조 4항을 보면 읍·면·동의 공무원이나 중앙행정기관 지방자치단체 소속의 공무원을 주민자치회가 호출할 수 있고, 자료 및 의견을 요청할 수 있다.

이럴 경우, 마음만 먹으면 국정의 방해와 혼란을 일으킬 수 있고, 심각한 인권침해와 개인정보유출의 피해를 막을 수가 없게 된다. 공무원, 이른 바 기관장까지도 주민자치회가 호출하면 응해야 하는 헌법이 무너진 법체계에 뒤집어진 세상은 충분히 짐작하고도 남을 일이다.

● 주민자치는 국가재정 먹는 하마인가?

주민자치기본법안 제12조에 의하면 '사무국 직원은 지방공무원으로 하고 각 지자체 사무국에 배치한다.'

제13조에 의하면 '주민자치 재정은 국가·지자체가 전부 또는 일부를 부담하고, 기부금도 받을 수 있고, 수익사업도 할 수 있는 것으로 한다.'

제20조에 의하면 '국가와 지자체는 주민자치에 관한 교육비용을 지원하고 전문 인력을 우선적으로 채용·배치한다.'고 규정한다.

국가 재정과 주민의 정보를 주민자치회가 사무국 직원으로 대신하는 공무원의 신분으로서 공공기관을 마음대로 활용하고 주민자치회의 휘하에 둔다는 개념이다.

● 주민자치회는 기존 읍·면·동 행정복지센터와 다른 점은?

현재의 읍·면·동 행정복지센터는 기초자치단체인 시·군·구의 하부 집행기관이다. 그러나 신설 주민자치회는 시·군·구로부터 거의 독립적인(제2조 제2항) 지방자치단체이다.

읍·면·동 행정복지센터는 주민들에 대한 행정복지 서비스를 제공하는 기관이지만, 주민자치회는 지방 풀뿌리에서부터 좌파정책 실현으로 나라를 공산 사회주의화하기 위해 주민통제 등 강력한 권력을 행사하려 하는 권력기관을 구성하는 것이다.

● 주민자치회가 무소불위 권력기관이 된다는데, 그 근거는?

주민자치회는 읍·면·동 관계공무원은 물론 지방자치단체 공무원, 중앙행정기관 공무원조차도 출석을 요구하고 의견·자료의 제출을 요구(제10조 제4항)할 수 있는 막강한 권한을 갖도록 되어 있다.

더욱이 주민자치회는 소속 주민들의 신상정보를 국가기관, 지방자치단체로부터 요구, 수집하여 활용할 수 있도록 했다. 이는 국회의원이나 대통령도 갖지 못하는 무시무시한 권한이다. 이런 법이 목적하는 바가 무엇이겠는가?

● 주민자치회가 소속 주민들의 자유권을 침해하는 근거는?

주민자치회는 주민들에 대한 정보를 수집할 권한을 부여하는 독소조항을 포함하고 있어, 주민자치회는 소속 주민에 대한 개인신상정보(주민등록번호, 휴대전화번호 등)를 중앙정부기관(소속 기관까지), 지방자치단체(교육청 포함)의 장에게 요구하여 수집할 권리를 가지며, 요청받은 기관장은 반드시 그 요구에 따라야 한다는 강제조항까지 두었다(제10조 제6항).

주민자치회는 주민들에 대한 주민등록번호, 전화번호, 휴대폰번호 등 주민들에 대한 인적 정보를 정부기관과 자치단체로부터 요구할 수 있으며, 요청받은 기관은 이에 응해야 하는 것이다.

이것은 좌파 마을 활동가들이 국회의원은 물론 대통령에게도 없는 안하무인 무소불위의 독재적 막강 권력을 부여하여 주민들의 일거수일투족을 감시할 수 있게 하는 독재적 권력을 보장하고 있다.

이렇듯 좌파 성향세력이 주도하는 주민자치회는 산하에 통별, 리별, 마을별 등 세부 소 조직을 둘 수 있게 했는데(제10조 제2항), 주민들에 대한 인적 정보를 갖고서 북한의 5호담당제처럼 여러 가지 명분을 달아 주민들을 밀착해서 촘촘하게 감시, 통제가 가능하도록 한 것이다.

● 주민자치회가 6.25전쟁때 인민위원회와 비슷한 이유는?

6.25전쟁을 겪은 분들은 하나 같이, 좌파가 주도하는 주민자치회에 대하여 6.25전쟁 때 인민위원회와 같다는 것이다.

당시 좌익분자들의 인민위원회는 동네주민들에 대한 상세한 정보를 토대로 살생부(반동분자 명부)를 만들고, 그 마을 우익들(지주, 기업가, 경찰가족·군인가족·반공인사 등 우익인사들)을 체포하여 학살하는 활동을 했다는 증언이다.

주민자치회가 만들어진 후 자치경찰제와 결합한다면 우파 성향 주민들은 좌파세상과 괴리된 세상에서의 공포감으로, 살아 온 자유 민주 체제의 평온한 삶을 유지하기가 지극히 어려워 질 것이다.

● 주민자치기본법은 포괄적인 '차별금지'조항을 삽입, 헌법파괴·사회혼란 세력 확보를 조장하고 있다.

주민자치기본법 제8조(주민의 권리와 의무)는 다양한 "차별금지"를 규정하고 있다. 따라서, 동성애(젠더) 등에 대한 차별금지, 정치적 이데올로기(공산주의, 사회주의 등)에 대한 차별금지, 종교에 대한 차별금지(이슬람교, 이단종교 등) 등으로 나타날 가능성이 보인다.

차별금지 조항으로 성별, 신념, 종교, 인종 등의 열거에서 동성애자, 공산주의자, 주체사상 신봉자, 반사회적 이단 신자, 중국인 무슬림 등 외국인들이 공공연하게 활동할 수 있게 함으로써 헌법과 법률을 지키지 않는 자들을 포섭하거나 조직하여 좌파 세력의 지지 기반으로 삼으려는 의도가 역력하다.

이로써, 개신교의 선교활동이나 동성애 비판활동, 그리고 반공우파세력의 공산주의·사회주의 비판활동이 어려워지며, 오히려 탄압과 박해를 받을 가능성이 예상된다.

● '주민자치기본법'상의 참여주민의 기준은?

'주민자치기본법'은 거주지 주민등록상의 주민만이 아니라 재외동포와 외국인, 기관이나 사업체의 직원들, 초중고의 교직원과 고등학교 이상의 학생까지도 그 지역주민에 포함함으로써, 좌파 활동가들이 마을에 들어와 조직적으로 주민을 통제·장악·동원할 수 있게 만들었다.

주간과 평일에는 직장이나 학교 소재지의 주민으로, 야간이나 휴일에는 거주지역의 주민이 되는 2중 주민자격제도로서, 이들 세력으로부터의 통제를 견딜 수 없어, 결국은 대한민국 사회가 공산화에 들 수밖에 없는 그 길목 앞을 우리는 지나고 있는 것이다.

지배와 피지배의 종속관계와 그 사회적 문제는 결코 지금까지의 자유 민주 대한민국일 수가 없는 것이다.

이런 사회기반의 밑뿌리에서부터 사회주의의 거점을 확보함으로써 헌법개정에 따른 저항감과 국가안보에 중대한 한미동맹 관계를 분쇄 잠식하고자 하는 사회주의로 가는 체제의 변화인 것이다.

앞으로 빈번하게 치러질 대선, 총선, 대선, 지방선거, 교육감 선거에서 주민이라는 핑계를 이유로 의식화, 조직화, 동원화 할 수 있는 거점을 만드는 그런 정치체제 구축시스템이다.

● 주민자치기본법에 의한 주민자치회는 기존 주민자치위원회나 주민자치회와 무엇이 다른가?

현재의 주민자치위원회나 주민자치회는 조례에 의해 설치, 운영되고, 읍·면·동의 관리를 받는다. 이들은 읍·면·동 행정복지센터가 주민들의 의견을 반영하여 행정서비스를 시행하고 친목·봉사단체와 같은 일도 한다.

하지만, 주민자치기본법에 의해 만들어지는 주민자치회는 엄청난 규모의 예산을 사용하고, 강력한 권력을 가지는 법적단체이며, 지금과는 달리 좌파성향 세력 중심으로 운영하고, 우파성향세력을 확실히 배제시키게 되는 것이다.

기존 읍·면·동 행정서비스는 관할지에 주민등록 된 자만이 주민인데, 신설 주민자치회에서는 주민등록자 뿐 아니라 해당지역에 소재하는 기업에 다니는 노동자나 학교의 교사, 학생들까지도 주민이 된다.

한 사람이 거주지 주민자치회의 주민도 되고, 직장이나 학교의 소재지 주민자치회의 주민도 되는 2중 주민권 형태로서, 거주지 주민자치회로 주민 장악이 되지 않으면 관할 내 학교 직장소속의 주민활동으로 그 지역주민에 대한 통제 장악을 실현한다는 개념이다. 거주지 주민자치회가 잘 조직되지 않는 지역에 대한 보강대책인 것이다.

마을활동가들은 여러 주민자치회에 중복적으로 활동하게 되며, 이로서 전국 읍·면·동이 그물망처럼 좌파 네트워크체제로 운영되게 하는 것으로, 노동자, 교사도 주민이 되기 때문에 민노총, 전교조 등이 전국 단위 주민자치회에 합법적으로 개입할 수 있다는 것이다.

지금 대한민국은 총·포성이 들리지 않을 뿐. 정치적 이념전쟁이 치열한 비정규전의 전쟁터인데도, 아직도 많은 국민들이 이런 상황을 너무 모르고 있는 현실이다.

● 주민자치회가 만들어지면 비가입 업체 고사작전도 가능한 부정부패의 온상이 될 것이다.

그렇다. 읍·면·동 주민자치회는 정부와 지방자치단체로부터 엄청난 규모의 행정적, 재정적 지원을 받는다. 매년 엄청난 국가재정이 좌파 마을활동가들의 손에 쥐어질 것이다. 그 뿐 아니다.

주민자치회는 민간단체처럼 기부금도 받을 수 있고 수익사업도 할 수 있다. 국가와 지방자치단체의 소유 토지를 매수, 무상 대여를 받아 온갖 수입사업도 하게 될 것이다.(예: 힐링센터, 수련원, 공공주차장 등)

이로 인해 얻은 수익의 일부를 주민들에게 살포하며 환심을 사서, 대한민국 하부구조를 완전 장악하여 정권을 영구 토착화할 수 있는 제도적 법안이다.

주민자치회 자체가 업종의 제한 없이 수익 사업을 할 수 있게 함으로써 민간 기업을 고사(枯死)시킬 가능성이 높다.

정부와 지방자치단체로부터 엄청난 지원을 받게 되는 주민자치회와의 경쟁에서 비용측면을 이길 수 없는 구조로서, 주민자치회가 얼마든지 공공농장, 공공주택사업, 금융업, 리모델링 사업, 건강요양 사업은 물론 공공주차장, 힐링센터, 수련원, 공공 장터, 공동 마켓, 공공 부동산중개, 농수산물 시장 개설 등 온갖 주민 밀착형 업종에 진출함으로서 동종의 민간업종이 큰 피해를 볼 수 밖에 없을 것이다.

이런 악폐적 활동지원을 무조건 지방자치단체가 하도록 한다.

● '주민자치기본법'상의 주민자치실현 구도는?

'주민자치기본법'은 3,491개의 읍면동에 기존의 행정복지센터와는 별도로, 강력한 행정권한과 재정권을 가지는 주민총회와 주민자치회, 주민자치회 사무국을 설치하는 것으로 '새로운 좌파주도형 자치단체' 건설을 추진하려는 것이다.

시작부터 거센 반대에 부딪힐 헌법 개정 없이, 주민자치기본법과 조례로써 운용이 가능한 행정조직의 하부에서부터 공산화를 추진하려는 좌파주도형 자치단체를 만들어 좌파 마을활동가들이 읍·면·동 주민자치회를 장악하여 영구 집권체제를 넘어, '사회주의가 답이다' 라고 외치고 있는 대한민국의 적화를 구축하는 것이다.

● 주민자치기본법 시행을 막지 못하고 실행이 된다면?

주민자치기본법이 실현·정착된 이후에는 우파 대통령이 당선되어 통치한다고 하더라도 근본적인 자유민주주의 체제로 되돌려 놓기에 는 쉽지 않을 일이다. 이미 대한민국의 하부구조인 읍 · 면 · 동 조직 과 주민들이 모두 좌파세력에 의해 장악당해 있기 때문이다.

주민자치기본법 통과와 관련법만 개정하면 주민자치회'는 지방자 치단체는 물론 중앙정부마저도 무력화시킬 것이며, 결국 대의제 민 주주의체제가 무너지고, 헌법이 개정되면서 자유 민주 대한민국 체 제는 그야말로 아주 쉽게 사라지게 될 것이다.

불법 가짜 공화국 문재인 정부는 지금까지 독제권력화 뿐만 아니 라, 문재인 정부의 공약인 사회주의화를 향한 '낮은 단계 연방제'를 추진하기 위한 방법상의 전략으로 개헌시도와 위헌적인 법률제정, 집회와 시위의 자유와 권리를 원천봉쇄, 사회조직 저변에서 부터의 사회주의 체제 전환을 위한 강한 도구로서 「주민자치 기본법」의 제정 의도로 보인다.

과연 이들이 추진한 "주민자치 기본법"의 법률제정이 사회주의화 와 공산화의 門이 될 것인가?

촛불 들고서 대한민국 대통령을 내친 국민주권자 그들도 함께 책 임지고 지켜야 할 자유 민주 대한민국이 아닌가?

주사파, '삼성죽이기'에 올인(All - in)하다

세계적인 기업 삼성그룹, 그 핵심 삼성전자, 이를 파쇄하고 빼앗기 위하여 주사파 무리들은 2017년 1월 12일 오전 9시반경에 특검으로 불러, 이튿날 아침 7시 50분까지 장장 22시간을 넘는 고강도의 조사를 이재용 부회장에 대한 '고문'을 행사하는 등으로 이 후 두 차례의 구속 수감이 있었다.

2017년 2월 박영수 특검팀에 의해 구속 기소된 이 부회장은 2018년 2심에서 집행유예로 석방되기까지 353일간 서울구치소에 수감됐다. 이어 지난 2021년 1월 18일 파기환송심에서 징역 2년 6개월을 선고받고 서울구치소에 재수감됐으며, 대법원 상고 포기로 형이 확정됐고, 현재 2021년 8월 13일 가석방된 상태다.

이런 삼성, 그리고 이재용에 이렇게 가해진 탄압을 앞서 내다 본 삼성을 해체하여 외국의 투기자본에게 넘기려는 주사파의 매국적 파괴행위를 예견 분석한 '한국청년', 그리고 이를 응원한 '올인코리아'의 칼럼리스트 조영환에 의해 이미 오래 전 2008년 4월 23일에 씌어진 칼럼을 인용했다.

● "주사파가 삼성죽이기에 올인하는 이유?"

　"좌파단체가 삼성의 경영권을 외국 투기자본에 넘겨준 공로?"

삼성의 비리를 악랄하게 물고 늘어지는 좌파세력은 대북지원에 앞장선 현대나 호남정권의 비호를 받은 금호그룹에 대해서는 일체 비리를 따지지 않는다. 친북행각에 순응적이지 않은 한화그룹이나 삼성그룹에 대해서 좌파세력은 악랄하게 후원금을 빨아먹고는 마지막에 파과와 배반의 칼을 들이댔다.

지금까지 인터넷에서 고유한 시각으로 각종 정치적 사안들에 대해 애국적인 논설들을 줄기차게 게재한 '한국청년'이란 네티즌 논객이 삼성의 비리를 폭로한 정의구현사제단을 비롯한 좌파단체의 동기와 목적에 대한 혹독한 논평을 올인코리아, 프리존, 엔파람 등 인터넷사이트들에 올렸다.

네티즌 '한국청년'의 논설들은 가끔 지나친 표현이 없지 않지만, 전체적인 흐름은 매우 깊고 예리한 분석의 시각에 근거한 것으로 평가된다. '한국청년'의 논설에는 삼성을 해체하여 외국의 투기자본에게 넘기려는 주사파의 매국적 파괴행위가 나름대로 분석되어 있다.

왜 좌파이념에 물든 방송기관, 사법기관, 정치단체, 대학교수, 시민운동가 등이 삼성을 죽이지 못해 혈안이 되는지 궁금해 하는 국민들이 많다. 이에 대해서, 인터넷에서 활동하는 네티즌 논객인 '한국청년'은 자신의 관찰을 다음과 같이 제시한다.

삼성을 희생시키려는 주사파의 사적인 욕구와 이기심, 삼성을 해코지하는 악랄하기 무리한 수법, 그리고 삼성을 해체하여 외국자본에 매각한 후의 경제적, 사회적, 국가적 손실 등에 관하여 독한 관찰을 '한국청년'이란 네티즌 논객을 제시하고 있다.

대우를 부도덕한 기업으로 몰아서 외국자본에 갖다 바친 좌익세력이, 삼성으로부터 충분히 빨아먹고 난 뒤에, 삼성의 비리를 좌파정권의 말기에 폭로하여, 삼성의 경영권이 한국인에게 승계되는 것을 방해하고 외국투기자본에 넘겨지는 것을 돕고 있는 것으로 관측된다.

좌파세력은 본성적으로 망국적이고 매국적이다. 지구상에서 가장 악질적 좌파세력의 대표 격인 주사파가 승하는 사회는 너무도 깨끗해지다가 반드시 패망한다.

강성 좌파세력인 주사파가 완전히 정악한 사회에는 북한사회처럼 300만명이 굶어죽게 되어있다. 남한의 대기업과 군사정권을 악마시하는 주사파와 같은 좌파세력은 북한주민을 굶겨죽이기까지 착취하는 김정일을 우상화하는 정신병을 앓는 자들이다.

주사파들은 한국이 발전할 수 있는 국책사업, 대기업, 외교관계, 국민교육 등을 모두 훼방하려는 망국적 세력이다. 주사파의 삼성 때리기가 좌경화된 언론계, 법조계, 시민단체 등의 협공으로 완전히 성공한다면, 한국사회는 북한사회처럼 교조적 도덕주의가 폭력을 행사하는 전체주의 사회로 전락할 것이다.

북한은 굶어 죽어가는 주민들이 쌀을 훔쳤다고 공개총살을 시키는 악마적인 도덕주의가 강요되는 사회이다. 절대적 도덕률을 남들에게 들이대는 주사파는 지구상에서 가장 부도덕한 착취자인 김정일을 추종한다.

삼성의 비리를 악랄하게 물고 늘어지는 좌파세력은 대북지원에 앞장선 현대나 호남정권의 비호를 받은 금호그룹에 대해서는 일체 비리를 따지지 않는다. 친북행각에 순응적이지 않은 한화그룹이나 삼성그룹에 대해서 좌파세력은 악랄하게 후원금을 빨아먹고는 마지막에 파과와 배반의 칼을 들이댔다.

주사파와 같은 강성 좌파세력은 도덕의 이름으로 착취하는 악마적 위선세력이다. 실컷 빨아먹다가 마지막에 살해의 칼을 들이대는 것이 좌파세력의 본색이다.

북한에 지원하지 않는다고 친북좌파세력이 사법기관, 언론기관, 시민단체 등을 동원하여, 삼성을 악랄하게 불법집단으로 때리는 현상을 이해하는 데에 아래에 게재된 '한국청년'의 "주사파들이 삼성죽이기에 올인하는 이유"라는 논설은 도움을 줄 것이다. 다소 거칠거나 지나친 부분은 취사선택하여 읽기 바란다.

__ 조영환(편집인) http://allinkorea.net/ 등록일: 2008-04-23)

*참고자료: 주사파들이 삼성죽이기에 올인하는 이유(네티즌 한국청년)

정치적 재기를 위해 삼성을 희생시키려는 주사파들의 불경한 욕심이 뜻대로 되어서는 안 될 것이다.

정의구현 사제단은 1994년부터 반체제인사는 민주화 운동인지 정치요인 암살인지 친북좌경행위인지 가리지 않고 민주화 유공자로 만드는 작업을 진행해 왔다. 정의구현 사제단의 부적절한 삼성사건 개입에 대해서 공격할라 하면, 친북주사파 같은 반역세력과 친북주사파의 알바들이 나타나 물타기를 하는 것도 순전히 개인적인 욕심과 이기심의 발로이다.

진짜 좌파에도 끼이지 못하는 친북 주사파들이 계파와 노선을 떠나 삼성 죽이기에 총결집해 올인하고 있다. 삼성에 대한 비리를 찾을 수가 없자 이건희의 개인 사업상의 실수나 늘상 있을 수 있는 문제인 상속문제, 이건희의 처 홍ㄹㅎ의 미술품 대출 등 시시콜콜한 것까지 사사건건 나서서 시비 걸고 트집 잡고 있다.

그들은 얼마나 깨끗한 것일까? 삼성의 파멸로 대량의 구조조정, 실직자를 내서 이명박 정권의 경제부흥 의지를 흔들어 버리겠다는 것이 저들의 숨은 의도가 아닌가!

친북주사파들이 노리는 것은 삼성 해체와 매각 후 대규모의 경제파란과 구조조정 등으로 대량의 실직자를 불러오는 것이다. 경제를 망쳐서 이명박 정권을 전복시키고 재집권을 목표하는 것이다.

삼성이 망하면 어떻게 될까? 국내 기업이 매각할까? 어려울 것 같다. 기업하기 어려운 환경이 지금도 잔존하고 있다. 삼성이 망하면 친북주사파 정권이 심어놓은 반사업, 반기업적 정서가 어느 정도 상존하고, 가시지 않은 시점이다.

이런 때 삼성이 붕괴된다면 이것도 매국자본의 중개노릇을 한 이헌재나 김앤장 같은 외국자본의 브로커들을 통해 외국 자본에 팔려갈 우려가 지금으로서는 상당히 높다.

정부에서 공적자금까지 투입하게 되면 이 기업은 이제 누구도 매입하치 않으려고 꺼리게 된다. 그러면 갈 만한 곳은 자연스럽게 외국 자본 밖에 더 되겠는가?

삼성을 망쳐서 대량의 실직자를 내서 '이명박 정권의 경제성장에 발목을 잡고 제동을 걸겠다'라는 친북 주사파들의 불순한 의도가 너무나도 명백하지 않나?

정치적 야심을 가진 야심가들의 야심을 들어주기에는 죄 없는 삼성직원 4백만의 가정의 붕괴와 희생이 너무나도 크게 된다.

김ㅇㅊ은 비겁하다. 자신이 급여를 받고 근무하던 회사를 배신하고 그 내부기밀까지 모두 빼돌렸다. 김ㅇㅊ은 삼성으로부터 백억원 이상의 월급과 상여급을 받아왔다.

자신을 키워준 세력에 대한 배신을 하는 야비한 정치공세를 한 것이 됐다. 김ㅇㅊ은 비겁한 방법으로 회사 내부의 기밀이라고 할 수 있는 것을 빼돌려 버렸다. 자신을 키워준 자에 대한 이런 야비하고 저열한 배신행위는 정당화 되어서도 안 된다.

김ㅇㅊ이 떳떳하다고 하면, 왜 당당하게 나와서 인터뷰하지 않고 정의

구현 사제단이라고 하는 단체의 뒤에 숨어서 비열한 공격 후 숨어버리는 짓을 반복하는지도 이해가 되지 않는다. 그가 하늘에 한 점 부끄럼 없고 떳떳하다면 누가 공격을 한다고 해도 두려워할 것이 뭐가 있나? 그가 항상 인터뷰를 할 때는 정의구현 사제단의 사제들이 꼭 동석한다. 김ㅇㅊ은 정의구현 사제단 단원들을 왜 대동하고 다니는가 모르겠다. 그들이 없으면 김ㅇㅊ은 독자적으로 행동할 수 없는 어린아이인 것인가? 항상 그가 가는 곳에 바늘과 실처럼 따라다니는 사제단 소속 성직자들의 모습도 보기가 좋지는 않다.

더 이해가지 않는 것은 이미 수사대상이 된데다가 권력형 비리나 생계형 비리가 아닌 사기업의 비리이니 형사나 민사에도 해당되지 않는 사항이라 이미 특별수사와 재판이 병행 중에 있었다. 재판과 수사가 진행 중인 사건에 다시 특별검사를 만들어야 하는 이유나 있나? 이미 재판중이고 수사 중인 일이니 말이다.

삼성을 수사할 명분이 없어지자, 괜히 이건희의 개인적 실수나 상속문제, 홍라희씨 그림 대출사건 등 사건과는 관련 없는 엉뚱한 것까지 계속 끌어들이고 억지로 갖다 붙이고 연계를 한다. 삼성을 공격하는 정확한 명분도 대지 못하고, 의도도 목적도 과정도 모두 불분명하다.

불의구현사제단과 친북주사파들은 더 이상 근거없는 의혹제기와 거짓설로 여론과 국민을 호도하지 말라. 전ㅈ훈, 함ㅅ웅, 문ㄱ현, 김ㅇ국, 김ㅈ현, 문ㅈ현, 송ㄱ인 등! 정의구현사제단의 정체도, 존재 의미도 납득이 어렵다. 70년대, 80년대 각종 반정부 반체제 활동에 선봉에 서온 것이 정의구현사제단이다. 그들은 대한민국을 부정하는 짓이라면 뭐든지 끼어든다.

함ㅅㅇ은 각종 반체제인사와 정치요인 살해범을 민주열사라고 추켜 세웠고, 김정일과 북한정권을 동포라는 명목으로 찬양했으며, 노무현이 정치적 재기를 목적으로 탄핵을 유도하여 광신도들의 결집을 유도해 부활을 하자 이때 부활한 예수, 노무현 예수라 부르던 자이다. 권력에 아부하여 신앙과 하나님, 예수까지 팔아먹은 아집에 사로잡힌 추한 '종교장사'다.

문ㄱㅎ, 문ㅈㅎ은 각종 폭력시위에서 고정적으로 초청, 모셔가는 분들로서 반사회적인 폭력으로 전의경을 폭행한 시위대가 군경의 강경한 진압을 받을라하면 전면에 문ㄱ현, 문ㅈ현을 내세워 공권력 집행이 어렵게끔 분위기를 만드는 분위기 메이커들이다. 송ㄱㅇ은 진실규명위원회 위원장이라는 감투를 썼으며, 그가 이런 단체들에 위원과 위원장 등으로 근무 중일 때 반체제인사에게 40억, 50억이라는 터무니없는 보상금을 국민 혈세로 넘겨주는 일을 했다.

구성원들의 면면부터가 떳떳하거나 깨끗한 것과는 거리들이 멀다. 저들이 삼성을 파괴하려는 행위 역시도 대한민국을 부정하는 행위가 아닐까? 북한에 충성하고 대한민국을 파괴하려는 행위가 어떻게 정의인가? 이는 그들이 북한 소속이라면 모르겠지만, 그들이 대한민국에서 삶을 영위하는 이상에 저들의 저런 비상식적인 행동은 어떤 변명으로든 합리화가 될 수도 없다.

정의구현 사제단은 1994년부터 반체제인사는 민주화 운동인지, 정치요인 암살인지, 친북좌경행위인지, 가리지 않고 민주화 유공자로 만드는 작업을 진행해 왔다.

정의구현 사제단의 부적절한 삼성사건 개입에 대해서 공격할라 하면, 친북주사파 같은 반역세력과 친북주사파의 알바들이 나타나 물타기를 하는 것도 순전히 개인적인 욕심과 이기심의 발로가 아닌가 의심된다.

정의구현사제단이 승리해서 자신들이 민주화 유공자가 되는 데 더 보탬이 되지 않을까 하는 헛된 기대가 아닌가 의심된다.

2년 가까이 캐내고 비용과 시간을 들여 조사를 했음에도 특검 수사결과가 만족스럽지 못하고 불충분하다며 친북주사파들이 비난하는 것 역시도 전략적이고 무리하게 죄를 찾아내려고 하다가 찾을만한 구실이 없자 만족스럽지 못하고 충분하지 못하게 느껴지는 것이다.

정치적 재기를 위해 삼성을 희생시키려는 주사파들의 불경한 욕심이 뜻대로 되어서는 안 될 것이다. 그들의 욕심을 달성하도록 두기에는 삼성에 생계를 의지하는 삼성 국내외 한인 직원 4백만 명의 생계와 가정이 위협을 받게 된다. 정치적 야심을 가진 야심가들의 야심이 죄 없는 삼성 직원 4백만의 가정을 불행의 늪으로 몰아넣을 수 있다.

정의구현사제단이 말하는 정의의 기준이 뭔지 궁금하다. 정의구현사제단을 앞세워서 폭로전을 부리는 김ㅇ철의 수법이 좌파 개신교단을 앞세워서 가짜 병역비리를 폭로하던 설ㅎ, 김ㄷ업 일당, 불교교단과 통합신당, 도로열린우리당원을 앞세운 김ㄱ준, 김ㅇ찬 등의 가짜 BBK 조작사건의 수법과 똑같은 방법이다. 정의구현사제단이 말하는 정의는 이런 사기 치는 정의인가?

개인적인 사적인 욕심과 이기심으로 똘똘 뭉친 자들의 추악한 기업경제 망치기 속임수에 국민들은 동조하지도 않겠지만, 쉽게 동조해서도 안된다. 헛된 마녀사냥식 삼성 죽이기를 중단해야 한다."

___ 한국청년 네티즌 논객: http://allinkorea.net/ 자유게시판

불법탄핵을 바로 잡아야 헌정질서가 정상화되건만, 진실을 말하는 것이 거짓을 말하는 것보다 더 부담·고통스러운 법치 문맹국이 되었다. '불법탄핵'을 과거라고 말하는 어리석음은 망국 반역죄인 들에게 면죄부를 주는 것이려니, 제발, 정의가 바로 서야 자유 민주 대한민국이 있다.

5

가야만 하는 길, '대한민국 헌법수호'

1. 파괴된 헌법, 그 회복의 길
2. 국헌문란 형사책임
3. 민사책임

우리는 두 눈으로 똑똑히 보았다. 분명히 2017년 3월부터 2022년 5월 9일까지 기획 탄핵 주도세력과 문재인 정권에 의해 대한민국의 헌법은 갈기갈기 찢겨지고, 부서 졌음을. '헌법'이 뭔가? 헌법은 국가 통치체제와 기본권 보장의 기초에 관한 근본 규 범이다. 때문에 국민 모두는 주권자로서 헌법을 수호할 의무가 있는 것이다.

헌법은 제66조 제2항과 제3항에 "대통령은 국가의 독립, 영토의 보전, 국가의 계속 성과 헌법을 수호할 책무를 진다. 대통령은 조국의 평화적 통일을 위한 성실한 의무 를 진다."라고 규정하고 있다. 대통령이 국가와 헌법의 수호자로서의 지위와 한반 도 통일 책무자로서의 지위를 명시하고 있다.

우리는 지난 6년 간 망국에 미쳐 놀아나는 대한민국의 중심세력으로부터 파괴되어 가는 헌법을 붙잡고, 그들 악의 세력과 목숨 건 투쟁을 벌여왔다. 하지만 대한민국 헌법 파괴세력들은 여전히 건재하다. 늘 기회를 엿보고 있을 것이다.

헌법수호단 또한 멈추지 않을 것이다. 문재인의 불법통치에 대한 손해배상은 물론 대한민국 헌법 파괴세력에 대한 국민계몽 투쟁을 멈추지 않을 것이다.

험난한 투쟁 대열에, 이제 국민들도 제대로 알아차려 동지의 길을 함께 가고자하는 간절한 마음으로 이 책을 집필했음이니, 이 작은 애국충정의 마음이 국민 모두의 가 슴에 일일이 다 전달되기를 바라는 마음 간절하다.

"법은 도덕의 최소한이다", "정부의 쇠락은 거의 대부분 스스로의 원칙을 훼손하는 데에서 시작한다"고 세계적인 유명 법학자들이 지적했다. 나라가 자살하는 대한민 국. 국혼(國魂) 없는 친북, 친중 종북 좌파들은 이제 그만, 제발, 법치 훼손과 헌법 파괴를 멈추고, 최소한의 도덕적 양심을 회복하는 대열에서 더 이상의 국가적 원칙 을 훼손하는 역사의 대역죄인이 되지 않기를 바란다.

1
────

파괴된 헌법, 그 회복의 길

헌법수호는 국민 된 모두의 권리이자 의무

위와 같이 대한민국은 국가가 앞장서 헌법을 파괴하고, 불법 가짜의 통치를 열고서 이러한 잘못됨조차도 인식 없이, 가짜 대통령인 줄도 모르고 5년에 이르는 세월 동안 우리는 불법통치를 받으며 예우했다.

이 정도면 이 나라의 국가권력인 입법권 사법권 행정권에 대하여 국민으로서 말문이 막히는 망국 직전의 국가위기에 봉착해 있음이 아닌가?

망국적 헌법파괴의 실상과 나라의 현상이 이러한 상황에서 대한민국의 헌법과 관련 법률에 근거한 국민의 양심에 따라 엄정한 수사와 재판으로써 대한민국의 헌정질서를 수호하여야 할 것이다.

지금 대한민국은 국민의 주권적 권리와 대한민국의 적법한 대통령으로서의 정권이 동시에 절취 당한 완벽한 '대한민국의 법률착오였으며 사기탄핵 정국'이다. 그것이 지금도 계속 중이다.

헌법수호단의 탄핵무효 소송과 고발은 사법정의(司法正義)가 그렇지 않다는 것을, 그렇게 헌법을 파괴해서는 안 된다는 것을, 헌법과 법률에 근거하여 사법권한 있는 기관인 사법부로부터 재판으로써 확인을 받아 사법정의를 세상에 알리고, 현직 대통령에 대한 파면결정이 잘못되었음을 뒤늦은 지금이라도 알아차림으로써, 함께 법치가 살아 있는 나라로 바로 세우고자 함이다.

이렇게 완벽한 불법 사기탄핵은 사법부가 "그 파면은 무효다"라고 선고함으로써 파면무효가 되거나, 원고들의 청구에 대하여 각하·기각의 선고로써 박 대통령에 대한 그 파면이 유효인 것도 아니다. 법률이 진실을 못 가려내었거나, 안 가려내었어도, 진실은 정의에 머무를 수 밖에 없을 것이다.

불법탄핵의 파면선고에 따른 법률효과는 본래 아무 것도 전혀 발생함이 없었다. 그런데 그에 따라 박 대통령은 권좌를 물려주고서 청와대를 나오고, 궐위 아닌 대통령 자리를 궐위로 보고는 할 이유가 없는, 법률상 원인 없는 대통령선거를 실시했음이다.

사정이 이러한 내 집에, 내 나라에 든 불법 가짜 대통령인 망국의 도적범들과 하나 된 멍청한 공권력이 이를 체포하지 않음이니, 국민인 주인이 주권의 행사로써 자력으로 이들 망국 도적범을 잡겠다는데 무엇이 어찌하여 불법집회이며 불법시위란 말이던가?

실질적인 국민주권은 형식적인 국민주권의 행사에 그치는 선거일에 투표하는 단순 거수기의 역할이 아니라, 그 형식적인 투표행위의 결과에 승복하고, 그 합법적인 결과로서 이행 준수되는가를 감시하고 확인할 수 있는 실질적인 국민주권이 오늘날 말하는 실질적인 국민주권임은 의심의 여지가 없다.

내 집에, 내 나라에 든 도적범을 공권력이 못잡아 내니 이를 주인이 잡으면 그 주인이 체포되는 나라가 되었다. 간첩 괴뢰정권이 지배하니, 간첩신고가 사라지고, 간첩을 신고하면 되레 명예훼손 모욕 죄인이 되는 판이다.

어찌하여, 무엇으로, 불법 가짜 대통령의 통치가 합법으로 인정되고, 국민의 주권행사인 정당행위가 불법행위로서 경찰의 차벽에 차단된다는 말인가? 불법 가짜 대통령의 통치는 조직폭력 집단 수괴의 사회적 지배행위와 전혀 다를 것이 없다.

경찰력으로써, 정당한 대규모 집회의 국민주권 행사에 경찰차벽과 안전펜스설치로 국민의 주권행사를 방해하고, 범죄인을 보호하는 행위는, 도적범에 공범으로서 명백한 직무유기며 국민에 대한 권리행사 방해인 것이다.

이렇게 성문법을 명백히 위반하여, 그에 따른 절차적 위법까지 저지른 불법행위의 연속선상에서 2017년 5월 9일, 2022년 5월 9일, 두 차례나 거국적으로 실시한 대통령선거로 뽑은 다수득표자라 하여 불법 가짜 대통령을 대통령으로 인정할 수가 없음은 지극히 당연한 법리적 현실이자 정의다.

국민의 투표행위로 이뤄진 대통령선거라지만, 똑같은 위법의 선상에서 이어진 윤석열에게 있어서도 달리 적법할 수 있는 다른 법리는 없다.

그 선거를 시행할 원천적인 이유가 없는 명백한 불법선거임에도 국민의 투표행위로써 불법 가짜대통령을 합법적인 대통령으로 정당화 할 정제·세탁될 수는 없는 것이다.

이러한, 이 나라에 침투한 불법 가짜 대통령을 주권자인 국민이 주권행사의 차원에서 자구행위를 행사하는 것이 이 나라의 법에 저촉될 법률상 하등의 이유가 없는 것이다.

대한민국의 지대하고도 중요한 법률착오와 이로 인한 심각한 국론분열 상황 앞에서, 우리 국민의 국가조직으로서의 필요한 약속인 法에 그르친 위법한 불법 탄핵심판이었다는 사실의 재인식이 필요한 것으로, 대한민국의 법치·사법정의가 살아 있음을 이제 국민이 증명해 내어야 할 때이다.

불법 가짜 대통령 만들기와 미친 예우

문재인은 가짜가 진짜의 행세를 하고, 진짜를 기결수로 몰아 퇴출되는 반헌법적인 국가운영이 버젓이 이루어진 현실로서, 마치 국가가 외적의 침입을 받아 무단 불법통치를 받고 있음과 다르지 않다.

이런 상황은 머지않을 망국의 불안을 느끼지 않을 수 없는 것으로, 국정운영의 책임 있는 헌법기관들에 의한 국가의 책임으로 빚은, 참으로 한심한 몰법 그 자체에 비분강개(悲憤慷慨)의 통탄을 금치 않을 수 없음에, 대한민국 헌법수호단의 끊임없는 불굴의 구국소송과 불법탄핵의 범법자들에 대한 고발이 이어져 왔다.

박근혜 대통령에 대한 탄핵심판 결정, 분명 법률상 잘못된 불법 탄핵이었다. "그래서 지금 어쩌라고?" 반문할 자도 분명히 있을 것이다. 이 책은 곧 우리가 가야할 헌법수호의 길이 제시되어 있다. 대한민국과 우리 국민 모두를 위하여, 그리고 자유 민주를 받들며 투쟁으로 일궈 온 착한 역사의 전 인류를 위하여 반드시 이 나라의 헌법은 수호되어져야만 하는 것이다.

탄핵 · 파면 · 궐위되지 못한 대통령 박근혜는 2017년 3월 10일 이래로 아직 그 잔여 임기가 남아 있다. 이 잔여 임기 부분에 대하여 대한민국은 박 대통령에게 통치권을 돌려 줘야 한다. 그 돌려 줄 수 있는 방법상의 소송이 헌법수호단의 탄핵무효 행정소송이다.

헌법기관, 특히 헌법재판소의 불법탄핵을 소송상의 주된 청구원인으로 잡고서 헌법재판소의 결정을 사법부인 법원에 소송을 하는 것에 의아스러워 할 독자도 많을 것이다.

하지만 된다. 헌법재판소의 관장업무 즉 헌법재판소의 결정에 관하여 부당하다면 헌법상 국민의 재판 받을 권리에 근거하여 소송 적격을 갖추어 법원에서 소송으로 다툴 수 있다.(단, 행정소송법 제3조의4 단서조항은 제외된다.)

더구나, 헌법재판소법은 헌법재판소의 결정에 관하여 스스로를 다시 판단하는 재심제도가 법 규정으로 차단되어 있어, 부당한 결정이라 하더라도 헌법재판소에서 재심으로는 다툴 수가 없다.(헌법재판소법 제39조 일사부재리)

따라서 불법탄핵의 피해당사자인 대통령으로서나 또는 국민주권에 입각한 국민으로서는 법원에 소송으로서 대통령에 대한 소멸되지 않은 잔여 임기 동안의 지위와 권한이 본래 사라지지 않았음을 확인해 볼 수가 있으나, 달리 헌법재판소가 불법탄핵 심판이었음을 인정한다 하더라도 헌법재판소로서는 재심제도를 부인(헌법재판소법 제

39조 일사부재리)하고 있어, 이를 달리 치유할 방법이나 권원이 없다.

이렇게 나라는 온통 거국적인 착오를 하고 있음에, 법률적 식견과 공신력이 있는 법원으로부터 대통령의 권한 존재에 관하여 확인을 받아 세상에 재인식시켜주고자 하는 것이 헌법수호단의 투쟁 취지인 것이다. 그렇게 법원의 판결로써 사라진 권한과 지위가 다시 살아나는 것이 아니라, 불법탄핵은 대통령 박근혜에게 본래 그 탄핵·파면됨이 없었던 것이다.

탄핵·파면·궐위되지 않은 대통령에게는 재직 중 형사불소추특권(헌법 제84조)이 헌법으로 보장되어 있음이니, 적법하게 탄핵 당하지 못한 불법탄핵의 억울한 대통령으로서 지난 그 치욕적이고 고단한 수사와 재판을 감내해야 했으며, 그로써 가짜 기결수 대통령을 장기간 투옥 감금시키는 중죄인으로 다뤘던 검찰과 법원의 그들이 취급한 형사기록과 재판은 모두 무효인 것이다.

이런 중차대한 헌법파괴 실상의 사안에 있어서, 그간 가짜 조작 태블릿PC의 진실이 밝혀지는 등의 것으로 박 대통령에 대한 형사재판에서 나온 무효의 사슬들을 풀고자 거추장스럽고도 불용한 형사재판 재심을 논할 가치는 전혀 없다.

이것이 대한민국의 헌법이 파괴되었다고 하는 그 실상의 진면목이라 할, 박 대통령에 관한 불법탄핵 앞에 피고인으로 서야 하는 자가 과연 몇 명일까?

이런 엄청난 일을 꾸미며, 이 나라를 망국에 빠뜨리기 위하여 현직 대통령을 끌어내고, 대법원장과 여러 국정원장, 장관, 장군 등 국가 운영의 중요 직책 자들을 형사재판의 허울을 씌웠지만, 이 중에 여

럿은 이미 무죄로 풀려 난데는 망국의 억지수작이었다 아니할 수 있 겠는가?

그래도 자신의 문제 아니니까 "나 몰라라, 그런 얘긴 하지 말라"고 하는 사이에 불의는 진실을 짓밟았고, 불법은 정의를 짓밟았으며, 무관심은 당신 스스로를 짓밟았다는 사실 조차도 인식하지 못하고 있는 헌법파괴의 실상을 알려 거국적인 무지몽매를 깨우는 헌법수 호단이다.

불법탄핵으로 궐위되지 않은 대통령에 법률상 원인 없는 대통령 선거로써 국민이 뽑은 19대였고 20대라고 적법한 것으로 인정하려 한다면, 우리 모두가 불법 가짜 대통령인 그들과 국가보안법 및 형 법상의 국가반란을 일으킨 범죄단체 수괴를 추종하는 망국의 공범 일 뿐이다.

'자유민주주의'는 있는 법마저도 무시하고서, 목소리 크고, 조직화 로 과장된 다수무리의 입맛대로 헌법재판을 헌법개판 쳐 헌법을 파 괴할 수 있는 괴뢰들의 것이 아니다.

많은 인류가 투쟁의 역사적 산물이며, 존중하는 가장 선진화된 인 권적 제도로서 약속되어 있는 법은 법으로서 존중되어야 한다.

국회가 박 대통령에 대한 탄핵소추 의결로써 탄핵을 선도하고, 헌 법재판소에 의하여 자행된 헌법파괴는 법치와 인권, 국격, 내 나라 대통령으로서의 명예 등에 대한 막대한 침해 및 손상으로, 그에 따 라 주권 있는 국민으로서 입은 상처 또한 깊다 아니할 수 없다.

국가가 헌법과 법률을 파괴하며 자살하는 반국가, 반헌법, 반도덕 성은 국민으로서 결코 방치 방관할 수 없는 회복해야 할 국민주권적 차원의 엄연한 권리이다.

이런 반면에 있는 문재인의 가짜 공화국 5년을 돌아보면, 분명 대한민국 우리 사회는 헌법이 파괴되고, 대통령이 반국가적인 적들에게 납치된, 총·포성 만 들리지 않는 비정규전의 전쟁이 지금 치열하다.

그 단적인 모습이, 끊이지 않는 '태극기 애국집회'였으며, 가짜 공화국 정부에서 실시된 세 차례의 공직선거에서 선거부정을 막으려고 많은 애를 썼다.

이런 구국의 노력에도 국가 3권 분립의 최후 보루라고 할 사법부 역시도 대법원부터 좌경화되어 있어, 정법을 그르치기가 일쑤였던 현상을 우리는 탄핵무효 소송과 부정선거 소송에서 어렵지 않게 목격·확인할 수 있었던 것이다.

2020년 4.15 총선과 관련하여 현재 120여건의 선거소송이 대법원에 계류되어 있다. 공직선거법 제225조에 의하면, 선거에 관한 소송은 다른 쟁송에 우선하여 신속히 재판하여야 하며, 수소법원은 소가 제기된 날부터 180일 이내에 처리하여야 했지만 그렇지 못했다.

총선 관련 선거소송은 국회 구성의 정당성과 관계있는 쟁송이다. 그래서 특별히 짧은 제소기한과 소송의 처리기한이 정해져 있는 것이다. 그러한 선거소송이 처리되지 않고 있는 상황에서는 국회 구성의 정당성이 온전하게 확보되었다고 할 수 없다.

입법 활동을 해 온 어떤 국회의원이 선거소송을 통해 당선무효가 된다면 그가 참여한 입법 활동의 효력 문제가 제기될 수 있다. 공직선거법이 선거에 관한 소송은 다른 쟁송에 우선하여 신속히 재판하도록 규정하고 있는 것은 이러한 입법 효력의 불확실성을 가능한 한

줄이고 국회의 정당성을 제대로 확보하기 위한 것이라 하겠다.

결국은 헌법수호단이 이 책으로나, 소송 및 고발로써 시종 일관되게 주장하는 대한민국의 헌법기관인 국회, 헌법재판소, 중앙선거관리위원회, 가짜 대통령이 앞서고, 검찰과 경찰, 법원이 도와 망국을 도모하고 있는, 이들이 국가반란의 주역들이 아니고 무엇인가?

탄핵정국 이래로 국가의 3권분립도, 국회의 여야도, 다 사라지고 오직 가짜 대통령 문재인 수괴를 중심으로 그를 둘러싼 주사파 무리들에 의해 움직여지는 국민을 속이고, 나라를 파탄에 이르게 하는 망국의 총지휘는 부적법한 공권력에 집중되어 있음 아니던가?

이런 극단적 망국을 자행한 가짜공화국의 문재인에게 대통령이 아닌 수괴의 길을 터 준 국회의 탄핵찬성파와 위법투성이의 탄핵심판으로 절대무효인 부적법한 '파면'선고로써 헌법을 파괴하고 대통령을 내치며 국헌을 문란하게 한 8인의 헌법재판관들의 책임이 실로 막중하다 아니할 수 없다.

그리고 원인 없는 대통령 선거를 적법한 듯 실시하면서, 부정에 눈감은 선거관리위원회며, 불법 탄핵정국에서 갖가지 산출되는 시국사건에 편파적이기만 했던 검찰, 경찰, 법원의 모습은 세계 속에 추한 대한민국의 자화상으로서, 참으로 보기 드문 '국가가 자살'하는 통탄할 일이다.

문재인의 가짜공화국 5년에 휘말린 탄핵정국 속의 언론과 수사, 사법, 교육, 보건, 안보, 외교, 정치 등의 모습은 전혀 문명국가인 대한민국의 모습이 아닌, 이 나라의 지식 계층에서 짜낸 망국의 프로그램 일색이었다.

이를 국민들이 제대로 알아차리고서, 주사파 불법통치세력 그들에게 법으로써 가할 민·형사 및 행정상의 적절한 조치를 이룸으로써, 대한민국의 법치를 바로 세움이 시급하다.

이제부터는 이들 反대한민국 망국범들이 부담해야 할 그 법 적합성을 찾아봄으로써, 우리 사회 대한민국이 정법에서 흔들리지 않은 자유 민주 체제 유지의 초석으로서 법이 기능해 주기를 바라, 이것은 우리 국민이 지켜내야 할 '대한민국 헌법수호'의 책무다.

위법한 대선도 투표하면 세탁이 되나?

박근혜 대통령이 사저를 방문한 윤석열을 만나 주고, 법률상 원인 없는 2022년 5월 10일 또 한 명의(적법성 없는 사실상일 뿐인) 불법 가짜 대통령 윤석열의 취임식에 참석해 줬다하여, 지금까지의 국가와 국민이 범한 개인 박근혜와 나라의 헌정파괴, 국민에 대한 불법통치가 한꺼번에 다 일소(一消), 지난 법적 과오까지 다 덮여졌다고 생각하는가?

이미 명사(名士)의 권두언에서 역설하고 있는 바와 같이, 대통령 박근혜에 대한 탄핵심판 같아 보이지만 그것이 아니다. 북한의 지령과 중화인민공화국(중공)의 음흉한 지원까지 동원된 공산적화 음모의 계략에 의한 '자유 민주 대한민국의 국가 정체성에 대한 탄핵사건'이다.

이를 모르고서 박 대통령을 비난할 가치는 없다고 본다. 박 대통령의 윤석열 취임행사에 참석함으로써 지난 가혹하고 부당한 수사행위며 그 모든 것이 화해가 되었다고 본다면, 탄핵정국 속에서 억울하고도 강압적인 수사를 받다가 극단적인 선택을 한 인사도 있었다. 억울하게 감옥에 다녀오거나, 아직도 갇혀 고생하고 계신 분들도 있다.

박·윤이 만남으로써 모든 것이 화해 종식되었다면, 그 분들의 고귀한 생명과 삶에 대한 보상 및 배상은 어떻게 할 것인가? 그 분들의 생명권과 인격권이 대통령 박근혜의 절대적 종속개체이거나 피조물이 아니지 않는가?

이런 부분을 한 개인 박근혜가 좌지우지 결정할 그런 의향도, 그럴 권원도 없는 것이다. 지금 이 부분에 관하여 보상 및 배상이 있어야 한다는 말이 아니다. 그 이전에 국가반역 망국범들에 대한 죄를 물어, 일소 척결하여 준엄한 나라의 법치 정의를 세워야 한다는 주장이다.

박 대통령의 탄핵사건으로 국민들이 입은 각각의 손해가 문제가 아니라, 공산 적화되고 있는 나라를 살리고 지키자는 것이고, 그러기 위해서는 현행 실정법(實定法)에 의거한 그들의 위법·불법행위에 대한 정법한 규명과 법적 책임을 반드시 물어야 할 일이다.

이를 누가 하겠는가? 불법탄핵에서 드러난 이 나라의 헌법기관들은 이미 본 바와 같은 이런 만행을 아주 의도적으로 자연스럽게 아니, 억지로 위법을 자행하며 불법탄핵을 결행하지 않았던가?

이런 상황에서 이를 알아차리는 '국민주권' 좋아하는 촛불 든 국민이 일어나, 아직 임기가 남아 있는 박근혜 대통령과 함께 헌법을 수호하고 나라 지키기에 함께 나서야 할 것이다.

헌법수호단의 끊일 줄 모르는 소송으로서의 준법투쟁과 또한 이 책으로써 밝히는 국헌문란 헌법파괴의 진상에 대한 국민으로서 그 낱낱의 이해는 위정자들로부터 대한민국의 현재와 미래를 지키는 지침이 되기에 충분할 것이다.

박 대통령 한 개인의 문제로 볼 수 있는, 그런 이제는 윤석열이 대통령으로서 잘 해 낼 것이라는 지지는 계속적인 불법 가짜 공화국에 대한 지지 찬성인 것으로, 그것은 곧, 박 대통령에 대한 탄핵은 정당했으며, 문재인 또한 적법한 대통령이었다는 합리화가 된다.

이런 과정에 국회는, 헌법재판소는, 중앙선거관리위원회는, 검찰은, 대통령 권한 대행은, 언론은, 국민들은 모두 그렇게, 그래도 되는, 헌법과 법률이 없는 불법시대면 어떠냐는 발상은, 내일의 '망국 불법세상'이 당신의 심장을 뚫어 오지 않는다고 감히 장담할 수 없을 것이다.

솥 안 따뜻하게 데워지는 물이 뜨겁게 자신을 익혀 올 때는 이미 때는 늦으리라. 오늘 내 주머니에서 아무것도 나가지 않는다고 위정자들의 불법을 방조 방관하다가는 차고 있는 주머니가 아니라 옷까지 벗겨질지 모를 그 이상의 탄압이 두렵지 않은가? 망국 주민자치 기본법으로 잠식 중인 실상을 보라.

단세포적인 식견에 머무르는 시각은 박 대통령과 윤석열이 악수함으로써 대한민국을 이끄는 지도자로서의 용서와 화해가 되고, 지난 아픔이 모두 치유된 것으로 보이고, 그래서 대개들 윤석열 정부에 환호하거나 지지를 보내고 있다.

이런 시각과 관념으로서는 불법탄핵으로 망국을 도모한 국회, 헌법재판소, 중앙선거관리위원회, 검찰, 대통령 권한 대행, 언론 등에 대한 아무런 단죄조차 못하고서 내로남불식의 정치보복 운운하며, 정객들은 계속적으로 이 나라의 자유민주 정체성을 흔들며, 물고 뜯을 것임은 너무도 분명하다.

서해상에서 해양수산부 공무원의 시체가 떠내려갔던, 월북해서 북으로부터 피살되었던, 한 개인의 사망이 왜 문재인 정부의 책임이냐고, 그것이 무엇이 그리 중요하냐며 먹고사는 민생해결이 더 중요하다는 궤변의 망언을 문재인의 한 종자는 거리낌 없이 내뱉었다.

그런 세월호 침몰사고에 박 대통령의 7시간은 왜 씹고 또 씹었으며, 왜 그 피해를 국가가 국민의 세금으로 보상해 줘야 했는지, 지난 5년 동안 사고에 관하여 아무 것도 밝혀 내지 않으면서 공적자금을 투입하여서는 뭘 했었나?

이런 망국 종자들 때문에 대한민국의 법치가 분명히 바로 서야 하는 것이다.

누누이 반복 강조되었지만, 불법탄핵으로 아직 임기가 남은 제18대 박 대통령의 임기를 마치거나 적법한 대통령으로서의 복귀를 하고서, 더 이상의 직무수행이 어렵다면 평온하고도 자유로운 의사에 의한 하야선언으로서도 대한민국 이 나라의 법치가 바로 서는 것이다.

적어도 국가와 국민이 범한 불법행위에 대하여 일말의 양심은 있어야 할 것이고, 위 두 사람의 접촉으로써 무너지고 파괴된 법치가 다시 회복되었다고 생각하면 어불성설(語不成說)이요, 언어도단(言語道斷)이 아닐 수 없다.

국민저항으로서의 준법투쟁과 태극기를 든 거리의 집회투쟁은 불법이 자행된, 아직도 자행되고 있는 그 실상을 국민주권으로서 지탄(指彈)하고 문책(問責)함이다.

'국민주권'은 불의 불법에 편승하여 인권을 말살하면서, 공권력에 폭력과 파괴를 일삼는 저질스런 불법집회가 국민주권이 아니다.

적법성 없는 윤석열이 박 대통령에게 할 수 있는 것이 무엇이겠는가? "아직은 제 자리가 아니다. 남은 임기를 수행해 달라"며 자리를 반환함이 정법하고 당연하며, 법률가다운 바른 사람으로서의 진면목일 것이다. 그런 연후에 또 밟아갈 수순이 정치적 영역이 아닐까 싶다.

탄핵·파면·궐위되지 못한 박 대통령을 두고서 국민이 뽑은 문재인, 또 윤석열에 있어서 그 원인무효인 두 번씩의 투표가 부적법함에 있어서 뭔 차이가 있는가? 문재인을 건너 뛴 윤석열이기 때문에, 또 한 번 더 치른 투표이기 때문에, 그 원인무효의 위법성이 세탁되었다는 말일까?

훔친 물건 뺏어 가지면 위법성이 사라지나? 달라진 것은 주자(走者)가 바뀌어 있을 뿐이고, 무너지고 파괴된 법치는 여전히 그대로인데, 태극기 든 애국자들은 벌써 다 귀가했나?

특검 수사팀장 윤석열과 정권 교대자 윤석열

이 책이 전달하고자 하는 본질은 망국의 나쁜 헌법기관들, 불법탄핵으로 파면되지 못한 박 대통령, 그런 권력을 빼앗아 쥔 문재인, 그리고 이를 받은 윤석열로 이어진 현 상황에서 대한민국의 법치가 문재인이 청와대에서 물러남으로써 잘못된 법치가 종식된 것이 아니라는 사실이다.

모든 잘못된 원인은 문재인이나 윤석열이나 다 같다. 국회와 헌법재판소가 불법탄핵으로 헌법을 파괴하고서 탈취한 박 대통령 권좌의 차를 투표라는 허울로써 운전자를 바꿔 가는 것으로 문재인을 이어 윤석열에 정권의 불법승차는 계속 이어지고 있다.

둘 다 대통령 선거에서 다수표로 뽑힌 자들이긴 하지만, 엄연한 것은 불법탄핵으로 탄핵·파면·궐위 당하지 못한 박 대통령의 잔여 임기가 남아 있는 상태에서 대통령 선거를 실시할 법률상의 원인이 없는 선거였다는 사실에 헌법수호단은 헌법과 법률에 의하여 이들을 대통령으로 인정하거나 칭할 수가 없다.

오히려 소장(訴狀)과 고발장(告發狀)에서 '박근혜 前 대통령'이 아닌 "적법한 현재의 대통령"으로 철저하게 고쳐져야 함을 강조하고 있다.

이런 특검팀의 윤석열은 2016년 11월 30일, 박근혜 대통령에 대한 박영수 특별검사팀의 수사팀장으로 임명되어, 12월 21일, 박영수 특별검사팀으로서 공식적인 수사를 시작하여, 2017년 2월 28일까지 특검의 90일간 활동이 종료되면서 수사 사건 일체는 검찰로 넘어 갔고, 박 대통령은 서울중앙지법 2017고합184 공소사건에 피소되어, 서울중앙지검에서 신청한 구속영장이 2017년 3월 31일 법원으로부터 발부됨으로써 구속 수감되었다.

그 잘못된 헌법파괴의 모순된 법치가 문재인의 퇴진 후 윤석열에게도 이어지고 있음에서 윤석열의 위법성에 거론을 못할 바 아니다.

지난 2016년 말과 2017년 초에 걸친 박 대통령에 대한 탄핵정국에서 박영수 특검의 수사팀장을 맡았던 윤석열은 당시 역대 특검 중 최대 규모인 20명의 파견검사와 검찰, 경찰, 국세청으로부터의 파견 공무원 40명을 지휘하는 자리로, 특검법이 정한 14개 수사대상과 세월호 7시간 의혹 등 추가 인지 사건을 수사 지휘했다.

이런 윤석열이 형사공판에서 박 대통령에 대하여 징역 30년을 구형했다는 점에서 윤석열 정권의 아킬레스건이 된 것은 사실이다. 이에 이 난관을 극복하고자 윤석열은 대통령 취임행사를 앞두고서 마음의 짐을 덜고자 박 대통령의 사저를 방문하여 만남을 가졌을 것이다.

이 자리에서 윤석열은 "과거 특검과 피의자로서 일종의 악연에 대해 굉장히 죄송하다", "박 대통령 정부가 굉장히 좋은 정책이나 업적이 있었는데, 제대로 알려지지 못한 부분을 아쉽게 생각한다", 박 대통령이 한 일과 정책에 대해 계승도 하고, 널리 홍보해서 명예를 회복할 수 있게 하겠다"고 했다며 언론에 전해졌다.

이런 만남에 대한 많은 사람들의 시각과 견해는, 두 사람의 만남이 국민대통합의 기회와 오랜 갈등의 해갈이 될 수 있기를 바라는, 사리에 맞지 않는 어긋난 기대를 갖고 있는 것 같다.

[중앙] "윤석열·박근혜 회동, 전·현직 소통하는 계기 되길"

[문화] "尹·朴 회동, 보수 화합 넘어 '증오정치' 극복 계기 돼야"

언론 기사들의 제목도 이런 방향으로 많이 붙여졌다.

하지만, 탄핵정국에서 두 사람이 부닥친 인연을 삭히는 것으로 대한민국 갈등의 사회문제가 치유될 수 있는 일이 아니다.

특검에서 만난 수사팀장과 피의자로서 특검법이 정한 14개 수사대상과 세월호 7시간 의혹 등에 관한 처리나 그에 대한 사과성 발언으로 우리 사회의 문제가 해소될 수 있는 사안이 아니라는 것이다.

철저하고도 치밀하게 오래전부터 김일성 주체사상에 입각한 위장평화의 전략과 전술로써 다져 온 터에, 법을 위반한 박 대통령을 축출하는 것이 지극히 당연한 듯, 국민들로 하여금 인식하게 하는 술

책으로 대한민국의 국가전복을 위한 체제탄핵의 그 희생물 1호가 박대통령인 것이며, 2호가 대한민국 체제수호의 중추기관인 '국가정보원'의 원장들을 줄줄이 엮은 것이다.

이것은 대한민국의 법으로 대한민국의 공권력이 집행한 것 같아 보이지만, 결코 그렇지 않은 북한 괴뢰들의 오랜 공작의 큰 결실로서의 그들 승전물 이었음을 인식해야만 한다. 그렇지 않고서는 우리는 대한민국의 미래를 위한 기획조차 할 수 없을 것이다.

이런 프레임 속에서 윤석열 또한 부지불식간의 수사를 맡게 된 진행이었을지언정, 특검에서 혁혁한 공을 세우고 문재인 정부로부터 검찰총장에 오르기까지 하는 그 공로를 인정받았으니, 반면 그의 공로로써 대한민국 자유민주 체제의 정체성에 막대한 타격을 주었다는 것으로 반증(反證)된다.

그렇게 혁혁한 공을 세운 윤석열이 한 개인 박근혜를 찾아 "면목 없다, 죄송하다"는 따위의 사과성 발언으로 우리 사회의 근본적인 문제를 치유하기에는 어불성설이다.

촛불혁명이라는 이름의 불길에 타죽기가 두려웠던 대한민국의 공권력마저도 대통령을 파면선고에 이르게 하는 위법 부당한 불법탄핵을 감행하고, 그 무효인 사정은 헤아릴 것도 없이 탄핵·파면·궐위되지 못한 대통령을 법대(法臺)앞에 앉혀 놓고서 불법의 망나니 춤을 법조인들이 추고 있었으니, 한심하고도 가관이 아닐 수 없는 일이다.

불법탄핵으로 파면선고를 받은 박 대통령, 대통령을 축출해 낸 자리에 들어 선 문재인, 그리고 박 대통령에 대한 가짜가 진짜에 대한 사면(용서)처분, 특검에서 박 대통령을 구속 기소한 혁혁한 공로로 검찰총장을 거쳐 대통령 선거에 당선된 윤석열이 박 대통령을 찾아가 사과하는 면면의 것이 우리 사회의 본질적인 문제 해결에 그 얼마나 도움이 될까 싶다.

입으로만 하는 공정, 법치, 이런 것 말고, 지금부터라도 다시 법대로 하자.

정법한 공권력이 정법한 사법정의로써 잘못 자란 가지를 과감히 잘라 낼 때에 대한민국의 법치가 바로 서면서 상호간의 신뢰가 다시 새 순으로 싹트고 튼튼하고 아름다운 거목으로 자라는 대한민국을 볼 수 있으리니…. 그런 잘못 자란 가지를 잘라 낼 연장을 든 자가 정법하지 못한 자의 손에 들려져 있다면 어디서 어떻게 자를 가지를 분별하며 쳐 낼 수 있는 명분을 지닐 것인가?

사상누각이요, 고양이에게 생선 지키라는 격이 아닐 수 없는, 결국 둥지 훔쳐 부화된 뻐꾸기 알은 다시 뻐꾸기의 본래 자리로 귀일할 수 밖에 없는 당연한 논리 아니겠는가?

대한민국, 그 정의로운 법치사회 구현을 위하여

윤석열은 검찰총장에 들어 서기 전 국회청문회에서부터 '법치', '법대로'를 유난히도 강조했다. 그런 윤석열에 헌법수호단은 대검찰찰청 총장 앞으로 가짜 대통령 문재인을 비롯하여 여러 건의 고발을 내었지만, 고발인 조서 작성도 없는 하나 같이 모두 무언의 '각하'였다.

말로만, 입으로만 법치요 법대로 였다. 지금 또한 그의 자리는 정법하지 못한 불법 가짜 대통령의 자리에 올라 앉아 있으면서 누가 누구를 탓하며 누구의 잘못을 칠 수 있으랴 싶다. 대한민국이 바로

서기 위해서는 고의적으로 파괴한 헌법과 법률부터 다시 바로 세워야 한다.

그러기 위해서는 먼저, 탄핵소추장을 무단히 변경 제출한 탄핵소추위원장과 국회의장, 이를 근거로 삼아 여러 위법을 저지르며 대통령을 불법 탄핵으로 '파면' 결정 선고한 8인의 결원재판부 재판관들에 대하여 그 진상을 규명하고 적법한 책임을 물어야 할 일이다.

탄핵·파면·궐위되지 못한 대통령의 잔여 임기 완수의 기회를 줘야 한다. 그렇게 박 대통령이 정법하게 복귀하고서 당일로 대통령직을 사임하는 하야를 선언하더라도 부당하게 축출된 권좌의 복귀부터 이뤄야 한다.

그런 후 제18대 대통령을 지나 19대 대통령에 대한 문제는 또 다시 그 해법을 찾아야 할 일이다. 234인의 위법한 탄핵소추에 대한 명단공개 등의 문책과 8인 헌법재판관들의 위법행위에 대한 철저한 규명, 그런 문재인 정권의 무효선언, 그리고 문재인의 5년에 걸친 세 차례의 공직선거에 대한 규명까지 철저하게 밝혀짐으로써 나쁜 국가권력 기관에 속은 국민이 다시 국민주권에 한 방향으로 하나 되는 국가발전의 기반이 조성될 지름길이 아니겠는가?

지금까지 우리는 끊임없이 입에 오르내리는 대통령 박근혜에 대한 '불법탄핵론'의 소문과 사실에 입각한 공작(工作)의 허실(虛實)이 아니라, 실질적 국민주권론에 근거한 국민으로서의 정당한 재판을 받을 권리에 비춰 본 적법절차의 원칙이며 죄형법정주의, 공법상의 강행규정의 의미를 헌법과 법률로써 살펴보았다.

이렇게 달리 변명의 여지가 없는 대한민국의 적법한 대통령이 있음에도 불구하고 불법 가짜 대통령이 국정에 주최하거나 개입할 권리능력 자체가 전혀 없는 무자격자 아니, 범죄인으로서의 문재인과 관련된 지난 5년의 불법통치 사실이 명백하고, 이 법리를 누구나 충분히 쉽게 이해될 수 있을 것이다.

불법탄핵으로 인한 당연무효인 파면선고로 적법 건재한 대통령 박근혜를 두고서, 문재인의 법적 권원 없는 불법통치 행위들은 결국 국가보안법상의 제3조(반국가단체의 구성등), 제4조(목적수행), 제5조(자진지원·금품수수), 제6조(잠입·탈출), 제7조(찬양·고무등), 제8조(회합·통신등), 제9조(편의제공), 제10조(불고지), 제11조(특수직무유기)등의 범죄에 귀결될 수 밖에 없다.

이렇게 불법 무권한의 가짜 대통령인 문재인으로서는 대한민국을 위하여 할 수 있는 나랏일은 아무것도 없었다. 오직 국론분열 작업, 대북지원, 종전선언, 국가안보 붕괴, 공산사회주의자의 찬양고무, 국고재정 고갈, 노동사회의 악화, 국민의 기본권 억압, 국가기반시설 철폐, 한미동맹관계 단절, 편중된 인사와 재정분배 따위의 망국작업만이 그가 완수해야 할 과업이었을 것이다.

대한민국 헌법은 공산주의와 북한노동당정권을 적(敵)과 악(惡)으로 보도록 천명했는데, 국가와 국민을 속이는 취임식에서 헌법을 수호하겠다고 형식적으로 거짓 선서한 문재인은 헌법과 국민의 뜻에 반한 반국가적인 역행만 했다.

불법 가짜 공화국 문재인 정부의 망국적 행위는 이루 말할 수 없을 만큼 주도면밀하고 적극적인 죄상은 대한민국의 무궁한 영속을 위하여 하나도 놓쳐서는 안 될, 반드시 척결 단죄해야 할 사항이 아닐 수 없다.

우리 헌법수호단은 '대통령 문재인', '前 대통령 문재인'이라고 칭하는 입들에게 지금이라도 생각 좀 하고서 칭하라고 일침 한다. 이런 우리는 그를 감히 형법 및 국가보안법상의 용어대로 '수괴'라고 칭한다. 그에게는 '대통령' 이거나 '前 대통령'일 수 있는 법 적합성이 전혀 없기 때문이다. 그도 이미 수십 차례의 탄핵무효 소송을 당하면서 스스로를 잘 알고 있을 것이다.

불법 가짜 대통령으로부터 고스란히 속은 국민은 그를 탄핵할 근거 법도 없었다, 직위 권좌가 있어야 탄핵할 텐데, 불법 가짜에게 그런 것이 어디 있었나? 그런 권좌 자체가 없는 자다. 하야를 종용하려 해도 그에게는 내려 올 자리가 없다. 그에게는 '불법 가짜'만 있었을 뿐이다.

불법 가짜 대통령에게는 헌법을 수호할 책무가 있을 수 없다, 그런 그에게 헌법수호 의지가 없음을 탓할 근거와 명분조차도 없었던 자이다. 그런 그를 대통령으로 받들고 예우하다가, 지금은 전직 대통령에 관한 법률로써 예우하는 대한민국, 이제라도 제발 국가안보에 정신 차려야 함을 작은 시민단체 '헌법수호단'의 끊임없는 소송투쟁과 이 책을 통한 불법탄핵의 실상 보고로써 국민을 깨움이다.

2

국헌문란 형사책임

'국헌문란(國憲紊亂)'이라 함은 형법 제91조가 규정하고 있는 '헌법 또는 법률에 정한 절차에 의하지 아니하고 헌법 또는 법률의 기능을 소멸시키는 것'이라고 정의하고 있다.

위계에 의한 공무집행 방해

이미 앞서 '위계에 의한 공무집행방해'로서 박 대통령의 권력을 찬탈한 행위에 대한 그 형사적 책임이 문제되지 않을 수 없는 영역이다. 앞에서 언급되었지만, 이를 보다 상세히 형법상에서 규율하고 있는 법규해석과 그 판례를 살펴보도록 한다.

문재인은 법률가의 한 사람으로서, 헌법재판소가 위법 탄핵 결정으로 공법상의 강행규정을 위반한 그 법률효과는 당연히 무효라는 사실을 알았거나 알 수 있었다.

그럼에도, 관여 헌법재판관들과 국민들로 하여금 박근혜 대통령을 탄핵의 대상으로 삼아 그릇된 주장과 선동으로써 국가와 국민들로 하여금 오인, 착각, 부지를 일으키게 하고, 그 실행의 결과인 국민들의 오인, 착각, 부지를 이용하여 2017년 5월 9일 시행하는 원인무효인 대통령 선거에 후보등록 신청서를 중앙선거관리위원회에 제출함으로써 위계를 범한 사실이다.

그 위계의 결과로서 다수 득표한 투표결과에 따른 대통령 당선증을 중앙선거관리위원회 위원장으로부터 받아 낸 사실에 의한 ①위법한 탄핵심판 결정, ②법률상 원인 없는 대통령 선거, ③법률상 원인 없는 무권 가짜 대통령에 대한 일련의 위계행위는 국가 공권력상의 정상적인 공무를 방해한 것으로서 문재인의 소행은 위계에 의한 공무집행방해죄가 성립함으로써, 그런 문재인을 국법에 따라 그의 무권 대통령 행세를 즉시로 중지시켜야 했고, 지금이라도 즉시 체포하여야 할 중대 범죄인이라 할 것이다.

형법 제137조 (위계에 의한 공무집행방해)

위계로써 공무원의 직무집행을 방해한 자는 5년 이하의 징역 또는 1천만원 이하의 벌금에 처한다.

◎ 위계에 의한 공무집행방해죄의 구성

위계에 의한 공무집행방해죄는 위계로써 공무원의 직무집행을 방해하는 죄로 그 수단이 위계라는 것으로서, 위계(僞計 ; 착각, 오인, 부지 등의 유발이용)는 타인(공무원 또는 제3자)의 부지(不知) 또는 착오를 이용하는 일에의 행위를 의미하는 기망과 유혹의 경우를 포함한 것으로서 비밀이던 공연(公然)이든 불문한다.

본 죄의 성립요건으로는 위계의 존재사실과 공무집행의 방해를 요건으로 하는, '위계'는 행위자의 목적 달성을 위해 상대방에게 오인 착각 부지 등을 발생하게 하여 이것을 이용하는 모든 행위를 요하고, '공무집행 방해'는 현실적인 직무집행의 방해를 요건으로 한다.

업무방해죄에 있어서의 행위의 객체는 타인의 업무이고, 여기서 타인이라 함은 범인 이외의 자연인과 법인 및 법인격 없는 단체를 가리킨다.(대법원 2007.12.27. 선고 2005도6404 판결, 대법원 2018.05.15. 선고 2017도 19499 판결 등 참조)

나아가 문재인은 국가의 중요 직책상의 공무원을 임면하고, 그런 부하 직원으로 하여금 국정업무를 처리하게 하고, 그 보고를 받는 등으로 대통령으로서의 무권한(無權限)인 문재인이 행한 직무 위배의 위법상태가 위계에 의한 공무집행방해 행위 속에 포함되어 있는 것이라고 보아야 할 것이므로, 이와 같은 경우에는 작위범인 위계에 의한 공무집행방해죄가 분명히 성립한다.(대법원 1997.02.28. 선고 96도2825 판결 참조)

또한 무권한(無權限)한 대통령으로서 그 휘하의 내각을 구성하고 이를 작동시킨 자체가 이미 대한민국의 국법에 저촉되어 있는 탓으로 그 조직 또한 범죄단체 구성과 별다를 이유를 찾기 어렵다.

위계에 의한 공무집행방해죄가 성립되려면 자기의 위계행위로 인하여 공무집행을 방해하려는 의사가 있을 경우에 한한다고 보는 것이 상당하다.(대법원 1970.01.27. 선고 69도2260 판결 참조)

이렇게 문재인은 박 대통령에 대한 탄핵 이전에, 불법 탄핵의 완성을 위하여 거리에 나서서 군중들과 탄핵을 주장하는, 이른 바 '촛불집회'에 다수 차례에 걸쳐 참가하여 정치인의 한 사람으로서 국민을 불법 선동하기에 앞장섰으며, 국가권력상의 공무집행에 오인, 착각, 부지를 일으키게 하였던 위계행위의 조장을 도모한 실행 사실이다.

◎ 위계에 관한 법리 판례

업무방해죄에 있어서의 행위의 객체는 타인의 업무이고, 여기서 타인이라 함은 범인 이외의 자연인과 법인 및 법인격 없는 단체를 가리킨다.(대법원 2007.12.27. 선고 2005도6404 판결, 대법원 1999.1.15. 선고 98도663 판결 참조)

위계에 의한 공무집행방해죄에 있어서의 위계라 함은 행위자의 행위목적을 이루기 위하여 상대방에 오인, 착각, 부지를 일으키게 하여 그 오인, 착각, 부지를 이용하는 것을 말하고, 상대방이 이에 따라 그릇된 행위나 처분을 하였다면 이 죄가 성립되는 것이다.(대법원 2018.05.15.선고 2017도19499판결, 대법원 1995.05.09. 선고 94도2990 판결 등 참조)

업무방해죄의 성립에는 업무방해의 결과가 실제로 발생함을 요하지 않고 업무방해의 결과를 초래할 위험이 발생하면 족하며, 업무수행 자체가 아니라 업무의 적정성 내지 공정성이 방해된 경우에도 업무방해죄가 성립한다.(대법원 2010.03.25. 선고 2009도8506 판결, 대법원 2008. 1. 17.선고 2006도1721판결 등 참조)

그리고 업무방해의 고의는 반드시 업무방해의 목적이나 계획적인 업무방해의 의도가 있어야만 하는 것이 아니고, 자신의 행위로 인하여 타인의 업무가 방해될 가능성 또는 위험에 대한 인식이나 예견으로 충분하며, 그 인식이나 예견은 확정적인 것은 물론 불확정적인 것이라도 이른바 미필적 고의로도 인정된다.(대법원 2012. 5. 24. 선고 2009도4141 판결, 대법원 2018.07.24. 선고 2015도12094 판결 등 참조)

여기에서 공무원의 직무집행이란 법령의 위임에 따른 공무원의 적법한 직무집행인 이상 공권력의 행사를 내용으로 하는 권력적 작용뿐만 아니라, 사경제 주체로서의 활동을 비롯한 비권력적 작용도 포함되는 것으로 봄이 상당(대법원 2003.12.26. 선고 2001도6349 판결)한 판례에 비춰 보더라도 망국종자들의 소행은 가벌성(可罰性)을 비켜나기 어렵다.

이렇게 위계에 의한 공무집행방해죄는 상대방의 오인, 착각, 부지를 일으키고, 이를 이용하는 위계에 의하여 상대방이 그릇된 행위나 처분을 하게 함으로써 공무원의 구체적이고 현실적인 직무집행을 방해하는 경우에 성립한다.

문재인의 대통령선거 후보등록 신청으로서 중앙선거관리위원회가 그 제출된 신청서에 관하여 적정 여부를 심사 하였으나, '원인무효인 대통령선거'라는 사실을 미처 발견하지 못하여 신청을 수리하게 되었더라도, 신청인의 위계행위가 원인이 되어 행정관청이 그릇된 행위나 처분에 이르게 된 것이어서 위계에 의한 공무집행방해죄가 성립한다고 보아야 한다.

신청인이 제출한 신청서 등 소명자료 등에 대하여 행정관청이 나름대로 충분히 심사를 하였음에도 '원인무효인 대통령선거'라는 사실을 발견하지 못하여 선거가 마쳐지게 되었다면 위계에 의한 공무집행방해죄가 성립할 수 있는 것이다.

예컨대, 등기관이 등기신청에 대하여 부동산등기법상 등기신청에 필요한 서면의 제출여부 및 제출된 서면이 형식적으로 진정한 것인지를 심사할 권한은 갖고 있으나, '등기신청이 실체법상의 권리관계와 일치하는지를 심사할 실질적인 심사권한은 없다고 하여 위계에 의한 공무집행방해죄를 달리 보아야 하는 것은 아니다' 하는 취지와 같다.

대법원 판례를 보더라도 "행정관청인 중앙선거관리위원회가 '원인 무효인 대통령선거'라는 사실을 발견하지 못하였다 하여, 문재인에 대한 위계에 의한 공무집행방해죄를 달리 볼 것도 아니라는 것"이다.(대법원 2016.01.28. 선고 2015도17297 판결 참조)

◎ 위계와 업무방해 결과 사이의 인과관계

헌법재판소의 2017년 3월 10일 2016헌나1 파면결정은 헌법과 헌법재판소법인 공법상의 강행법규(헌법 제111조, 헌법재판소법 제22조 내지 제23조)를 위반한 것으로서, 그 탄핵 파면결정은 원천적인 당연무효인 것이었다.

이렇게 대한민국 대통령 박근혜는 파면된 바가 없음에도 불구하고, 적법한 원인 없이 대한민국과 중앙선거관리위원회위원장은 2017년 5월 9일 대통령선거를 실시한 바 있어, 그것은 실시 자체부터가 법률상 원인무효인 대통령 선거였다.

이 원인무효의 선거에서 문재인은 대통령이 되었다는 것으로, 법률상 원인 없는 행위로 인한 대통령 선거는 그 선거 실시 자체에서부터 무효였던 것이고, 대통령 선거에 입후보 신청하거나, 나아가 문재인은 대통령으로 인정될 수 없는, 해서는 안 되는 통치행위를 불법하게 행하고 있는 문재인은 불법 무권의 가짜 대통령인 것이다.

그럼으로, 문재인은 대통령이 아님에 따라 사실상의 대통령 행세를 하고 있는 당시라 하더라도 헌법 제84조상의 정법한 대통령에 적용되는 재직 중 형사상의 불소추특권도 없는 자이다.

위계에 의한 공무집행방해죄에 있어서 위계라 함은 행위자의 행위 목적을 이루기 위하여 상대방에게 오인, 착각, 부지를 일으키게 하여 그 오인, 착각, 부지를 이용하는 것을 말하는 것으로 상대방이 이에 따라 그릇된 행위나 처분을 하였다면 이 죄가 성립된다.

국가반역(국헌문란, 내란, 외환)

문재인 등은 박근혜 대통령이 마땅히 탄핵대상이라는 주장과 선동으로 국가와 국민들로 하여금 오인, 착각, 부지를 일으키게 하고, 그 실행의 결과인 국민들의 오인, 착각, 부지를 이용하여 2017년 5월 9일 시행하는 원인무효인 대통령 선거에 후보등록 신청서를 중앙선거관리위원회에 제출함으로써 위계를 범하는 국가공권력상의 법률 정상적인 공무를 방해한 불법행위의 사실이 있다.

따라서 결국은 대통령 박근혜가 있어야 할 자리가 구치소 영창 안이 아니었던, 대통령 박근혜로서는 헌법과 법률에 따른 5년 임기의 대통령으로서 아직 그 잔여임기가 존재하는 법률상 적법하기가 분명한 대한민국의 현 대통령인 것이다.

이상의 여러 헌법기관들로부터 위법하게 자행된 선행처분은 결국 문재인에게 있어서 대한민국의 대통령이라고 하는 지위 및 신분상의 법적 권원을 찾을 수가 없는 자로서, 그는 분명 헌법과 법률에 어긋난 범죄조직단체의 수괴에 다르지 않다.

문재인은 이런 권원 없는 불법 가짜 대통령으로서 종국적인 법의 처분을 받기 이전에 종북 종중의 정책으로서 이 나라를 망국에 도달하도록 도탄에 빠뜨리는 갖은 반국가적 정책을 펼쳐 왔다.

문재인은 '위계에 의한 공무집행방해' 행위와 어우러져 결국 범행으로 의도했던 국가보안법과 형법에 저촉되는 범행을 저지른 것으로 2017년 05월 10일 이래로 지금까지 대한민국의 현행 헌법과 법률의 그 어느 조항에도 법 적합한 대통령으로서의 근거를 찾을 수 없는 무단 불법통치를 국민들에게 행사한 자이다.

이런 문재인을 그대로 방치, 아니 전직 대통령으로서 경호 등 예우할 법익의 근거는 그 어디에도 없는 것으로, 문재인에 대하여 그 계속되고 있는 불법행위의 잘못됨이 지극히 중대함에, 공무원도 대통령도 아니었던 한 민간인의 불법행위자에 불과한 수괴와 그들의 행위에 관하여 엄정한 조치가 필요하다.

◎ 북한의 반국가단체성

북한은 정부를 참칭하고 국가를 변란할 목적으로 불법 조직된 반국가단체로서 한반도 적화통일을 기본목표로 설정하고, 마르크스·레닌주의의 변형인 '김일성 독재사상'(주체사상)에 입각하여 변증법적 유물론에 따른 역사해석과 계급투쟁의 관점에서 한국의 역사를 지배계급에 대한 피지배계급의 계급투쟁으로 규정하는 한편, 남한사회는 미 제국주의의 강점 하에서 그들이 내세운 파쇼정권을 통하여 철저히 종속된 식민지로서 모든 인민이 수탈을 당하고 있다고 주장하고 있다.

또한, 북한은 조국의 자주적 통일과 인민해방을 위해서는 남조선에서 미제국주의 침략자들과 현 정권을 타도함으로써 민족해방인민민주주의혁명을 이룩하여야 한다는 전략 아래, 이른바 '통일전선전술'에 따라 남한의 노동자, 농민 등 피지배 계급을 축으로 청년학생, 지식인, 중소상인 등 조국의 분단과 미 제국주의의 식민통치에 의하여 고통 받고 있는 모든 애국적 역량을 망라한 반미구국통일전선을 구축하여 조선 인민의 주된 원수인 미제국주의를 반대하는 투쟁을 전개하여야 하고, 폭력, 비폭력, 합법, 반합법 등의 수단을 동원하여 반제 반파쇼 민주화 투쟁을 전개함으로써 미제국주의와 독재정부 및 매판자본가의 무리들을 타도하여야 한다고 선전·선동하고 있다.

아울러, 북한은 남북한 통일방안으로 1민족 1국가 2체제 2정부의 소위 '고려연방제통일방안'을 내세워 그 선결 조건으로 국가보안법 폐지, 평화협정 체결 및 미군 철수 등을 내세우고 있을 뿐만 아니라, 제3국의 공작거점 및 해외 반한교민단체를 전위조직으로 하여 위장 평화공세를 전개하는 동시에 국내 반정부 인사 및 운동권 학생들을 입북시켜 연공통일전선을 구축하고자 지속적으로 획책하고 있다.

한편, 1991. 9. 17. 대한민국과 북한이 유엔에 동시 가입하였고, 1991. 12. 13. 이른바 남북 고위급회담에서 남북기본합의서가 채택되었으며, 2000. 6. 15.과 2007. 10. 4. 두 차례에 걸쳐 남북정상회담이 개최되고 남북공동선언문이 발표된 이후 남북이산가족 상봉행사를 비롯하여 남·북한 사이에 정치·경제·사회·문화·학술·스포츠 등 각계각층에서 활발한 교류와 협력이 이루어지는 와중에서도 북한 은 1999. 6. 15.과 2002. 6. 29. 제1차, 제2차 연평해전을 일으키고, 2006. 7.경과 2009. 4.경에는 각 대륙간 탄도미사일을 발사하였으며, 2006. 10. 9.과 2009. 5. 27. 두 차례에 걸쳐 지하 핵실험을 실시하고, 2009. 1. 30.에는 조국평화통일위원회 명의로 '남북 간의 모든 합의 를 무효화한다.'는 통보를 한 바 있으며, 특히 최근에도 연평도 포격 사건을 일으키는 등 끊임없이 무력도발과 위협을 계속하는 등 우리 나라의 자유민주주의 체제를 전복하고자 하는 적화통일노선을 유지 하고 있다.'(서울중앙지방법원 2011.12.22. 선고 2009고합731,2011고합348(병합) 판결 국가보안법위반(특수잠입·탈출)·국가보안법위반(회합·통신등)

◎ 내란혐의의 적용 가능성

불법 가짜 대통령 문재인과 함께한 내란 및 국가보안법 위반 등의 혐의가 있는 망국의 집단인 관련자들이 국헌문란의 목적을 가지고 있었는지 여부는 외부적으로 드러난 행위와 그 행위에 이르게 된 경 위 및 그 행위의 결과 등을 종합하여 판단하여야 한다.

내란 가담자들이 하나의 내란을 구성하는 일련의 행위 전부에 대 하여 이를 모의하거나 관여한 바가 없다고 하더라도, 내란집단의 구 성원으로서 전체로서의 내란에 포함되는 개개 행위에 대하여 부분 적으로라도 그 모의에 참여하거나 기타의 방법으로 기여하였음이 인정된다면, 그 일련의 폭동행위 전부에 대하여 내란죄의 책임을 면 할 수 없다.

한편 내란죄는 그 구성요건의 의미 내용 그 자체가 목적에 의하여 결합된 다수의 폭동을 예상하고 있는 범죄라고 할 것이므로, 내란행위자들에 의하여 애초에 계획된 국헌문란의 목적을 위하여 행하여진 일련의 행위는 단일한 내란죄의 구성요건을 충족하는 것으로서 이른바 단순일죄로 보아야 한다.(대법원 1997.04.17. 선고 96도3376 전원합의체 판결)

판례도 불법탄핵 세력들에 대한 비호 및 범행 은닉자들에 적용될 그릇된 사정업무(司正業務) 처리 관계자는 충분히 내란혐의가 적용될 적법 타당성으로 분명히 해석되고 있다.

범죄혐의자들에 관한 사정업무 관계자들은 국가보안법 제11조(특수직무유기)상의 "범죄수사 또는 정보의 직무에 종사하는 공무원이 이 법의 죄를 범한 자라는 정을 알면서 그 직무를 유기한 때에는 10년 이하의 징역에 처한다"는 사실을 상기시키지 않을 수가 없다.

박 대통령에 대한 탄핵의 적법성을 찾을 수 없는 불법탄핵의 불법행위를 지금이라도 국가는 응당 색출 격리하여야 할 것으로써, 나라의 헌정질서를 바로 잡기에 서둘러야 할 사정기관으로서의 정의로운 사명(使命)이 요구된다.

불법탄핵 관련자들로 인하여 불이익을 입은 '적법한 대통령 박근혜'로서는 그 수인한도를 넘는 대한민국의 국격과 대통령 개인의 인격에 비할 바 없는 수모와 가혹함을 당했다.

그런 위험천만한 국가운영이 불법탄핵심판 선고 이래로 계속 진행되고 있는 망국적 상황임을 국민들이 공감하고 알아, 나라를 지키는 진정한 국민주권을 행사하는 나라의 주인이 되어야 할 것이다.

불법 체포 · 감금

위와 같이 대한민국 대통령 박근혜는 국회와 헌법재판소의 위법행위로 인하여 당연무효인 파면선고로서 파면된 바가 없음에도 불구하고 이를 대통령 궐위로 취급하여 2017년 05월 09일 제19대 대통령을 선거하는 투표를 실시하여 후보자 중 다수표를 득한 문재인을 제19대 대통령으로 원인무효의 당선증을 교부함으로써 05월 10일부터 법 적합하지 않은 불법 사실상의 대통령 행세로써 대한민국을 통치하고 있었던 사실이다.

이런 위법사실과 당연무효된 탄핵심판 파면결정과 원인무효의 대통령선거, 권한 없는 사실상의 불법대통령으로 국정이 형성되면서 '적법한 대한민국 대통령'은 파면되지 못하였음에도 불구하고 권좌에서 내몰려, 대통령으로서의 재직 중 형사불소추 특권을 무시한 불법체포 감금과 함께 가혹한 형사재판을 진행하고서 중형을 선고했다.

이러한 혐의의 중심에 있는 불법 가짜 대통령 행세를 한 수괴 문재인을 비롯하여, 그 산하 종자들인 국무총리, 법무부장관, 서울구치소장, 234인의 국회의원, 헌법재판소에서 불법파면을 선고한 8명 헌법재판관들, 결원되는 헌법재판관에 대한 임명권을 행사하지 않고서 원인무효인 대통령 선거실시를 공표한 대통령 권한대행(국무총리) 황ㄱㅇ, 원인무효의 대통령 선거를 주관 실시하고 무효의 당선증을 교부한 중앙선거관리위원회 위원장 김ㅇㄷ, 대통령 박근혜를 강압 수사한 검찰의 총지휘자인 검찰총장 김ㅅㄴ, 대통령의 수사를 전담한 특별수사본부 특별검사 박ㅇㅅ, 그 아래에서 박 대통령에게 재단을 이용한 억지 뇌물죄로 엮은 윤ㅅㅇ, 2017년 03월 31일 대통령 박근혜에게 위법한 구속영장을 발부한 판사 강ㅂㅇ, 2017년 10월 13일 추가 구속영장을 발부한 판사 김ㅅㅇ, 수사기록 조서상의 검사, 형사재판에 임하며 형을 선고한 각급 법관들 등은 분명, 국회와 헌법재판소의 위법한 불법탄핵으로 탄핵·파면·궐위되지 못한 적법한 대통령을 불법 감금함에 다들 나름 크게 공헌한 바 있으니, 가짜 대통령을 적법한 대통령으로 받들며 국가반역의 망국에 참여한 그들의 공과(功過)를 헌법과 법률에 근거하여 국민의 이름으로 문책하여야 할 것이다.

동맹국에 항적하는 여적죄 구성

아직도 북한은 6.25 무력남침을 북침이라고 조작하고, 천안함 폭침을 남한에서 날조한 것이라고 중상모략하고 있음에도 불구하고, 문재인은 2018년 4.27 판문점 선언 제1항에서 우리 헌법 제4조의 자유민주주의적 통일을 포기하고 북한의 '우리민족끼리 자주통일정책'을 채택하였다.

위 사항은 사전에 공론화과정을 거치지 아니하고 결정되었는 바, 문재인은 형법 제93조에 의거 적과 합세하여 헌법에 위반(대항)되는 통일정책을 추진하고 있으므로 여적죄를 범하였다.

불법 가짜 대통령으로서 국가의 최고 대표권이 없는 문재인은 이렇게, 2018년 9월의 '판문점선언 이행을 위한 군사분야 합의서' 까지 독단으로 북한과 체결, 우리 군대의 정신무장을 해체했으며, 주적이 없는 허수아비로 만들었다. 이는 적에게 서울까지의 진격로를, 남침대로를 활짝 열어 준 반국가 반민족 역적으로 다루어야 할 여적죄에 해당된다 하겠다.

문재인은 북한 김정은의 수석대변인(top spokesman)이 됐다는 미국 블름버그 통신보도, 미국 폼페오 국무장관이 미군 정찰을 제한하는 남북군사합의서에 격분했다는 미국의 소리(VOA) 보도, 트럼프 대통령이 "한국은 미국의 승인 없이 아무것도 하지 않을 것"이라며 제재완화시도에 제동을 건 사실에 대한 미군 성조지 보도를 종합하면, 6.25 무력남침을 저지하는데 수많은 희생을 치른 동맹국인 미국에 대해서는 전혀 안중에도 없이 졸속으로 합의된 남북군사합의서 따위는 문재인이 적과 합세하여 대한민국과 동맹국인 미국을 비롯한 유엔참전국에 항적하는 행위로서 형법 제93조에 의한 여적죄를 범한 것이다.

권리행사방해·직권남용

문재인은 대한민국 대통령의 법률상 자격을 갖출 수 없는 아무런 권한 없는 불법가짜 대통령으로서 그 사실상의 권력을 행사하며 불법 무단통치를 행사함으로써 국민의 정당한 권리행사를 방해하였다.

또한 문재인은 사실상 국가의 공권력을 완전 장악하고서 헌법기관 및 각 공공기관들에 대한 그 기능을 제대로 이행하지 못하게 하는 불법 부당한 권리행사로써 국가기관으로서의 기능을 방해하였다.

똑같은 공권력 행사라고 하더라도 적법한 업무와 부적법한 업무에 있어서, 이미 권한 없는 가짜 대통령으로서의 부적법한 업무지시 자체로서 위법이 발생할 수밖에 없는 것이다.

그런 것들을 문재인의 부적법한 사실상의 권력은 각각의 공공기관에 기관장을 임면하며 실질적인 권력을 행사하면서 국민의 집회 및 시위할 권리를 경찰력을 동원하여 막았고, 코로나19 전염병 방지 차원에서 전혀 합리성 없는 규제로서 국민의 일상생활 및 경제생활에 탄압을 가한 것 또한 사실이다.

실내 2미터의 거리를 두어야 하는 기준에 의하면, 전철 운행에 있어서 1량에 몇 명만 탑승해야 함에도 이것에는 특별히 규제하지 않고서 오직 국민의 목을 조르는 경제생활과 일상생활에 장애를 줘서 국민들이 삼삼오오 모이는 것 조차도 못하게 하는 탄압을 가하였던 것이다.

그런 적절치 못한 예방접종의 부작용으로 갑자기 사망하였거나 장애를 입은 사람들도 적지 않다. 국가는 이들 유족과 피해자에 대하여 무과실책임주의(無過失責任主義)로서 보상하여야 할 일이다.

무과실책임주의란 어떠한 손해발생에 있어서 고의 또는 과실이 없는 경우에도 그 배상책임을 진다는 것으로서, 과실이 있을 때 책임있는 과실책임주의와 대립하는 개념이다.

무과실책임주의는 근대의 과실책임주의에 대한 수정으로서, 현대 문명의 발달에서 나타나는 그 피해의 입증이 곤란한 경우에 있어서 그러한 결과발생에 대한 개연성이 있는 원인제공자에 대하여 보상이나 배상의 책임을 부여하는 것이다.

과실책임주의(過失責任主義)가 무과실책임주의로 수정된 근거는

① 위험한 시설 소유자는 그에 따라 발생하는 손해에 대해서도 책임을 져야 한다는 '위험책임론(危險責任論)',

② 이익이 있는 곳에 그 손실도 책임져야 한다는 '보상책임론(補償責

任論)',

③ 손해의 원인을 준 자(者)에게 배상책임을 지워야 한다는 '원인책임론(原因責任論)',

④ 불법행위에 의한 배상책임은 손해의 공평한 분담을 주장하는 사상에 따라 정해져야 한다는 '구체적 공평론(具體的 公評論)' 등의 구체적 학설이 있다.

전염병 확산의 방지를 위한 예방접종으로 강제력까지 동원된 만큼, 그로 인한 예측하지 못했던 피해의 결과에 대해서 국가로서는 손해의 원인을 제공한 입장에서 응당 책임을 지고서 배상(賠償: 남에게 부적법한 행위로 입힌 손해를 물어 줌)이 아닌 보상(補償: 국가 등이 적법한 행위로 국민에게 가한 재산상의 손실을 갚아 줌)의 차원으로서라도 책임을 져야 함은 지극히 당연한 이치라 하겠다.

하물며 사기업 운영상의 항해(航海)와 여행객 사이에서 발생한 손해에 대해서도 보상한 세월호 사고의 경우도 있었는데, 국가가 예방접종 받기를 강제까지 하고서는 인과관계 불명의 입증곤란을 이유로써 책임을 회피함은 국민에 대한 국가로서의 도리가 아니지 않겠는가?

민법은 감독자나 사용자의 책임에 있어서(제755, 756조) 무과실의 입증책임을 그들에게 전환시켜 무과실의 입증을 곤란케 하거나, 무과실의 항변을 받아 주지 않음으로써 무과실책임에 가까운 결과책임(結課責任)을 부담시키는 사례가 있고, 또한 시설공작물의 소유자에 대한 손해배상책임(損害賠償責任)에 관한 규정(제758조)도 무과실책임주의에 기반하고 있다.

- 직권남용권리행사방해죄에 있어서 직권남용의 의미 및 직무권
  한의 정도

일반적으로 직권남용권리행사방해죄에 있어서의 직권남용이라 함
은 공무원이 그의 일반적 직무권한에 속하는 사항에 관하여 직권의
행사에 가탁(假託: 거짓 핑계를 댐)하여 위법·부당한 행위를 하는 것으로
서, 일반적 직무권한이 반드시 법규에 명문으로 규정되어 있을 필요
는 없지만 적어도 법률상의 근거에 기초한 것이라야 단순한 지위·
신분의 남용과 구별될 수 있으며, 나아가 법률상의 강제력을 수반할
것도 요하지 않고, 다만 그것이 남용되었을 경우 직권행사의 상대방
으로 하여금 사실상 의무 없는 행위를 하게 하거나 행하여야 할 권
리를 방해하는 데 족한 정도의 권한만 있으면 된다.(대법원 2004.03.26.
선고 2003도7878 판결)

국가보안법 위반

불법 가짜 대통령과 국가보안법, 그의 국가반란에 협조 협력한 불
법탄핵심판을 행사한 8인의 헌법재판관들과 법률상 원인 없는 대통
령선거를 행사한 중앙선거관리위원회 위원장, 이후 불법 가짜 대통
령을 비호해 준 공권력자들은 국가반란행위에 따른 국가보안법상의
저촉에 있어서 결코 자유로울 수 없는 것이다.

그들 서로 간에 불법 가짜 대통령과 내통 또는 약속 따위가 없었다
하더라도 탄핵정국 당시의 공권력은 촛불광란에 편승한 무언의 '묵
시적 정치공동체'로서 대한민국의 박 대통령을 수호하기 보다는 내
치기에 집중했고, 그러기 위해서는 이 책에서 이미 상세히 밝힌 바

와 같다.

헌법과 법률을 파괴한 여러 가지 말이 안 되는, 있을 수 없는 위법으로 대통령 탄핵에 합리화시켜 불법 파면선고를 행하여 내쳐서는, 가짜 대통령을 국민투표라는 법망에 편승시켜서는 선출하고서 이를 적극적으로 추종하며 비호한 대한민국의 국가 공권력이었지 않는가?

증거도 없이 대통령을 탄핵소추 가결한 행위가 인민재판식 반란이었고, 말이 안되는 위법투성이의 불법탄핵 심판으로 대통령에게 파면을 선고하여 내친 행위가 국가반란 이었으며, 법률상 원인 없는 선거를 치른 자체 역시가 국가반란 행위일 수 밖에 없다.

그런 국가반란을 성사시키고, 그들을 지켜 준 공권력 역시도 국가반란자들이다. 그렇다. 이 책은 박근혜 대통령이 탄핵의 대상이 되기에 이른 개별 사안의 진부(陳腐)한 것들에 관한 왈가왈부를 논하고자 함이 아니었다.

헌법기관으로서 마땅히 했어야 했던 여러 부적법한 처분 행위와 집행 절차가 지극히 적절 타당하지 못했음을 국민에게 고하면서, 전단부에서 불법탄핵 음모의 검은 그림자가 엄습해 오는 대한민국의 체제전복을 위한 사회혼란의 성숙된 분위기가 대통령을 탄핵이라는 빌미로 내치고 불법정권이 장악할 수 있는 최고조를 위하여 폭발될 시발의 요인들이 있었음을 제시했다.

이런 요인들에 연루된 인사들이 적극 나서서 대통령의 탄핵을 더 부추겼던 것 사실이고 보면, 그 자신들도 모르게 북괴 김일성의 주체사상에 포섭된 현지 국내의 자연발생적 간첩일지도 모를 일이다.

스스로를 인식하고 있는 정보를 수집하여 넘겨주고 지령을 실행하는 것만이 간첩이 아닌, 뭐가 뭔지. 지령인 줄도 모르고 그냥 행하다 보니 적국을 이롭게 한 행위 자체가 간첩행위일 수 있는 것이다.

- 남북정상회담의 성사 등으로 북한의 반국가단체성이 소멸하였 다거나 국가보안법의 규범력이 상실되었다고 볼 수 없다.

북한이 여전히 우리나라와 대치하면서 우리나라의 자유민주주의 체제를 전복하고자 하는 적화통일 노선을 완전히 포기하였다는 명백한 징후를 보이지 않고 있고, 그들 내부에 뚜렷한 민주적 변화도 보이지 않고 있는 이상, 북한은 조국의 평화적 통일을 위한 대화와 협력의 동반자임과 동시에 적화통일 노선을 고수하면서 우리의 자유민주주의 체제를 전복하고자 획책하는 반국가단체라는 성격도 아울러 가지고 있다고 보아야 하고, 남북 사이에 정상회담이 개최되고 남·북한 사이의 교류와 협력이 이루어지고 있다고 하여 바로 북한의 반국가단체성이 소멸하였다거나 대한민국의 안전을 위태롭게 하는 반국가활동을 규제함으로써 국가의 안전과 국민의 생존 및 자유를 확보함을 목적으로 하는 국가보안법의 규범력이 상실되었다고 볼 수는 없다.(대법원 2004.08.30. 선고 2004도3212 판결, 대법원 2004.07.22. 선고 2002 도539 판결)

- 국가보안법 제7조 제3항에 규정된 '이적단체'의 의미 및 그 판단 기준

국가보안법 제7조 제3항에 규정된 '이적단체'라 함은 반국가단체 등의 활동을 찬양·고무·선전 또는 이에 동조하거나 국가의 변란을 선전·선동할 목적으로 특정 다수인에 의하여 결성된 계속적이고 독

자적인 결합체라고 할 것인데, 이러한 이적단체의 인정은 국가보안법 제1조에서 규정하고 있는 위 법의 목적달성을 위하여 필요한 최소한도에 그쳐야 하며, 유추해석이나 확대해석을 금지하는 죄형법정주의의 기본정신에 비추어서 그 구성요건을 엄격히 제한 해석하여야 한다.(대법원 2004.07.22. 선고 2002도539 판결)

● 국가보안법 제7조 제3항에 규정된 '이적단체 구성'의 의미

국가보안법 제7조 제3항에 규정된 이적단체를 구성한다는 의미는, 이적단체가 하고자 하는 행위가 객관적으로 반국가단체의 이익이 될 수 있다는 것을 인식하면서도 그 단체를 구성하는 것을 말하고, 그 행위자에게 반국가단체를 이롭게 하려는 목적의식이나 그 이익이 되는 결과를 가져오게 할 것까지를 요구하는 것은 아니며, 반국가단체의 이익이 될 수 있다는 미필적 인식이 있으면 충분하다.(대법원 2004.07.22. 선고 2002도539 판결)

그래서 적어도 부지불식간에 형성된 '묵시적 정치공동체'가 반국가 반사회 단체일 수 밖에 없다. 이를 다스리는 법이 국가보안법이다.

이 법에 있어서 근간이 되는 죄는 반국가단체의 구성 또는 가입하는 자 및 반국가단체의 구성원, 또는 그 지령을 받은 자가 그 목적수행을 위한 행위를 한 죄이다.

여기서 반국가단체라 함은 정부를 잠칭(僭稱)하거나 국가를 변란(變亂)할 것을 목적으로 하는 국내외의 결사(結社) 또는 집단으로서 지휘통솔체제를 갖춘 단체를 말한다.

또 위의 목적으로 공산계열의 노선에 따라 활동하는 국내외의 결

사 또는 집단도 반국가단체로 본다. 북한의 노동당 및 재일 조총련 등이 이에 해당된다.

총칙, 죄와 형, 특별형사소송규정, 보상과 원호 등 4개 장과 부칙으로 이루어진 이 법의 보호법익은 국가의 안전이다. 이 법에 규정된 범죄유형은 다음과 같다.

① 반국가단체를 구성하거나 이에 가입한 자는 단체 내에서의 지위에 따라 구별하여 처벌되며, 가입을 권유한 자도 처벌된다(반국가단체구성 등의 죄).

② 반국가단체의 구성원, 또는 그 지령을 받은 자가 그 목적수행을 위하여 일정한 행위를 한때에는 그 유형에 따라 소정의 벌을 받는다(목적수행의 죄).

③ 반국가단체나 그 구성원 또는 그 지령을 받은 자를 지원할 목적으로 자진하여 일정한 행위를 한 자와 이들로부터 그 점을 알고 금품을 받은 자는 소정의 처벌을 받는다(자진지원·금품수수의 죄).

④ 국가의 존립·안전이나 자유민주적 기본질서를 위태롭게 한다는 점을 알면서 반국가단체의 지배하에 있는 지역으로부터 잠입(潛入)하거나 그 지역으로 탈출한 자, 또는 이들로부터 지령을 받거나 협의하고 국외 공산계열을 위하여 위의 행위를 한 자 등은 소정의 처벌을 받는다(잠입·탈출의 죄).

⑤ 국가의 존립·안전이나 자유민주적 기본질서를 위태롭게 한다는 점을 알면서 반국가단체의 구성원이나 그 지령을 받은 자, 또는 그 지령을 받은 자의 활동을 찬양·고무·선전 또는 이에 동조하거나 국가변란을 선전·선동한 자는 7년 이하의 징역을 받는다.

이러한 목적의 단체를 구성하거나 이에 가입한 자, 이 단체의 구성원으로서 사회질서의 혼란을 조성할 우려가 있는 허위사실을 날조, 유포하거나 사실을 왜곡, 전파한 자 및 이러한 목적의 표현물을 제작·수입·복사·소지·운반·반포·판매 또는 취득한 자도 처벌을 받는다(고무·찬양 등의 죄).

⑥ 반국가단체에 이익이 된다는 점을 알면서 그 단체 또는 국외공산계열의 구성원이나 그 지령을 받은 자와 회합·통신 기타의 방법으로 연락을 한 자는 소정의 벌을 받는다(회합·통신 등의 죄).

⑦ 이 법의 죄를 범하거나 범하려는 것을 알고, 총포·탄약·화약 기타 무기, 금품, 기타 재산상의 이익, 또는 잠복·회합·통신·연락의 장소를 제공하거나, 기타 편의를 제공한 자는 각각 처벌된다(편의제공의 죄).

⑧ 이 법의 죄를 범한 자라는 것을 알면서 수사기관 또는 정보기관에 고지하지 않은 자(불고지의 죄) 및 범죄수사나 정보직에 종사하는 공무원으로서 직무를 유기한 자는 소정의 벌을 받는다(특수직무유기의 죄).

⑨ 다만 이 법 위반자와 친족관계에 있는 경우에는 형을 줄이거나 또는 면제할 수 있다. 타인으로 하여금 형사처분을 받게 할 목적으로 이 법의 죄에 대하여 무고 또는 위증을 하거나, 증거를 날조·인멸·은닉한 자는 소정의 벌을 받는다(무고·날조의 죄).

한편, 이 법은 수사과정에 있어서 참고인의 구인·유치, 피의자의 구속기간의 연장 등 특별 형사소송규정을 두었고, 또 이 법의 죄를 범한 자라도 자기 죄를 뉘우친 자에 대하여는 공소를 보류할 수 있게 하였다. 또한, 이 법의 죄를 범한 자를 체포, 또는 통보한 사람에 대한 보상과 원호하는 규정이 있다.

헌법재판소는 위헌법률심판의 대상에 있어서 법문의 내용이 다의적이고 그 적용범위가 다소 광범위하다고 인정되면 법치주의와 죄형법정주의에 위배되어 위헌의 소지가 있다고 인정했다.

그래서 국가보안법 제7조 제1항 및 제5항의 규정에 따라 그 행위가 국가의 존립·안전을 위태롭게 하거나 자유민주적 기본질서에 위해를 줄 명백한 위험이 있을 경우에만 축소적용된 것으로 해석하여 헌법에 위반되지 아니한다고 판시하였다.(헌법재판소 19900402, 89헌가113)

이러한 영향을 받아, 1991년 5월 31일 개정국가보안법 제1조 2항에 '이 법을 해석 적용함에 있어서 제1항의 목적달성을 위해서는 필요한 최소한도에 그쳐야 하며, 이를 확대해석하거나 헌법상 보장된 국민의 기본적 인권을 부당하게 제한하는 일이 있어서는 아니된다'는 규정을 신설하였다.

그 뒤에도 헌법재판소는 개정 전 국가보안법 제9조 제2항에서 규제대상이 되는 편의제공은 그 문언해석상 적용범위가 넓고 불명확하므로, 처벌대상으로 되어야 할 것은 편의제공행위 가운데서 국가의 존립이나 자유민주적 기본질서에 실질적 해악을 미칠 구체적이고 명백한 위험성이 있는 경우로 축소 제한하여야 하며, 이와 같은 해석 하에서 위 조항은 헌법에 위반되지 아니한다고 판시하였다.(헌법재판소 19920414, 90헌바23)

또한 국가보안법 제7조(찬양·고무) 및 제10조(불고지)의 죄에 대한 판단에서는 구성요건이 특별히 복잡한 것도 아니고 사건의 성질상 증거수집이 더욱 어려운 것도 아니다.

그러나 국가보안법 제19조가 제7조 및 제10조의 범죄에 대해서까지 형사소송법상의 수사기관에 의한 피의자 구속기간 30일보다 20일이나 많은 50일을 인정한 것은 국가 형벌권과 국민의 기본권과의 상충관계 형량을 잘못하여 불필요한 장기구속을 허용하는 것이다.

이는 결국 헌법 제37조 제2항의 기본권 제한입법의 원리인 과잉금지의 원칙을 현저하게 위배하여 피의자의 신체의 자유, 무죄추정의 원칙 및 신속한 재판을 받을 권리를 침해한 것이라고 판시한 바 있다.(헌법재판소 19920414, 90헌마82)

그렇다면 이제 이 책의 독자인 국민 여러분들이 이 책에서 밝히고 있는 탄핵무효, 그 반면에 있는 불법 가짜 공화국의 그들이 지난 5년 간 행사한 불법행위들을 국민주권자로서 이들의 죄상을 캐고 밝히는 사정관(司正官)의 입장에서 생각나는 그들 행위들에 대하여 아래의 죄와 대입해 보기 바란다.

대통령도 아닌, 그를 중심으로 돕고 지켜 주면서, 국민을 우롱 기만하며, 나라의 체제 전복을 도모한 행위들에 대하여….

이런 문재인과 그 일당들에게 적용될 형사법 조항들이다.

[국가보안법 : 죄와 형 등]
제3조(반국가단체의 구성등)
① 반국가단체를 구성하거나 이에 가입한 자는 다음의 구별에 따라 처벌한다.
  1. 수괴의 임무에 종사한 자는 사형 또는 무기징역에 처한다.
  2. 간부 기타 지도적 임무에 종사한 자는 사형·무기 또는 5년 이상의 징역에 처한다.
  3. 그 이외의 자는 2년 이상의 유기징역에 처한다.
② 타인에게 반국가단체에 가입할 것을 권유한 자는 2년 이상의 유기징역에 처한다.

---

③ 제1항 및 제2항의 미수범은 처벌한다.

④ 제1항제1호 및 제2호의 죄를 범할 목적으로 예비 또는 음모한 자는 2년 이상의 유기징역에 처한다.

⑤ 제1항제3호의 죄를 범할 목적으로 예비 또는 음모한 자는 10년 이하의 징역에 처한다. [개정 91·5·31]

제4조(목적수행)

① 반국가단체의 구성원 또는 그 지령을 받은 자가 그 목적수행을 위한 행위를 한 때에는 다음의 구별에 따라 처벌한다. [개정 91·5·31]

1. 형법 제92조 내지 제97조·제99조·제250조제2항·제338조 또는 제340조제3항에 규정된 행위를 한 때에는 그 각조에 정한 형에 처한다.
2. 형법 제98조에 규정된 행위를 하거나 국가기밀을 탐지·수집·누설·전달하거나 중개한 때에는 다음의 구별에 따라 처벌한다.
   가. 군사상 기밀 또는 국가기밀이 국가안전에 대한 중대한 불이익을 회피하기 위하여 한정된 사람에게만 지득이 허용되고 적국 또는 반국가단체에 비밀로 하여야 할 사실, 물건 또는 지식인 경우에는 사형 또는 무기징역에 처한다.
   나. 가목외의 군사상 기밀 또는 국가기밀의 경우에는 사형·무기 또는 7년 이상의 징역에 처한다.
3. 형법 제115조·제119조제1항·제147조·제148조·제164조 내지 제169조·제177조 내지 제180조·제192조 내지 제195조·제207조·제208조·제210조·제250조제1항·제252조·제253조·제333조 내지 제337조·제339조 또는 제340조제1항 및 제2항에 규정된 행위를 한 때에는 사형·무기 또는 10년 이상의 징역에 처한다.
4. 교통·통신, 국가 또는 공공단체가 사용하는 건조물 기타 중요시설을 파괴하거나 사람을 약취·유인하거나 함선·항공기·자동차·무기 기타 물건을 이동·취거한 때에는 사형·무기 또는 5년 이상의 징역에 처한다.
5. 형법 제214조 내지 제217조·제257조 내지 제259조 또는 제262조에 규정된 행위를 하거나 국가기밀에 속하는 서류 또는 물품을 손괴·은닉·위조·변조한 때에는 3년 이상의 유기징역에 처한다.
6. 제1호 내지 제5호의 행위를 선동·선전하거나 사회질서의 혼란을 조성할 우려가 있는 사항에 관하여 허위사실을 날조하거나 유포한 때에는 2년 이상의 유기징역에 처한다.

② 제1항의 미수범은 처벌한다.

③ 제1항제1호 내지 제4호의 죄를 범할 목적으로 예비 또는 음모한 자는 2년 이상의 유기징역에 처한다.

④ 제1항제5호 및 제6호의 죄를 범할 목적으로 예비 또는 음모한 자는 10년 이하의 징역에 처한다.

제5조(자진지원·금품수수)
제6조(잠입·탈출)
제7조(찬양·고무등)
제8조(회합·통신등)
제9조(편의제공)
제10조(불고지)
제11조(특수직무유기)
제12조(무고, 날조)
제13조(특수가중)
제14조(자격정지의 병과)
제15조(몰수·추징)
제16조(형의 감면)

[형법 : 내란 외환의 죄 등]

제87조(내란)

대한민국 영토의 전부 또는 일부에서 국가권력을 배제하거나 국헌을 문란하게 할 목적으로 폭동을 일으킨 자는 다음 각 호의 구분에 따라 처벌한다.

1. 우두머리는 사형, 무기징역 또는 무기금고에 처한다.
2. 모의에 참여하거나 지휘하거나 그 밖의 중요한 임무에 종사한 자는 사형, 무기 또는 5년 이상의 징역이나 금고에 처한다. 살상, 파괴 또는 약탈 행위를 실행한 자도 같다.
3. 부화수행(附和隨行)하거나 단순히 폭동에만 관여한 자는 5년 이하의 징역이나 금고에 처한다.[전문개정 2020. 12.8]

제89조(미수범)

제90조(예비, 음모, 선동, 선전)

① 제87조 또는 제88조의 죄를 범할 목적으로 예비 또는 음모한 자는 3년 이상의 유기징역이나 유기금고에 처한다. 단, 그 목적한 죄의 실행에 이르기 전에 자수한 때에는 그 형을 감경 또는 면제한다.

② 제87조 또는 제88조의 죄를 범할 것을 선동 또는 선전한 자도 전항의 형과 같다.

제91조(국헌문란의 정의)
본장에서 국헌을 문란할 목적이라 함은 다음 각호의 1에 해당함을 말한다.
1. 헌법 또는 법률에 정한 절차에 의하지 아니하고 헌법 또는 법률의 기능을 소멸시키는 것.
2. 헌법에 의하여 설치된 국가기관을 강압에 의하여 전복 또는 그 권능행사를 불가능하게 하는 것.

제95조(시설제공이적)
① 군대, 요새, 진영 또는 군용에 공하는 선박이나 항공기 기타 장소, 설비 또는 건조물을 적국에 제공한 자는 사형 또는 무기징역에 처한다.
② 병기 또는 탄약 기타 군용에 공하는 물건을 적국에 제공한 자도 전항의 형과 같다.

제96조(시설파괴이적)
적국을 위하여 전조에 기재한 군용시설 기타 물건을 파괴하거나 사용할 수 없게 한 자는 사형 또는 무기징역에 처한다.

제97조(물건제공이적)
군용에 공하지 아니하는 병기, 탄약 또는 전투용에 공할 수 있는 물건을 적국에 제공한 자는 무기 또는 5년 이상의 징역에 처한다.

제98조(간첩)
① 적국을 위하여 간첩하거나 적국의 간첩을 방조한 자는 사형, 무기 또는 7년 이상의 징역에 처한다.
② 군사상의 기밀을 적국에 누설한 자도 전항의 형과 같다.

제99조(일반이적)
전7조에 기재한 이외에 대한민국의 군사상 이익을 해하거나 적국에 군사상 이익을 공여한 자는 무기 또는 3년 이상의 징역에 처한다.

제100조(미수범)

제101조(예비, 음모, 선동, 선전)

① 제92조 내지 제99조의 죄를 범할 목적으로 예비 또는 음모한 자는 2년 이상의 유기
징역에 처한다. 단 그 목적한 죄의 실행에 이르기 전에 자수한 때에는 그 형을 감경
또는 면제한다.
② 제92조 내지 제99조의 죄를 선동 또는 선전한 자도 전항의 형과 같다.

제104조(동맹국)

본장의 규정은 동맹국에 대한 행위에 적용한다.

제114조(범죄단체 등의 조직)

사형, 무기 또는 장기 4년 이상의 징역에 해당하는 범죄를 목적으로 하는 단체 또는 집
단을 조직하거나 이에 가입 또는 그 구성원으로 활동한 사람은 그 목적한 죄에 정한 형
으로 처벌한다. 다만, 형을 감경할 수 있다.

제225조(공문서등의 위조·변조]

행사할 목적으로 공무원 또는 공무소의 문서 또는 도화를 위조 또는 변조한 자는 10년
이하의 징역에 처한다.

제226조(자격모용에 의한 공문서등의 작성)

행사할 목적으로 공무원 또는 공무소의 자격을 모용하여 문서 또는 도화를 작성한 자는
10년 이하의 징역에 처한다. [개정 1995.12.29]

제227조(허위공문서작성등)

공무원이 행사할 목적으로 그 직무에 관하여 문서 또는 도화를 허위로 작성하거나 변개
한 때에는 7년 이하의 징역 또는 2천만원 이하의 벌금에 처한다.[전문개정 1995.12.29]

제228조(공정증서원본등의 부실기재)

① 공무원에 대하여 허위신고를 하여 공정증서원본 또는 이와 동일한 전자기록등 특수
매체기록에 부실의 사실을 기재 또는 기록하게 한 자는 5년 이하의 징역 또는 1천만
원 이하의 벌금에 처한다. [개정 1995.12.29]
② 공무원에 대하여 허위신고를 하여 면허증, 허가증, 등록증 또는 여권에 부실의 사실
을 기재하게 한 자는 3년 이하의 징역 또는 700만원 이하의 벌금에 처한다. [개정
1995.12.29]

제229조(위조등 공문서의 행사)

제225조 내지 제228조의 죄에 의하여 만들어진 문서, 도화, 전자기록등 특수매체기록, 공정증서원본, 면허증, 허가증, 등록증 또는 여권을 행사한 자는 그 각 죄에 정한 형에 처한다.[전문개정 1995.12.29]

제230조(공문서등의 부정행사)

공무원 또는 공무소의 문서 또는 도화를 부정행사한 자는 2년 이하의 징역이나 금고 또는 500만원 이하의 벌금에 처한다. [개정 1995.12.29.]

반국가 단체의 수괴에 대한 동조 기여자 처우

국가 헌법기관의 이름으로 행한 일련의 범법·위법한 행위들로 이뤄진 당연무효의 파면으로써 대한민국 대통령 박근혜는 대한민국 대통령직에서 파면된 바가 없다.

고의적으로 헌법을 파괴한 위법한 헌법재판의 당연한 탄핵무효는 박근혜 대통령에 대한 탄핵이 이루어진 바 없는 것이며, 법률상 원인 없는 대통령선거 절차였던 것이고, 대통령에 당선되었다는 문재인도 법률상 원인 없는 무권한의 가짜 대통령일 수밖에 없다.

대한민국 헌법을 비롯하여 국법은 정의롭게 반드시 수호되어야 한다. 적법한 권력의 소유자가 나라를 통치해야 한다.

대통령을 4년 9개월에 이르는 세월 동안 불법 감금시킨, 권좌에서 내친 불법탄핵으로서 망국을 이끈 위정자들을 선두로 하고서, 경찰, 검찰, 법원, 교정직 종사자에 이르기까지 망국 반역의 수괴에 붙어 기여한 자가 꽤나 많다. 망국으로 가고 있는 대한민국의 현실이다.

헌법재판관들이 심판하는 탄핵절차 과정에 내재된 국회의 부적절한 처분 및 이를 근거로 탄핵심판을 심리하고 결정한 대통령 박근혜에 대한 파면결정은 관여 헌법재판관들로서의 정상적인 법적 견해 및 판단으로 볼 수 없는 비상식 비법률적인 범법행위의 적나라한 일관성을 탄핵결정문에 분명하게 기록으로 드러내 보여 주고 있다.

이들이 행한 대통령 박근혜에 대한 불법탄핵 의도가 역력한 범죄 혐의와 그 증거가 확실하여 국헌문란 국가보안법 위반혐의로 고발함에도 불구하고 이를 수사 처리하는 공무원들이 이를 가벼이 처리한다면 이 또한 수사에 관여한 자로서 국가보안법 제11조상의 특수 직무유기에 관한 신분상의 부담을 하지 않을 수 없을 것이다.

내란 혐의의 국가보안법 위반 등의 혐의로 고발당한 망국 대역죄인들에 대하여 부당한 수사업무 처리로써 그들 망국의 수괴·수장들을 호위·은폐한다면 관여 수사관들 또한 법률의 의거하여 내란범으로 편승될 수가 있을 것이다.

'수괴 및 주역들과 함께한 망국의 집단들이 국헌문란의 목적을 가지고 있었는지 여부는 외부적으로 드러난 행위와 그 행위에 이르게 된 경위 및 그 행위의 결과 등을 종합하여 판단하여야 하며, 내란 가담자들이 하나의 내란을 구성하는 일련의 행위 전부에 대하여 이를 모의하거나 관여한 바가 없다고 하더라도, 내란집단의 구성원으로서 전체로서의 내란에 포함되는 개개 행위에 대하여 부분적으로라도 그 모의에 참여하거나 기타의 방법으로 기여하였음이 인정된다면, 그 일련의 폭동행위 전부에 대하여 내란죄의 책임을 면할 수 없고, 한편 내란죄는 그 구성요건의 의미 내용 그 자체가 목적에 의하여 결합된 다수의 폭동을 예상하고 있는 범죄라고 할 것이므로, 내란행위자들에 의하여 애초에 계획된 국헌문란의 목적을 위하여 행하여진 일련의 행위는 단일한 내란죄의 구성요건을 충족하는 것으로서 이른바 단순일죄로 보아야 한다'(대법원 1997. 04. 17. 선고 96도3376 전원합의체 판결)는 판례도 이들에 적용될 내란혐의 적용의 적법 타당성을 분명히 밝혀 해석하고 있다.

또한, 형법 제91조는 '헌법 또는 법률에 정한 절차에 의하지 아니하고 헌법 또는 법률의 기능을 소멸시키는 것'이라고 국헌문란의 의미를 정의한, 위 일련의 행위를 두고 정의한 듯, 그 뜻이 명백하다.

국회가 제출한 탄핵소추의결서를 헌법재판관들이 '헌법 또는 법률에 정한 절차에 의하지 아니하고 헌법 또는 법률의 기능을 소멸시킨 것'으로서 국헌을 문란케 한 그 탄핵심판의 끝은 결국 '파면하다'고 하는 비상식적이고도 위법한 망국적인 의도로 헌법재판을 진행한 재판관들은 분명 대한민국 국민으로서, 또한 대한민국의 법률가인 헌법재판관으로서 그들이 추구 의도한 관점은 따로 있었던, 그들의 반역죄를 구성한다 할 것이다.

이쯤 되면, 이러한 망국 반역 종자들에 관한 범죄수사 또는 정보의 직무에 종사하는 공무원 관계자들은 국가보안법 제11조(특수직무유기)상의 '범죄수사 또는 정보의 직무에 종사하는 공무원이 이 법의 죄를 범한 자라는 정을 알면서 그 직무를 유기한 때에는 10년 이하의 징역에 처한다.'는 사실을 상기시키지 않을 수가 없다.

이런 점에서 '내란혐의의 국가보안법 제11조(특수직무유기) 위반 혐의'로서 고소 고발한 사건에 관하여 국가반란 문재인 수괴 일당들에 관하여 엄폐 은닉으로 무혐의 각하 처리하는, 그들 망국 반역의 혐의가 결코 가볍지 아니함에도 부당한 수사처리에 관여하여 국법을 훼손하지 않길 바라는 마음으로 지켜 볼 것이다.

사불범정(邪不犯正), 사필귀정(事必歸正)이라 했듯이 "진실은 언젠가는 밝혀진다" 했거늘, 궐불십년(權不十年)이 아니라, 세상 참으로 빠르게 돌아가는 이때에 국민을 속인 불법 가짜 공화국의 권세는 불과 5년 만에 추락했구나.

횡령죄

횡령죄(형법 제355조)란 타인의 재물을 보관하는 자가 정당한 이유 없이 반환을 거부하거나 자기 소유인 것처럼 처분하는 것을 의미한다. 이 때 업무상횡령죄는 단순 횡령죄와는 구분이 된다.

구별할 것으로, 타인의 사무를 처리하는 자가 그 의무에 위반하는 행위로써 재산상의 이익을 취득하거나 제3자로 하여금 이를 취득하게 하여 본인에게 손해를 가함으로써 성립하는 범죄가 배임죄이다 (형법 제355조2항).

여기서 '타인'이란, 자연인뿐만 아니라 '법인'을 포함하는 개념으로 '대한민국'이라는 국가 또는 공공기관, 각종 연·기금관리공단, 공기업체 등이 수괴와 그 종자들에 의하여 침해된 객체에 해당될 수 있을 것이다.

횡령 범인이 보관하는 타인의 재물에 대해 권리 없는 처분행위를 하는 것으로, 소비·착복·은닉·매매·증여 등을 포함하는 개념이다. 횡령죄의 재물은 부동산·동산·유가증권 및 물리적으로 관리할 수 있는 동력(전기 가스 따위) 등이고, 사무적으로 관리가 가능한 채권 등은 재물에 포함하지 않는다.

업무상 임무에 위배하여 횡령죄를 저지르는 경우에는 형을 가중하는 것으로, 불법 가짜 공화국에서의 위법한 임명과 함께 횡령죄 성립의 여부에 주목하지 않을 수 없다.

횡령은 한 사람이 재물의 점유를 합법적으로 취득한 후에 그 재물을 부정 유용함으로써 성립함에, 부적법한 불법 가짜 대통령 통치하에서 임명된 각 기관장 등이 취득하거나 처분할 적법성 여부는 충분히 논란성을 갖는다.

불법 가짜 대통령으로부터 임명된 피용자가 대한민국으로부터 받은 예산 중 급료 등으로 취득한 수익 부분은 분명 법리와 판례상 부당이득이 분명하다.

이렇듯 악의적인 불법 가짜 대통령이 적법한 대통령인 듯 행세하는 이렇듯 고의나 실수로 피용자에게 전달된 재산까지도 포함하는 영역에 횡령죄의 구성에는 문제가 없어 보인다.

불법 가짜 대통령으로부터 임명된 피용자의 처분에 있어서 공공기금의 관리에 관한 경우로서, 공공기금이 명백한 절취의도가 아닌 부적절한 관리로 인해 상실되었을 경우에도 공무원을 엄벌에 처하는 법률이 있다.

현행 형법상 횡령죄는 타인의 재물을 보관하는 자가 그 재물을 횡령하거나 그 반환을 거부함으로써 성립한다(제355조 1항). 본죄는 재산죄 가운데 재물만을 객체로 하는 순전한 재물죄이다. 자기가 보관하는 타인의 재물을 영득하는 죄인 점에서 타인이 점유하는 재물을 영득하는 죄인 절도·강도·사기·공갈 등과 구별된다.

횡령죄와 배임죄는 타인에 대한 신임관계를 배반하여 재산상의 손해를 발생하게 하는 점에서 공통되지만, 횡령죄의 객체는 개개의 특정한 재물이고, 배임죄의 객체는 재물 이외의 일반 재산상의 이익이라는 점에 차이가 있다.

횡령죄와 배임죄에 있어서 보관이라 함은 점유 또는 소지와 같은 뜻으로, 사실상 자기의 지배 내에 속하고 있는 재물뿐만 아니라, 법률상 자기가 용이하게 처분할 수 있는 상태에 있는 재물도 포함한다. 보관하게 된 원인은 정당함을 요구하는데, 불법 가짜 대통령으로부터 임명된 피용자라는 신분상의 부적법성이다.

횡령이라 함은 범인이 보관하는 타인의 재물에 대해 권리 없는 처분행위를 하는 일체의 행위로서, 매월 급여 등의 명목으로서 취득한 수익처분 및 판공비 지출의 명목이 되는 소비, 착복·은닉·매매·증여 등을 모두 포함한다.

불법 가짜 대통령으로부터 임명된 피용자로서 ('공무상'이라기 보다는) 업무상의 임무에 위배하여 횡령죄를 범한 업무상횡령죄가 인정되는 경우 10년 이하의 징역 또는 3천만 원 이하의 벌금에 처해지는 형의 가중벌을 규정하고 있다. (제356조).

또한 횡령금액에 따라 이득 액이 5억 원 이상 50억 원 미만일 때는 3년 이상의 유기징역, 50억 원 이상일 때는 무기 또는 5년 이상의 징역으로 가중처벌이 이루어 질 수 있다.

이러한 재물죄는 불법영득 의사가 필요한데, 불법영득의사란, 타인의 재물을 보관하는 자가 그 위탁 취지에 반하여 권한 없이 자기 또는 제3자의 이익을 위해 처분하는 의사로서, 이때 만약'소유자의 이익을 위해 처분'을 했다면 무죄가 될 수도 있다. 불법 가짜 대통령으로부터 임명된 피용자의 신분상 위치와 불법영득 의사의 존부, 법률상 과연 어떻게 판단될 수 있을까?

배임죄

타인의 사무를 처리하는 자가 그 의무에 위반하는 행위로써 재산 상의 이익을 취득하거나 제3자로 하여금 이를 취득하게 하여 본인에 게 손해를 가함으로써 성립하는 범죄이다(형법 제355조2항).

여기서 '타인'이란, 자연인뿐만 아니라 '법인'을 포함하는 개념으로 '대한민국'이라는 국가 또는 공공기관, 각종 연·기금관리공단, 공기 업체 등이 수괴와 그 종자들에 의하여 침해된 객체에 해당될 수 있 을 것이다.

이렇게 불법 가짜 공화국에 편승하여 국가 공공기관 및 공적 단체 의 사무를 처리하면서 작위·부작위로서 발생시킨 손해로써 임무에 반한 배임죄가 성립하는 것이다. 쉬운 예로, 세무공무원이 과세·환 수해야 할 금원을 모른 척하고 봐주었을 경우가 부작위에 의한 배임 죄가 성립할 수 있음과 같다.

타인의 사무를 처리하는 자란 그 사무를 처리하려는 원인이 법령 에 의하였건 계약에 의하였건 또는 사무관리에 의하였건, 불법 가짜 대통령으로부터 임명된 피용자로서 업무종사에 의한 것이건 무관하 다. 그 처리하는 사무는 공적이냐 사적이냐를 묻지 않으며, 또한 꼭 재산상의 사무에 한정하지 않고 법률행위여야 할 필요도 없다.

'임무에 위반하는 행위로써'란 본인과의 신임관계의 취지에 반하는 행위를 말한다. 신임관계의 취지는 계약의 내용, 법률의 규정 또는 관습 등에 기인하여 신의성실의 원칙에 의하여 결정된다.

본죄에서 말하는 '이익' 또는 '손해'는 재산상의 것에만 한정하는 것이 아니라, 간혹 그 밖의 신분상의 이익이나 손실도 포함하는 재산범이므로 이익이나 손해가 재산상의 것에 한한다고 하는 학설이 있다.

그러나, 본죄의 이익 또는 손해는 꼭 재산상의 것에 한한다고는 할 수 없는 것으로, 범인이 처리하는 사무가 반드시 재산상의 사무에 국한하지 않는 이상, 이익이나 손해도 재산상의 손실에 국한하지 않을 수 있기 때문이다.

업무상 배임의 경우에는 단순한 배임죄보다 형이 가중된다. '업무'는 공무·사무를 불문하고 또 보수의 유무나 생활수단으로서의 직업, 영리 행위, 적법, 본무, 겸무, 주업무, 부수적 업무 등을 가리지 않는다. 그리고 업무는 법령이나 특별한 규정 등의 근거가 없더라도 당사자 간의 정함이 있으면 된다.

법률상의 권한 없는 가짜 대통령의 통치하에서 발생했을 대북지원 손실금 지출이 있었다면, 이는 분명 권한 없는 자에 의한 건전한 국가재정 유지에 반하는 행위로서, 그 법적 정당성을 찾기 어려운 불법통치에서 배임을 벗어나기는 어려울 것이다.

이러한 불법적인 배임행위들에 관하여 엄정한 사정(司正 : 그릇된 일을 다스려 바로잡음)을 하지 않는 자 또한 수괴를 위하여 망국을 도운 형법·국가보안법상의 공범이거나 권력을 이용한 특수직무유기죄를 구성하게 될 것이다.

배임죄가 꼭 재산상의 것에 한정하지 않고 있음으로서, 관련 종사자가 처리하는 수사·재판 등 사정업무에 관한 회피·태만 역시 임무에 반한 배임죄를 구성할 수 있다고 보겠다.

3

민사책임

부당이득 반환청구

이상에서 본 위 당연한 원천적 무효인 파면결정을 촛불혁명이라는 이름으로 국민 대중을 선동하면서 국회는 여러 가지 위법행위로써 대통령에 대한 탄핵소추를 일사천리로 의결하였다.

헌법재판소에 탄핵재판으로 넘겨진 그 헌법재판 역시 국회의 파면 소추에 관한 내용과 절차적 정의에 관하여 그 또한 탄핵소추에 적법하지 못하여 수정하면서도 수정에 필요한 헌법과 법률의 규정을 무시한 수정안 제출 등 법적 정의와 진실을 상세히 살피지 아니하였다.

불순한 국정 참탈(慘奪;참혹히 빼앗음)의 기회에 편승하여 대한민국 최고의 법률지식 기관이라고 하는 헌법재판소에서 그 소속 헌법재판관이라는 신분 하에 나온 결정을, 세상은 온통 절대 신봉하고, 재심도 항소의 제도도 없는 대한민국 최고법인 헌법, 그 헌법재판이라 하였다.

이러한 대한민국의 국민과 국가권력은 헌법재판소의 당시 관여 헌법재판관들이 저지른 명백히 위법한 직권남용의 것을 거국적인 법률인식의 착오로, 헌법재판 결정의 위법함조차도 인식하지 못하였던 것으로, 2017년 5월 9일 대통령선거가 실시되고, 정권을 착취한 촛불반란식 인민재판의 권한 없는 가짜정권이 들어서게 되었던 것이다.

하지만, 대한민국의 실정법에 대한 반헌법·반법률적인 '국민이 선거로 뽑은 대통령' 운운하며 적법한 대통령으로 세탁될 수 없는, 그렇게 세탁되어 넘어 가는 대한민국 헌정이어서는 결단코 안 되는 것이다.

이렇게 헌법재판소의 당시 불법탄핵 심판에 관여한 헌법재판관들로서는 형법 제123조의 공무원의 직권남용 권리행사 방해에 대한 죄를 구성함과, 나아가 헌법 제65조상의 그 직무집행에 있어서 헌법이나 법률을 위배한 탄핵사유에 해당하는 중죄인이 된 것이다.

뿐만 아니라, 적법하지 못하게 얻은 이익이 있다면 응당 적법하게 반환해야 하는 부당이득제도의 이론적 기초는 '누구도 정당한 이유 없이 타인의 손실로 이득을 얻어서는 안된다'는 것이다.

여기 '정당한 이유' 또는 '법률상 원인'은 재산적 가치의 변동이 그 당사자들 사이의 관계에서도 정당한 것으로 유지되어야 한다는 공평의 이념에 바탕을 둔 것이다.

법률상 원인 없이 부당하게 재산적 이익을 얻었고, 이로 말미암아 타인에게 손해를 전자에 대하여 그 이득의 반환을 명하는 부당이득 제도(민법 제741조)는 손실자와 수익자간의 재산적 가치의 이동을 조절하는 것이므로 법률이 특별히 이를 배척하지 않는 한 널리 부당이득에 관한 규정이 적용된다.

이 부당이득의 유형으로 ①급부부당이득, ②지출부당이득, ③침해부당이득 등으로서 불법 무권리자인 가짜 대통령 문재인과 그 동조 및 기여자들은 대통령 박근혜의 대한민국 대통령으로서 갖는 권한 등을 직권남용 및 위계 등에 의한 불법행위로 참탈함으로써, 대한민국이 갖는 재정 금원에 관하여 응당 연대책임으로서 반환하여야 할 것이다.

헌법수호단의 이름으로 이 책을 통하여 이런 위법처분의 지적을 함은, 대한민국의 국민으로서 정치인들에게 필요한 선거일에 투표나 하는 형식적 허수아비 국민주권이 아니라, 국민들이 행사한 다수결의 민주주의 원리가 유효한 시기까지 절대 준수되도록 감시하고 항변·저항할 보다 실질적 국민주권적 위치와 권리에 기반한다.

이로써 대한민국의 정상적인 운영을 위한 국민주권 행사와 졸지에 빼앗긴 대한민국 대통령 박근혜의 적법한 복귀를 옹호함으로써, 이 나라의 헌정질서를 수호함에 있다.

국가를 통치할 권원을 찾을 수 없는 문재인이 망국의 그 선봉에서 사실상의 대통령 행세를 하면서 수익한 봉급 및 모든 수당과 판공비를 비롯하여, 그가 통치권으로 행사한 정무직 공무원의 임명으로 인한 재정지출 역시 국고로 환수되어야 할 것임이 법리상 분명하다.

전직 대통령에 관한 예우로서 부여하는 수익 역시도 지급된 것의 환수와 지급할 것의 취소는 지극히 당연한 것이다.

'불법의 의미'는 선량한 풍속 기타 사회질서에 반하는 경우로서, 민법 제103조 및 제104조 위반에 규율 연루(連累)된다.

① 국회는 '국회'(제130, 131), '국정감사 및 조사에 관한 법률', '국회에서의 증언·감정 등에 관한 법률'에서 요구하는 수준의 증거조사를 하지 않았으며, 수정동의 규정인 국회법 제95조를 위반,

② 헌법재판소는 결원을 보충해야 하는 헌법재판소법 제6조, 전원재판부를 구성해야 하는 제22조, 결원재판부로서는 심리만 할 수 있음을 직권남용으로 결정권을 행사한 제23조를 위반하고서 대통령에 대한 아무런 법률효과 없는 파면선고를 하였다.

③ 중앙선거관리위원회는 공직선거법 제35조를 위반한 궐위되지도 않았거나 궐위되지 못한 대통령 박근혜를 궐위되었다고 하여 법률상 원인 없는 원인무효의 대통령선거를 실시했고,

④ 불법 가짜 대통령은 대통령의 권한이 없음에도 그 권한을 행세하면서 본인과 본인이 임명한 권원 없는 공직자 및 불법통치에 소요된 재정지출은 명백한 부당이득의 유형에 속한다.

민법 제103조 (반사회질서의 법률행위)

선량한 풍속 기타 사회질서에 위반한 사항을 내용으로 하는 법률행위는 무효로 한다.

민법 제104조 (불공정한 법률행위)

당사자의 궁박, 경솔 또는 무경험으로 인하여 현저하게 공정을 잃은 법률행위는 무효로 한다.

법률상 부당이득이 성립하려면

① 법률상 원인 없는 이득이 있어야 하고,

② 수익자의 이득은 수익과 손실 사이에 인과관계로 생긴 것이어

야 하며.

③ 수익의 방법에는 법률행위에 한정하지 않는, 수익에 대응하는 손해 또는 손실로써 족한 것이다.

불법탄핵으로 인한 불법 가짜 공화국의 법률상 원인 없는 부당이득은 명백한 위법행위로서 저지른 '불법행위'에 의하여 발생한 경우에 해당한다.

이러한 불법 가짜 공화국에 개입하거나 기여한 종사자들은 불법행위로 취득한 부당이득의 효과는 이득자들이 손실자인 대한민국에 응당 그 이득을 반환해야 할 의무가 있는 것이다.(민법 제741조)

반국가 망국 반란을 범한 문재인 일당들의 법률상 원인 없는 부당이득은 명백히 위법행위로서 저지른 불법행위에 의하여 발생한 경우에 해당한다.

이러한 수괴 및 그 종사자들이 불법행위로 취득한 부당이득의 효과는 이득자인 그들이 손실자인 '대한민국'에 대하여 이득을 반환해야 할 의무가 있다.(민법 제741조)

이들에 대한 관리청은 그들의 무자격 위법성을 확인하고, 그들이 취한부당이득에 관하여 반드시 환수해야 할 것임이 장차로 볼 판례에 비추어도 명백함에, 이를 그르친다면 법률규정에 반한 부작위의 배임죄를 구성할 것이다.

그 이득은 원물, 즉 수익자가 받은 목적물을 반환함이 원칙이고, 원물을 반환할 수 없을 때에는 그 가액을 반환하면 될 일이다.(민법 제747조)

문재인을 수괴로, 그를 도운 헌법기관 소속 종사자들의 법적 책임은 국가보안법 제3조와 제4조로서 명확하게 확정되어져 있음에 그들 상호간의 사전 약속이나 그런 사정을 말고 모르고의 사정은 중요하지 않고, 다만 형사벌에서 참작 사유일 뿐이다.

이렇게 부당이득 반환 청구의 원인되는 불법행위는 명백하다할 것임에, 대한민국의 헌법을 파괴하며 법을 어겨 불법행위를 행사한 헌법기관인 ①국회, ②헌법재판소, ③중앙선거관리위원회, ④가짜 대통령과 ⑤그 하수인이 연대하여 대한민국에 불법행위에 의한 손해배상 겸 부당이득의 책임을 연대하여 부담하면 될 일이다.

위에서 본 헌법기관인 국회, 헌법재판소, 중앙선거관리위원회의 순차적인 불법행위에 기인한 법률상 원인 없는 무권한의 불법적인 사실상의 대통령과 그 부당한 수혜자로서 가질 수 있는 '수익을 보유할 권한의 유무'에 있어서 그 권한 없음이 명백하다.

부당이익의 효과에 의해 수익자는 반환의무(민법 제748조)를 부담하는데, 피고와 같은 악의의 수익자의 반환의 범위는 그 받은 이익에 이자를 붙여 반환하고, 손해가 있으면 함께 배상하여야 할, 그들에게 부담지워질 책임은 과히 막중하다 하겠다.

이미 이렇게 불법 가짜 공화국의 개입 및 기여자들을 위한 적법성 없는 통치자와 그 수하 부화뇌동자들을 위하여 명쾌한 판례를 남겨 놓았다.

이득과 손실 사이에 인과관계가 있어야 하나, 그것을 직접적인 것에 한정할 필요는 없다고 보며, '법률상의 원인의 유무'는 '수익을 보유할 권한의 유무'를 의미하고, 수익의 전제가 되는 법률상 권리의 유무를 의미하지는 않는다는 판례(대법원 1977. 1. 25. 76다2096판결, 대법원

1981. 1. 13. 80다1201판결, 대법원 1981. 2. 10. 80다1495 판결 참조)를 곱씹어 보면 충분히 향후의 법적 책임영역이 이해되어 질 것이다.

가짜 공화국의 개입 및 기여자들과 같은 임용결격자로서 공무원으로 근무해 온 자의 공무원임용에 당연무효의 사유가 있는 경우, 임용결격자와 국가 사이에 공무원신분관계나 근로고용관계가 적법하게 형성된 바가 없는 것으로, 임용결격자에 대한 임용행위의 효력은 당연무효로 볼, 임용결격자가 공무원으로 임명되어 사실상 근무한 보수의 지급여부에 대하여 판례는 이를 부인 하였다.

아래, 참으로 좋은 판결이 아닐 수 없다. 적법하지 못한 가짜 공화국의 일원으로 임명되어 종사한 자들에게는 이미 받아 간 수익에 대하여 당연한 환수와 함께 퇴직금도 지급할 이유가 없는 것으로서, 그러한 망국 종자들의 부적법성으로 인한 일체의 수익을 취할 수 있는 법률적 근거가 없다.

"교육공무원법에 규정되어 있는 교육공무원임용 결격사유는 교육공무원으로 임용되기 위한 절대적인 소극적 요건으로서 공무원관계는 국가의 임용이 있는 때에 설정되는 것이므로 공무원임용 결격 사유가 있는지의 여부는 그 임용 당시에 시행되던 법률을 기준으로 하여 판단할 것이며 임용 당시 공무원임용 결격 사유가 있었다면 비록 국가의 과실에 의하여 임용결격자임을 밝혀내지 못하였다고 하더라도 그 임용행위는 당연무효로 보아야 하고, 이와 같이 당연무효의 임용결격자에 대한 임용행위에

의하여서는 피임용자가 공무원의 신분을 취득하거나 근로고용
관계가 성립될 수 없는 것이므로 임용결격자가 공무원으로 임명
되어 사실상 근무하여 왔다 하더라도 그러한 피임용자는 공무원
연금법의 퇴직급여나 근로기준법 소정의 퇴직금을 청구할 수 없
을 뿐만 아니라 위와 같은 관계의 존재를 전제로 하여 국가에 대
하여 매월 지급되는 보수도 청구할 수 없다."(대법원 1995. 10. 12. 선
고 95누5905 판결, 대법원 1996. 2. 27. 선고 95누9617 판결, 대법원 1996. 7. 12. 선
고 96누3333 판결, 대법원 1998. 1. 23. 선고 97누16985 판결 등 참조)

그렇다. 당연한 이치다. 이 책에서 상세히 밝혀 누누이 강조되고
있는 불법 가짜 대통령인 문재인은 본인 스스로도 이와 같은 적용을
받을 수 밖에 없지만, 그런 대통령이 아님으로서 공무원에 대한 임
명권이 없는 자가 각료 및 정무직을 임명한 행위는 이렇게 그 정당
성이 부여될 수가 없는 것이다.

이렇게 위법한 행정행위와 민사상의 불법행위 책임에 관하여 판례
는 "행정행위의 하자가 취소사유로 됨에 불과한 경우에 있어서도 그
것이 위법함을 전제로 불법행위의 성립요건을 갖추고 있음을 주장·
성립하여 국가를 상대로 민사소송에 의해 손해배상을 구하는 것은
행정행위의 공정력과 상치되지 아니하는 것으로서 가능하다."(서울고
법 1988.03.18.선고 87나2968 판결 참조)

"대한민국 대통령으로서의 취임에 결격 사유가 있는지의 여부는
대통령으로 취임 당시에 시행되던 법률을 기준으로 하여 판단할 것

이며, 취임 당시 대통령 취임에 결격사유가 있었다면 비록 국가의 과실에 의하여 취임 결격자임을 밝혀내지 못하였다고 하더라도 그 취임행위는 당연무효이다."

이상으로 살펴 본 불법 가짜 공화국의 문재인에 대한 위법성과 그 책임의 귀결에 있어서 ①국회는 국회법 제95조를 위반한 소추장의 무단 변경을, ②헌법재판소는 헌법재팝소법 제22조와 제23조를 위반함으로써 당연무효된 탄핵심판 파면선고임에도 불구하고 ③중앙선거관리위원회는 공직선거법 제35조를 위반한 궐위되지도 않았거나 궐위되지 못한 대통령 박근혜를 궐위되었다고 하여 법률상 원인 없는 원인무효의 대통령선거를 실시했던 것이다.

당연무효의 선거에서 다수 득표자인 문재인이나 윤석열이 공무원인 대통령의 신분을 취득하거나 국가와의 근로고용관계가 적법하게 성립될 수 없는 것으로, 국민의 투표행위가 그에 앞선 불법 탄핵과 원인무효의 대통령 선거를 어떤 논리로도 이를 합법적으로 정제 세탁할 수는 없는 것이다.

이런 점에서 불법 가짜 공화국의 문재인과 불법통치에 개입 및 기여한 자들은 대한민국과 대통령 박근혜에 대하여 불법행위에 의한 민사상의 부당이득 반환 및 손해배상의 책임과 더불어 각종 형사상의 책임까지 부담해야 할 위치에서 법률상 사실상의 증거가 차고 넘친다.

무효 확인과 직권 취소

문재인은 대통령으로서의 적법성이 없는 형법·국가보안법상의 범죄단체 수괴로서, 그의 퇴출 이후 지난 5년간 벌인 불법통치상의 기록에 관한 기록물보관소로부터의 개방 여부가 논란이 되었다.

그가 분명 적법한 대통령이 아니었음에도 '대통령 기록물 보관법' 운운하며 그러한 자료 관리에 이 법을 적용함은 법리상 적절치가 못한 처사다.

불법 가짜 대통령으로서 행한 망국적 불법통치 행각을 낱낱이 들추어 내야 할 중대한 국가적 소임이 아닐 수 없다. 행정처리 및 집행이 잘못되었다면 응당 그 무효를 확인하고, 그 취소처리와 함께 지급 수수된 현물 및 비용은 즉시로 반환 처리되어야 한다.

하자있는 행정처분이 당연무효라고 하기 위한 요건으로서는 처분에 위법사유가 있다는 것만으로는 부족하고 하자가 법규의 중요한 부분을 위반한 중대한 것으로서 객관적으로(외형상으로) 명백한 것으로 '행정처분이 강행법규에 위배하여 그 효력요건을 결여하거나 처분으로 인하여 의무 또는 불이익을 받을 자에 대하여 그 구속력을 인정할 수 없는 경우에는 이를 무효한 행정처분이라 아니할 수 없다. 따라서 여사한 행정처분이 소송상 선결문제로 된 때에는 법원은 취소할 수 있는 행정처분과 달라서 행정소송절차에 의하지 아니하고 이를 심리 판단할 수 있는 것임'을 앞에서 충분하고도 상세히 살펴보았다.

또한, 각종 수당지급 및 수혜 부분 역시도 응당 무효화 및 취소되어야 할 일일 수 밖에 없다. 이런 한편, 공무원으로서 형법 등 관련 특정공무원의 범죄행위로 얻은 불법수익은 범죄행위의 과실 및 대가로 얻은 재산, 그런 불법수익이 변형되거나 증식되어 형성된 재산을 대상으로 한다.

이러한 불법재산은 그 가액이 공무원이 당시 취득하였을 때 당사자의 재산 현황 또는 법령에 따른 지급금의 수령 상황과 비교해 그 가액이 상당히 고액일 경우 또는 불법수익 금액이나 재산취득 및 형성시기 등의 사정을 보아 특정공무원 범죄로써 형성되었다고 볼 상당한 개연성이 있는 경우에는 그 범죄로써 불법수익을 얻은 것으로 인정한다. 이를 규율하는 것이 '공무원범죄에 관한 몰수 특례법'이다.

이렇게 특정공무원의 범죄로써 얻은 불법수익 및 그로부터 유래 형성된 불법재산에 대한 몰수를 규정하고 있다. 이러한 불법수익과 그 외의 재산이 합하여져 재산의 경우는 불법수익에 해당하는 비율로써 부분몰수 하게 되고, 이러한 불법재산을 몰수할 수 없는 경우에는 그 가액을 추징하게 된다.

불법통치 손해배상

◎ 불법행위론

대한민국 민법상 '불법행위'는 행위자의 고의 또는 과실로 인한 위법 행위로서 타인에게 손해를 가하는 행위인 것이고, 이는 채무불이행과 함께 손해배상청구권의 중요한 발생 원인이 되어 그러한 불법행위로 인해 생긴 손해에 대하여 가해자는 마땅히 배상해야 한다.

● 불법행위의 일반적 성립요건

정상적인 의사활동을 할 능력이 있는 자에 의한 불법행위로써, 불법행위를 구성하는 주요 요건 중에는 가해자의 '고의'와 '과실'로써, 고의(故意)란 어떤 행위로 인해 특정한 결과가 나올 것을 인식하면서도 이를 행하는 심리상태를 말하며, 과실(過失)이란 부주의로 행위의 결과를 인식하지 못하고 어떤 행위를 하는 심리상태를 말한다. 불법행위가 성립하게 되면 가해자는 피해자에게 그 손해를 배상해야 한다.

불법행위는 침해행위의 태양(態樣)과 피침해이익(被侵害利益)의 종류를 상관적으로 고찰하고, 법률의 취지에 비추어 위법성의 유무를 결정해야 하는 것으로, '피침해이익의 측면'에서 말하면, 위법성을 재산권과 인격권으로 나눌 수 있다.

이 인격권에는 신체·자유·명예의 침해와 정신상 고통을 주는 행위가 위법하여 불법행위로 되는 것은 민법도 간접적으로 인정(민법 제751조1항)하고 있음에, 이러한 인격권의 침해에 대해서는 재산상의 손해와 정신상의 손해(위자료)를 청구할 수 있다.

침해행위의 태양을 살펴보면, 형벌법규위반(刑罰法規違反)의 행위와 단속법규위반(團束法規違反)의 행위로써 위법성을 갖는다.

침해행위와 피침해이익에서 위법성이 조각될 사유로는 정당방위, 긴급피난을 인정하고 있다만, 가짜 공화국 운영의 수괴와 그 종자들의 행위에서 조각될 사유는 없을 것 같다.

불법행위로 인한 손해의 발생에는 인과관계가 있을 것을 요하며, 이때 손해가 재산적 손해에 한하지 않는 것도 민법에서 명확히 정하고 있다.(민법 제751조) 손해에는 적극적 손해와 소극적 손해를 포함하는 것은 물론이나, 가해자의 행위와 손해와의 사이에는 인과관계가 있으면 된다.

● 불법행위의 효과
불법행위의 가해자는 손해를 배상할 책임이 있다.(민법 제750조)

① 배상방법은 금전배상을 원칙으로 하며, 명예훼손에 있어서 법원은 피해자의 청구에 의하여 손해배상에 갈음하거나 손해배상과 함께 명예회복에 적당한 처분을 명할 수 있다.(민법 제764조)

② 불법행위로 인한 손해배상의 청구권 행사는 피해자나 그 법정대리인이 손해 및 가해자를 안 날로부터 3년 또는 불법행위를 한 날로부터 10년(민법 제766조)의 소멸시효를 갖고 있다.

③ 어떤 사업을 위하여 타인을 사용하는 자는 피용자가 사무의 집행에 관하여 제3자에게 가한 손해를 배상할 책임을 지는 것으로, 사용자에 갈음하여 사무를 감독하는 자도 같은 책임을 진다.(민법 제756조2항)

④ 공동불법행위(민법 제760조)로서 여러 명이 공동으로 저지른 행위나, 교사자(敎唆者)나 방조자(幇助者)의 행위 또한 연대책임을 진다.

● 손해배상의 방법

불법행위로 인한 손해에는 재산적 손해뿐 아니라, 정신적 손해도 금전으로 배상함을 원칙으로 한다.

한편, 금전배상의 예외로, 법원은 명예훼손의 경우에 손해배상에 갈음하거나 손해배상과 함께 명예회복에 적합한 처분을 명할 수 있다 하니, 어떤 처분이 적법할 수 있을까?

◎ 불법행위의 귀속

이미 앞서 본 여러 헌법기관들의 위법한 행정처분 등이 점철되어 있어, 문재인이 대한민국의 대통령일 수가 없는 관련 헌법기관들의 위법사항들이다.

문재인은 헌법기관들의 위법한 행정처분에 편승하여 2017년 05월 09일에 실시한 대통령선거에 입후보하고서, 그 원인무효의 투표 결과인 최다득표자로서 대통령 당선증을 교부 받은 사실, 이후 2017년 05월 10일부터 5년간 대한민국의 현행 헌법과 법률상으로 부적합한 무권한의 불법 가짜 대통령 행세를 했던 자이다.

문재인의 불법통치행위로 인하여 이 사건 청구 원고들 및 많은 국민들은 법에 없는 불법 가짜 대통령으로부터 무단통치를 받으면서 국민으로서의 주권이 중대하게 침해되었던 것이다.

국민주권상의 권익이 침해된 인격권에는 신체·자유·명예의 침해와 정신상 고통을 주는 행위가 위법하여 불법행위로 되는 것은 민법도 간접적으로 인정(민법 제751조1항)하고 있음에, 이러한 인격권의 침해에 대해서는 재산상의 손해와 정신상의 손해인 위자료를 청구할 수 있다.

이로써, 문재인으로부터의 불법통치를 받은 국민으로서 이미 발생한 그 5년(60개월)의 피해에 대하여 금전으로나마 배상받을 수 밖에 없는 위자료 명목의 청구소송은 이유 있다.

그렇다면 이에 따라 제소되는 소송상의 피고는 원고들에게 이 사건 청구취지상의 손해를 응당 배상할 의무가 있다할 것이고, 원고들이 피고에게 구하는 손해배상금으로서 이를 정확히 산정하기는 그 성질상 불가능한 '위자료'인 것이다.

헌법수호단에서 주관하여 추진하는 민사소송의 위자료 청구에서, 이 사건 청구취지로서의 '피고 문재인은 각 원고들에게 불법통치 피해에 대한 매월 위자료 금 1,000,000원 및 이에 대하여 2017년 5월 10일부터 2022년 5월 9일까지는 연 5%, 그 다음날부터 다 갚는 날까지는 연 12%의 비율로 계산한 돈 중 그 일부금 1개월분의 1,000,000원을 우선 지급하라'는 것이다.

이런 청구취지로써 헌법수호단은 이미 피고 문재인을 상대로 하는 그의 불법통치에 대한 손해배상으로서의 위자료 청구 1차 소송을 2022년 5월 10일, 지방법원 민사재판부에 제소하여 계류 중에 있다.

위자료 청구소송을 계속적으로 차수를 이어갈 계획으로서의 그 추진목적은 첫째, 헌법기관들의 위법행위를 국민들에게 널리 알림으로써 공공기관과 공무원들을 경책하면서, 대한민국의 헌법과 법률이 바로 서는 법치사회의 실현이고, 둘째, 헌법기관들이 헌법을 파괴하는 위법행위의 결과로써 국민이 불법 가짜 대통령으로부터 무단통치의 피해를 입은 그 적법하고도 정당한 주권 있는 국민으로서의 권리 실현에 있다.

지금까지 갖은 나쁜 소행들을 일삼은 공공기관들과 공복들을 다시 눈여겨 볼 필요가 있는, 우리가 존재하는 '국가, 나라'라고 하는 울타리가 보금자리이고 생명, 자유, 희망의 실체이다.

헌법수호단은 이를 실현하는 방법으로서, 불법통치 60개월에 대한 그 일부청구 1개월분의 승소 판결금으로써 남은 59개월의 잔여청구에 이르는 비용으로, 한 바가지의 마중물로서 60개월의 위자료를 받아 내는 격이다.

민사소송에 있어서 어느 행정처분의 당연무효 여부가 선결문제로 되는 때에는 이를 판단하여 당연무효임을 전제로 판결할 수 있고,

반드시 행정소송 등의 절차에 의하여 그 취소나 무효확인을 먼저 받아야 하는 것도 아니다.

나라는 반드시 지켜져야 한다고 생각하는 국민 모두의 참여를 기다린다.

● 위법한 행정행위와 불법행위 책임

이 책이 전하고 있는 헌법기관들의 국가반란, 즉 국회, 헌법재판소, 중앙선거관리위원회, 대통령 등(가세한 검찰과 법원도 국가반란의 공범)이 범한 위법행위로 인한 가짜 대통령으로부터의 법에도 없는, 원치 않는 지배 통치를 받는 국민들이 입은 손해의 원인 일체는 대한민국이거나 관련 헌법기관이거나를 불문하고 여하튼 위법한 행정행위로써 이루어 졌음은 확실하다.

때문에, 불법 가짜 공화국 문재인 일당으로부터 받은 불법통치 피해에 관한 국민의 위자료 청구소송은 대한민국과 가짜 공화국 문재인 일당의 공동 연대책임의 선상에 위치한다.

문재인 일당이 지급할 위자료 청구금액에 있어서 대한민국이 지급 보증하고 있는 형태를 갖춘 소송이 되니, 승소 판결금을 못 받을 우려도 없다.

위법한 행정행위와 민사상 불법행위책임에 관하여 판례는 "행정행위의 하자가 취소사유로 됨에 불과한 경우에 있어서도 그것이 위법함을 전제로 불법행위의 성립요건을 갖추고 있음을 주장·성립하여 국가를 상대로 민사소송에 의해 손해배상을 구하는 것은 행정행위의 공정력과 상치되지 아니하는 것으로서 가능하다" 하였다. (서울고법하물며, 행정행위의 하자가 취소사유일 경우도 이러한데, 불법탄핵으로 인한 그 무효에 있어서는 더 말할 필요조차 없다.

슬기롭고 현명한 국민은 불의·불법에 맞서는 정법으로서 응당 나와 나라의 발전에 참여하는 국민정신을 지녀야 할 것이다.

"탄핵무효!"를 외치는 것만으로는 우리들 국민으로서의 사명을 다할 수가 없었다. 중대하고도 명백한 위법으로 헌법재판소가 헌법개판 친 불법탄핵에 대하여 국민의 재판받을 권리를 손 놓을 수 없었던, 오직 행동하는 애국이 헌법을 수호하고 대한민국을 지키리니 … 뭉치자.

부록

1. 대한민국 제18대 대통령 박근혜 취임사

2. 국회회의록(20대-346회-18차) 탄핵소추 관련 발췌

3. 탄핵, 개성공단, 남북간 군사통신 관련 일지

4. 주민자치기본법 안(案)

5. 법률용어 풀이

6. 탄핵무효 등 헌법수호를 위한 소송 목록과 경과

7. 불법통치피해 위자료 청구소송 참가안내

2017년 정유법난의 역적들

위법한 탄핵소추를 가결한 234인의 국회의원, 위법 투성이로 헌법개판 친 8인의 헌법재판관, 결원되는 헌법재판관을 임명 않은 허수아비 권한대행, 탄핵 당하지 못한 대통령을 수사·구속·기소·구형한 검사, 대통령에 대한 구속영장을 발부한 판사, 대통령에 형사재판을 진행하고 선고한 판사, 대법관, 대통령을 감금으로 망국 국가반란 수괴를 도운 구치소장들, 가짜 대통령(수괴)을 성까지 쌓아 지켜 준 경찰들.

이들은 분명하고도 중대한 국가반역 망국의 범법자들로서, 한 여인 박근혜 대통령에게 법이라는 허울을 씌워서는 헌법개판의 '피소추인' 그리고 형사개판의 '피고인'이라는 빌미를 씌워 갈갈이 물고 뜯은 배고픈 짐승의 짓거리가 아니고 무엇이었는가?

가짜 대통령에게는 헌법을 수호할 책무가 없다.
그런 기대를 갖고서, 촉구할 법적 근원 자체가 없다.
그런 자를 대통령으로 받든 국민이 어리석은 것이다.
가짜 대통령에게서는 탄핵(彈劾)할 적법한 권좌가 없었다.
가짜 대통령에게서는 하야(下野)해서 내려 올 그 본래 자리가 없었다.

탄핵·파면·궐위되지 못한 대통령의 남은 임기를 빼앗고서 국민이 뽑은 대통령이라고 19대 20대로 넘어 간다는 것은 국민 모두가 강도·도둑임을 드러내 보임과 무엇이 다른가?
이것이 정녕 세계 속의 선진 대한민국의 국민성 이었던가?

오호 통재라!
당신의 나라에서 당신의 파괴된 헌법으로 당신에게 불법통치가 행사되고 있는 法이 어디로 흐르고 있는지 아직도, 그런 당신을 파괴하고 있음도 모르고 있으니 어이 궁민(窮民) 아닌 국민(國民)이라 하리오?

대한민국 제18대 대통령 박근혜 취임사

존경하는 국민여러분!

700만 해외동포 여러분!

저는 오늘 대한민국의 제18대 대통령에 취임하면서 희망의 새 시대를 열겠다는 각오로 이 자리에 섰습니다.

국민여러분!

오늘의 대한민국은 국민의 노력과 피와 땀으로 이룩된 것입니다.

'하면 된다'는 국민들의 강한 의지와 저력이 산업화와 민주화를 동시에 이룬 위대한 성취의 역사를 만들었습니다.

나라의 국정 책임은 대통령이 지고, 나라의 운명은 국민이 결정하는 것입니다. 우리 대한민국이 나가는 새로운 길에 국민 여러분이 힘을 주시고 활력을 불어넣어 주시길 바랍니다.

우리는 지금, 국가와 국민이 동반의 길을 함께 걷고, 국가 발전과 국민 행복이 선순환의 구조를 이루는 새로운 시대의 출발선에 서 있습니다.

우리가 그 길을 성공적으로 가기 위해서는 정부와 국민이 서로를 믿고 신뢰하면서 동반자의 길을 걸어가야만 합니다.

저는 깨끗하고 투명하고 유능한 정부를 반드시 만들어서 국민 여러분의 신뢰를 얻겠습니다. 정부에 대한 국민의 불신을 씻어내고 신뢰의 자본을 쌓겠습니다.

국민 여러분께서도 각자의 위치에서 자신뿐만 아니라, 공동의 이익을 위해 같이 힘을 모아 주실 것을 부탁드립니다.

어려운 시절 우리는 콩 한쪽도 나눠먹고 살았습니다. 우리 조상은 늦가을에 감을 따면서 까치밥으로 몇 개의 감을 남겨두는 배려의 마음을 가지고 살았습니다. 계와 품앗이라는 공동과 공유의 삶을 살아온 민족입니다.

그 정신을 다시 한 번 되살려서 책임과 배려가 넘치는 사회를 만들어 간다면, 우리 모두가 꿈꾸는 국민 행복의 새 시대를 반드시 만들 수 있습니다.

그것이 방향을 잃은 자본주의의 새로운 모델이 될 것이며, 세계가 맞닥뜨린 불확실성의 미래를 해결하는 모범적인 해답이 될 수 있을 것입니다.

국민 여러분께서도 저와 정부를 믿고, 새로운 미래로 나가는 길에 동참하여 주십시오. 우리 국민 모두가 또 한 번 새로운 한강의 기적을 일으키는 기적의 주인공이 될 수 있도록 함께 힘을 합쳐 국민행복, 희망의 새 시대를 만들어 갑시다.

감사합니다.

국회회의록 탄핵소추 관련 발췌(20대-346회-18차)

제346회 국회 (정기회)	국회본회의회의록	제18호
	2016년 12월 9일(금) 오후 3시	

상정된 안건 : 대통령(박근혜) 탄핵소추안

■ 발의 의원

우상호　박지원　노회찬　강병원　강창일　강훈식　고용진　권미혁　권칠승

금태섭　기동민　김경수　김경협　김두관　김민기　김병관　김병기　김병욱

김부겸　김상희　김성수　김영주　김영진　김영춘　김영호　김정우　김종민

김종인　김진표　김철민　김태년　김한정　김해영　김현권　김현미　남인순

노웅래　도종환　문미옥　문희상　민병두　민홍철　박경미　박광온　박남춘

박범계　박병석　박영선　박완주　박용진　박재호　박　정　박주민　박찬대

박홍근　백재현　백혜련　변재일　서형수　설　훈　소병훈　손혜원　송기헌

송영길　송옥주　신경민　신동근　신창현　심재권　안규백　안민석　안호영

양승조　어기구　오영훈　오제세　우원식　원혜영　위성곤　유동수　유승희

유은혜　윤관석　윤호중　윤후덕　이개호　이상민　이석현　이언주　이용득

이원욱　이인영　이재정　이종걸　이철희　이춘석　이학영　이해찬　이　훈

인재근　임종성　전재수　전해철　전현희　전혜숙　정성호　정재호　정춘숙

제윤경 조승래 조응천 조정식 진선미 진 영 최명길 최운열 최인호
추미애 표창원 한정애 홍영표 홍익표 황 희 권은희 김경진 김관영
김광수 김동철 김삼화 김성식 김수민 김종회 김중로 박선숙 박주선
박주현 박준영 손금주 송기석 신용현 안철수 오세정 유성엽 윤영일
이동섭 이상돈 이용주 이용호 이태규 장병완 장정숙 정동영 정인화
조배숙 주승용 채이배 천정배 최경환㈜최도자 황주홍 김종대 심상정
윤소하 이정미 추혜선 김용태 김종훈 서영교 윤종오 이찬열 홍의락

의장 정세균 의사일정 제1항 대통령(박근혜) 탄핵소추안을 상정합니다. 김관영 의원 나오셔서 제안설명해 주시기 바랍니다.

김관영 의원 사랑하고 존경하는 국민 여러분!

그리고 정세균 국회의장과 선배·동료 의원 여러분!

국민의당 소속 국회의원 전북 군산 출신 김관영입니다.

오늘 국회는 국민이 뽑은 대통령을 탄핵하는 결정을 내려야만 하는 대단히 안타까운 순간에 있습니다. 온 국민이 지켜보고 있는 가운데 우리는 역사적인 선택을 해야만 합니다.

지금부터 우상호·박지원·노회찬 의원 등 171명이 발의한 박근혜 대통령 탄핵소추안에 대한 제안설명을 드리겠습니다.

우리 헌법 제65조제1항은 '대통령이 그 직무집행에 있어서 헌법이나 법률을 위배한 때에는 국회는 탄핵의 소추를 의결할 수 있다'고 규정하고 있습니다.

박근혜 대통령은 국가원수이자 행정부 수반으로서의 본분을 망각하고 직무집행과 관련하여 헌법과 법률을 위반하였으며, 이는 헌법수호의 관점에서

도저히 용납될 수 없는 중대한 것이고 국민이 대통령에게 부여해 준 신임을 근본적으로 저버린 것입니다.

이제 이미 제출된 탄핵소추안을 기초로 박 대통령의 헌법과 법률 위배의 점에 대해서 보다 구체적으로 말씀드리겠습니다.

먼저 중대한 헌법 위반사항에 대해서 말씀드리겠습니다.

첫째, 박근혜 대통령은 공무상 비밀 내용을 담고 있는 각종 정책 및 인사 문건을 청와대 직원을 시켜서 최순실에게 전달하고 누설하였습니다. 최순실 등 소위 비선실세가 각종 국가정책 및 고위 공직 인사에 관여하거나 좌지우지하도록 하였습니다. 이 과정을 통하여 박근혜 대통령은 최순실 등의 사익을 위하여 대통령의 권력을 남용하였고, 사기업들로 하여금 각 수십억 원에서 수백억 원을 갹출하도록 강요하였습니다. 또 사기업들이 최순실 등의 사업에 특혜를 주도록 강요하는 등 최순실 등의 일당이 국정을 농단하여 부정을 저지르고 국가의 권력과 정책을 '사익추구의 도구'로 전락하게 하였습니다.

이는 대통령에게 권력을 위임하면서 '헌법을 수호하고 국민의 자유와 복리의 증진을 위하여 대통령으로서의 직책을 성실히 수행할 것'을 기대한 주권자의 의사에 반하여서 국민주권주의, 대의민주주의의 본질을 훼손하였습니다.

또 국정을 사실상 법치주의가 아니라 최순실 등의 비선조직에 따른 인치주의에 의하도록 방치함으로써 법치국가의 원칙을 파괴하고 국무회의에 관한 헌법 규정을 위반하고 대통령의 헌법수호 및 헌법준수 의무를 정면으로 위반하였습니다.

둘째, 청와대 간부 및 문화체육관광부의 장차관 등을 최순실 등의 의사에 따라 임면하고 최순실 등의 의사에 부합하지 않는 공무원에 대하여 자의적으로 해임하거나 전보 조치를 하는 등 공직자 인사를 주무르고 공직사회를 자기 사람으로 채운 뒤 이권을 챙기고 국정을 농단하도록 하였습니다. 이는 헌법상 직업공무원제도, 대통령의 공무원임면권, 평등원칙 조항에 위배하는 것입니다.

셋째, 청와대 수석비서관 안종범 등을 통하여 최순실 등을 위하여 사기업 등에 금품 출연을 강요하여 뇌물을 수수하거나 최순실 등에게 특혜를 주도록 강요하였습니다. 또 사기업의 임원 인사에 간섭함으로써 국민의 자유와 복리를 증진하고 기본적 인권을 보장할 의무를 지니는 대통령이 오히려 기업의 재산권과 개인의 직업선택의 자유를 침해하고 국가의 기본적 인권의 보장의무를 저버리고, 시장경제질서를 훼손하였으며 대통령의 헌법수호 및 헌법준수 의무를 위반하였습니다.

넷째, 헌법상 언론의 자유는 민주국가의 존립과 발전을 위한 기초가 되며 특히 매우 우월적인 지위를 가집니다. 그런데 박근혜 대통령 및 그 지휘·감독을 받는 대통령비서실 간부들은 오히려 최순실 등 비선실세의 전횡을 보도한 언론을 탄압하고 언론 사주에게 압력을 가해서 신문사 사장을 퇴임하게 만들었습니다. 이러한 행위는 헌법상 언론의 자유 및 직업의 자유를 침해하는 것입니다.

다섯째, 국가적 재난과 위기 상황에서 국민의 생명과 안전을 지켜야 할 의무가 있는 대통령이 세월호 참사가 발생한 당일 오전 9시경부터 중앙재해대책본부를 방문한 오후 5시경까지 약 7시간 동안 제대로 위기 상황을 관리하지 못하고 그 행적은 아직도 밝혀지지 않고 있습니다.

대통령은 온 국민이 가슴 아파하고 눈물 흘리는 그 순간 국민의 생명과 안전을 책임지는 최고결정권자로서 세월호 참사의 경위나 피해 상황, 피해

규모, 구조 진행 상황 등을 제대로 인식하지 못하고 있었던 것입니다.

세월호 참사와 같은 국가 재난 상황에서 박 대통령이 위와 같이 대응한 것은 사실상 국민의 생명과 안전을 보호하기 위한 적극적 조치를 취하지 않은 직무유기에 가깝다 할 것이고, 이는 헌법 10조에 의해서 보장되는 생명권 보장의무를 위배한 것이라 하겠습니다.

다음으로 박근혜 대통령의 주요 법률 위반 사항에 대해서 말씀드리겠습니다.

첫째, 박근혜 대통령은 미르재단과 케이스포츠재단 설립 과정에서 대통령의 광범위한 권한을 이용하여 대기업 총수와 단독 면담을 갖고 삼성·현대차·에스케이·롯데 등 여러 그룹으로부터 각종 민원을 받았고, 실제로 기업들이 두 재단법인에 출연금 명목의 돈을 납부한 시기를 전후하여 박근혜 대통령은 위 당면 현안을 비롯하여 출연 기업들에게 유리한 조치를 다수 시행해 주었습니다.

이러한 박 대통령의 행위는 형법상의 뇌물수수죄 또는 제3자뇌물수수죄에 해당합니다. 어떠한 경우든지 수뢰액이 1억 원 이상이므로 결국 특정범죄 가중처벌 등에 관한 법률 위반죄에 해당하는 것으로서 이는 법정형이 무기 또는 10년 이상의 징역에 해당하는 중죄에 해당합니다.

또한 기업들 모금을 위해서 대통령의 직권과 경제수석의 권한을 남용하여 기업체 담당 임원들의 의사결정의 자유를 침해하였습니다. 이는 형법 제123조의 직권남용권리행사방해죄와 형법 제324조의 강요죄에 해당하는 행위라 할 것입니다.

둘째, 박근혜 대통령은 케이디코퍼레이션이 현대자동차와 수의계약으로 제품을 납품하도록 하는 과정, 플레이그라운드가 현대자동차로부터 광고 계약을 맺고 수주를 받도록 하는 과정, 포스코가 펜싱팀을 창단하고 더블루

케이가 매니지먼트를 하기로 하는 내용의 합의를 하는 과정 또 플레이그라운드가 케이티의 광고대행사로 선정되고 광고제작비를 수수하는 과정, 한국관광공사의 자회사인 그랜드코리아레저가 더블루케이와 계약을 체결하고 금액을 납부한 과정 등에서 직권남용권리행사방해죄 및 강요죄를 범하였습니다.

셋째, 박근혜 대통령은 2013년 1월경부터 2016년 4월경까지 정호성에 지시하여 총 47회에 걸쳐 공무상 비밀 내용을 담고 있는 문건 47건을 최순실에게 이메일 또는 인편 등으로 전달하였고, 이러한 행위는 형법 제127조의 공무상비밀누설죄를 범한 것입니다.

이상으로 박근혜 대통령의 구체적인 헌법 위반의 점과 법률 위반의 행위에 대해서 살펴보았습니다.

한편 헌법재판소의 결정례에 따르면 대통령에 대한 파면 결정이 정당화되기 위해서는 파면 결정을 통하여 헌법을 수호하고 손상된 헌법 질서를 다시 회복하는 것이 요청될 정도로 대통령의 법 위반행위가 헌법수호의 관점에서 중대한 의미를 가져야 한다고 하고 있습니다.

또 대통령에게 부여한 국민의 신임을 임기 중 다시 박탈해야 할 정도로 대통령이 법 위반행위를 통하여 국민의 신임을 저버린 경우이어야만 한다고 하고 있습니다.

과연 위에서 말씀드린 박 대통령의 위반행위가 여기에 해당되는지의 여부를 말씀드리겠습니다.

박 대통령은 앞서 살펴본 것과 같이 국민의 신임을 받은 행정부 수반으로서 정부 행정조직을 통해 국가정책을 결정하고 집행하여야 함에도 최순실 등 비선조직을 통해 공무원 인사를 포함한 국가정책을 결정하고 이들에게 국가기밀에 해당하는 각종 정책 및 인사자료를 유출하여 최순실 등이 경제·금융·문화·산업 등 국정 전반에 걸쳐서 국정을 농단하게 하고, 이들의 사익 추구를 위해서 국가권력이 동원·사용되는 것을 방조하였습니다.

그 결과 최순실 등이 고위공무원들의 임면에 관여하였으며 이들에게 불리한 언론 보도를 통제하고 이에 응하지 않는 언론인을 사퇴하게 하는 등 자유민주국가에서 허용될 수 없는 불법행위를 가하였습니다.

박 대통령의 이러한 행위는 자유민주적 기본질서를 위협하고 국민주권주의, 대의민주주의, 법치국가의 원리, 직업공무원제 및 언론의 자유를 침해하여 우리 헌법의 기본 원칙에 대한 적극적인 위반행위에 해당합니다.

따라서 박 대통령의 파면이 필요할 정도로 헌법 수호의 관점에서 중대한 법위반에 해당한다고 할 것입니다.

나아가 박 대통령은 최순실, 안종범과 공모하여 사기업들로 하여금 강제로 금품 지급 또는 계약 체결 등을 하거나 특정 임원의 채용 또는 퇴진을 강요하고 사기업으로부터 부정한 청탁을 받고 최순실 등을 위해 금품을 공여하거나 이를 약속하게 하는 부정부패 행위를 하였습니다.

박 대통령의 이러한 행위는 헌법상 권한과 지위를 남용하고 국가조직을 이용하여 국민의 기본권을 침해하고 부정부패 행위를 한 것으로서 국가와 국민의 이익을 명백하게 해하는 행위에 해당합니다.

따라서 대통령의 직을 유지하는 것이 더 이상 헌법 수호의 관점에서 용납될 수 없거나 대통령이 국민의 신임을 배신하여 국정을 담당할 자격을 상실한 정도에 이른 것이라고 할 것입니다.

최순실 등의 국정농단과 비리 그리고 공권력을 이용하거나 공권력을 배경으로 한 사익의 추구는 그 끝을 알 수 없을 정도로 광범위하고 심각합니다. 국민들은 이러한 비리가 단순히 측근에 해당하는 인물이 아니라 박 대통령 본인에 의해서 저질러졌다는 점에서 분노와 허탈감을 금치 못하고 있습니다.

더욱이 박 대통령은 검찰 수사에 응하겠다고 공개적으로 국민들에게 약속하였다가 검찰이 자신을 최순실 등과 공범으로 판단한 수사 결과를 발표하자 청와대 대변인을 통하여 '검찰의 기소는 객관적인 증거는 무시한 채 상상과 추측을 거듭해서 지은 사상누각일 뿐이다'라고 말하면서 검찰 수사에 불응하였습니다.

국정의 최고·최종 책임자인 대통령이 국가기관인 검찰의 준사법적 판단을 이렇게 무시하는 것은 그 자체가 국법질서를 깨는 일일 뿐만 아니라 공개적인 대국민 약속을 상황이 자신에게 불리해졌다고 해서 불과 며칠 만에 어기고 결과적으로 거짓말로 만들어 버렸습니다. 이것은 국민들이 신임을 유지할 최소한의 신뢰도 깨어 버린 것에 해당합니다.

최근 박근혜 대통령에 대한 지지율은 4%대에 불과하며 전국에서 200만 명이 넘는 국민들이 촛불집회와 시위를 통해 대통령의 즉각 퇴진과 탄핵을 요구하고 있습니다.

박근혜 대통령의 탄핵소추와 공직으로부터의 파면은 대통령의 직무수행의 단절로 인한 국가적 손실과 국정 공백을 훨씬 상회하는 '손상된 근본적 헌법질서의 회복'을 위한 것입니다.

이미 박근혜 대통령은 국민들의 신임을 잃어 정상적인 국가 운영이 불가능하며 주요 국가정책에 대하여 국민의 동의와 지지를 구하기 어려운 상황입니다.

박 대통령에 대한 탄핵소추와 파면은 국론의 분열을 가져오는 것이 아니라 오히려 국론의 통일에 기여할 것입니다.

이 탄핵소추로써 우리는 대한민국 국민들이 이 나라의 주인이며 대통령이라 할지라도 국민의 의사와 신임을 배반하는 권한 행사는 결코 용납되지 않는다는 준엄한 헌법 원칙을 재확인하게 될 것입니다.

존경하는 선배·동료 의원 여러분!

우리는 지금 역사의 중심에 서 있습니다.

박 대통령에 대한 탄핵소추는 손상된 헌법질서의 회복을 위한 첫걸음이자 민주주의 복원을 위한 대장정의 시작입니다.

국회는 탄핵을 통해 상처받은 국민의 자존심을 치유해 내야 합니다.

국민들의 엄중한 명령에 따른 탄핵 결정은 '헌정의 중단'이 아니라 헌법적 절차를 준수하는 '헌정의 지속'입니다. 또 이 땅의 민주주의가 엄연하게 살아 숨쉰다는 것을 보여 주는 산 증거가 될 것입니다.

존경하는 선배·동료 의원 여러분!

지금 국회 앞에서 외치고 있는 국민들의 함성이 들리십니까?

우리는 오늘 탄핵 가결을 통해 부정과 낡은 체제를 극복해 내고 새로운 대한민국을 만들어 내야 합니다. 이미 위대하신 국민들께서 이 길을 열어 주셨습니다.

오늘 표결을 함에 있어서 사사로운 인연이 아니라 오직 헌법과 양심, 역사와 정의라는 기준으로만 판단하셔서 부디 원안대로 가결하여 주실 것을 간곡하게 호소드립니다.

우리는 역사 앞에서, 우리의 후손 앞에서 떳떳해야 합니다.

의원님들께서 현명한 선택을 해 주실 것으로 믿습니다.

감사합니다.

(탄핵소추안은 부록으로 보존함)

의장 정세균 이 안건은 국회법 제130조제2항에 따라 무기명투표 방식으로 표결하도록 하겠습니다.

국회법 제133조에 따른 탄핵소추의결서는 의석 단말기의 참고 자료를 확인하여 주시기 바랍니다.

국회법 제114조제2항에 따라 감표위원을 지명하겠습니다.

김현아 의원, 정유섭 의원, 정태옥 의원, 조훈현 의원, 박주민 의원, 오영훈 의원, 전재수 의원, 채이배 의원, 이상 여덟 분이 수고하여 주시기 바랍니다.

감표위원께서는 감표위원석으로 나와 주시기 바랍니다.

의사국장으로부터 투표 방법에 관한 설명이 있은 다음 바로 투표를 시작하겠습니다.

의사국장 권영진 투표 방법에 대하여 설명드리겠습니다.

먼저 명패와 투표용지를 받으신 후 기표소에 입장하여 투표용지의 '가·부란'에 한글이나 한자로 '가' 또는 '부'를 직접 기재하시면 되겠습니다.

'가' 또는 '부' 이외의 문자나 기호를 표시하면 무효로 처리되며, 투표용지에 어떠한 표시도 하지 않을 경우 기권으로 처리됨을 유념해 주시기 바랍니다.

이상으로 설명을 마치고 투표를 시작하겠습니다.

(15시24분 투표개시)

의장 정세균 지금 투표를 하시면 되겠습니다.

투표를 다 하셨습니까?

투표가 마쳐진 것 같습니다.

(15시54분 투표종료)

그러면 투표를 마치고 개표를 시작하겠습니다.

(명패함 및 투표함 폐함)

먼저 명패함을 열겠습니다.

(명패함 개함)

(명패수 점검)

명패수는 299매입니다.

다음은 투표함을 열겠습니다.

(투표함 개함)

(투표수 점검)

투표수도 299매로서 명패수와 같습니다.

투표 결과는 잠시 후에 말씀드리겠습니다.

(계표)

투표 결과를 말씀드리겠습니다.

회의장 밖에 계시는 의원들께서는 회의장으로 입장하여 주시기 바랍니다.

투표 결과를 말씀드리겠습니다.

총 투표수 299표 중 가 234표, 부 56표, 기권 2표, 무효 7표로서 대통령(박근혜) 탄핵소추안은 가결되었음을 선포합니다.

존경하는 국민 여러분!

의원 여러분!

오늘 우리 국회는 박근혜 대통령 탄핵안을 가결시켰습니다. 탄핵에 대한 찬반 여부를 떠나 이 자리에 계신 여야 의원들을 비롯하여 이 엄중한 상황을 바라보고 계시는 국민 여러분의 마음 또한 한없이 무겁고 참담하실 것입니다. 더 이상 헌정사에 비극이 되풀이되지 않기를 바라는 마음이 간절합니다.

의원 여러분!

지난 수개월 동안 국정은 사실상 마비 상태였습니다. 이제 탄핵안이 가결된 이상 더 이상의 혼란은 없어야 합니다.

지금 우리 경제는 백척간두의 위기에 놓여 있습니다. 경제 침체가 장기화되면서 기업은 투자와 고용을 꺼리고, 각종 구조조정과 일자리 부족으로 국민들은 내일의 희망을 잃어 가고 있습니다. 얇아진 주머니에 소비는 줄고 자영업자들은 한숨을 내쉬고 있습니다.

우리 정부 공직자 여러분께 당부드립니다.

비록 대통령의 직무는 정지될지라도 국정은 흔들림이 없어야 합니다. 오늘 탄핵안 가결로 정치적 불확실성은 상당 부분 해소되었습니다. 공직자 여러분께서는 한 치의 흔들림 없이 민생을 돌보는 일에 전력을 다해 주시기 바랍니다.

의원 여러분!

이제 탄핵안은 우리 손을 떠났습니다. 지금 이 순간부터 우리 국회도 국정의 한 축으로서 나라가 안정될 수 있도록 함께 힘을 모아야 합니다. 민심에 부응하고 민생을 살리는, 국민에게 힘이 되는 국회가 될 수 있도록 함께 노력해 나갑시다.

감사합니다.

오늘 회의는 이것으로 마치겠습니다.

산회를 선포합니다.

탄핵, 개성공단, 남북간 군사통신 관련 일지

■ 2016년

- 2월 모일 : 개성공단 중단 이후 북한이 서해지구 군 통신선을 차단

- 2월10일 : 북한, 4차 핵실험과 광명성 4호 미사일 도발에 정부는 개성공단에 대한 잠정 운영중단 결정.

- 2월11일 : 북, 정부의 조치에 반발하는 보복조치로 당일 17시까지 남한의 인원에 대한 전원 추방령 선언.

- 2월16일 : 박 대통령 국회 연설로써 개성공단 중단에 따른 국가 안보위기 상황임을 밝힘.

- 9월20일 : 한겨레 '최순실(개명 후 최서원)씨, K스포츠재단 설립·운영 개입' 보도. 청와대 "추측성 기사" 부인

- 10월20일 : 박근혜 대통령 "불법행위 저질렀다면 엄중 처벌" 첫 공식 입장 표명

- 10월24일 : J방송사, 최씨 사용 정황 태블릿PC 입수해 '박 대통령 연설문 최씨에 사전 유출' 의혹 보도

- 10월25일 : 박근혜 1차 대국민 담화 ⋯ "연설문 등 최서원 도움받아"

- 10월27일 : 검찰, '최서원 의혹 특별수사본부(본부장 이영렬 서울중앙지검청장)' 구성

- 10월30일 : 최서원씨 독일에서 긴급 귀국

- 10월31일 : 검찰, 피의자 신분으로 최씨 소환 조사

- 11월1일 : 검찰, 최서원씨 긴급체포

- 11월2일 : 검찰, 안종범 전 청와대 경제수석 소환조사 뒤 긴급체포

- 11월3일 : 검찰, 최씨 구속·정호성 전 대통령비서실 부속비서관 체포

- 11월4일 : 박 대통령 2차 대국민 담화… "검찰 조사 성실히 임할 것, 특검도 수용"

- 11월5일 : 검찰, 안종범 전 수석·정호성 전 비서관 구속

- 11월8일 : 검찰, 삼성전자 본사 압수수색.

- 11월13일 : 검찰, 이재용 삼성전자 부회장 참고인 신분 소환조사.

- 11월20일 : 검찰, 최서원·안종범 전 수석·정호성 전 비서관 구속기소. 박 대통령 피의자 정식 입건

- 11월27일 : 검찰, 차은택씨·송성각 전 한국콘텐츠진흥원장 등 5명 기소

- 11월29일 : 박 대통령 3차 대국민담화… "진퇴 문제 국회 결정에 맡긴다."

- 11월30일 : 박근혜 대통령, 박영수 특별검사 임명 결정.

- 12월3일 : 국회, 172명의원 박 대통령 탄핵소추안 발의

- 12월9일 : 국회, 234표 찬성으로 박근혜 대통령 탄핵소추안 가결. 헌법재판소에 탄핵소추의결서 접수

- 12월11일 : 헌재, 탄핵심판 주심에 강일원 재판관 배당, 검찰, 김종 전 문화체육관광부 차관·조윤선 전 청와대 정무수석 기소 ; 최씨 추가기소

- 12월13일 : 준비절차 수명재판관에 이정미·이진성·강일원 재판관 지정

- 12월14일 : 헌재, 수명재판부(이정미·이진성·강일원 재판관) 구성, 탄핵심판 준비절차 회부 결정

- 12월15일 : 헌재, 특검 및 검찰에 '최서원 게이트' 수사자료 제출 요청

- 12월16일 : 박 대통령 대통령 첫 답변서제출. 헌재의 수사자료 제출요청에 대한 이의신청
- 12월21일 : 박영수 특별검사팀, 공식 수사 시작
- 12월22일 : 탄핵심판 1차 준비절차기일
- 12월24일 : 법무부, 헌재에 탄핵심판 요건 및 절차 적법 의견서 제출
- 12월26일 : 서울중앙지검, 헌재에 '최서원 게이트' 수사자료 제출
- 12월27일 : 탄핵심판 2차 준비절차기일. 대통령 측 미르재단 등 관계기관 사실조회 요청, 강일원재판관, 쟁점정리 명분으로 탄핵소추 수정에 개입, 대통령 대리인단, 청와대에서 박 대통령 면담
- 12월30일 : 탄핵심판 3차 준비절차기일. 헌재, 관계기관 7곳 사실조회 신청 채택. 국회의 박 대통령 변론기일 출석 요청 기각

■ 2017년

- 1월1일 : 박 대통령 대통령 출입기자단 신년 인사회에서 탄핵소추 사유 전면 부인
- 1월2일 : 헌재, 대통령 및 국회 측 증인신청서 접수 완료. 통일교 재단에 대한 사실조회 신청 추가 채택
- 1월3일 : 탄핵심판 1차 변론기일. 박 대통령 불출석
- 1월5일 : 탄핵심판 2차 변론기일. 윤전추 증인신문
- 1월6일 : 헌재, 경찰에 이재만, 안봉근 소재탐지 요청
- 1월10일 : 탄핵심판 3차 변론기일. 최서원,안종범,정호성 증인신문불출석
- 1월12일 : 탄핵심판 4차 변론기일. 이영선, 류희인, 조현일, 조한규 증인신문

삼성전자 이재용 부회장 소환조사(22시간)

- 1월13일 : 헌재, 삼성생명 등 미르·K스포츠 재단에 출연한 기업 49곳과 현대중공업 등 출연을 거부한 기업 6곳 등에 사실조회
- 1월16일 : 탄핵심판 5차 변론기일. 최서원, 안종범 증인신문, 특검, 이재용 구속영장 청구
- 1월17일 : 탄핵심판 6차 변론기일. 검찰 수사자료 증거채택
- 1월19일 : 탄핵심판 7차 변론기일. 김상률, 정호성 증인신문, 서울중앙지법, 이재용 삼성전자 부회장 구속영장 기각
- 1월20일 : 국회 탄핵심판소추위원단, 탄핵소추의결서를 재작성한다는 기자회견
- 1월21일 : 특검, 김기춘 전 대통령비서실장·조윤선 전 수석 구속
- 1월23일 : 탄핵심판 8차 변론기일. 김종, 차은택 증인신문
- 1월25일 : 탄핵심판 9차 변론기일. 유진룡 증인신문. 박한철 소장, 3월 13일 이전 선고 방침 천명. 박 대통령 '정규재TV'와 인터뷰 공개
- 1월31일 : 박한철 헌재 소장 퇴임
- 2월1일 : 탄핵심판 10차 변론기일. 김규현, 유민봉, 모철민 증인신문. 이정미 재판관 헌법재판소장 권한대행 선출
- 2월7일 : 탄핵심판 11차 변론기일. 정현식, 김종덕 증인신문. 대통령 측 신청 증인 8명 채택
- 2월9일 : 탄핵심판 12차 변론기일. 조성민,문형표,박헌영,노승일 증인신문
- 2월10일 : 검찰, 헌재에 고영태 녹음파일 등 제출
- 2월13일 : 대통령 대리인단 이동흡 선임계 제출
- 2월14일 : 탄핵심판 13차 변론기일. 이기우 증인신문, 특검, 이재용 구속

영장 재청구

- 2월16일 : 탄핵심판 14차 변론기일. 정동춘 증인신문. 이정미 소장 권한 대행 2월 24일 탄핵심판 최종변론 지정. 김평우변호사 대통령 대리인단 합류

- 2월17일 : 서울중앙지법 한정석 영장전담판사, 이재용 구속영장발부

- 2월18일 ; 대통령 대리인단 최종변론 3월 2~3일로 연기 신청

- 2월20일 : 탄핵심판 15차 변론기일. 방기선증인신문. 헌재 고영태, 김기춘 증인채택 취소

- 2월22일 : 탄핵심판 16차 변론기일. 증인 신문 절차 종료, 헌재 최종변론 27일로 연기. 김평우 변호사 신청증인 기각. 대통령 대리인단 강일원 주심재판관 기피 신청, 헌재 각하, 김평우 변호사 '헌재 자멸의 길' 막말변론 논란, 서울중앙지법 오민석 영장전담부장판사, 우병우 전 청와대 민정수석 : 구속영장 청구 기각

- 2월23일 : 국회 소추위원단 최종 종합준비서면 헌재에 제출

- 2월25일 : 대통령 대리인단, 8인 재판관 체제 선고 위법 주장

- 2월26일 : 박 대통령 대통령 최종변론 불출석 결정 통보

- 2월27일 : 탄핵심판 17차 최종 변론기일. 대통령 대리인단은 최종 종합준비서면 제출

- 2월28일 : 헌재 비공개 평의 돌입, 선고 전 2주간 평의 및 평결, 박영수 특검, 수사 종료 … 박 대통령 서울중앙지법 2017고합184 공소사건 피소, 이재용 등 17명 기소, … "박 대통령, 뇌물수수 혐의 피의자 입건" 발표.

- 3월3일 : 김평우 변호사 변론재개 신청

- 3월6일 : 박영수 특별검사 수사결과 발표. 국회측 특검 수사결과 헌재 제

출. 대법원 이정미 소장 권한대행 후임으로 이선애 변호사 지명

- 3월8일 : 탄핵심판 선고 기일 10일 오전 11시로 지정 공표, 변론재개 신청 기각
- 3월10일 : 헌법재판소, 박 대통령에 불법탄핵심판 파면결정 선고
- 3월13일 : 이정미 소장 권한대행 퇴임
- 3월21일 : 박 대통령, 서울중앙지방검찰청에 피의자 신분 출석 조사
- 3월27일 : 검찰, 박 대통령 구속영장 청구
- 3월30일 : 박근혜 대통령 구속 전 피의자 심문(영장실질심사)
- 3월31일 : 강부영 서울중앙지법 영장전담판사, 박 대통령 구속영장 발부, 구속 수감.
- 4월7일 : 이재용 1차 공판
- 4월9일 : 검찰, 우병우 전 수석 직권남용·권리행사방해 등 구속영장 청구
- 4월12일 : 권순호 서울중앙지법 영장전담부장판사, 우병우 구속영장 기각
- 4월17일 : 검찰, 박 대통령 직권남용·권리행사방해·강요·강요미수·공무상 비밀누설·뇌물수수 등 혐의 구속기소. 우병우 직권남용 등 혐의 불구속 기소
- 5월2일 : 박 대통령, 첫 공판준비기일 불출석
- 5월9일 : 중앙선거관리위원회, 대통령선거 실시
- 5월16일 : 박 대통령 공판준비 절차 마무리
- 5월23일 : 박 대통령 1차 공판
- 5월31일 : 최서원씨 딸 정유라씨 덴마크서 한국 강제송환.
- 7월3일 : 검찰, 김기춘 전 실장 징역 7년·조윤선 전 수석 징역 6년 구형 … "역사의 수레바퀴 되돌리려 해"

- 7월27일 : '문화계 블랙리스트' 1심 김기춘 전 실장 징역 3년, 조윤선 전 수석 징역 1년·집행유예 2년, 김종덕 전 문체부 장관 징역 2년, 신동철 전 청와대 정무비서관·정관주 전 문체부 1차관 각 징역 1년6개월
- 8월7일 : 특검, '박 대통령 뇌물 혐의' 이재용 부회장에 징역 12년 구형
- 8월25일 : 이재용 부회장 1심 징역 5년…"정치·자본 권력의 밀착"
- 8월26일 : 검찰, 박 대통령 추가 구속영장 발부 법원에 요청
- 10월13일 : 법원, 박 대통령 추가 구속영장 발부…"증거인멸 염려"
- 10월16일 : 박 대통령, 재판 거부, 변호인단 전원 사퇴. 박 대통령 "재판부에 대한 믿음이 더는 의미 없다는 결론에 이르렀다" 발언.
- 10월25일 : 법원, 박 대통령 국선변호인단 지정
- 11월14일 : 최서원씨 '학사비리' 재판 2심서 징역 3년 선고
- 11월15일 : '문건유출' 정호성 전 비서관, 1심서 징역1년6개월 … "박대통령 공모 인정"
- 11월20일 : '특수활동비 33억 요구' 이재만 전 청와대 총무비서관·안봉근 : 전 청와대 국정홍보비서관 첫 구속기소… "공범 박 대통령"
- 11월28일 : 법원, 박 대통령 국정농단 사건 궐석재판 진행 결정.
- 11월30일 : 이영선 전 행정관 2심서 징역 1년·집행유예 2년·석방… "책임은 박 대통령"
- 12월5일 : 검찰, '특수활동비상납' 남재준·이병기 前국가정보원장 구속기소
- 12월6일 : 법원, '영재센터 후원 강요' 최서원씨 조카 장시호씨 징역 2년6개월 법정구속, 김종 전 차관 징역 3년
- 12월14일 : 검찰, 최씨 징역 25년·벌금 1185억원·추징금 77억 9735만원

구형. 안종범 전 수석 징역 6년·벌금 1억원, 신동빈 롯데그룹 회장 징역 4
년·추징금 70억원 구형

- 12월27일 : 특검, '박근혜 뇌물' 이재용 부회장 2심도 징역 12년 구형

■ 2018년

- 1월4일 : 검찰, 박 대통령 국정원 특활비 36억 5000만원 받은 뇌물 혐의
  등 추가 기소. 의상실 운영비·측근 격려금·기치료 등 사적 용처 파악
- 1월9일 : '남북고위급회담', 서해 군 통신선 연락 재개에 합의, 서해지구
  군통신선 임시복구
- 1월23일 : '문화계 블랙리스트' 2심 김기춘 전 실장 징역 4년, 조윤선 전
  수석 징역 2년, 김종덕 전 장관 징역 2년, 김상률 전 청와대 교육문화수
  석·신동철 전 비서관·정관주 전 차관 각 징역 1년6개월 선고, 검찰, 'CJ
  이미경 퇴진압력' 조원동 전 청와대 경제수석 1심 징역 3년 구형
- 2월1일 : 검찰, 박 대통령 '새누리당(현 국민의힘) 공천개입' 혐의 추가 ; 기
  소, '국정농단 단초제공' 정호성 전 비서관 2심도 징역 1년6개월
- 2월5일 : 법원, 이재용 2심 징역 2년6개월·집행유예 4년 선고, 이 부회장
  석방.
- 2월11일 : '국정원 특활비' 박 대통령 첫 공판준비기일
- 2월13일 : 서울중앙지법, 최서원씨 징역 20년·벌금180억원·추징금 72억
  9000여만원, 안종범 전 청와대 경제수석 징역 6년·벌금 1억원·추징금 ;
  4290만원, 신동빈 회장 징역 2년 6개월·추징금 70억원 선고, 대법원, 이
  재용 상고심 사건 접수
- 2월22일 : '국정농단 방조' 1심 우병우 전 민정수석 징역 2년6개월 선고

- 2월27일 : 검찰, 박 대통령 국정농단혐의에 징역 30년·벌금 1185억원 구형
- 4월6일 : 서울중앙지법, 박 대통령에 국정농단 사건 혐의로 징역 24년· 벌금 180억원 선고, −조원동 전 수석, 1심서 징역 1년, 집행유예 2년
- 4월11일 : 검찰, 박 대통령 항소장 제출
- 4월13일 : 박 대통령 동생 박근령 전 육영재단 이사장, 법원에 항소장제출
- 4월16일 : 박 대통령, 항소포기서 제출
- 4월23일 : 박 대통령 국정원 특활비 첫 공판기일
- 4월26일 : 검찰, 남재준 전 국정원장에 징역 7년·자격정지 5년, 이병기 전 국정원장에 징역 5년, 이병호 전 국정원장에 징역 7년·자격정지 5년 각 구형
- 6월1일 : 박 대통령 항소심 1차 공판준비기일
- 6월14일 : 검찰, '특활비수수혐의' 박대통령 징역 12년·벌금 80억원·추징 금 35억원 구형
- 6월14일 : 검찰, 공천 개입 혐의 박 대통령 징역 3년 구형
- 6월14일 : '제8차 남북장성급군사회담'에서 동서해지구 : 군통신선 정상 화하는 것에 합의
- 6월15일 : 법원, 남재준 전 원장 징역 3년·이병기 전 원장 징역 3년6개월· 이병호 전 원장 징역 3년6개월과 자격정지 2년 선고
- 6월15일 : 검찰, 최서원 2심 징역25년 · 벌금 1185억원 · 추징금 77억 9,735만원 구형
- 6월25일 : '남북통신실무접촉'을 통해 군 통신선 복구를 위한 구체적 조 치 이행방안 합의
- 6월29일 : 최경환 의원 징역 5년·벌금 1억5000만원 선고

- 7월12일 : 이재만 전 비서관 징역 1년6개월·안봉근 전 비서관 징역 2년6개월과 벌금 2700만원·정호성 전 비서관 징역 10개월에 집행유예 2년 선고
- 7월16일 : 서해지구 군 통신선 복구
- 7월20일 : 검찰, 박 대통령 2심 징역 30년·벌금 1185억원 구형, 법원, 박근혜 '특활비 수수' 혐의 징역 6년 선고·33억원 추징, 법원, 박근혜 '공천개입' 혐의 징역 2년 선고
- 8월15일 : 동해지구 군 통신선 복구, 모든 기능을 정상화
- 8월24일 : 서울중앙지법, 박 대통령 국정농단 항소심 징역 25년·벌금 200억원 선고, 서울중앙지법, 최서원씨 항소심 징역 20년·벌금 200억원·추징금 70억5281만원 선고. 안종범 전 경제수석 징역 5년·벌금 6000만원·추징금 1990만원 선고
- 8월28일 : 최씨·검찰 쌍방 상고...'국정농단' 사건 대법원으로
- 8월29일 : '박근혜 뇌물' 신동빈회장 2심, 징역 14년·벌금 1000억원 구형
- 8월31일 : '화이트리스트 범행 주도' 김기춘 전 실장 징역 4년 구형. 조윤선 전 수석에겐 징역 6년과 벌금 1억원, 추징금 4500만원 구형.
- 9월1일 : '재판 보이콧' 박 대통령, '국정농단' 상고 포기
- 9월4일 : 대법원, 최서원씨 상고심 접수
- 9월12일 : 대법원, 박 대통령 상고심 접수
- 10월1일 : 대법원, 박근혜 구속 2개월 연장…국선변호인도 선정
- 10월5일 : '박근혜 뇌물' 신동빈 회장 2심 징역 2년6월에 집행유예 4년
- 10월23일 : '특활비상납' 남재준·이병호 전 원장 징역7년·이병기 전 원장 징역5년 각구형
- 11월21일 : '새누리당 공천개입' 박 대통령, 2심도 징역 2년

- 11월28일 : '새누리당 공천개입' 박 대통령 징역 2년 확정
- 12월11일 : '특활비 상납' 남재준·이병호·이병기 전 국정원장 2심서 감형
- 12월14일 : '국정원 특활비 수수' 이재만·정호성·안봉근 전 비서관 2심 징역 4~5년 구형

■ 2019년

- 1월4일 : '특활비 수수' 2심 안봉근 전 비서관 징역 2년6개월, 이재만 전 비서관 징역 1년6개월·정호성 전 비서관 징역 1년6개월에 집행유예 3년 선고
- 1월17일 : '국정원 1억 수수' 최경환 의원 2심도 징역 5년
- 2월11일 ; 대법원, 국정농단 사건 상고심 전원합의체 회부
- 3월13일 : '댓글수사 방해' 남재준 전 국정원장 징역 3년6월 확정
- 3월19일 : '국정농단 공범' 안종범 전 수석, 2년4개월만에 석방…구속만료
- 4월17일 : 박 대통령 측 "디스크로 수면 불가능"…형 집행정지 신청
- 4월25일 : 검찰, 박 대통령 형집행정지 신청 최종 불허…구속상태 유지
- 6월20일 : 대법원 전원합의체, 국정농단 상고심 사건 6차 심리 … 심리종결
- 7월11일 : '국정원 1억 뇌물' 최경환 의원, 의원직 상실…징역 5년 확정
- 7월25일 : '국정원 특활비' 박 대통령, 2심서 징역 5년…총형량 징역 32년
- 8월29일 : 대법원 전원합의체 선고. 박 대통령·이재용 부회장·최서원씨 2심판결 파기환송
- 9월6일 : 법원, 박 대통령 파기환송심 서울고법 형사6부 배당, 박 대통령, '질병' 사유로 형집행정치 재신청
- 9월9일 : 서울지검 형집행정지 심의위원회, 박대통령 형집행정지 재신청

'불허'…구속유지

- 9월17일 : 박 대통령, '회전근개 파열' 수술
- 10월17일 : '국정농단 뇌물·경영비리' 신동빈 회장 집행유예 확정
- 10월25일 : 이재용 부회장 파기환송심 첫 공판
- 10월30일 : 최서원씨 파기환송심 첫 공판
- 11월28일 : 박대통령 '국정원 특활비' 사건 파기환송…대법 "다시 재판", '특활비 상납' 남재준·이병기·이병호…대법 "다시 재판", '특활비 관여' 안봉근·이재만 실형, 정호성은 집유
- 12월3일 : '입원치료' 박 대통령, 2달반 만에 구치소 재수감
- 12월10일 : 서울고등법원, 박 대통령 국정농단과 국정원 특활비 사건 파기환송심 병합…최서원 재판부가 심리

■ 2020년

- 1월14일 : 서울고법, 박 대통령 파기환송심 첫 공판
- 1월15일 : 박 대통령 파기환송심 4개월만에 열려…불출석으로 공전
- 1월22일 : 검찰, 최서원씨 파기환송심 징역25년·벌금300억원·추징금70억 5000여만원 구형
- 1월29일 : 김기춘 전 실장·조윤선 전 수석 등 '블랙리스트 사건'…대법 "다시 재판"
- 2월5일 : 삼성, 준법감시위원회 첫 회의 및 공식 출범.
- 2월14일 : 서울고법, 최서원 파기환송심 징역 18년·벌금 200억원·추징금 63여억원 선고
- 2월17일 : 최서원씨, 파기환송심 판결 재상고

- 2월24일 : 특검, 이재용 부회장 파기환송심 재판부 기피 신청.

- 4월17일 : 서울고법, 특검의 이재용 파기환송심 재판부기피신청 기각.

- 5월20일 : 검찰, 박 대통령 파기환송심에서 뇌물 혐의 징역 25년·벌금 300억원·추징금 2억원 구형. 직권남용 권리행사방해 등 다른 혐의 징역 10년·추징금 33억원 구형

- 6월9일 : 북한은 남측 민간단체의 대북 전단 살포를 이유로 군 통신선과 청와대 핫라인 등 모든 남북간 통신연락 채널 차단

- 6월11일 : 대법원, 최서원씨에 징역 18년·벌금 200억원·추징금 63억원 확정…3년7개월 재판 끝

- 6월16일 : 북한, 개성공업지구에 있던 남북공동연락사무소 폭파

- 7월10일 : 서울고법, 박 대통령 파기환송심에서 뇌물 혐의에 징역 15년·벌금 180억원 선고. 나머지 혐의에 징역 5년 선고. 추징금 35억원 명령

- 7월16일 : 검찰, 박 대통령 파기환송심 판결 재상고

- 9월2일 : 대법원, 박 대통령 '국정농단·특활비' 사건 3부 배당, 주심 노태악 대법관 지정

- 9월18일 : 대법, 특검의 이재용 부회장 재판부 기피 신청 최종 기각.   심리 재개.

- 9월22일 : 서해 해양수산부 공무원이 피격 사망하는 사고 발생,

- 9월25일 : 북측의 해양수산부 공무원 사살에 대한 사과통지문 이라고 하는 내용을 청와대 안보실장 서훈이 언론에 발표,

- 12월23일 : 헌재 "박근혜 정부, 문화계블랙리스트 작성은 위헌" 결정

- 12월30일 : 검찰, 이재용 부회장 파기환송심에서 징역 9년 구형

- 1월14일 : 대법원, 박 대통령 국정농단·국정원 특활비 수수 사건, 재상고 심서 징역 20년·벌금 180억원·추징금 35억원 확정
- 1월15일 : 북, 8차 당대회기념 열병식에서 새 SLBM공개
- 1월18일 : 서울고법, 이재용 파기환송심 징역 2년 6개월 선고. 법정구속
- 1월20일 : 박 대통령, 코로나19 확진자 밀접 접촉으로 서울성모병원 입원 (20일간)
- 3월30일 : 국내, 대북전단금지법 시행
- 5월22일 : 미국, 한국에 미사일지침 종료발표로 미사일 주권확보.
- 7월20일 : 박 대통령, 서울성모병원 입원 치료(31일간)
- 7월27일 : 단절 413일 만에 남북 공동연락선이 복원
- 8월10일 : 남북 연락통신선 불통
- 10월4일 : 남북 연락통신선 복원
- 10월28일 : 북한, 남북연락사무소 및 軍통신선에 '무응답'
- 11월22일 : 박 대통령, 삼성서울병원 입원
- 12월24일 : 정부, 박 대통령 석방(특별사면·복권) 발표
- 12월31일 : 박근혜 대통령 석방

주민자치 기본법안

[제1장 총칙]

제1조(목적) 이 법은 주민이 풀뿌리자치의 활성화를 위하여 읍·면·동에 주민총회와 주민자치회를 설치·운영하기 위한 기본사항과 지원체계를 규정함으로써 마을민주주의를 통한 주민자치 실현과 주민의 삶의 질 향상을 목적으로 한다.

제2조(기본원칙) ① 주민의 풀뿌리자치활동은 궁극적으로 지역사회 문제해결 및 지역발전에 기여해야 한다.

② 주민자치회는 주민의 자율성, 독립성, 운영과정의 민주성과 개방성을 준수하여야 하며, 정치적 중립을 원칙으로 한다.

③ 국가 및 지방자치단체는 주민자치회의 효과적 운영을 위해 적극적인 지원 정책을 마련하여야 한다.

제3조(정의) 이 법에서 사용하는 용어의 뜻은 다음과 같다.

1. "주민"이란 지역사회 문제해결의 주체로서 제7조의 자격을 갖춘 자를 말한다.

2. "주민자치"란 주민이 일상생활에 밀접하게 관계되는 사항을 주민 공론장을 통해 결정하고 민관 협력적으로 집행하기 위한 제도와 기구, 자치활동을 말한다.

3. "주민자치회"란 읍·면·동 주민으로 구성되어 지역사회 문제해결 및

지역발전을 위한 풀뿌리자치 활성화를 주도적으로 추진하는 집행기구를 말한다.

4. "주민총회"란 읍·면·동 주민의 최고 의사결정기구를 말한다.

5. "읍·면·동 자치규약"이란 읍·면·동 주민이 자발적으로 정한 주민자치 관련 규칙을 말한다.

6. "읍·면·동 주민자치계획"이란 읍·면·동 풀뿌리자치 활성화를 위해 수립하는 중장기 계획을 말하며, 이를 매년 실행하기 위해 별도의 시행계획을 수립한다.

7. "분회"란 통·리, 공동주택단지, 마을 등 읍·면·동 안에서 주민 스스로가 보다 밀접한 자치를 할 수 있는 적정구역에 구성된 주민자치회 하위기구를 말한다.

8. "분과"란 주민자치회의 활동이 전문화될 수 있도록 특정 주제별로 구성하는 주민자치회 하위기구를 말한다.

제4조(국가 및 지방자치단체의 책무) ① 국가와 지방자치단체는 풀뿌리자치의 활성화를 위해 이 법의 목적과 기본원칙에 부합하는 지원 정책을 수립하고 시행하여야 한다.

② 국가와 지방자치단체는 주민자치회의 운영비를 포함한 행정적·재정적 지원을 해야 한다.

③ 국가와 지방자치단체는 주민의 자율성을 보장하고 궁극적으로 주민의 자치역량이 강화되도록 정책을 지원해야 한다.

제5조(주민 및 주민자치회의 책무) ① 주민과 주민자치회는 제2조의 기본원칙을 준수하고 주민자치 실현과 확산을 위하여 성실히 노력하여야 한다.

② 주민과 주민자치회는 국가 및 지방자치단체와의 적극적 협력을 기반

으로 풀뿌리자치 활성화와 지역사회 문제해결을 위해 노력해야 한다.

③ 주민과 주민자치회는 노동, 인권, 환경, 복지 등 관계 법령에서 규정한 사회적 책임 사항을 준수하여야 한다.

제6조(다른 법률과의 관계) ① 주민자치회와 관련하여 다른 법률에 특별한 규정이 있는 경우를 제외하고는 이 법이 정한 바에 따른다.

② 주민자치회와 관련되는 법률을 제정하거나 개정하는 경우에는 이 법의 목적과 기본원칙에 맞도록 하며, 이 법의 시행 후 빠른 시일 안에 관계 법령의 개정이 이루어지도록 한다.

[제2장 주민]

제7조(주민의 자격) ① 다음 각 호의 어느 하나에 해당하는 경우 이 법에 따른 주민으로 본다.

1. 해당 지방자치단체의 관할 구역에 주민등록이 되어 있는 사람

2. 「재외동포의 출입국과 법적 지위에 관한 법률」 제6조제1항에 따라 해당 지방자치단체의 국내거소신고인명부에 올라 있는 사람

3. 「출입국관리법」 제10조에 따른 영주의 체류자격 취득일 후 3년이 경과한 외국인으로서 같은 법 제34조에 따라 해당 지방자치단체의 외국인 등록대장에 올라 있는 사람

② 다음 각 호의 어느 하나에 해당하는 경우, 조례가 정하는 별도의 절차를 통해 주민자치회의 주민으로 본다. 다만, 주민자치회에 대한 일정한 권한을 자치규약으로 제한할 수 있다.

1. 해당 행정구역 내에 주소지를 가진 기관이나 사업체에 근무하는 사람

2. 해당 행정구역 내에 주소지를 가진 「초·중등교육법」 제2조제2호에서

제5호까지의 학교 및 「고등교육법」 제2조 각 호의 학교에 소속된 학생과 교직원

제8조(주민의 권리와 의무) ① 모든 주민은 성별, 신념, 종교, 인종, 세대, 지역, 학력, 사회적 신분, 경제적 지위나 신체적 조건 등에 의해 차별을 받지 아니하고 주민자치회에 자발적으로 참여할 수 있으며 기회균등을 보장한다.

② 모든 주민은 주민자치의 중요성을 인식하고 주민자치 활성화를 위해 적극적으로 참여하여야 한다.

③ 모든 주민은 지역사회 발전을 위한 주민의 참여가 공민권 행사 또는 공적 의무임을 고려하여 그에 해당하는 권리를 보장받아야 한다.

[제3장 주민자치회 및 추진체계]

제9조(주민총회) ① 읍·면·동 주민의 최고 의사결정기구로 주민총회를 둔다.

② 주민총회는 매년 1회 이상 실시되는 정기총회와 임시총회로 구분한다.

③ 주민총회 개최 사실 및 안건에 대해 최소 1개월 이전에 정보를 공개해야 하며, 주민설명회, 우편송달, 온라인 등을 활용하여 주민이 쉽게 주민총회 개최 사실을 알 수 있도록 해야 한다.

④ 그 밖에 주민총회의 효과적 운영을 위한 성립요건, 제척사항, 운영방식 등의 구체적 사항은 조례로 정한다.

⑤ 주민총회는 다음 각 호의 기능을 수행한다.

1. 읍·면·동 주민자치계획, 시행계획 승인

2. 읍·면·동 자치규약 제·개정 승인

3. 법정기부금의 운영계획·결산 승인

4. 행정사무의 위임·위탁 사항 승인

5. 읍·면·동 주민투표, 조례 개폐 청구, 감사 청구 결정

6. 읍·면·동 예산 편성, 읍·면·동 행정사무 평가 사항 심의

7. 읍·면·동 주요 정책사업 사전 심의

8. 읍·면·동 국공유재산 활용 계획 심의

9. 「지방세법」 제78조에 따른 읍·면·동 주민세율(개인분) 제안 의결

10. 「부담금관리 기본법」 제3조에 따른 부담금 신설 제안 의결

11. 주민자치회 운영 계획·결산 승인

12. 그 밖에 이 법의 목적 실현을 위하여 주민자치회, 지방자치단체, 지방의회가 필요하다고 인정하는 사항

⑥ 주민총회의 자치규약 제·개정 및 주민총회의 의결에 의해 일부 기능은 주민자치회로 위임될 수 있다.

제10조(주민자치회) ① 주민자치회는 읍·면·동 풀뿌리자치 활성화를 위한 집행기구로서 제7조의 주민으로 구성하며 법인으로 한다.

② 주민자치회는 필요에 따라 주민자치 활동 주제에 따른 분과와 읍·면·동 지역 내 생활권에 따른 분회를 설치할 수 있다.

③ 주민자치회는 다음 각 호의 기능을 수행한다.

1. 주민총회로부터 위임된 사항

2. 주민총회 운영 및 결정사항의 수행

3. 법인 운영 사무

4. 목적 범위내에서의 수익사업

5. 특수목적법인의 설치 및 운영

6. 산하 특수목적법인 및 읍·면·동 주민자치 활성화에 기여하는 법인에

대한 출자·출연

7. 법정기부금의 관리

8. 그 밖에 필요하다고 판단되는 읍·면·동 주민자치 사무

④ 주민자치회는 그 기능을 수행하기 위하여 필요한 경우 해당 읍·면·동의 장 및 읍·면·동 관계 공무원에게 주민총회 출석을 요구할 수 있고, 중앙행정기관, 지방자치단체 소속의 관계 공무원이나 관계 전문가를 주민총회 및 회의에 참석하게 하여 의견을 듣거나, 관계기관·법인·단체 등에 대하여 자료 및 의견의 제출 등 필요한 협조를 요청할 수 있다.

⑤ 주민자치회는 주민생활과 밀접한 관련이 있는 읍·면·동 행정기능 및 예산수립에 관해 해당 읍·면·동의 장에게 협의를 요구할 수 있다.

⑥ 주민자치회는 관계 중앙행정기관(그 소속기관 및 책임운영기관을 포함한다)의 장, 지방자치단체의 장(「지방교육자치에 관한 법률」 제18조에 따른 교육감을 포함한다)에게 제7조에 해당하는 자의 성명, 「주민등록법」 제7조의2제1항에 따른 주민등록번호, 주소 및 전화번호(휴대전화번호를 포함한다) 등 인적사항 정보의 제공을 요청하여 활용할 수 있으며, 요청을 받은 자는 이에 따라야 한다.

제11조(주민자치회 구성) 주민자치회 위원은 다음 각 호에 따라 구성·운영한다.

1. 위원은 주민 개인이 동등한 기회를 가질 수 있도록 추첨제를 활용하여, 주민을 대표할 수 있게 민주적으로 구성한다.

2. 위원 모집에 관한 사항은 최소 1개월 이전에 정보를 공개해야 하며, 주민설명회, 우편송달, 온라인, 홍보 행사 등을 활용하여 주민이 쉽게 위원 모집에 참여 할 수 있도록 해야 한다.

3. 위원은 무보수 명예직으로 하되, 예산의 범위에서 수당과 실비를 지급할 수 있다.

4. 위원의 결격사유는 조례로 정하며, 범죄경력 조회 등 결격사유의 확인을 지방자치단체의 장에게 요청할 수 있다. 요청을 받은 자는 이에 따라야 한다.

5. 그 밖에 주민자치회의 위원 수, 임기, 임원의 구성, 홍보방법 등 운영에 관한 구체적인 사항은 조례와 자치규약에 따른다.

제12조(주민자치회 사무국 설치) ① 주민자치회는 해당 사무를 처리하기 위하여 사무국을 두며, 그 업무를 수행하기 위한 적정인력과 예산을 확보하여야 한다.

② 제1항에 따른 사무국의 직원(이하 이 조에서 "사무직원"이라 한다)은 지방자치단체장에 의해 지방공무원으로 보하며, 읍·면·동에 배치한다.

③ 사무국의 인력과 예산 규모는 인구수와 지역 면적에 비례하여 구성하며 구체적 사항은 대통령령으로 정한다.

④ 사무직원은 주민자치회의 추천에 따라 그 지방자치단체의 장이 임명하며, 전문성 강화를 위해 직원의 일정비율을 임기제공무원으로 보한다.

⑤ 사무직원의 임용·보수·복무·신분보장·징계 등에 관하여는 이 법에서 정한 것 외에는 「지방공무원법」을 적용한다.

제13조(주민자치회 재정) ① 국가와 지방자치단체는 주민자치회 운영에 필요한 경비의 전부 또는 일부를 지원해야 한다.

② 국가와 지방자치단체는 읍·면·동 주민자치계획 실행을 위해 주민참여예산 정책 연계, 주민세 상당액의 주민자치활동 예산 편성, 특별회계의 운영 등의 적극적 지원 방안을 마련하여야 한다.

③ 주민자치회는 기부금을 받을 수 있으며, 설립 목적 범위에서 수익사업을 할 수 있다.

④ 주민자치회는 연 1회 회계감사를 통해 재정 운영의 투명성을 확보하여야 하며, 주민자치회의 의결로 외부 전문가를 감사로 위촉할 수 있다.

⑤ 주민자치회는 회계연도마다 재정운용계획을 수립하고 기부금 및 수익금을 포함한 예산·결산서와 회계감사보고서를 주민총회에 보고하여 승인 받아야 한다.

⑥ 국가와 지방자치단체는 주민자치회에 위탁한 업무와 재정 지원 사항에 대해 필요한 경우 감사를 할 수 있다.

제14조(재산 및 시설 보유) ① 주민자치회는 그 목적에 따른 사무 및 사업을 위하여 재산 및 시설을 보유하고 운영할 수 있다.

② 주민자치회는 투명성 및 공정성 확보를 위하여 운용 상황을 공개하여야 한다.

제15조(협의체) 주민자치회는 목적 달성을 위하여 해당 시·군·구 내 주민자치회 협의체를 구성할 수 있다.

[제4장 읍·면·동 주민자치 계획 및 시행계획]

제16조(읍·면·동 주민자치계획의 수립 및 시행계획의 수립) ① 주민자치회는 풀뿌리자치 향상과 지역문제 해결을 위하여 읍·면·동 주민자치계획(이하 "자치계획"이라 한다)을 5년마다 수립하고 주민총회의 승인을 받아야 한다.

② 자치계획에는 다음 각 호의 사항이 포함되어야 한다.

1. 읍·면·동 발전 방향 및 중장기 실천 과제

2. 주민자치회 운영의 발전 방향

3. 지역문제 해결을 위한 의제 및 실천 계획

4. 국가 및 지방자치단체의 주요 정책 사업 연계 계획

5. 그 밖에 읍·면·동 발전을 위해 필요하다고 생각하는 사항

③ 주민자치회는 자치계획에 따른 연도별 시행계획을 수립·시행하여야 한다.

③ 주민자치회가 자치계획 및 시행계획을 수립할 때에는 주민의 의견을 적극적으로 수렴하여 반영하고, 필요한 경우 조사·연구를 통해 객관성을 확보하여야 한다.

④ 그 밖에 자치계획 및 시행계획을 위해 필요한 사항은 조례로 정한다.

제17조(다른 계획과의 관계) 국가 및 지방자치단체는 자치계획과 시행계획의 내용을 각 호의 법령에 따른 지방자치단체의 계획에 적극적으로 반영하도록 노력하여야 한다.

1. 「국토의 계획 및 이용에 관한 법률」에 따른 도시·군계획

2. 「지역문화진흥법」에 따른 지역문화진흥기본계획

3. 「사회보장급여의 이용·제공 및 수급권자 발굴에 관한 법률」에 따른 지역사회보장계획

4. 「지역보건법」에 따른 지역보건의료계획

5. 「교통안전법」에 따른 지역교통안전기본계획

6. 「농어업인 삶의 질 향상 및 농어촌지역 개발촉진에 관한 특별법」에 따른 농어업인 삶의 질 향상 및 농어촌 지역개발 기본계획

7. 「국민체육진흥법」에 따른 체육 진흥 계획

8. 「문화예술교육 지원법」에 따른 지역문화예술교육계획

9. 「평생교육법」에 따른 평생교육진흥계획

10. 그 밖에 주민자치회와 지방자치단체가 연계가 필요하다고 판단하는 법정계획 및 공모사업

[제5장 주민자치회 지원]

제18조(국가 및 지방자치단체의 지원 사항) ① 국가는 주민자치 활성화를 위해 다음 각 호의 사항을 적극적으로 시행하여야 한다. 이에 관한 구체적인 사항은 대통령령으로 정한다.

1. 5년마다 주민자치 활성화를 위한 종합지원계획 수립·시행
2. 주요 사항을 심의하는 민·관합동정책추진위원회 구성·운영
3. 「통계법」 제17조에 따른 읍·면·동 주민자치 활성화를 위한 지정통계 제공
4. 「국가균형발전 특별법」 제5장에 따른 국가균형발전특별회계를 활용한 재정적 지원
5. 주민자치 정책 개발·실행을 위한 전담부서와 전문지원기관 운영
6. 국가 및 지방자치단체 공무원, 민간전문인력을 위한 교육 운영
7. 지방자치단체의 원활한 업무 수행을 위한 안내지침서 등의 발간
8. 지방자치단체의 주민자치 활성화를 위한 지원업무의 평가
9. 주민자치 활동의 자발적 참여를 지원하는 박람회 개최 등 홍보
10. 주민자치회 및 주민자치 활성화에 기여하는 법인에 대한 출자·출연
11. 그 밖에 주민자치 활성화에 필요한 국가 사무의 개발 및 시행

② 지방자치단체는 주민자치 활성화를 위해 각 호의 사항을 적극적으로 시행하여야 한다. 이에 관한 구체적인 사항은 조례로 정한다.

1. 5년마다 주민자치 활성화를 위한 종합지원계획 수립·시행

2. 주요 사항을 심의하는 민·관합동추진위원회 구성·운영

3. 주민자치회로의 행정사무 위임·위탁

4. 읍·면·동장 임용에서의 적극적인 주민의견 수렴

5. 이·통장, 주민참여예산위원회, 지역사회보장협의체 등 읍·면·동 민관 협력기구와 주민자치회의 융합적 운영

6. 읍·면·동 직접 예산편성 활성화 및 지방자치단체 사무의 읍·면·동 이양

7. 주민세와 주민참여예산 등을 활용한 특별회계의 구성

8. 읍·면·동 행정사무에 관한 자료 제공 등의 협조

9. 주민자치 정책의 효과성 증진을 위한 전담부서와 전문지원기관 운영

10. 지방자치단체 공무원 및 민간전문인력을 위한 교육 운영

11. 주민자치회 및 읍·면·동 주민자치 활성화에 기여하는 법인에 대한 출자·출연

12. 그 밖에 주민자치 활성화에 필요한 행정사무의 개발 및 시행

제19조(전문지원기관의 운영) ① 국가 및 지방자치단체는 주민자치 활동 전반을 행정적·재정적으로 지원하기 위한 전문지원기관을 운영할 수 있다. 이 경우 주민자치와 관련된 기관, 법인 또는 단체를 전문지원기관으로 지정·위탁할 수 있다.

② 해당 전문지원기관은 민·관협력 원칙에 기반하여 주민자치회 등과 협력적 네트워크를 구축하고 주민 중심의 자치가 실현될 수 있도록 노력하여야 한다.

③ 국가 및 지방자치단체의 장은 주민자치 전문지원기관의 활성화와 역량강화를 위하여 필요한 지원체계 구축과 예산확보를 위하여 노력하여야 한다.

④ 그 밖에 전문지원기관의 지정 절차, 사무의 범위 등은 대통령령으로

정한다.

제20조(전문인력의 양성) ① 국가 및 지방자치단체는 주민자치 전문인력을 양성하기 위하여 노력하여야 한다.

② 국가 및 지방자치단체는 주민자치 전문인력 양성을 위한 교육을 지원할 수 있다. 이 경우 그 교육을 위한 전문기관 및 비용 지원 등에 관한 사항은 대통령령으로 정한다.

③ 국가, 지방자치단체 및 공공기관은 대통령령으로 정하는 주민자치 업무를 효율적으로 수행하기 위하여 주민자치 전문인력을 우선하여 채용·배치할 수 있다.

④ 제3항에 따른 주민자치 전문인력의 채용·배치 등에 필요한 사항은 대통령령으로 정한다.

제21조(국·공유재산 활용 특례) ① 국가와 지방자치단체는 주민자치 활성화를 위해 국·공유재산이 필요하다고 인정하면, 이를 주민자치회에 우선 매각하거나 무상으로 대여·사용하게 할 수 있다.

② 주민자치회는 국가와 지방자치단체의 지원을 받아 조성하거나 취득한 부동산 자산의 소유권 등기를 부기등기하여 관리하여야 한다.

③ 국가와 지방자치단체의 장은 국·공유재산 중에서 활용되지 않고 있는 국·공유재산과 주민자치회에게 우선 매각·대여된 시설의 현황을 파악하고 공개하여야 한다.

④ 제2항에 따른 부기등기의 방법 및 절차, 국·공유재산 등의 현황 파악 및 공개 등에 필요한 사항은 대통령령으로 정한다.

제22조(벌칙 적용 시의 공무원 의제) 제11조에 따른 주민자치회의 위원은 「형법」제127조 및 제129조부터 제132조까지의 규정을 적용할 때 공무원

으로 본다.

[부 칙]

제1조(시행일) 이 법은 공포 후 6개월이 경과한 날부터 시행한다.

제2조(주민자치위원회에 관한 특례) 이 법 시행 당시 지방자치단체의 조례에 따라 설치·운영 중인 주민자치위원회는 이 법 시행일로부터 3년 이내에 폐지한다.

제3조(주민자치회에 관한 경과조치) 이 법 시행 당시 종전의 「지방자치분권 및 지방행정체제개편에 관한 특별법」 제29조제4항에 따라 시범적으로 설치·운영 중인 주민자치회는 이 법에 따라 구성·운영 중인 주민자치회로 본다. 다만, 주민자치회는 이 법 시행일로부터 6개월 이내에 이 법에 적합하도록 위원을 구성하여야 한다.

제4조(다른 법률의 개정) 공직선거법 일부를 다음과 같이 개정한다.

제60조제1항제7호 중 "주민자치위원회(주민자치센터의 운영을 위하여 조례에 의하여 읍·면·동사무소의 관할구역별로 두는 위원회를 말한다. 이하 같다)위원"을 "주민자치위원회 위원과 주민자치회(「주민자치 기본법안」에 따른 주민자치회를 말한다. 이하 같다) 임원"으로 하고, 같은 조 제2항 전단 중 "주민자치위원회위원"을 각각 "주민자치위원회 위원과 주민자치회 임원"으로 한다.

제86조제1항 각 호 외의 부분 중 "주민자치위원회 위원"을 "주민자치위원회 위원과 주민자치회 임원"으로 한다.

제103조제2항 중 "주민자치위원회"를 "주민자치위원회와 주민자치회"로 한다.

법률용어 풀이

○ **가처분(假處分)** : 금전 채권 이외의 특정물의 급부·인도를 보전하기 위하여, 판결이 날 때까지 동산 또는 부동산을 상대방이 처분하지 못하도록 금지하는 잠정적 처분

○ **각하(却下)** : 행정처분이나 사법판단으로서 형식적인 면에서 부적법한 것으로 하여 물리치는 결정이나 재판

○ **간접강제(間接强制)** : 채무를 이행하지 않는 채무자에 대하여, 일정한 기한 내에 채무를 이행하지 않으면 손해 배상을 과할 것을 법원이 명령하여 채무자를 심리적으로 강제하여 채무를 이행하게 하는 방법.

○ **감금(監禁)** : 드나들지 못하도록 일정한 곳에 가둠

○ **갑○호증·을○호증** : 소송에서 원고가 제출하는 증거서류에 순번을 붙여 갑(甲)1, 2, 3,…호증으로, 마찬가지로 피고가 제출하는 증거서류에 순번을 붙여 을(乙)1, 2, 3,…호증으로 증거물 표시 방식

○ **강행법규(强行法規)** : 선량한 풍속이나 사회질서에 관한 규정으로, 공공의 이익을 위해 각 개인의 의사와 상관없이 강제로 적용되는 법규

○ **결정(決定)** : 법원이 행하는 판결 및 명령 이외의 재판

○ **고발(告發)** : 피해자나 고소권자가 아닌 제3자가 범죄 사실을 수사 기관에 신고하여 처벌을 요구하는 일

○ **고소(告訴)** : 범죄의 피해자 또는 고소권자가 피해 사실을 수사 기관에 신

고하여 범인의 법적 처리를 요구하는 일.

○ **공법(公法)** : 국가나 공공 단체 상호 간의 관계나 이들과 개인의 관계를 규정하는 법률

○ **공소(公訴)** : 검사가 형사사건에 대하여 법원에 그 재판을 청구하는 일.

○ **공소장(公訴狀)** : 검사가 공소를 제기할 때 관할 법원에 제출하는 문서.

○ **공소장일본주의(公訴狀一本主義)** : 공소 제기를 위하여 공소장을 관할 법원에 제출할 때 법관의 예단을 방지할 목적으로 형사 소송 규칙에서 정한 것 외에 서류와 그 밖의 물건을 첨부하거나 그 내용을 인용하지 못하도록 하는 원칙

○ **공직선거법(公職選擧法)** : 선거가 국민의 자유로운 의사와 민주적인 절차에 의하여 공정히 행해지도록 선거와 관련한 각종 사항을 규정한 법률로서 대통령선거, 국회의원선거, 지방의회의원, 지방자치단체의 장의 선거에 적용

○ **교사(敎唆)** : 다른 사람에게 나쁜 일을 하도록 꾀거나 부추겨서 죄를 짓게 하는 행위

○ **구금(拘禁)** : 피고인 또는 피의자를 교도소·구치소에 가두는 일

○ **구성요건(構成要件)** : 범죄성립을 위한 위법 책임이 인정되는 작위 또는 부작위적 행위

○ **구속(拘束)** : 형사소송법에서, 법원 또는 판사가 피고인이나 피의자를 강제로 일정한 장소에 잡아 가두는 행위

○ **구속력(拘束力)** : 법률·규칙·조약 따위에 의해 일정한 행위를 제한 또는 강제하는 효력

○ **국민주권(國民主權)** : 공동체의 의사를 스스로 결정하는 최종적 지위와 권

위인 주권이 국민에게 있다는 헌법적 원리

○ **국헌문란(國憲紊亂)** : ① 헌법 또는 법률에 정한 절차에 의하지 아니하고 헌법 또는 법률의 기능을 소멸시키는 것. ② 헌법에 의하여 설치된 국가기관을 강압에 의하여 전복 또는 그 권능행사를 불가능하게 하는 것.(형법 제91조)

○ **국회(國會)** : 국회의원으로 조직된 헌법상의 합의체인 입법기관, 또는 국회의원들이 국회의사당에 모여서 하는 회의를 일컫는 말

○ **궐위(闕位)** : 어떤 직위나 관직 따위가 빔. 또는 그 자리

○ **기각(棄却)** : 법원이 소송을 심리한 결과 이유가 없거나 적법하지 않다고 판단하여 도로 물리치는 일

○ **기관소송** : 국가 또는 공공단체의 기관상호간에 있어서의 권한의 존부 또는 그 행사에 관한 다툼이 있을 때에 이에 대하여 제기하는 소송

○ **기속(羈束)** : 강제로 얽어매어 자유를 박탈함

○ **기속규정(羈束規定)** : 법에 규정된 구성요건이 충족되면 행정청이 정해진 법적 효과를 발생하도록 하여야 하는 행정규정. ↔ 재량규정(裁量規定)

○ **내란(內亂)** : 나라 안에서 정권을 차지하려고 벌이는 큰 싸움

○ **뇌물(賂物)** : 공적인 책임이 있는 사람에게 특별한 편의 제공의 대가로 주는 부정한 돈이나 물건

○ **당사자소송** : 행정청의 처분등을 원인으로 하는 법률관계에 관한 소송 그 밖에 공법상의 법률관계에 관한 소송으로서 그 법률관계의 한쪽 당사자를 피고로 하는 소송

○ **당연무효(當然無效)** : 법률행위에 흠이 있어서 소송을 통하지 않고서도 마땅히 성립되는 무효

○ **무권·무권한(無權限)** : 권리나 권력이 없음.

○ **무효(無效)** : 법률 행위가 어떤 원인으로 당사자가 의도한 효력을 나타내지 못함.

○ **무효 등 확인소송** : 행정청의 처분 등의 효력 유무 또는 존재여부를 확인하는 소송

○ **민사소송(民事訴訟)** : 사법 기관이 개인의 요구에 따라 사법적(私法的)인 권익 등의 보호를 목적으로 행하는 재판 절차

○ **민중소송** : 국가 또는 공공단체의 기관이 법률에 위반되는 행위를 한 때에 직접 자기의 법률상 이익과 관계없이 그 시정을 구하기 위하여 제기하는 소송

○ **법관(法官)** : 법원에 소속되어 소송건을 심리하고, 분쟁이나 이해의 대립을 법률적으로 해결하고 조정하는 권한을 가진 사람

○ **법원(法院)** : 사법권을 행사하는 국가 기관

○ **법원(法源)** : 법의 연원(淵源), 즉 무엇이 법이냐를 정할 때에 그 근거가 되는 것으로 성문법(成文法)·불문법(不文法)으로 대별되나, 법이 표현되는 성립 현상에 따라 헌법·법률·명령·규칙·관습법·판례·조례·조리 등으로 분류

○ **보정(補正)** : 소장(訴狀) 등의 형식적인 요건 등에 결함이 있을 때 이를 보충·정정하는 것

○ **부관(附款)** : 법률 행위의 당사자가 그 행위에서 생기는 법률 효과에 일정한 제한을 가하기 위해 덧붙이는 사항

○ **부작위위법확인소송** : 행정청의 부작위가 위법하다는 것을 확인하는 소송

○ **불가쟁력(不可爭力)** : 행정행위의 대상이나 이해관계인이 행정행위의 효력에 대해 법률상의 소송수단으로 다툴 수 없게 하는 법적 구속력

○ **비례의 원칙** : 국가가 국민에서 어떠한 행위를 할 때, 적당하게 해야 한다는 원칙

○ **사법부(司法府)** : 삼권분립주의와 법치주의에 입각하여 법을 해석하고 판단하여 적용하는 헌법기관

○ **사정판결(事情判決)** : 취소소송에서 해당 처분이 위법성이 있다고 인정되는 경우에도 당해 위법한 처분 등을 취소하는 것이 현저히 공공복리에 적합하지 않다고 판단되는 경우에는 청구를 기각하여 위법한 처분을 유지하는 판결로서, 무효등확인소송에는 인정되지 않는다.

○ **사주(使嗾)** : 남을 부추겨 좋지 않은 일을 시킴.

○ **선거소송(選擧訴訟)** : 공직선거법상의 선거에 하자가 있다고 하여 선거의 전부 또는 일부의 효력을 다투는 소송으로 선거소송과 당선소송이 있다.

○ **선결(先決)** : 다른 문제보다 앞서 해결함.

○ **소·소송(訴訟)** : 법률상의 판결을 법원에 요구하는 일. 또는 그런 절차

○ **소급적용(遡及適用)** : 어떤 법률, 규칙 따위가 시행되기 전에 일어난 일에까지 거슬러서 앞당겨 적용함.

○ **소송당사자(訴訟當事者)** : 법원에 대하여 재판권의 행사를 요구하는 사람과 그 대상자로서 형사 소송의 검찰관과 피고인, 기타 소송의 원고와 피고를 지칭함.

○ **소외·소외인(訴外人)** : 소송에서 소송의 당사자가 아닌 개인이나 법인의 지칭어

○ **소(訴)의 이익** : 소송상 청구에 대하여 본안 판결을 구하는 것을 정당화시킬 수 있는 이익 또는 필요. 소의 이익이 없을 경우 재판의 대상이 되지 않아 각하됨

○ 소장(訴狀) : 소송을 제기하는 문서. 소송장

○ 소추(訴追) : 국회가 탄핵 발의를 하여 파면을 요구하는 행위 또는 검사가 특정한 사건에 관하여 공소를 제기하고 유지하는 일

○ 소추의결서(訴追議決書) : 국회에서 탄핵발의로서 소추하기가 의결되었을 때 의장이 확정한 문서. 탄핵의 소추나 결정에 가결정족수나 수정에 필요한 절차(국회법 제95조)로 보아 탄핵심판은 탄핵소추의결서에 기재되지 아니한 소추사유를 판단의 대상으로 삼을 수 없다.

○ 손해배상(損害賠償) : 남에게 끼친 손해를 메우기 위해 법률의 규정에 따라 지급하는 사법상의 금전이나 물건의 제공

○ 신뢰보호의 원칙 : 행정청이 국민에 대하여 행한 언동의 정당성 또는 계속성에 대한 보호가치 있는 개인의 신뢰를 보호하는 법원칙

○ 심리(審理) : 사실관계 및 법률관계를 명확히 하려고 법원이 증거나 방법 따위를 심사하는 행위

○ 심의(審議) : 심사하고 논의함

○ 심판(審判) : 사건을 심리하여 옳고 그름에 대해 판결을 내림

○ 외환(外患) : 국가의 대외적 안정을 해치는 행위. 외국의 무력행사나 적대적인 행위를 하게 하거나 적국(敵國)을 위하여 인적·물적 이익을 제공하여 국가의 존립과 안전을 위태롭게 하면 외환의 죄가 성립한다.

○ 원인무효(原因無效) : 어떤 사물이나 현상을 일으키거나 변화시키는 근본이 된 일이나 사건에 있어서 그 정당성이 없어서 아무런 효과가 없음

○ 위자료(慰藉料) : 재산이나 생명·신체·자유·명예·정조 따위를 침해하는 불법 행위로 생긴 정신적 고통과 손해에 대한 배상금

○ 인용(認容) : 인정하여 받아들임

○ **자기구속의 원칙** : 행정청이 동종의 사안에서 제3자에게 행한 결정과 동일한 결정을 하도록 스스로 구속당하는 원칙으로 행정권의 자의적(恣意的)인 행사를 방지한다.

○ **작위 · 부작위** : 실질적 의도적으로 어떤 행위를 행한 행위를 작위, 하지 않은 것을 부작위

○ **재량규정(裁量規定)** : 법률에 따라 일정한 요건이 충족된 경우 행정청이 일정한 행위를 하거나 하지 않을 수 있도록 하거나 법적으로 허용된 행위유형 중에서 선택할 수 있도록 하는 행정규정. ↔ 기속규정(羈束規定)

○ **재판(裁判)** : 쟁송(爭訟)의 해결을 위해 법원 또는 그 재판관이 내리는 판단으로서 형식에 따라 판결·결정·명령 등이 있음

○ **적법(適法)** : 법규에 맞음. 또는 알맞은 법규

○ **적법절차(適法節次, due process of law)** : 개인의 권리보호를 위해 정해진 일련의 법적 절차

○ **적법절차의 원칙** : 형사 절차에서 인권 보호를 위한 것으로, 누구든지 정당한 법의 절차를 따라서만 처벌할 수 있다는 원칙

○ **절대무효** : 행정행위의 내용이 법률상 결과를 발생할 수 없는 권리의무를 목적한 것이면 그 행정행위 및 부관은 절대무효(대법원 1959.05.14. 선고 4290민상834 판결)

○ **정본(正本)** : 문서의 원본이나 원본과 동일한 효력을 갖는 문서

○ **죄형법정주의(罪刑法定主義)** : 어떤 행위가 범죄이며 그 범죄에 어떤 형벌을 가하는가 하는 것은 법률에 의해서만 정할 수 있다는 주의

○ **(변론)준비기일** : 변론기일 전에 주장과 증거의 정리를 위해 필요한 경우 재판장에 의해 열리는 기일

○ **준비절차** : 변론기일에 앞서 집중적이고 능률적인 사건 심리를 위하여 수명법관(受命法官)이 주재하여 쟁점 및 증거의 정리를 도모하는 변론의 예행절차.

○ **준용(準用)** : 어떤 사항에 관한 규정을 그와 유사하지만 본질적으로 다른 사항에 적용하는 것

○ **증거(證據)** : 법원이 법률을 적용할 사실의 유무를 확정하는 재료.

○ **직권남용(職權濫用)** : 직무상 자기 권한 이외의 행위를 하여 직무의 공정을 잃음.

○ **청구원인(請求原因)** : 소송상의 청구로 원고가 주장하는 권리 또는 법률관계의 원인 사실.

○ **청구취지(請求趣旨)** : 원고가 피고와의 사이에서 어떤 권리의무관계에 관하여 법원의 심리·재판을 구하고 있는가를 목적으로 명시한 부분

○ **취소(取消)** : 어떤 계획이나 일정, 말 따위를 없었던 것으로 함

○ **취소소송** : 행정청의 위법한 처분 등을 취소 또는 변경하는 소송

○ **탄핵(彈劾, impeachment)** : 일반적인 징계절차로 처벌하기 어려운 정부 고위직이나 특수직 공무원을 파면하는 제도

○ **파면(罷免, mandatory dismissal)** : 잘못을 저지른 공무원을 강제로 퇴직시키는 인사처분으로서 징계의 한 종류

○ **판결(判決)** : 법원이 변론을 거쳐 소송 사건에 대해 판단하고 결정하는 재판

○ **판례(判例)** : 법원에서 나온 '판결례(判決例)'의 준말

○ **평등의 원칙** : 특별히 합리적인 사유가 존재하지 않는 한 국민을 공평하게 처우해야 한다는 공법상 원칙

○ 하자(瑕疵) : 흠결

○ 항고(抗告) : 법원의 결정·명령에 따를 수 없어 당사자 또는 제삼자가 본안 과 직접 관련성이 적은 파생적 사항에 관해 종국판결과는 별개로 상소법 원의 판단을 받게 함으로써 신속한 해결을 하기 위한 불복신청방법이다.

○ 항고소송 : 행정청의 처분등이나 부작위에 대하여 제기하는 소송

○ 행정소송(行政訴訟) : 행정 관청의 위법 처분에 따라 권리를 침해당한 사람 이 관할 고등 법원에 대하여 그 처분의 취소 또는 변경을 요구하는 소송

○ 행정심판전치주의 : 행정소송을 제기하기 전에 국가나 지방자치단체 등 행정청에 먼저 행정심판을 제기하도록 한 제도

○ 행정처분(行政處分) : 법규에 따라 특정 사건에 대한 권리를 설정하고 의무 를 명하며, 또 그 밖의 법률상의 효과 발생을 목적으로 하는 행정 행위.

○ 행정청(行政廳) : 행정주체를 위하여 그의 의사를 결정하고 이를 외부에 표시할 수 있는 권한을 가진 공공기관

○ 헌법기관(憲法機關) : 헌법상의 규정에 의거하여 설치된 국가의 기관

○ 헌법재판소(憲法裁判所) : 법률의 위헌 여부·탄핵·정당의 해산 등에 대하 여 심판하는 기관

○ 효력요건(效力要件) : 성립한 법률행위가 유효하기 위한 요건

탄핵무효 등 헌법수호를 위한 소송 목록과 경과

[01] 서울행정법원 2018구합12 　　　　제5부 　　　각하

[02] 서울고등법원 2018누42766 　　　제9행정부 　　항소기각

[03] 대법원 2018두53023 　　　　　　특별1부 　　　상고기각

[04] 대법원 2018재두406 　　　　　　특별2부 　　　재심기각

[05] 서울행정법원 2018구합2414 　　제3부 　　　각하

[06] 서울행정법원 2019구합19 　　　제14부 　　　각하

[07] 서울고등법원 2016누45755 　　제6행정부 　　항소기각

[08] 서울행정법원 2019구합1562 　　제1부 　　　각하

[09] 서울고등법원 2019누67915 　　제10행정부 　항소기각

[10] 서울행정법원 2019구합3988 　　제6부 　　　각하

[11] 서울행정법원 2019구합7010 　　제3부 　　　각하

[12] 서울행정법원 2019구합7584 　　제4부 　　　각하

[13] 서울행정법원 2020구합1094 　　제14부 　　　각하

[14] 서울행정법원 2020구합2622 　　제4부 　　　각하

[15] 서울행정법원 2020구합2738 　　제14부 　　　각하

[16] 서울행정법원 2020구합2912 　　제1부 　　　각하

[17] 서울행정법원 2020구합4383 　　제11부 　　　각하

[18] 서울행정법원 2020구합4390 　　제11부 　　　각하

[19] 서울행정법원 2021구합1114	제6부	각하
[20] 서울행정법원 2021구합2353	제2부	각하
[21] 서울행정법원 2021구합2698	제3부	각하
[22] 서울행정법원 2021구합3004	제4부	각하
[23] 서울행정법원 2021구합3042	제2부	각하
[24] 서울행정법원 2021구합3066	제4부	각하
[25] 서울행정법원 2021구합3110	제13부	각하
[26] 서울행정법원 2021구합3172	제5부	각하
[27] 서울행정법원 2021구합3479	제6부	각하
[28] 서울행정법원 2021구합4588	제4부	각하
[29] 서울북부지법 2021가합910	제12민사부	취하
[30] ○○○○지법 2022가합40	제13민사부	취하
[31] ○○○○지법 2022구합69	제1행정부	각하
[32] ○○○○지법 2022구합83	제2행정부	각하
[33] ○○○○지법 2022구합62	제1행정부	무단이관
[34] ○○○○지법 2022구합225	제○행정부	각하
[35] ○○○○지법 2022구합324	제○행정부	각하
[36] ○○○○지법 2022구합288	제○행정부	각하
[37] ○○○○지법 2022구합140	제○행정부	각하
[38] ○○○○지법 2022구합68	제○행정부	각하
[39] ○○○○법원 2022구합730	제○행정부	각하
[40] ○○○○법원 □□□□2923	현재, 진행 중	
[41] ○○○○법원 □□□□563	현재, 진행 중	

[42] ○○○○법원 □□□□755   현재, 진행 중

(기 타)

[43] 서울중앙지법 2020가합4602   제16민사부   취하

[44] 서울중앙지법 2021가합3408   제36민사부   취하

[45] 서울중앙지법 2021가단11532   민사25단독   취하

[46] 서울행정법원 2021구합81   제11부   기각

    – 해양수산부 공무원 피격에 관한 사과통지원문서 정보공개청구

[47] ○○○○법원 □□□□6238 위자료청구 민사1단독   현재, 진행 중

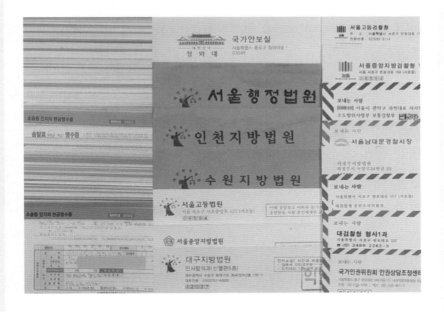

가짜 대통령의 무단통치 5년
불법통치피해 위자료 청구소송 참가안내

목적	1. 헌법기관들의 망국 반역행위에 대한 규탄과 국민계몽
	2. 가짜 대통령 무단통치 피해 5년애 대한 손해배상청구

대한민국 헌법수호단은 탄핵무효소송 42차례와 기타 다수건으로 지금까지 47건을 제소 국회의원, 헌법재판관, 가짜 대통령 등 다수 고발에 이어 이제 국민 위자료 청구소송으로 여러차례 계속합니다.

소송참여는 DAUM카페, 유튜브, 네이버밴드에서 '헌법수호단' 검색으로 소송진행 자료를 만날 수 있습니다.

대한민국에는 2016년 12월 9일 국회가 본회의에서 박근혜 대통령에 대한 탄핵소추안을 발의하고 234표로 가결함으로써 망국의 궤도에 올라, 대통령 박근혜가 청와대에서 밀려 나오고, 국민들은 2017년 5월 10일부터 불법 가짜 대통령으로부터 5년간의 불법 무단통치를 받은 손해배상 청구입니다.

나라가 이럴 수는 없다.

계산은 정확히 하고 살자!

소송 청구취지

피고 문재인은 원고들에게 2017년 5월 10일부터 2022년 5월 9일까지 불법통치 피해를 가한 매월 위자료 금 1,000,000원 및 이에 대하여 2017년 5월 10일 부터 2022년 5월 9일 까지는 연 5%의, 그 다음날부터 다 갚는 날까지는 연 12%의 비율로 계산하는 6,000만원 중 일부금으로 1개월분 1,000,000원을 우선 지급하라.

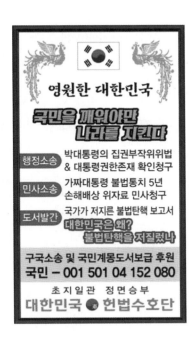

책 출간에 부친 말, 말, 말들

○ 대한민국 자유민주주의 체제를 수호할 최후의 사법
(司法) 법원은 국가권력 삼권분립의 한 축으로서 뒤
늦은 탄핵무효 소송에 본연의 사법정의를 실현시켜
야 할 것이다. 앞으로도 유구한 역사를 내내 이어가야 할 대한민
국에 대통령을 누가 하고, 헌법재판관을 누가 하던, 헌법과 법률
은 정의롭고도 당연하게 지켜져야 할 것이다. 국민의 약속인 법은
법으로서 존중되어야 한다. 대한민국의 국민으로서, 정치인으로
서, 법률가로서, 우리 모두 양심과 법률 앞에 '정직'해야 할 일이
다. – 이무석 (헌법수호단 부총단장)

○ 자유 민주 대한민국입니다. 대한민국을 위해 일하시는 헌법수호
단원님들께 깊은 감사드립니다. – 정지만

○ 외로운 힘든 싸움에 애국국민의 힘이 절실한 때입니다. 많은 힘을
실어 줍시다. – 임성택

○ 헌법수호단의 '대한민국은 왜 불법탄핵을 저질렀나?' 탄핵무효 책
발간과 소송, 고발을 응원합니다. 모두 모두 건승하세요. – 무궁화

○ 대한민국 헌법수호단, 우리는 불의와 불법 앞에 침묵
할 수 없었습니다. 그래서 지금까지도 억척스럽게 고
난의 투쟁을 잇고 있습니다. 가짜 대통령에게는 내
칠 탄핵감도 아니었고, 하야할 권좌가 없었습니다. 우리는 박대통
령에 대한 불법탄핵의 진실을 명쾌하게 다 찾아냈습니다. 승소판
결을 받기에 완벽하다고 봅니다. 그런데도 헌법이 파괴된, 불법
가짜가 통치하는 이 나라의 사법정의(司法正義) 위로 까마귀만 외로
이 울고 갑니다. 하지만, 우리의 두툼하고도 빼곡한 소송서류는
칼날보다도 더 날카로운 탄핵무효의 법리가 언젠가는 불의의 역
사적 단서가 되고, 증거가 되어, 박대통령의 억울한 탄핵이 무효
로 확인되는 큰 역할을 분명히 할 것이라 확신합니다. ─ 민영미 (헌
법수호단 부총단장)

○ '불법탄핵 보고서' 이 한 권의 책이 무너진 법치를 회복하고 바로
된 나라를 세우는 지렛대가 되길 바랍니다. ─ 박철영

○ 분명, 대한민국 대통령은 박근혜가 맞습니다. 18대 대통령의 임기
를 남겨 두고서는 그 누가 대통령 짓거리를 해도 불법 가짜일 수
밖에 없는 것이다. ─ 김용봉

○ 가시밭길이라도 살얼음판이라도, 천 길 낭떠러지라도, 아니 지옥
길이라도 우리는 끝까지 가겠노라. ─ 이규진

○ 무너진, 파괴된 헌법 대한민국의 질서 확립이 대한민국 지킴입니
다. ─ 김희용

○ 대한민국 헌법수호. 나라가 바로 서는 날까지 우리 헌법수호단이
앞장서겠습니다. ─ 우문성

○ 진실을 말하는 것이 거짓을 말하는 것보다 더 부담·
고통스런 법치문맹 대한민국이 되었습니다. 내 것
이 아니면 탐하지 말며, 잘못 취하면 점유이탈물 횡
령이라, 알고서도 앉은 자리는 국가반역의 자리가 아니겠는가?
박근혜대통령 권좌복귀가 법입니다. – 김정태 (한국공산화반대 국민회의
상임의장, 헌법수호단 상임고문)

○ 불법탄핵 보고서 《대한민국은 왜? 불법탄핵을 저질렀나》 국민이
라면 반드시 읽어야 할 국민필독서입니다. – 이건정

○ 박근혜 대통령께서 겪는 고충은 바로 우리 모두의 일입니다. 헌법
이 작동하는 대한민국으로 지켜 냅시다. – 권정혜(캐나다 단장)

○ 나라를 적화시키려는 악당들과의 투쟁이 있었기에 오늘이 있음을
감사드립니다. 우리 꼭 승리합시다. – 천영순

○ 주사파 다 때려잡는 승리의 그 날까지 멸공! – 정금숙

○ 빛이 어둠을 몰아내듯 진실과 정의의 빛이 거짓과 불의의 어둠을
반드시 몰아 낼 줄 믿습니다. 자유 민주 대한민국의 법치회복, 박
근혜 대통령 청와대 복귀를 위한 불퇴진의 애국노고로 합법적 투
쟁을 계속해 주신 헌법수호단에 감사드립니다. – 이수정

○ 이 나라 법 우리 지키리라. 우리들 그 맹세 하늘 보며 힘껏 흔들었
던 태극기 함성, 아 아– 다시 놓지 않으리. 대한민국 헌법수호단.
– 김길규

○ 탄핵은 절대무효다. 헌법수호 의지 없는 자는 대한민국 국민이 아
니다. 헌법수호단 응원합니다. – 김규리

○ 하루를 살아도 정의롭게 살고 싶다. – 백복승

○ 박대통령에 대한 불법사기탄핵으로 인하여 자유대
한민국의 국운이 백척간두에 처해 경천동지의 충격
과 분루를 삼키며 태극기를 들고 탄핵무효를 외치
기를 6년 동안 광화문 광장을 누비고 다녔지만 그저 허허롭기만
했습니다. 그러나 난관에 굴하지 않고, 뜻 있는 애국지사들이 헌법
수호단을 결성하여, 구국의 횃불을 높이 들고, 애국의 타종을 힘
차게 울리며 고군분투하는 과정에서 불법탄핵보고서《대한민국은
왜? 불법탄핵을 저질렀나》를 발간함에 가슴 벅차게 심축합니다.
모쪼록 이 책자가 국민들에게 널리 많이 보급되어져 국민을 계도
하고, 헌법을 수호하여, 우리 헌법수호단의 최후 승리를 쟁취하는
초석이 되기를 간절히 바라며, 그 동안 박상구총단장을 비롯한 단
원 모든 분들의 노고에 심심한 감사를 드리며 계속 건승을 기원하
는 바입니다. – 김영환 (한국자연대학교 前총장, 헌법수호단 상임고문)

○ '정의'는 가짜가 박대통령을 석방한 것으로 불의·불법이 다 끝난
게 아니다. – 홍희영

○ 사선을 넘어 온 대한민국의 법치 안정은 탈북민의 생명줄입니다.
주사파들을 완전 박멸하여 나라의 번영 이뤄주시길 탈북민 모두
는 응원합니다. – 이동현(남북함께국민연합)

○ 진실과 정의는 법에 기준가치를 둔다. 대통령을 헌
정문란으로 몰아 낸 불법탄핵의 정의는 법에 있음
이다. 법이 아니고, 정의가 아닐 때 법으로 보장받
는 국민 또한 없음이다. 대한민국 국법이 있어 대한민국 국민이
다. 국민이여 제발 깨어나라! – 지대홍 (유튜브 봉주르방송국 대표)

○ 많은 사람들이 불법탄핵의 진실을 밝히는 것이 무
모한 싸움이라 할 것이다. 하지만 상관없다. 우리는
누구보다도 이 험로를 잘 알고서 시작했고, 누구나
갈 수 있는 길이었다면 우리는 시작도 않았을 것이다. 박근혜 대
통령에 대한 탄핵은 분명 기획된 불법탄핵이 맞다. 망국의 주사파
로부터 나라를 지키는 준법투쟁에, 싸우다가 쓰러져 죽는 한이 있
어도 절대 물러 설 수 없는, 백 번, 천 번을 말해도 박대통령에 대
한 탄핵은 명백한 불법탄핵으로 국민주권 준법투쟁은 승리의 그
날까지 계속한다. – 이윤희 (헌법수호단 상임고문)

○ 불법탄핵으로 대통령을 내친 이 땅에서 살아가는
우리는 역사의 심판을 받을 것이다. 언론은 진실해
야 했었지만, 탄핵정국을 만난 이 땅의 무수한 언론
들은 절대적 이념과 기철학에 기초해 사건을 굴절되게 보도했다.
즉 객관적이지도 않았고, 투명하거나 과학적이지도 못했다. 더하
여 양심까지 결여되어 있었다. 이로 인한 왜곡된 정보는 우리 스
스로에게 깊은 상처를 내고 말았다.

'탄핵무효'와 '헌법수호'를 외친 태극기 든 국민들에게 '태극기부
대'로 왜곡 표현되었다. '부대'는 군사적 용어로 동원을 뜻한다. 태
극기를 들고 거리로 나온 국민들은 누구의 명령이나 권고로써 나
온 사람들이 아니다. 자유 이념과 보편적 가치, 순수 원칙에 입각
해서 자발적으로 자유롭게 태극기를 든 국민들이다. 오늘 이 땅에
사는 우리들 양심회복이 절실히 필요한 시절이다. – 나지훈 (前 리버
티코리아포스트 기자)

○ 대한민국 헌법이 보장한 고귀하고도 자유로운 헌법
재판관들의 법률적 양심은 그 어느 누구로부터 외
압의 침탈을 받아 그릇된 양심을 팔 수 밖에 없었
나? 인생의 목숨은 초로(草露)와 같고 조국의 앞날은 양양(揚揚)하도
다. 이 몸이 죽어서 나라가 산다면 아 아- 이슬같이 기꺼이 죽으리
라. 대한민국은 지금 당신의 이런 결기를 필요로 하고 있다. 법과
정의, 진실, 그리고 애국국민이 함께 지켜야 한다. 결코 늦지 않
을, 고귀한 양심의 바른 선택이 진정한 대의(大義)로써 나라와 국민
을 위한 영광의 길이 될 것이다. 부디 용기 잃지 마시라. - 이예경
(헌법수호단 총간사장)

○ 국가가 헌법과 법률을 파괴하며 자살하는 반국가, 반헌법, 반도덕
성은 국민으로서 결코 방치 방관할 수 없는 회복해야 할 국민주권
적 차원의 엄연한 권리이다. - 김영자

○ 헌법수호단의 악전고투에 감사드려요. 반드시 이길 것입니다. 고
지가 멀지 않습니다. 힘내세요. - 김다혜

○ '대한민국은 왜 불법탄핵을 저질렀나?' 부끄럽지만 반드시 역사에
기록할 일 입니다. 승리해 주세요. - 권사랑

○ 탄핵은 완전 불법이다. 끝까지 진실을 밝혀서 나라를 바로 세우는
애국자님들을 응원합니다. - 정지학

○ 헌법수호단의 불법통치 피해 위자료청구 소송에 다 함께 동참합
시다. - 박상락

○ 법원이 우리에게 엉뚱한 패소를 안겨도, 굳게 손잡은 구국동지들이
있기에 결코 좌절 없는 투쟁뿐이다. 승리의 그 날까지…. - 황문순

○ 정권교체 되었다고 많은 분들이 귀가 했지만, 정의
가 무너진 대한민국을 불안한 시선으로 바라보며
여전히 아스팔트 광장을 떠나지 못하는 이유는 여
기 '헌법수호단'이 있음이다. 우리의 생명과 자유, 재산권을 보장
하는 것이 헌법이다. 입법으로 제도를 정하고, 행정으로 실행을
하여, 그 잘못됨은 司法으로 구제한다.
박근혜 대통령님에 대한 탄핵은 명백히 기획된 사기탄핵임에도
정치인이 선동하고, 법조인이 방조하여 나라를 망국으로 이끌고
있음이다. 나락으로 떨어지는 대한민국에, 한 줄기 생명수 같은
헌법수호단의 진실투쟁 '탄핵무효!' 이 땅에 정의가 바로 서고, 진
실은 곧 밝혀지리라. – 김영선 (애국뮤즈 가수, 헌법수호단 대변인)

○ 자유대한민국을 사랑하시며, 고귀하게 보존하시려고 애쓰시는 애
국심에 존경의 마음을 드립니다. 응원합니다. 파이팅! – 구성재

○ 항상 변치 않는 상록수같은 애국심으로 무장한 헌법수호단의 활
동을 진심으로 성원합니다. – 최세운

○ 하늘이시여 나의 조국을 지켜 주소서! – 손정아(우리예술문화원장)

○ 헌법수호단의 모든 소송과 고발사건 잘 될 것입니다. 나라 위한
일, 정의롭게 반드시 승리 합니다. – 윤창영

○ '불법탄핵 보고서' 발간을 축하하며 헌법수호단의 활동을 적극 지
지합니다. – 양요한

○ 탄핵무효! 싸워 꼭 승리하십시오. 응원합니다. – 홍정래

○ '대한민국은 왜 불법탄핵을 저질렀나?' 헌법재판소가 불법탄핵 했
다는 말이네, 이게 나라냐? – 심영숙

○ This book is a must to understand the future of the Republic of Korea. Our previous generation and America presented us such a free and prosperous country from the ashes of the Korean War in 1950 with blood, sweat and tears. However, We the People have to fight to protect the Constitution and the free democratic system since 2016. We will stand together on with our ally America to defend our freedom and lives for the world! – Sandra Yang (Rep of "NowKorea" on YouTube)

○ 헌법수호단의 그 간 노고의 결정체가 책으로 나온다니 기대됩니다. 고맙습니다. – 최현오

○ 헌법수호단의 불법탄핵 보고서 '대한민국은 왜 불법 탄핵을 저질렀나?' 책 발간을 진심으로 축하합니다. 이 책을 통해서, 무너져 내린 헌법수호 및 가치를 바로 세우고, 사기탄핵의 진실과 정의를 파헤쳐서 박근혜 대통령님의 복귀를 통하여 대한민국을 바로 세우는 것만이 진정한 대한민국의 헌법수호입니다. – 이주철 (영화배우)

편집을 마치고서

 참으로 긴 시간, 원고를 읽고 또 읽었다. 이 책에 수록된 내용은 하나도 버릴 수 없는 역사적 진실들이고 법리에 아주 완벽하다.

특히, 600쪽이 넘는 원고 속에 녹아 있는 결코 법조인들의 수준에 뒤처지지 않는 깨알 같은 글자 속에 영근 불멸의 진실과 정의의 깊이 있는 법리들은 교정을 볼 때 마다 내 가슴을 요동치게 했다.

대통령 박근혜는 2017년 3월 10일 헌법재판소에서 탄핵 인용의 결정인 '파면'을 선고를 받고서, 구속 수감, 중형의 유죄 확정까지 받고서 4년9개월의 옥고를 치른 후 가짜 대통령의 '특별사면'이란 명목으로 2021년 12월 31일 서울 삼성의료원에서 입원 중 석방됐다. 가짜 대통령으로부터의 은혜로운 사면(용서)일 수가 없다.

대개가 알고 있는 세상의 인심처럼, 과연 대한민국 제18대 대통령 박근혜는 국회와 헌법재판소에 의하여 파면 당한, 헌법상의 궐위된 대통령일까?

그렇지 않다. 대한민국 제18대 대통령 박근혜는 헌법 제68조상의 궐위된 대통령이 아님이 헌법과 법률상 명백하기 때문에 헌법수호단은 '피고인(형사재판 용어) 박근혜', '박근혜 前대통령' 따위의 호칭은 부적절함을 분명히 밝혀, '피고 적법한 대통령 박근혜'로 표기했다.

나라의 대통령을 빼앗긴 우리는 지난 5년 동안, 비가 오나 눈이 오나 매주 주말이면 아스팔트 위에서 "탄핵무효 헌법수호"를 부르짖었다. 투쟁과 소송을 병행하는 동안 겪었던 모든 일들을 이 책 속에 다 담을 수는 없었다. 하지만, 몇 개월의 산고 끝에 책을 내고자 하니 아쉬움도 많이 남지만, 그래도 누구나 할 수 없는 우리들의 발자취가 녹아 있기에 주먹을 불끈 쥔다.

우리는 힘든 길을 걸어 왔다. 숱한 나날들의 법원 앞 시위에도 외면하는 법 권력엔 참을 수 있었지만, 무조건 '각하' '기각' 판결 해버리는 법관들의 비 양심을 보는 것은 참을 수가 없었다. 그럴 때 마다 입술을 깨물며 입을 악 다물었다.

우리는 물러서지 않았다. 진실을 밝히자고 손을 맞잡은 헌법수호단원들은 십시일반 주머니를 털어 소송비용을 충당했고. 일부 회원들은 대리운전으로, 알바로, 심지어는 막노동 현장에서까지 벌어 온 돈으로 소송비용에 보탰다.

피고와 법원이 원고들에게 소송을 어렵게 하려는 거액의 소송비용 공탁금 명령을 받기도 하였고, 고등법원에 대법원까지 한 통속으로 훼방을 놓을 때는 소를 취하할 수 밖에 없기도 했다. 그래서 1심 각하 패소에 이은 항소(2심) 상고(3심)를 잇지 않음이다.

그럴 때마다 우리를 불러준 자유 우파 유튜브 방송들과 그리고 헌법수호단의 투쟁에 전국 각지에서 소송비 후원을 보내 준 애국동지님들의 힘까지 더해져 47번째 소송까지 들어 간, 현재도 몇 건의 소송이 계속 진행 중이다.

헌법수호단은 주말마다 하는 집회보다는 평일에 더 바쁜 소송진행과 검찰. 경찰, 공수처, 국정원. 군검찰 등 수사기관에 불법탄핵 관련자들에 대한 고발장 제출과 고발인 진술도 수시로 있는, 정말 힘든 시간을 달려 왔다.

우리는 끝까지 싸울 것이다. 반드시, 박 대통령에 대한 불법탄핵을 법적으로 규명해서 대한민국의 헌법을 수호하는 법적 투쟁의 의미를 찾을 것이다.

2017년 3월, 헌법기관들과 가짜 언론에 의한 망국적 불법탄핵 '정유법란', 내 나라의 헌법이 파괴되고, "적국과 합세한 여적무리들에 의한 불법탄핵". 그러나 허약한 우파 정권과 정당이 두 손을 들 때, 벌건 대낮에 박근혜 대통령과 집권세력은 참혹하게 정권을 탈취 당했다.

이러한 때에, '대한민국 헌법수호단' 우리는 집회투쟁에 병행해, 준법 소송투쟁을 선포하고, 본격적인 소송전(訴訟戰)에 나섰던 것이다. 우리는 현장에서 '필사즉생'의 결기를 갖고, 박상구 총단장과 500여 명의 소송 원고들이 똘똘 뭉쳐 왔다. 헌법수호단의 태극전우들과 혼신을 다해 "탄핵무효"를 부르짖으며, 국가재건의 정신으로 싸우고 있다.

국민 여러분 힘을 냅시다!

박근혜 대통령의 말씀처럼 시간이 걸려도 진실은 반드시 밝혀집니다!

부디, 이 책이 헌법파괴범들의 오만과 불의의 뇌리를 강타하는 정의봉(正義棒)이 되고, 진실을 찾는 애국국민들에게는 역사 승리의 증표가 되기를 간구(懇求)한다. 어려운 여건에서도 이 책의 출판을 도와주시고, 함께 해주신 모든 분들과 전국의 헌법수호단의 동지님들께도 깊은 감사를 드린다.

우리는 승리합니다.

반드시 헌법파괴범들의 무릎을 꿇게 할 것입니다.

구국전선에 함께 합시다!

진정 행동하는 애국으로 뭉칩시다!

이 종 만(대한민국 헌법수호단 사무총장)

한미동맹 강화!
Strengthening the ROK–U.S. Alliance

Why did the Republic of Korea Commit Illegal Impeachment?

1. Report on the Illegal Impeachment and Its Nullity to the Public
2. Justice and Truth must NOT be Neglected!
3. Living People's Sovereign Guard in the Republic of Korea's Constitutional Suicide
4. Substantial Sovereignty of the People by the Struggle
5. President Park has never been impeached, removed from office or vacated.
6. Continuation of Illegal Torts for Ruining Country
7. Illegal Tyranny of Prosecutors and Special Prosecutors

Constitutional Institutions that Deceived the People
Destroyed Constitutional Order of the Republic of Korea
The Starting Point and Destination of the Illegal
Impeachment of Our President
The National Report Dissecting the Bare Face of

The Culprit of Illegal Impeachment
Are they our Country's Constitutional Institutions?

This book is about the Illegal Impeachment of President Park, GeunHye of the Republic of Korea to protect the constitutional order of the Republic of Korea for truth and the definition of the Impeachment Nullification focusing on the various illegal disposition of the constitutional institutions by notifying the public widely that the illegal impeachment was extremely inappropriate and absurd.

- The Patriotic Constitutional Guard of the Republic of Korea

1

Report on the Illegal Impeachment and Its Nullity to the Public

Park, SangGoo
(Representative of the Patriotic Constitutional Guard of the Republic of Korea)

The constitutional court declared President Park, GeunHye (President Park) a dismissal decision illegally on March 10, 2017. That happened for the first time in the history of the Korean constitution.

This book is the struggle chronicle of the Patriotic Constitutional Guard of the Republic of Korea(Constitutional Guard) against the illegal impeachment of President Park.

In the illegal impeachment trial, the sentence, "President Park, GeunHye should be removed from office" is absolutely null, void and meaningless as an illegal impeachment on March 10, 2017.

It is truly deplorable that the eight judges of the constitutional court of the Republic of Korea, not even ordinary people, have delivered the illegal impeachment, a nonsensical sentence.

In this book, we confidently declare to all Koreans and mankind who support freedom and democracy, the dismissal of President Park, GeunHye by the constitutional court of the Republic of Korea was clearly an illegal impeachment. We present this book to all eight constitutional judges at the constitutional court, the National Assembly as the impeachment prosecution and its 16 attorneys, President Park and her 20 defending attorneys and all Koreans who were deceived to believe the dismissal was lawful at that time.

The litigation principles contained in this book have been prepared as the impeachment charges, impeachment decisions, precedents, legal books and materials on social media as a result of the hard work of the several non-legalists of the Constitutional Guard who have continued the struggle until now.

With the law of natural and absolute nullity, the "Impeachment Nullification Confirmation Lawsuit" without a limitation on the filing period is a case to winning as a court judgment in accordance with the Administrative Litigation Act (4 of §3), in which "the constitutional court's decision is also sometimes subject to judicial remedies." Until then, we Constitutional Guardians continue to fight to comply with the value and mission as the citizens of the Republic of Korea.

As citizens who have lost the legitimate President of the people to unlawful anti-Korea forces, the appeal lawsuit against the invalidity of impeachment based on the people's sovereignty is itself an attempt to obtain confirmation from the court for the validity and existence of constitutional institutions that have exercised administrative disposition illegally. This is because there is the interest in lawsuit and it is the value of the law that must be fought for.

There is no economic benefit as monetary value to the plaintiffs even if we win the case by receiving the court's verdict of validity of the impeachment invalidation lawsuit and the existence or non-existence of the case. However, the reason why the plaintiffs, the Constitutional Guard cannot help fighting legally as citizens is that the country is at risk, so it is the thought of saving our country, hoping for stability in the country by suppressing the forces of illegal injustice by examining the validity with the standard of law.

The constitutional and public institutions, which are called the public servants for the people, are illegal and illegally seek the extermination of the Republic of Korea. It is inevitable to doubt them. When We the People realize this, we have to finance and fight against the rebellious institutions.

The resentment against the constitutional institutions that pronounced judgment of dismiss in dozens of cases for invalidation of the impeachment in a row will be lifted, if there were any legal professionals to refute that the impeachment of President Park was not legal at all. We are eagerly waiting for the support and participation of experts from the legal profession in the "protection of the Constitution of the Republic of Korea," which we would be grateful for.

Although the Sewol ferry and tablet PC which seem to be the causes of the president's illegal impeachment are things that cannot be overlooked, however, this book does not mean to discuss endless debates about the things related to such issues.

It is to protect the destroyed constitutional order of the Republic of Korea by revealing the truth and the definition of the absolute nullity of the "nullification of removal" by stating that the lawful disposition that should have been taken as a constitutional institution and the procedure was extremely inappropriate. Even a person who commits a heinous crime should be punished with due process based on the principle of the criminal justice system.

In addition, it reveals that it is not intended to be biased or forced to hate certain politicians on both the left or right sides in this book, and it is only natural to see it as such. Please understand that we do not express support for any political party or politicians in the name of the Constitutional Guard.

From the first lawsuit seeking to reveal the illegal impeachment of President Park to this point of publishing, we have continued to file numerous lawsuits and accusations, even if we have no economic benefit to be gained as a plaintiff. We had no choice but to devote our personal economic life as an opportunity cost expense in the series of litigation.

We extend our deepest gratitude and blessings to our comrades who do not reveal their phone numbers or names, but do not spare any supports for the litigation costs. They are the real patriots participating in the fight with the plaintiff, the Constitutional Guard that wanted to receive even only one "confirmation" from the judiciary in the litigation that the country was in an intense war of irregularities and mismanagement of state affairs across the country.

Also, we would like to express our deepest gratitude to our publisher, CEO Kim, KiHo and Design Manager Lee, BaeHwa of Hangaram Communications, who helped to quickly publish this book so that it could come out into the world and become the light of salvation that corrects the constitutional order.

Completed the manuscript on the 72nd anniversary of the Korean War 6.25

2

Justice and Truth must NOT be Neglected!

Sohn, SangDae(CEO of SohnSangDae TV, Representative Moderator of Taegeukgi Rally In June 2022)

I am the person who has been standing on the asphalt paved road from the first meeting of 2016, when the first "Illegal Impeachment Nullification" assembly was held, until this time today.

If you have ever been on the asphalt at least once, waving our National Flag, Taegeukgi and shouting "Tan~Haek~Mu~Hyo~! (Impeachment Nullification)" with tears, you will remember the person who exclaimed, "Tan~Haek~Mu~Hyo~!" to death and death more than anyone else. Because of this, the struggle to find out the truth about the illegal impeachment against President Park, GeunHye continues even today.

People who are exhausted after a long period of time look at me and tell me to forget President Park, GeunHye. However, I can never stop here.

It is because the regime does not recognize the fact that the truth has not yet been disclosed, though that manipulation and illegality have been revealed through the efforts of the patriotic We the People.

There was only one reason that I went to the asphalt with the Taegeukgi from the beginning. This is because the impeachment of President Park, GeunHye was illegal even if a knife comes into my throat.

I did not blindly support President Park, GeunHye, nor did I regret the fall of the Park, GeunHye government. It is because I thought we should stop the world where illegality and manipulation could impeach the innocent incumbent President.

So I have struggled, and I am still fighting. As a result, I suffered a lot from the Moon, JaeIn regime. I had to go to prison that I didn't have to go, and I am still suffering from all kinds of lawsuits and investigations by the investigative agencies, not to mention of oppression and fines. Still, I can't stop. Somebody has to fight, so I'm still investing a lot of time in this struggle for justice. Except for one year and seven days in prison, I have been fighting against the illegal impeachment for six years. I am crying out through YouTube and on asphalt three to four days a week for the truth to come true.

Together, these efforts have already produced enough evidence that the impeachment of President Park, GeunHye is illegal. The legal basis for illegal impeachment was also found through the legal experts, and the

scientific basis has already been prepared. In particular, the unfairness of the resolution of the impeachment proceedings of the National Assembly and inappropriateness of the judgment of the constitutional court were revealed. The special prosecutor and the prosecution showed all the flaws in the judgment as well as the faulty judgment of the court.

On the other hand, the scam fiction of the tablet PC that became the fuse of impeachment was found out to be false. Most of the fake news in the media that covered President Park also revealed the truth now. However, the regime, the judiciary, and the politicians do not want to admit their plots and are just covering them up.

In the midst of this, I got to know the Patriotic Constitutional Guard of the Republic of Korea (Constitutional Guard) that fight legally along with the asphalt struggle. Their goals were different.

Whenever they receive a judgment of "dismissal" in one case, they have filed two more cases. In this manner, they have continued the legal struggle without a gap in the proceedings since the commencement of their lawsuit.

They are not a group of legal experts, however, their analysis on illegal impeachment was far superior to that of lawyers or jurists. The record of their tireless fight complying with the law was preserved in the history.

It was that the historical truth should be revealed through the legal documents, even if it was a battle that could not be won under the Moon, JaeIn administration, which is the regime of the illegal impeachment forces.

I was moved by those words and the determination of the comrades of the Constitutional Guard, and it has been over three years since I joined as a member and worked together. The historical evidence embedded in the complaint would have forced the Moon, JaeIn regime's judges to dismiss each one of them, however, they would have been scared of.

I dare say even if President Yoon, SeokYeol and Minister of Justice Han, DongHoon who were in charge of the President Park's prosecution, ignore this truth, the history of the Republic of Korea will surely be acknowledged someday. This is because the chronicle of the litigation struggles of the Constitutional Guard are based on truth and evidence that have thoroughly complied with the standards set by the law.

Therefore, I would like to appeal to Presidents Park, GeunHye and Yoon, SeokYeol to stand on the side of the truth through this book.

First of all, President Park, GeunHye may be aware of the fact that over the past seven years, over 20 million people have persistently called for the annulment of the impeachment rain or shine. In the course of this struggle, the five patriotic people lost their precious lives and many others were injured. Dozens of other comrades were also imprisoned and hundreds of people suffered severely from being accused. The pain is still unquenchable and still haunts us.

However, President Park, GeunHye has not said anything to this day, six months after being released from prison as if ignoring We the People. Before the local elections, we were very disappointed when President Park spoke only well of Mr Yoo, YoungHa, a lawyer, ignoring We the People who have been fighting for her for seven years on the asphalt.

I don't want to hear her say thank you but we would like to ask her to speak out for the truth we have discovered about her illegal impeachment for our country. President Park can keep quite if she thinks this request is excessive. At any rate, we will keep fighting to the end regardless of the will of President Park, GeunHye.

Also, if President Yoon, SeokYeol understands that even the people who are protesting against his illegal impeachment against President Park have supported him for his presidential election, he should make a decision on the matter. He should raise his hand to the truth of the illegal impeachment, not only for the restoration of President Park, GeunHye's honor, but also for the protection of the Constitution of the Republic of Korea, which was ruined by the Moon regime.

The history of truth will not be buried by hiding.

If President Park, GeunHye and Yoon, SeokYeol read this book, I beg you to join us in condemning the false history of the rebellious candlelight forces and the Moon, JaeIn regime.

Lastly, I pray that the glory of God will be with all the members, including Representative Park, SangGoo of the Constitutional Guard, who has fought with the records and compiled the records into a book for the truth.

3

Living People's Sovereign Guard in the Republic of Korea's Constitutional Suicide

The demand for a resignation through the presidential declaration was also strong from the political parties along with the controversy over the legitimacy of the impeachment prosecution: from the end of 2016 by the National Assembly's impeachment proposal and the passage of the prosecution to the constitutional court's dismissal of President Park, GeunHye on March 10, 2017.

It is a well-planned plot that the leftist candlelight riots, which began in March 2016, thoroughly planned to devour the legitimate Park, GeunHye Government. The aftershock is still in the process of manufacturing various evil in the Republic of Korea (Korea).

On March 26, 2016, on page 6 of the North Korean communist party newspaper, Rodong Sinmun, published "We impeach Park, GeunHye," as if giving a command to the South Korean communisits. In fact, a year before this report, North Korea had already been bombarded with primary criticisms against President Park, GeunHye and articles of incitement to impeachment. Only the right wing just didn't know.

And a year later, as communist North Korea insisted, President Park, GeunHye was forced to step down without any resistance. It was clearly an impeachment against our free democratic system.

However, President Park refused to compromise with this injustice and received a sentence of dismissal, which was the invalid illegal impeachment. She was pushed out of the Presidential Residence, Blue House with the belief that "the truth will be revealed." She had endured the severe trial, bloody arrest investigation and the prolonged torture for six months.

When an additional arrest warrant was issued for the legitimate President who is undergoing a criminal trial on the pretext of destroying evidence, President Park said, "No more trust in the judge is meaningless. Since then, she refused the further trial and faced injustice and lies through a long silent by the prison struggle.

The betrayal and deceiving politicians are trembling as the truth has been revealed through the efforts of the Patriotic Constitutional Guard of the Republic of Korea (Constitutional Guard) with more than 40 times of lawsuit. People's sovereignty, the blade of justice, is getting closer day by day to the corrupt politicians in Yeouido, the illegal fake president Moon JaeIn, and the eight constitutional judges who are the culprit behind the illegal impeachment.

Despite the fact that it was the perfect legal error of Korea in which the sovereign rights of the people was stolen, the illegal power of fake president Moon was exercised throughout the country for five years. Although the regime changed on May 10, 2022 to Yoon SeokYeul, the illegal rule continued due to the illegal impeachment of the constitutional court in 2017.

Meanwhile, the people holding the National Flag, Taegeukgi were getting tired. The media has ignored the patriotic Taegeukgi people, and the police only arrested the patriotic right-wing citizens to prison. The pro-China North Korea followers were so maddened that they should have imprisoned in a psychiatric hospital.

The upside down world was burning both truth and justice in candlelight. Power and public authorities were covered with candle wax, and were just looking at the ruined country with their disregarding eyes.

Those who broke the Constitution could not be forgiven. We shouted "Let us stand up to defend the Constitution." "If the Constitution is destroyed, the country will surely perish." "It is the duty of the people to protect the Constitution." "Let's start with the protection of the Constitution as well as the right to resist the people." However, no one in the Korean public authorities cared about it. There were many opinions that we should just take up a gun and fight the leftists head-on.

Fortunately, our subtle appeals penetrated the ears of some small awaken citizens. The people who genuinely worried about the country gathered together and began to walk the path of comradeship with us together.

In March 2017, a small citizen association without a single professional lawyer formed a highly militant organization called "The Patriotic Constitutional Guard of the Republic of Korea (Constitutional Guard)" in the name of 33 patriotic citizens and declared the legal struggle for the country.

The fight of the Constitutional Guard was not violence or protest, but rather proving through litigation on the actions of the National Assembly, the constitutional court, the Special Prosecutor's Office, and the Prosecutor's Office for subverting the constitution, which carried out illegal impeachment. In the unarmed legal struggle of beating rocks with eggs, everyone has entered the battlefield under the name of the "Constitutional Guard."

And over the past six years, we have been accumulating records on the Korean courts, not only to uncover the truth of President Park, GeunHye's illegal impeachment, but also legal evidence that institutions violated the certain law through 42 lawsuits. The record also recorded the names of the judges in charge and the progress of the trials.

If the Republic of Korea does not become communist, 100 or even 1000 years later, our descendants believe that the truth of the Constitutional Guard, which fought legal battles from 2016 to 2022, will be valued as the historical document of justice.

It is said that dark history will someday repeat itself, but at least the legal struggle of the Constitutional Guardians will be the other way around. We would like to emphasize and confirm once again that the history of the illegal impeachment of the obscene and servile forces that destroy the Constitution has been nailed to the hand of history so that it cannot be repeated forever.

The people of justice will never forgive those who destroyed the Constitution and made fun of it and who abused power by using the pretext of impeaching innocent President Park, GeunHye.

The plaintiffs of the Constitutional Guard wanted to get confirmation from the judiciary with judicial power and credibility under the Constitution that it is not that in terms of judicial justice about the wicked world in which the constitutional institutions of this country took the lead in committing the illegality.

In fact, President Park, GeunHye was not impeached, removed from office, or vacated because it is the illegal impeachment. The decision to impeach was absolutely null and void to take any legal effect.

This natural nullity does not mean that what was valid as a result of a court's decision was converted to nullity, rather it was null and void itself from the beginning.

By spreading this true judicial justice to the world, we are trying to establish the Republic of Korea as the country where the rule of law lives again, realizing even now the decision to remove the innocent incumbent president was wrong.

Through this book, the Constitutional Guard would like to claim the constitutional institutions of this country and public institutions leading the country in a wrong way, to be judged by the sovereign people as the "National Trial."

One way is to exercise the right of national resistance, after receiving a judgment of "dismissal" from the courts for the continuous response regarding the litigation for invalidation of the illegal impeachment. We started it when we did not know there was already a lot of leftist influence in all areas of our society and public affairs. We cannot but summon them to the national court now by publishing this book, "Why did Korea Commit Illegal Impeachment?"

The constitutional suicide of the Republic of Korea will be completed when it denies the historical legitimacy of the Republic of Korea, the national legitimacy, the unique legality of international law on the Korean.

Peninsula and sells them to the rebellion group of the North Korean Workers' Party in the form of a federation or federal system with the communist North Korea; it means Red Unification.

The state is perpetual, and even if it can be destroyed, it cannot constitutionally commit suicide. In the sense that even the sovereign people, the general will of the people, that is, the power to enact the constitution, cannot make the state constitutionally suicide. The illegal and fake president Moon JaeIn's illegal rule is an act of treason that sells the Republic of Korea to the Workers' Party of the communist North Korea.

The candlelight frenzy of the impeachment regime and the seizure patterns of leftists who gathered in Gwanghwamun Square as if the Republic of Korea were crazy, were beyond imagination. The left media carried the rumors of ruin, so even normal citizens had to walk towards the cliff of the thousand-way road amidst the swamp of candles, with their red eyes bulging as if they had been given drugs.

The squeaking sound of the country's collapse was beginning to be heard everywhere, and it was becoming the lawless world that did not require any laws, no principles, no manners and no minimum human conscience. The more they did, the more we shouted, "Impeachment Null and Void."

The voices of the patriotic Taegeukgi people, which exploded like a huge tsunami, were only wallowing on the rough asphalt like autumn leaves. The sound of the loudspeakers of the mad leftists resounding in the square was turning into a storm as if it would swallow up the Park, GeunHye government at any moment. In an instant, the energy of the square was tilted to the left.

At that moment, the press became garbage all at once, and the garbage reporters who became the witches of public opinion spewed out the fake news and it is like fish in the water. Even the public authorities as no one could stop were well accustomed to the whip of the garbage reporters, as if they had been given an anesthetic gun.

In order not to be burned to death by the frenzied candlelight, the prosecution, the special prosecutor, the National Assembly and the constitutional court were all quickly sucked into the black hole of impeachment. As if they had compromised in advance, they all closed their eyes and ears to the cry of the Taegeukgi people in order not to burn to death by candlelight of the left.

The well planned illegal impeachment that started from the candle wick was transferred from candlelight to torchlight due to manipulation and propaganda against the free democratic system and finally to the Republic of Korea itself.

The main culprits of the illegal impeachment hid their heads, dug into the National Assembly and drew the sword of betrayal that was pierced in the back of the master whom 62 betrayers of the Saenuri Party served. Though the Constitution shouted "No," Korean compass was already aligned with the direction of impeachment, and on March 10, 2017, the hands of the clock were turning to the illegal presidential impeachment and her removal of office.

4

Substantial Sovereignty of the People by the Struggle

People's sovereignty is the principle that the people have sovereignty, which is the driving force that can determine the supreme affairs of the country, and that the legitimacy of all state power lies with the people. The "People's Sovereignty Theory" is the most fundamental in modern state management, and it is necessary to establish practical sovereignty of the people and use it as the basic principle of social operation.

"Substantial sovereignty of the people" is the concept corresponding to "formal sovereignty of the people," which means "the people" only referred to as a tool to use. It rationalizes that the government only has practical form and legal personality to treat the sovereign people as who have no will, cannot make decisions and are merely nominal incompetent scarecrows who cannot execute their will.

In order to materialize formal national sovereignty for achieving the autonomy of the National Assembly in which the people actually participate in the exercise of sovereignty, the real sovereignty and the democracy, we need to fully recognize the concept and essence of the modern representative system.

Is our society really a "substantial sovereignty of the people?"

The principle of constitutionalism based on the theory of national sovereignty is that the content of the basic rights of the people and the exercise of state power should be stipulated in the Constitution and governed accordingly to institutionally guaranteed freedom.

Constitutionalism is that politics should be conducted according to the Constitution established by the consensus of the people. Based on the Constitution established according to the democratic procedure, the state is run with subordinate laws, and the freedom and rights of the people are stipulated.

The Constitution is the supreme law of the state. It can prevent the abuse of state power through the constitutional principle of organizing and exercising power in accordance with the constitution, which provides the basic principles of state management and guarantees the basic rights of the people. It is possible to realize the democratic ideals of dignity, freedom and equality.

It stipulates that "the sovereignty of Korea rests with the people, and all power comes from the people," and the Constitution of the Republic of Korea stipulates a referendum. Also, it is clear as a solid basis for standing in the position of the theory of substantive popular sovereignty, which does not regard the people as incompetent citizens.

However, as explained above, as a series of illegal acts of the country's representative constitutional institutions, they took the lead in violating the law and deceived the "people as without legal personality" since the illegal impeachment, which has continued from the era of the fake republic of the illegal fake president Moon JaeIn. The Republic of Korea is now in a situation where it cannot be said that it has a constitution, and the constitutionalism governs the country with real Constitution according to the constitution.

In this situation in the Republic of Korea, narrowing the gap between "formal sovereignty of the people" and "substantial sovereignty of the people" would be the way to protect the Constitution of the free and democratic system in which we live.

It is President Park, GeunHye who was illegally impeached, however, the people who elected her as president by voting have the right of the people's sovereignty, monitor whether the actual effect of the vote is consistent with the Constitution and the law as the right of the people's sovereignty. As a citizen who is entitled to the exercise of sovereignty against the inconsistency, it is the very natural and unequivocal right to effectively resist the injustice and illegality.

This modern representative system adopts a modern national representative system, in which individual people have sovereign exercise their sovereignty and actively monitor and participate in national decision-making. It is the expression of practical national representative system and its core content.

As a result of this practical exercise of national sovereignty, the stupid public authorities of this country did not catch the thieves of the illegal and fake president in the country. What and why the police and prosecutors stop We the People when we were to arrest the illegal and fake president? Why the state power interrupted our own right to exercise through the national sovereignty?

Substantial citizen sovereignty is not the role of a simple flag raising on election day, which is merely a formal exercise of national sovereignty.

National sovereignty which will be accepting of the outcome of formal voting, and monitoring and confirming whether it is followed as the legitimate process is the real national sovereignty of We the People today.

The police and prosecutors, who mobilize the police force against protests of We the People who want to arrest the illegal and fake president Moon, and prevent us from doing our own right as citizens, have forgotten or misunderstood their mission and duty. Rather, they are the accomplice with the anti-state forces that are trying to destroy our free country.

The presidential election held on May 9, 2017 was carried out in a continuum of illegal acts committed by the constitutional institutions. It clearly violated the procedural laws, so we could not recognize the illegal and fake president Moon JaeIn as president.

Acknowledging him is in itself a violation of the law and becomes an accomplice in a national rebellion with them. Because of President Park's remaining term of office, the Yun, SeokYeol regime, which succeeded Moon JaeIn's fake republic can't be different.

Although it was an election vote that collected the votes of the people, the votes of the people without the legal cause for holding the election are clearly illegal.

The police and prosecutors of Korea who are sympathetic to the illegal and fake presidents who have infiltrated this country are committing negligence against the law.

Governing from the illegal fake president (a term in criminal law) is no different from the illegal domination of organized gangs. The stupid public authorities in the Republic of Korea need to re-study what is justice and what is illegal and need to come to their senses.

The basic principle of a constitutional rule of law requires that any state action be performed constitutionally and legally within the framework of the Constitution and laws, and the judgment of constitutionality and legitimacy essentially belongs to the power of the judiciary.

However, some state actions are highly political, and it is by no means desirable for a court that does not take political responsibility for such high-level political actions to influence policy decisions by examining the legitimacy while ignoring the purpose or legitimacy of politics. Since there is no denying that the courts are intervening in political issues and infringing on their neutrality and independence, the court itself restrains the exercise of judicial review rights in the case of highly political state actions as so-called acts of government. There are areas that are excluded from the judgment.

Meanwhile, even if the concept of governmental act is recognized in this way, the recognition must be done very carefully so that excessive restraint of judicial review does not result in negligence or abandonment of the court's responsibility to guarantee basic rights and realize the principle of the rule of law. should be done only by the judiciary. (Supreme Court, March 26, 2004, Sentencing 2003도(Do)7878 judgment)

5

President Park has never been impeached, removed from office or vacated.

President Park has never been impeached, removed from office or vacated. The Ruining Illegal Fake Republic, a Joint Venture of Crooked Legal Intellectuals.

The 19th presidential election, which was held for the president who had never been vacated from office due to the illegal impeachment, was also an election that had no legal cause. So it was null and void.

The National Election Commission (Chairman Kim YongDeok, who served as chief justice from Sept 6, 2016 to Dec 26, 2017) did not understand the clear jurisprudence that President Park, GeunHye, the respondent of the impeachment trial, was not impeached under the Constitution and laws of the Republic of Korea. On May 9, 2017, the presidential election was held illegally due to the erroneous judgment on the illegal impeachment.

Whenever the plaintiffs, the Constitutional Guard claim that the presidential election that made Moon JaeIn a fake president is invalid, we have argued that the election itself is invalid under the Public Official Election Act.

It was an erroneous election conducted by mistake as the President was not in the vacancy. She was vacated due to vicious illegal actions of the National Assembly and the constitutional court prior to the election.

Some may say, "Even though the cause is invalid, isn't the president elected by a presidential election?" However, Moon JaeIn cannot be a legitimate president because of the clear legal reason that an election to elect a new president cannot be held with the President who has not been vacated by the Constitution due to illegal impeachment that has not followed the law. This principle is no different for Yoon, SeokYeol, the successor of the illegal regime.

The presidential election was executed by mistake due to the misunderstanding of the law. As it is the illegal impeachment trial, the presidential dismissal could not occur. It is very natural and justified that the principle of invalidity of cause, which is an extra-regulatory factor unrelated to the Public Official Election Act, should be applied to the judgment of invalidation of impeachment.

According to the provisions of the Public Official Election Act and the principle of invalidity of cause, we the plaintiffs bolded and underlined the font on the documents submitted to the court regarding this issue. However, the most courts in this country did not see this. It was common among the stupid judgment that ignored it, but drew up the absurd stipulation that an invalidation lawsuit must be brought to the Supreme Court within 30 days from the election day.

Constitutional institutions of the Republic of Korea are contaminated with illegal impeachment, and other public authorities are still protecting such illegal impeachment as follows;

▶ **The National Assembly**

① The impeachment proceedings were decided without any evidence to impeach the President.

② During the impeachment trial, the complaint was submitted without permission.

▶ **The constitutional court**

③ Even in violation of ① and ② above, it infringed the National Assembly's right to vote on impeachment.

④ It avoided appointment of judges scheduled for vacancies and not forming a full tribunal.

⑤ The vacancy tribunal went beyond the right of trial and exercised the right to determine without authority.

⑥ It used illegally collected evidence in the impeachment trial.

⑦ The constitutional court "teachered the creation of false public documents" to change the prosecution clause.

⑧ When the act was committed, it was applied retrospectively to the law to be enforced thereafter.

⑨ It was an illegal judgment against the general principles of the Constitution and the law.

⑩ It was a total illegal impeachment without impartiality and judges' independence.

▶ **The National Election Commission**

⑪ held an invalid presidential election which the President was not vacated due to the illegal impeachment.

⑫ issued the presidential election certificate to the elected candidate with such invalid reasons.

▶ **Moon JaeIn, who ruled the country illegally as a fake president and rebelled**

⑬ He committed a "hierarchical obstruction of the execution of official duties" to run for the presidential election.

⑭ As a general entity of illegality, he is the head of the state rebellion who deceived the people.

⑮ Under his unlawful rule, the President of the Republic of Korea Park, GeunHye was arrested, investigated and detained.

⑯ As a fake illegal president, he ruled illegally for five years.

According to the Administrative Litigation Act of the Republic of Korea, even if it is a decision of the constitutional court, it is clear in the law that illegal impeachment that violates the compulsory provisions of the public law as mentioned above and disturbs the national Constitution is subject to the lawsuit to be tried in the court.

The deplorable five years of illegal rule by Moon JaeIn, the fake president of this illegal fake republic, was made by the lawyers of this country, and the ignorance and cowardice silence of countless other lawyers until the "era of extortion" by the illegal and fake regime increased the countless calamities. This subservient silence cannot tell how much more misery we will regret later.

Although the constitutional court, one of the constitutional institutions of the Republic of Korea, is not included in the judiciary system, the knowledge of the law of this country has positioned the constitutional court as the supreme institution of the judiciary, and even the constitutional court has made the decision of impeachment as the supreme judicial institution deceptively. We even saw the level of knowledge of the country's disastrous legal knowledge, which even gave false answers in the case of invalidation of the impeachment against the plaintiffs of the Constitutional Guard.

The constitutional court is not a judicial body. Therefore, regardless of the outcome of the constitutional court, citizens can have a trial in a formal judicial institution. In other words, it guarantees the people's right to a further trial.

The critical ignorance is that the highest organ of the judiciary is the constitutional court. Thus the decision of the constitutional court to dismiss the President at will is absolute abuse of power. The sovereign people after the dismissal of President Park have nothing to expect anymore from constitution. In fact, the May 9 presidential election in 2017 was held against the Constitution. The same is true against the Constitution in the presidential election in which Yun, SeokYeol was elected on March 9, 2022.

It is ignorant to accept the President's sentence of dismissal by misunderstanding the constitutional court as the supreme judicial body of the Republic of Korea. Who is responsible for plunging these 50 million people into the national legal erroneous conception?

After the dismissal of illegal impeachment, the world just gave up as "ex-President Park, GeunHye." In response to the unfortunate and tragic facts, the Constitutional Guard has continued to fight lawsuits and accusations by revealing every single evidence of illegal impeachment and we were eligible to inform the public of these erroneous legal errors.

With the total ignorance of the laws of the Republic of Korea, the illegal and fake president Moon could finish the term five years in the country. It is lamentable that people do not even know these illegal facts, or unable to speak because they are afraid. This situation, the criminal is being respected as a courtesy of the former president, is truly a shameful international disgrace.

Indeed, despite the humiliating national crisis, there is no lawyer to help the Constitutional Guard because they are afraid of the powerful living injustice. Even in the condition, our impeachment invalidation lawsuit has been filed more than 40 times, and the clamor of more than 500 unbroken plaintiffs and the eyes of justice are still shining despite the long years of struggle.

Despite the disappointment of not knowing where to find justice in the conscience of these irresponsible and cowardice lawyers, several senior lawyers who served as former Supreme Court justices and Constitutional judges, including Attorney Kim PyongWoo, who participated in the impeachment trial as the spokesman for President Park; he boldly and sharply pointed out the errors of the illegal impeachment.

The elder lawyers who pointed out the impeachment are as follows: Kim, DooHyeon, Jung KiSeung, Lee SeJoong, Hah HamHo, Kim JongPyo, Lee SiYoon, Kim MoonHoe and Kim PyongWoo. On the newspaper (ChoSunIlBo Feb 9, 2017 P1 Bottom), they publicly presented their opinion on the legal flaws in the impeachment trial of President Park.

"Regardless of likes or dislikes President Park, GeunHye, we want to help the constitutional court to decide by revealing our legal views as purely legal experts," they said. Six points of opinion were expressed using paid advertisement in the newspaper. Below is the full text of the "lawyers' opinion on the impeachment trial" presented as the advertisement.

1. Korea has a very unique system in which the impeachment prosecution by the National Assembly itself alone suspends the authority of the respondent, that is, President Park, and in fact, the impeachment effect occurs first. Thus, there should be sufficient preparatory procedures for the impeachment decision to be made only with the evidence and precedents presented at the time of the impeachment prosecution. However, in this impeachment, the National Assembly decided to impeach only from newspaper articles and heartfelt testimony, without any evidence investigation process or precedent collection process and suspended President Park's power. This is the critical unconstitutionality that goes against the rule of law and the principle of due process of our constitution, which requires a trial of evidence.

2. In particular, the resolution and handling of the impeachment prosecution before the special prosecutor's investigation began in earnest reveals that this impeachment was handled abnormally

and hastily.

3. It is also the serious violation of due process to vote collectively without individual deliberation and voting on the 13 grounds for impeachment with completely different legal characteristics. This impeachment must be distinguished from the impeachment of president Roh Moo-hyun, who had several grounds for impeachment that were substantial (violation of the Election Neutrality Act). In particular, in the process of this impeachment discussion, a significant number of lawmakers expressed their opposition to the Sewol ferry issue. Thus, it is considered that there is the serious flaw in the legitimacy of the vote.

4. President Park has never denied or opposed the principles or principles of the Constitution of the Republic of Korea. Thus, it is a leap of logic to claim that it is a violation of the Constitution on the basis of a few fragmentary violations of the law or allegations of improper business execution.

5. There are many precedents for the presidential establishment of a public foundation and the act of receiving donations from corporations as its basic assets. Since the purpose is for the public interest, condemning it as a criminal act is against precedent and legal principle of the public foundation.

6. As the constitutional court requires all nine judges to participate in the hearings as a constitutional principle, the institutions involved

in the process of appointing the head of the constitutional court and the judges will succeed to chief justice Park HanCheol who retired on January 31, 2017 and justice Lee, JeongMi who was to retire on March 13, 2017. They must have been replaced promptly to observe the constitutional spirit of the participation of all nine judges.

For the above reasons, the constitutional court needs to suspend the trial temporarily for a fair trial procedure that earns the trust of the people. Then resume the trial and proceed with the trial after the formation of all defect-free tribunals.

We are very grateful for this very reasonable and grateful comments, and were able to gain a lot of courage as the Constitutional Guard is fighting for the law.

6

Continuation of Illegal Torts for Ruining Country

There is no doubt that the act of expelling an incumbent president is a matter to be judged by a high-level legal standard of whether or not she violates the Constitution and the law based on clear facts.

It is becoming clearer as time goes by that the impeachment of President Park, GeunHye was the rush by a "witch-hunting public opinion trial," leaving behind the factual investigation itself.

At that time, the impeachment leaders said, "In November 2016, the approval rating for President Park fell to an unprecedented low of four to five percent for three weeks in a row." They criticized President Park, GeunHye and said that the will of the people was clear for her not to hold the office of president any longer. This was revealed and emphasized with the left false media. It was only decided by the manipulation of the left rigged polls, which were not based on the will of the entire people.

On March 10, 2017, the hearing period was only 92 days until the constitutional court's decision of illegal impeachment was reached. According to the constitutional court Act, the result is to be pronounced within 180 days of the receipt of the resolution of prosecution.

At that time, it is clear that the sentence was hasted with unusual actions such as the pressure from the opposition. The pronunciation of the deadline for sentence was made in public as before March 10, 2017 for the president of the constitutional court, Park HanCheol who retired during the impeachment trial period.

It is also true that the constitutional court carried out the trial four times a week while receiving the investigation results containing only the "truckful of suspicion (suspicion or suspected)" from the prosecution and the special prosecutors, and as a result, the president's delegation was not able to properly prepare for pleading.

The object of contention between the president's delegation and the National Assembly's prosecution committee was more about the factual relationship that was weak from the prosecution stage, instead of the legal principle. The fact that the constitutional court's impeachment trial was carried out in parallel can only be seen as evidence of "rapid impeachment" as the special prosecutor's investigation was ongoing.

On December 27, 2016, it is controversial that Chief Judge Kang

IlWon intervened under the pretext of resolving issues, condensing the nine promiscuous indictment reasons into four for the National Assembly prosecution committee. The fact that he actually supported the revision of the impeachment proceedings was inevitably a controversy for the same purpose.

As the expression "Governing Intervention" states, what kind of interests did President Park have or whether she took even a single penny of personal profit was not proven in the impeachment proceedings of the National Assembly, the impeachment trial of the constitutional court and the criminal trial. Thus, it adds weight to the interpretation of pre-determined impeachment with impure intentions.

Attempts by the Supreme Court to increase the amount of direct and indirect bribery charges in a separate case continued, however, it is also true that criticism has been raised as it has escaped from the essence. Compared to the cases in which living power relatives were subjected to judicial treatment for misconduct such as large sums of money under the administrations of several previous presidents, President Park's excuse of "economic community" was unprecedented. The grounds for impeachment by making it up to this point are indeed scarce. Even the impeachment trial of President Park did not apply the Constitution and laws, however, rumors flowed as part of a public opinion in the kangaroo court trial.

When the judiciary or the Korean people do not realize the rule of law based on the Constitution and the law, even though the circumstances, are so unjust and illegal, they will face the end of country and are mobilized for the mad candlelight vigil against the people's sovereignty. We will have no choice but to receive the punishment in the common name of a lost nation paying the high price for being deceived by the communist propaganda.

In the name of the candlelight revolution, the left incited the people to make a fundamentally invalid decision to remove President Park, and the law was decided on the illegal basis against the President.

The constitutional court also revised the content and procedural justice of the National Assembly's dismissal for the impeachment trial, as it was also not legal for the impeachment proceeding. They did not examine in detail the legal definitions and truths necessary for the submission of the amendment, ignoring the provisions of the Constitution and laws necessary for the amendment.

However, the whole world absolutely believed in the decision made by the constitutional court, which is said to be the best legal knowledge institution in Korea. The constitutional judges took advantage of the jurisdiction for usurping national politics.

Because it is a constitutional trial without a system of retrial or appeal, many people were deceived by the propaganda and the false left media, ignoring that it was impeachment that put shackles on our own Constitution and suppressed us as citizens of the Republic of

Korea; the verdict fooled us.

We don't understand why the 30,000 lawyers who tried in court did not try the implementation of the judicial remedial method though there were some disagreements in the legal and academic circles. It is questionable whether they did not know how, or whether they were afraid of power though they knew. That is why we, the non-legalists are still fighting on their behalf.

The people of the Republic of Korea and the state power were unaware of the clearly illegal abuse of power committed by the constitutional judges in the constitutional court at that time, as the serious mistake in the national recognition of the law. In fact, it is even the serious illegal act of the constitutional trial decision.

In the end, the presidential election was held on May 9, 2017 due to the illegal impeachment proceedings by the National Assembly's illegal amendment and the constitutional court's unlawful impeachment decision. Fake Moon regime without authority but the candlelight rebellious trial that exploited the country was established in 2017.

However, the anti-constitutional and anti-legal Moon cannot be washed out as a legitimate "President elected by the people" against the laws of the Republic of Korea. As he could not be washed down like that, people's resistance continues in the sixth year of illegal impeachment over constitutional revision with more than 40 endless litigation struggles

For the constitutional judges involved in the trial of illegal impeachment at the time of the constitutional court in this way, they constituted a crime of the abuse of power as public officials under Article 123 of the Criminal Act and obstruction of the exercise of their right, and furthermore, they violated the Constitution and laws in the execution of their duties under Article 65 of the Constitution. It would be considered a felony subject for impeachment.

In this way, they violated the Constitution of the State under the Criminal Act (Article 91). Disruption of the national Constitution means ①destroying the functions of the Constitution or laws without following the procedures stipulated in the Constitution or laws. ② It is defined as the overthrow of a state institution established by the Constitution or the impossibility of the exercise of its power by coercion.

It is clear from their acts and norms that the eight constitutional judges involved in the illegal impeachment of President Park made it impossible to exercise the power of the President. They sought to overthrow the free Korean democratic system by exposing the functions of the Constitution and laws through their illegal acts.

In the case that caused civil rebellion due to their violation of the national constitution, "Whether or not there is a real risk of a rebellion conspiracy depends on the specificity of the contents of the agreement, the proximity to the planned execution time, the number of parties to the agreement and the relationship between the parties to the agreement, the strength of the agreement, the social situation at the time of the agreement, whether the agreement was prepared in advance, and whether there was a follow-up action to the agreement should be judged by considering comprehensively.(Refer to the decision of the Supreme Court on January 22, 2015 by the 2014 도(Do) 10978 All-in-One Council)

대한민국
헌법수호단가

1절
이 나라 법 우리 지키리라 우리들 그 맹세
하늘보며 힘껏 흔들었던 태극기 함성

아아― 다시놓지 않으리 대한 민국 헌법 수호단
이 정성 바쳐 참― 법치 위한 태극기 휘날려라―

2절
이 나라 법 우리 지키리라 정유년 그 법난
대―통령 내친 불법탄핵 당연히 무효라

아아― 다시 잃지 않으리 대한 민국 헌법 수호단
이 목숨 바쳐 참― 정의 위한 무궁화 영원하라

7

Illegal Tyranny of Prosecutors and Special Prosecutors

In front of a frenzy instigation by fake left media and corrupt lawmakers with the banner of "candle revolution" in an illegal and fake republic, the prosecutors exercised the excessive power as the maids of regime in this country.

In the act of disseminating the process and results of the investigation, they spread the results of the illegal impeachment related "Governing Intervention" to the left media every day, as if a message of victory on a war-fighting front. Respect for the personality of the suspects under investigation was not considered at all.

They were assholes with excessive investigating power. From the experience and the viewpoint of the Constitutional Guard, they do not show the spirit that the Constitution and laws of the Republic of Korea exist. They seemed to be interested only in their comfort and success.

From around 9:30 am on January 12, 2017 to 7:50 am the next day, the high-intensive investigation for more than 22 hours was conducted by the special prosecutors against Samsung Electronics Vice Chairman Lee JaeYong. The unreasonable torturous investigation was done as an ordinary situation.

In this way, the special prosecutors committed atrocities to please the candlelight protesters and politicians in favor of illegal impeachment. They had already decided that this case was a crime, and caught those involved in a fitted way, completely ignoring their basic human rights. Their inexorable form of investigation has gone too far.

In a free democratic rule of law society that protects even murderers, however, in front of the prosecutors of an illegal and fake republic, the human rights and the right to know of criminal suspects were ignored, instead they became victims of illegal rule to suffer. The substantive truth of "Ms Choi SoonSil (Choi SeoWon)'s tablet PC," which was said to be the decisive evidence of Governing Intervention, disclosed in such a political situation, was revealed in a completely different direction.

In a world where lies, exaggeration, tactics, conspiracies, schemes and trickery abound in an impeachment policy against the President, and in an illegal and fake republic, where "Socialism is the Answer," the only hill on which President Park, who was instigated by the party members she believed in first, had to use a personal YouTube channel to speak on the illegal situation. It was the world where the prestige of the President of the Republic of Korea was lost.

We cannot convey the brutality of the candlelight revolution, the brutal performance at the rally, the violence and destruction in this book. There are a number of them on line by false media reports. However, the majority of people received it as if it were the real will of We the People as a whole, wrapped as the people's sovereignty.

Some scholars claimed that the special prosecution against the President herself is unconstitutional, and they want to know with what power they accused President Park as criminal and tyrannized against the judgment of the law on the political basis.

In the end, with the special prosecutors, there have been the high-intensive investigation against Lee JaeYong, vice chairman of Samsung, President Park and other related persons.

In this way, the dismissal of unlawful impeachment combined with vicious illegal acts made President Park, the President who could not be impeached, removed, or vacated remain as the legitimate President whose term of office has not yet expired.

On May 10, 2022, the Yoon, SeokYeol regime, who is mistakenly considered for a regime changer of Moon that entered Yongsan has not carried out investigation of the multiple fraudulent elections under the Moon JaeIn regime.

In a nutshell, with this alone, Yoon regime isn't different from the Moon JaeIn regime in that it is another illegal regime, not a legitimate regime and has no legitimacy when there is President Park's remaining term.

The following are the rebels of the law crisis in 2017.

234 members of the National Assembly who passed illegal impeachment proceedings, Eight constitutional judges who overturned the Constitution with full of illegality, The acting scarecrow who did not appoint the vacant constitutional judge, Prosecutors who investigated, detained, indicted, and sentenced President Park who cannot be impeached, Judges who issued arrest warrant for President Park, Supreme Court justices and judges who conducted criminal trials and sentenced President Park, Detention center director who helped the head of the national rebellion by imprisoning President Park, The police who protected the fake president (leader) with iron wall, These are clear and critical criminals of the state treason, and they are the hungry beasts who stigmatized the innocent female President Park, GeunHye as the accused of the constitutional and the defendant of the criminal trial.

Also, the fake president has no duty to uphold the Constitution. With such expectations, there is no legal source per se to urge. Even if such a person was elected as president, only the voters were foolish. The fake president had no legitimate power to impeach. As the fake president, he had no seat to come down to the ground.

- Translated by Sandra Yang

소송참여 및 후원해 주신 분들

Freeisno   Sandra님   감사함님   강권수님   강규선님   강길형님   강대연님

강대원님   강명O님   강무순님   강민식님   강병현님   강숙자님   강순옥님

강신진님   강정숙님   강정열님   강정희님   강종수님   강찬구님   강찬수님

강천석님   강태환님   강화순님   강화희님   강효구님   강흥근님   강희자님

고광산님   고옥례님   고운설님   고지은님   고창롱님   고태식님   곽경숙님

곽미혜님   곽승묘님   곽은경님   곽재문님   구성재님   구한나님   권O기님

권달수님   권명옥님   권석수님   권영우님   권옥자님   권옥희님   권정혜님

권정희님   권찬갑님   권창대님   금중열님   기학희님   김O승님   김O준님

김경식님   김경원님   김경조님   김경혜님   김경희님   김광길님   김교준님

김규리님   김기숙님   김기열님   김길규님   김다혜님   김덕순님   김동성님

김동수님   김동식님   김두천님   김막순님   김명숙님   김미동님   김미령님

김미순님   김미연님   김미자님   김미혜님   김병규님   김보형님   김복임님

김봉선님   김봉섭님   김봉환님   김사규님   김상근님   김상주님   김석만님

김선분님   김선애님   김선자님   김성연님   김세웅님   김소현님   김소형님

김승업님   김시찬님   김시환님   김신옥님   김영균님   김영기님   김영남님

김영미님   김영선님   김영수님   김영오님   김영욱님   김영원님   김영자님

김영철님   김영환님   김옥진님   김완수님   김용봉님   김용수님   김용숙님

김용호님   김유순님   김윤언님   김은숙님   김은재님   김응전님   김인순님

김작한님   김재영님   김정민님   김정수님   김정애님   김정열님   김정임님

김정자님   김정태님   김종교님   김종근님   김종렬님   김종욱님   김종하님

김지혜님   김진철님   김진현님   김차연님   김찬갑님   김찬기님   김창국님

김철수님   김철영님   김철호님   김춘환님   김충빈님   김태빈님   김태윤님

621

김태훈님　김택연님　김택중님　김학노님　김해주님　김향숙님　김헌갑님

김형찬님　김혜경님　김혜란님　김혜숙님　김혜정님　김호용님　김효순님

김효진님　김희량님　김희야님　김희용님　김희응님　나소용님　나우코리

나지훈님　나호성님　남수현님　남종근님　남철희님　노고감사　도상회님

도수열님　디카도사　류순자님　마스크님　말라기님　모성도님　무궁화님

무진권님　문강열님　문병삼님　문상호님　문장숙님　문현봉님　문형남님

문희영님　민경혜님　민무영님　민병규님　민영미님　민은영님　민정애님

민중홍님　박경숙님　박경순님　박경태님　박광도님　박금순님　박문규님

박미영님　박민규님　박병관님　박병직님　박보규님　박복래님　박복례님

박복만님　박복현님　박상구님　박상규님　박상영님　박상현님　박상희님

박선희님　박성동님　박성선님　박세실리　박세이님　박수황님　박순옥님

박순자님　박연희님　박영래님　박영숙님　박영환님　박용래님　박윤석님

박재영님　박정분님　박정숙님　박정직님　박종만님　박종원님　박주현님

박준영님　박지열님　박철영님　박평국님　박현숙님　박희선님　방경섭님

방미석님　배경희님　배기용님　배선자님　배순철님　백남길님　백노기님

백복승님　백봉학님　백승일님　백종기님　백학선님　변광희님　보라빛향

보성스님　복지교회　부산에서　분홍열님　불조사님　빈진숙님　서경술님

서광희님　서동원님　서명수님　서보림님　서여란님　서진애님　서충자님

석명운님　석재순님　석태수님　성O경님　성남광고　성명자님　성은지님

소병식님　손남수님　손상대님　손승호님　손영란님　손영순님　손영찬님

손점옥님　손정아님　손정준님　손＿민님　송명자님　송병근님　송승섭님

송은주님　송정준님　송진향님　송창재님　송학상님　승소기원　신광우님

신길자님　신대식님　신복순님　신서하님　신소걸.망　신승혜님　신월순님

신지영님　신현동님　신현학님　신토이님　심명옥님　심보연님　심영숙님

심영인님 아네스님 안규복님 안미영님 안미용님 안영미님 안예분님

안용숙님 안정희님 애국여사 애국활동 양선엽님 양희수님 엄정일님

여재금님 오만용님 오병익님 오수영님 오영옥님 오옥선님 오칠자님

오현아님 오형권님 오＿건님 왕순자님 왕영근님 용상수님 우경직님

우문성님 우미연님 우세환님 우원구님 원병옥님 원성연님 원인환님

원정순님 원천웅님 위명순님 위명자님 유O자님 유경희님 유명식님

유상준님 유성자님 유일석님 유정숙님 유정순님 유정희님 유진식님

윤민호님 윤석진님 윤숙희님 윤점이님 윤종업님 윤창영님 윤＿용님

응천스님 이O미님 이O숙님 이O순님 이O이님 이건정님 이경선님

이경우님 이광희님 이규영님 이규진님 이금옥님 이금자님 이노순님

이노희님 이동승님 이동은님 이동진님 이명섭님 이명숙님 이명순님

이명조님 이명희님 이무석님 이문섭님 이민구님 이O지님 이병심님

이병진님 이본형님 이봉의님 이삼석님 이삼주님 이상순님 이상옥님

이선의님 이선이님 이성연님 이성자님 이송자님 이송희님 이수정님

이순일님 이순임님 이순희님 이승철님 이상석님 이양숙님 이어영님

이연수님 이연숙님 이영미님 이영수님 이영화님 이영환님 이영희님

이예경님 이외출님 이용선님 이용자님 이용호님 이원숙님 이유나님

이윤희님 이은우님 이은윤님 이은혜님 이재택님 이정숙님 이정순님

이정윤님 이정희님 이종만님 이종모님 이종연님 이종옥님 이종원님

이종천님 이주철님 이준희님 이지훈님 이철호님 이춘화님 이태일님

이한나님 이향숙님 이현자님 이형숙님 이혜숙님 이화숙님 이활주님

이효숙님 이희섭님 이＿강님 인앳아웃 일죽＿님 임길자님 임성택님

임수진님 임양훈님 임연희님 임영택님 임완규님 임정순님 자유국민

장건일님 장나영님 장남순님 장동길님 장명길님 장민성님 장민아님

장성민님　장성복님　장세곤님　장순례님　장앵수님　장영자님　장일식님

장재만님　장천스님　장철식님　장춘자님　장춘희님　전성배님　전숙자님

전순임님　전영숙님　전용준님　전윤희님　전현철님　정O영님　정O용님

정광덕님　정금숙님　정동수님　정동혈님　정명희님　정복남님　정분도님

정석록님　정성교님　정세인님　정수대님　정수복님　정순영님　정애숙님

정영석님　정영숙님　정영주님　정원희님　정유경님　정유순님　정은숙님

정정숙님　정정순님　정정임님　정지만님　정철O님　정칠봉님　정해자님

정행춘님　정화자님　정희일님　조경미님　조계순님　조규완님　조길호님

조미숙님　조봉수님　조선미님　조성두님　조성운님　조수연님　조숙미님

조승필님　조인호님　조중순님　조진미님　조충호님　조태석님　조희택님

조__성님　존경합니　존경힘내　주연숙님　주정숙님　주창원님　주창훈님

지대홍님　지옥희님　지태원님　진용구님　차대욱님　천성희님　천향자님

최경선님　최경숙님　최노성님　최두환님　최명희님　최문길님　최미령님

최민식님　최성자님　최세운님　최소영님　최순옥님　최윤지님　최은숙님

최이숙님　최인숙님　최정이님　최종임님　최종철님　최해주님　최행세님

최향자님　최현식님　최현오님　최현우님　최호수님　추경희님　퍄샤힘내

한가람O　한O경님　한건자님　한상대님　한상석님　한상순님　한석구님

한성구님　한성심님　한수연님　한수열님　한양환님　한우림님　한진옥님

한태교님　한혜숙님　한희국님　함정수님　해동기계　해동스님　허경구님

허연도님　허윤정님　허태석님　허태숙님　현순지님　홍기수님　홍대규님

홍민영님　홍수철님　홍수환님　홍시_님　홍영욱님　홍영택님　홍재익님

홍정원님　홍태화님　홍필선님　홍현옥님　홍현표님　홍희영님　황문순님

황영미님　황은미님　황중선님　황진희님　황형연님　힘내세요　힘냅시다

──── 이외 누락 애국자님들까지 ♥감사합니다♥고맙습니다♥ ────